Das Buch

Die gesamte Wirtschaftswelt war überrascht, als im Mai 1998 die Verschmelzung von Daimler-Benz und Chrysler bekannt gegeben wurde – eine Megafusion, in monatelangen Verhandlungen eingefädelt von einem verschwiegenen Kreis ausgewählter Manager. Die Hintergründe des Deals lesen sich wie ein Wirtschaftsthriller: konspirative Treffen, verschlüsselte Telefonate, höchste Geheimhaltungsstufe ... Und einer hält die Fäden in der Hand: Jürgen Schrempp, der charismatische und facettenreiche Vorstandsvorsitzende von DaimlerChrysler – ein Stratege, der mit der Fusion einen neuen »Global Player« schuf.

David Waller erhielt exklusiv für dieses Buch Zugang zu bislang verschlossenen Konzernarchiven und führte Gespräche mit Schrempp, dessen engsten Mitarbeitern und deren amerikanischen Kollegen. Er enthüllt spannende Details des Jahrhundertdeals: was in den geheimen Strategieprotokollen stand; warum parallel mit Ford verhandelt wurde; wieso das Geschäft fast noch geplatzt wäre; wie sich Schrempp mit allen Forderungen durchsetzen konnte; wie aus der Fusion schrittweise eine Übernahme wurde. Zusätzlich beurteilt Waller die bisherige Entwicklung von DaimlerChrysler seit der Fusion und die Zukunftsaussichten des Konzerns.

Der Autor

David Waller, Jahrgang 1962, arbeitete acht Jahre für die *Financial Times*, davon drei Jahre als deren Frankfurt-Korrespondent und ein Jahr als stellvertretender Leiter der einflussreichen »Lex Column«. Der mehrfach ausgezeichnete Wirtschafts- und Finanzjournalist gilt als exzellenter Kenner der deutschen Industrie- und Börsenlandschaft. Nach einer kurzen Station bei einer führenden US-Investmentbank gründete er in London die Unternehmensberatung Capital Market Communications.

David Waller

Die Stunde
des Strategen

Jürgen Schrempp und der
DaimlerChrysler-Deal

Aus dem Englischen von
Thorsten Schmidt
und Harald Stadler

Ullstein

Bildnachweis: Alle Fotos, soweit nicht anders gekennzeichnet, mit freundlicher Genehmigung des DaimlerChrysler-Archivs.

Ullstein Taschenbuchverlag
Der Ullstein Taschenbuchverlag ist ein Unternehmen der
Econ Ullstein List Verlag GmbH & Co. KG, München
1. Auflage 2001
© 2000 für die deutsche Ausgabe by
Econ Ullstein List Verlag GmbH & Co. KG, München / Econ Verlag
© 2000 by David Waller
Übersetzung: Thorsten Schmidt und Harald Stadler
Umschlagkonzept: Lohmüller Werbeagentur
GmbH & Co. KG, Berlin
Umschlaggestaltung: Büro Jorge Schmidt
für Kommunikationsdesign, München
Titelabbildung: Hans-Günther Oed
Druck und Bindearbeiten: Ebner Druck, Ulm
Printed in Germany
ISBN 3-548-36305-9

Inhalt

Vorwort des Autors
zur deutschen Taschenbuchausgabe

Der Gedanke, ein Buch über Daimler-Benz und die deutsche Unternehmenslandschaft zu schreiben, kam mir zum ersten Mal Anfang der neunziger Jahre, als ich – damals noch ein junger Journalist – in Frankfurt für die *Financial Times* tätig war.

Das alte Unternehmen Daimler-Benz, der Vorläufer von DaimlerChrysler, übte eine große Faszination auf mich aus. Es stellte formvollendete Autos her. Es war der größte europäische Industriekonzern. Beeindruckend war auch die historische Rolle, die das Unternehmen im Zentrum der deutschen Industrie und im Mittelpunkt der größten europäischen Volkswirtschaft spielte. Daimler-Benz wurde unentwegt von titanischen Machtkämpfen erschüttert, in die bemerkenswerte Persönlichkeiten und einflussreiche Institutionen verwickelt waren. Kurz, es war ein gewaltiges Drama, das sich auf einer heroischen Bühne abspielte.

Ich verließ Deutschland 1994, in einer Zeit, als Daimler-Benz am Scheideweg stand, hin und her gerissen zwischen fortschrittlichen und konservativen Kräften. Die Neuerer wollten Daimler-Benz für die internationalen Kapitalmärkte öffnen und die verhängnisvolle Diversifikation des Konzerns aufhalten. Die Traditionalisten dagegen schienen trotz der sich auftürmenden Probleme in gefährlicher Weise selbstzufrieden geworden zu sein.

Von Großbritannien aus verfolgte ich dann, wie sich die Modernisierer um Jürgen Schrempp (der im Mai 1995 den Posten des Vorstandsvorsitzenden übernahm) durchsetzten und wie dies zu einer tief greifenden Umstrukturierung des Unternehmens führte. Die Erfolgsgeschichte wurde zu einem Symbol für die Wiederbelebung der deutschen Wirtschaft – den Zusammenbruch der alten sozialen Marktwirtschaft im Gefolge der deutschen Wiedervereinigung und das wachsende Selbstbewusstsein der deutschen Wirtschaft auf der internationalen Bühne.

Dieser Wandel gründete sich auch auf einer klaren Führungskompetenz. Ich verfolgte, wie Schrempp den Aderlass stoppte und das Unternehmen wieder auf Vordermann brachte. Anschließend ging er in der Autoindustrie in die Offensive und drückte den atemberaubenden Zusammenschluss mit der Chrysler Corporation durch. Dieser charismatische, unorthodoxe Unternehmensführer verstand es, einem Unternehmen mit beschränkten strategischen Optionen die Chance zu eröffnen, der führende Automobilkonzern der Welt zu werden.

Nach dem Deal mit Chrysler trug ich mich erneut mit dem Gedanken, ein Buch zu schreiben. Im Mittelpunkt sollte das Drama der Daimler-Chrysler-Fusion stehen, doch wollte ich die Transaktion auch in den entsprechenden historischen Kontext stellen. Ich wollte die Geschichte aus der europäischen Perspektive schildern und darlegen, welch jahrelange sorgfältige Planung dem rasch abgewickelten Deal vorausgegangen war. Das Buch sollte den Deal und den Mann porträtieren, der die treibende Kraft der Fusion war. Und es sollte die Schlacht beschreiben, die derzeit in der Automobilindustrie tobt, und aufzeigen, wie und warum DaimlerChrysler das Zeug dazu hat, zu einem der wenigen globalen Akteure der Automobilindustrie zu werden.

So zumindest stellte sich der Sachverhalt dar, als ich die Originalausgabe des Buches zu Papier brachte. Seither haben sich die Ereignisse überschlagen und heftige Emotionen ausgelöst. Der Deal, der zunächst als eine brillant über die Bühne gebrachte Fusion gepriesen wurde – als das wegweisende Modell für die Zukunft der Globalisierung –, geriet in der zweiten Hälfte des Jahres 2000 in große Schwierigkeiten. Chrysler, einstmals der ertragsstärkste Autohersteller der Welt, fuhr Verluste in Milliardenhöhe ein. Wie viele andere wurde auch ich von dem Ausmaß und Tempo dieses Umschwungs völlig überrascht.

Was einem Zeitungsjournalisten das Herz höher schlagen lässt, kann einem Buchautor manchmal Kopfschmerzen bereiten. Ich gab das Manuskript im Juni 2000 ab, und es wurde über die Sommermonate ins Deutsche übersetzt, damit es rechtzeitig zur Frankfurter Buchmesse im Oktober erscheinen konnte. Daher konnte ich die kritische Zuspitzung der Lage bei Chrysler in der zweiten Hälfte des Jahres 2000 nicht berücksichtigen, und das Buch erschien kurz bevor Schrempp den CEO von Chrysler feuerte und durch zwei getreue Statthalter aus Deutschland ersetzte. In der Originalausgabe des Buches konnte ich die Ursachen für den Gewinneinbruch bei Chrysler folglich nicht beleuchten. Und ich konnte auch nicht der Frage nachgehen, ob der plötzliche Ertragsverfall die Logik, die dem Zusammenschluss ursprünglich zugrunde lag, widerlegte.

Aus diesem Grund habe ich ein neues Nachwort geschrieben. Dort schildere ich die Ereignisse in der zweiten Hälfte des Jahres 2000. Außerdem behaupte ich, dass die Fusion nach wie vor strategisch sinnvoll ist, auch wenn es jetzt vordringlich darum gehen muss, die gravierenden operativen Probleme von Chrysler in den Griff zu bekommen. Einstweilen hat Schrempp sein ehrgeiziges Ziel, DaimlerChrysler zum führenden Autohersteller der Welt zu machen, noch nicht erreicht. Es wird viele Jahre dauern, ehe wir diese umstrittene Fusion endgültig beurteilen können.

Dieses Buch wäre ohne die Unterstützung Jürgen Schrempps nicht zustande gekommen. Er verschaffte mir in beispielloser Weise Zugang zu Informationen über sein Unternehmen und seine Person. Er stellte nur eine Bedingung, nämlich die ihm zugeschriebenen Zitate überprüfen zu dürfen. Außerdem sprach ich mit vielen unabhängigen Kommentatoren und Analysten sowie mit Dutzenden von Führungskräften innerhalb des Unternehmens. Ich möchte noch einmal all jenen danken, mit denen ich gesprochen habe und ohne deren Erkenntnisse dieses Buch niemals entstanden wäre. Für die Deutungen und Urteile, die in diesem Buch enthalten sind, übernehme ich jedoch allein die Verantwortung.

London, 17. Juni 2001

Einleitung:

Siebzehn Minuten,
die die Welt veränderten

Montag, 12. Januar 1998

Der schwarze Mercedes der S-Klasse lässt den Flugplatz von Wayne County hinter sich und rollt nach Norden in den Detroiter Vorort Auburn Hills. Der prominente Fahrgast im Fond der Limousine ist sich dessen bewusst, dass diese Reise nach Michigan zu einem der entscheidenden Momente in der Geschichte der gesamten Automobilindustrie werden könnte.

Jürgen Schrempp, der Vorstandsvorsitzende der Daimler-Benz AG, hat eine dünne Aktentasche auf dem Schoß. Er ist, mit dieser abgewetzten braunen Mappe im Gepäck, in seiner Privatmaschine von seinem Stuttgarter Büro in die Vereinigten Staaten geflogen. Die Unterlagen in der Aktentasche, vornehmlich Graphiken und Tabellen, veranschaulichen die Logistik eines Unternehmenszusammenschlusses, wie man ihn in der 115-jährigen Geschichte der Automobilindustrie noch nie erlebt hat. Schrempp ist sich sicher, dass der Deal zünden wird, aber wird die Gegenseite mitziehen?

Der deutsche Spitzenmanager, der seinen blauen Lieblingsanzug und eine signalrote Krawatte trägt, sieht nach einem kurzen Urlaub im sonnigen Südafrika gebräunt und erholt aus. Sein schwerer Zwölf-Zylinder-Mercedes steuert auf die Chrysler-Zentrale in der grünen Peripherie von Motor City zu. Schrempps Blick durch die getönten Scheiben fällt auf den Firmensitz der Ford Motor Corporation in Dearborn. Er weiß, dass er Konkurrenten wie Ford nur aus dem Feld schlagen kann, wenn er die Spielregeln ändert. In seiner Aktentasche hat er den neuen Schlachtplan, eine neue Strategie, bei der Chrysler eine entscheidende Rolle zukommt.

»Wie kann ich das Thema am besten anschneiden?«, fragt der Chef von Daimler-Benz die zierliche, dunkelhaarige Frau, die neben ihm sitzt. »Soll ich direkt zur Sache kommen oder massenweise Einzelheiten ausbreiten?« Lydia Deininger, Schrempps Bürochefin, weiß, dass sich ihr Boss im Grunde bereits entschieden hat. Sein Instinkt rät ihm, die Details auszusparen und in groben Zügen die Grundüberlegungen für eine Transaktion zu skizzieren, die der größte grenzüberschreitende Zusammenschluss in der Geschichte der Industrie zu werden verspricht.

Als er vierzig Minuten später in der imposanten Unternehmenszentrale von Chrysler eintrifft, wird er im fünfzehnten Stock in das Büro des Chairman geführt. Nach siebzehn Minuten ist alles vorbei. Schrempp verlässt das Gebäude. Am nächsten Tag fliegt er nach Deutschland zurück – ohne seine braune Aktentasche.

Der kurze Besuch bei Chrysler hatte einschneidende Folgen. Nur zehn Monate später war der Zusammenschluss der Daimler-Benz AG und der Chrysler Corporation zur DaimlerChrysler AG besiegelt.

Donnerstag, 7. Mai 1998

Um fünf Uhr früh geht Jürgen Schrempp in Begleitung seines Leibwächters im Londoner Hyde Park joggen. Nach der strapaziösen Pendelei zwischen Deutschland und den Vereinigten Staaten ist er zwar erschöpft, aber gleichzeitig unglaublich aufgeregt. Der Gedanke, nach monatelangem Stillschweigen endlich an die Öffentlichkeit gehen zu können, erfüllt ihn mit freudiger Erregung. Weniger als vier Monate nach seinem ersten Gespräch mit Chrysler-Chef

Bob Eaton soll am heutigen Tag der außergewöhnliche Deal bekannt gegeben werden.

Ein Weltkonzern wird entstehen, mit einem Umsatz von 155 Milliarden Dollar, einer Marktkapitalisierung von rund hundert Milliarden Dollar und einem erwarteten Gewinn von sieben Milliarden Dollar für das Jahr 1999. Der Nimbus von Mercedes-Benz, einer Marke, die seit der Erfindung des Automobils für Tempo, Luxus und technische Präzision steht, wird mit der emotional besetzten Marke Chrysler verschmelzen. Chrysler, der kleinste, aber gewinnträchtigste der drei großen amerikanischen Autohersteller, ist die starke Kraft im rasch wachsenden Sektor der Minivans und Sports Utility Vehicles auf dem US-Markt. Das Unternehmen, das seit dem Zweiten Weltkrieg mehrmals am Rand des Bankrotts stand und sich immer wieder fangen konnte, ist mittlerweile einer der rentabelsten und innovativsten Autohersteller der Welt.

Der neue Konzern wird in 34 Ländern Personen- und Lastkraftwagen fertigen und seine Produkte in weitere 200 verkaufen; damit zählt sein Absatzmarkt mehr Länder als die Vereinten Nationen. Bei einer Belegschaft von 442 000 Mitarbeitern sollen bei DaimlerChrysler neue Arbeitsplätze geschaffen und nicht – wie es bei herkömmlichen Fusionen üblich ist – abgebaut werden. Dies ist eine »Fusion von Gleichen«, ein Zusammenschluss im Zeichen des Wachstums, wird Schrempp in den folgenden 24 Stunden hunderte von Malen vor Journalisten, Politikern, Analysten und Anlegern erläutern.

Aus strategischer Sicht erscheint der Deal höchst kühn. Hier gehen zwei der führenden Autohersteller in der letzten Runde der globalen Konsolidierung der Branche in die Offensive. Viele haben solch einen Schritt vorausgesagt, doch in der hart umkämpften Branche hatte bislang kein Unternehmen einen derart entscheidenden Coup gewagt. Das neue Unternehmen wird mit einem Schlag zu einem der wenigen Giganten, die den Kurs der Automobilindustrie im einundzwanzigsten Jahrhundert bestimmen werden. Durch den Zusammenschluss rückt DaimlerChrysler – neben Ford und General Motors – unter die drei umsatzstärksten Autohersteller der Welt vor und wird ein hundert Milliarden Dollar schwerer Konkurrent für Toyota im Kampf um den ersten Platz bezüglich der Marktkapitalisierung. Der Konzern wird mehr als doppelt so groß sein wie Volkswagen, sein stärkster europäischer Wettbewerber.

Außergewöhnlich ist auch, dass sich zwei große regionale Marktführer aus einer Position der Stärke zusammenschließen. In der Autoindustrie war man bisher gewohnt, dass der Starke den Schwachen schluckt, wie etwa in den Fällen, als BMW Rover oder Ford Jaguar aufkaufte. Oft genug haben auch Nationalstolz und Manageregos bahnbrechende Transaktionen verhindert.

Doch dieser Deal war etwas ganz anderes. Nick Snee, der Automobilanalyst der Investmentbank JP Morgan, beurteilt die Fusion folgendermaßen:

»Die Bildung von DaimlerChrysler verändert die gesamte Landschaft der Automobilindustrie«, erläutert er seinen Kunden an jenem Tag. »Daimler-Benz hat sich einen der attraktivsten Siegerpreise der Branche geschnappt und seine Ansprüche auf dem Weltmarkt geltend gemacht [und damit] den globalen Bestrebungen seiner Konkurrenten vielleicht dauerhaft einen Strich durch die Rechnung gemacht.«

Aus technischer Sicht erscheint die Transaktion ebenfalls gewagt. Es ist das erste größere Beispiel für eine transatlantische Fusion per Aktientausch, ohne den Einsatz von Barmitteln. In der Theorie ist dies eigentlich recht einfach, doch in der Praxis erweist sich das Prozedere als wahres Minenfeld an Komplikationen. Viele von denen, die sich von der zwingenden strategischen Logik des Deals überzeugen ließen, hegten Zweifel, ob das Ganze in der Praxis umsetzbar sei – so groß waren die Hürden und Hindernisse, auf die man stieß.

Doch nun stehen die beiden Unternehmen kurz vor der Bekanntgabe ihres Deals, von dem bislang nicht das Geringste durchgesickert war. Hätte es irgendwelche Hinweise auf die sich abzeichnende Entwicklung gegeben, wäre der Plan möglicherweise vereitelt worden. Eben weil im Vorfeld nichts davon bekannt wurde, schlägt der weitreichende und wagemutige Deal wie eine Bombe ein.

*

Für Schrempp, der von einem derartigen Schritt bereits träumte, bevor er 1995 den Vorstandsvorsitz von Daimler-Benz übernahm, verfliegt der Tag in einem Wirbel von Aktivitäten. Zunächst tätigt er Höflichkeitsanrufe bei anderen Kapitänen der deutschen Industrie und Politikern wie Helmut Kohl, der damals Kanzler war, und Gerhard Schröder, dem Ministerpräsidenten von Niedersachsen und späteren Nachfolger Kohls.

Schröder gratuliert Schrempp herzlich – die beiden kennen sich schon lange. Der Sozialdemokrat, der durch seine Tätigkeit als Aufsichtsrat bei Volkswagen enge Verbindungen zur Autoindustrie hat, erkennt sofort die politischen Vorteile einer Fusion, die Arbeitsplätze schafft und bei der ein deutsches Unternehmen die Führungsrolle einnimmt.

Das Telefonat mit Kohl verläuft dagegen vergleichsweise unangenehm. Der Bundeskanzler verhandelt in Straßburg den ganzen Vormittag mit Jacques Chirac über den Kandidaten für die Leitung der entstehenden Europäischen Zentralbank. Erst am Nachmittag findet er Zeit, mit Schrempp zu sprechen. Inzwischen hat er sich über die Bedeutung und die Auswirkungen des Deals informieren lassen. Schrempp spürt, dass der Kanzler verstimmt ist. Er fand es offenbar nicht sonderlich amüsant, völlig ahnungslos zu sein, als der französische Präsident ihn zuallererst auf den großen transatlantischen Zusammenschluss ansprach. Doch das Risiko, Kohl vor der allgemeinen Bekanntgabe zu unterrichten, war Schrempp zu groß gewesen.

Dieselbe manische Verschwiegenheit herrschte auch auf amerikanischer Seite. Ebenfalls erst am 7. Mai unterrichtet Bob Eaton den amerikanischen Finanzminister, Robert Rubin, den Direktor der amerikanischen Zentralbank, Alan Greenspan, den Bürgermeister von Detroit, Dennis W. Archer, sowie den Gouverneur von Michigan, John Engler.

Gegen Mittag fahren Schrempp und Eaton in getrennten Wagen zu der Pressekonferenz in der London Arena. Die Vorbereitungen laufen bereits seit einer Woche. Mehr als dreihundert Journalisten sind zugegen; allein vierzig waren noch am selben Vormittag aus Deutschland angereist. Weitere 170 Reporter sind per Konferenzschaltung mit London verbunden. Schrempp und Eaton gewähren wichtigen Reportern aus aller Welt 21 Interviews. Von 14.15 Uhr an stehen sie für anderthalb Stunden im Brennpunkt einer weiteren Pressekonferenz, diesmal mit Analysten und Investoren. Die 690 Anwesenden sind begierig, weitere Einzelheiten über die ungewöhnliche Transaktion zu erfahren. Anschließend informieren sich fast einhundert Journalisten per Telefonschaltung aus den Vereinigten Staaten bei einem eigenen Pressetermin für Nordamerika.

Schrempp und Eaton gewähren zwanzig amerikanischen Sendern über Satellitenschaltung Interviews. Eaton hat keine Schwierigkeiten, dieselbe Platte ein Dutzend Mal hintereinander abzuspulen, doch Schrempp ist anschließend so genervt, dass er seinem Pressechef mitteilt, er werde nie wieder in diesem Stil Interviews geben. Es ist ihm lieber, seinem Gesprächspartner in die Augen zu blicken, denn nur dadurch entsteht die Möglichkeit eines echten Austauschs. In eine unpersönliche Fernsehkamera zu reden, macht ihm keinen Spaß.

Schrempp und seine Truppe verbringen die Nacht in London. Am nächsten Morgen fahren sie kurz vor sechs Uhr zum Flughafen Luton und fliegen von dort mit einer Privatmaschine nach Frankfurt. Im Hotel Steigenberger in der Nähe des Flughafens stehen Schrempp und Eaton 110 deutschen Analysten und Investoren Rede und Antwort. Danach ist Zeit für ein kurzes Gespräch mit Erwin Teufel, dem Ministerpräsidenten von Baden-Württemberg, jenem Bundesland, in dem Daimler-Benz 125 000 Mitarbeiter beschäftigt.

Anschließend geht es im firmeneigenen Gulfstream 5 weiter nach Amerika. Auf dem achteinhalbstündigen Flug nach New York hat Schrempp Zeit, die Schlagzeilen in den Zeitungen vom Freitag zu studieren. Die ersten Reaktionen auf den Deal sind von Staunen und Euphorie geprägt. »Es ist eine historische Hochzeit«, heißt es im *Handelsblatt.* »Von nun an ist Globalisierung nicht bloß eine Parole«, kommentiert das *Wall Street Journal,* »von nun an ist Globalisierung eine Realität.« »Die ideale Automobil-Ehe«, lautet die anerkennende Schlagzeile in der *Financial Times.* Nur die *Frankfurter Allgemeine Zeitung* lässt sich nicht von der Begeisterung anstecken und kommentiert mürrisch, das Ganze sei »ein Abenteuer mit ungewissem Ausgang«. Die Aktienkurse beider Unternehmen steigen um nahezu zehn Prozent – ein starkes Vertrauensvotum seitens der internationalen Finanzmärkte.

Schrempp liest auch einige der Gratulationsschreiben, die massenweise in seinem Stuttgarter Büro eingehen. Eines der ersten ist von Jack Welch, dem Chairman von General Electric in den Vereinigten Staaten. In einer vierzeiligen Notiz schreibt Welch: »Als ich heute früh aufgewacht bin, habe ich euch beide [Schrempp und Eaton] in CNBC gesehen. Glückwünsche zu diesem, wie es scheint, ungeheuer bahnbrechenden Abschluss.«

Für Schrempp ist gerade das Schreiben von Welch besonders wohltuend. Er hatte sich den Amerikaner einst bewusst zum Vorbild erkoren, vor allem während der schwierigen Jahre 1995 und 1996, als er sich als neuer Vorstandsvorsitzender von Daimler-Benz vehement dafür einsetzte, das Sammelsurium von Firmen neu zu strukturieren, das er von seinem Vorgänger geerbt hatte. Seine Vorgehensweise war so knallhart, dass ihm die deutschen Gewerkschaften den Spitznamen »Neutronen-Jürgen« gaben. Dies war eine direkte Anspielung auf »Neutron Jack« Welch – so wurde der amerikanische Manager zu Beginn seiner Zeit bei General Electric tituliert. (Den Spitznamen in Anspielung auf die Neutronenbombe wählte man deswegen, weil die Arbeitstruppen an die Luft gesetzt wurden und die Fabriken unversehrt blieben.) Die Gewerkschaften verstanden den Beinamen als Beleidigung, doch Schrempp fühlte sich durch den Vergleich stets geehrt.

Nach der Ankunft in New York um 14.00 Uhr fährt Schrempp sofort zum Hotel Waldorf Astoria an der Park Avenue, um gemeinsam mit Bob Eaton dem Automobilreporter des Magazins *Fortune,* Alex Taylor, ein Interview zu geben. Unmittelbar danach legen Schrempp und Eaton 150 Analysten und Investoren ihre Pläne dar. Die überrumpelten Stars der Wall Street, die sich normalerweise gänzlich kühl und nüchtern geben, feiern Schrempp und Eaton mit stehenden Ovationen.

Am Ende der Konferenz überprüft Schrempp seine Zitate, die im Laufe des Wochenendes erscheinen sollen – in *Bild am Sonntag,* in der *Welt am Sonntag* und im *Spiegel.* Dann lässt er sich zum Flughafen bringen und fliegt wieder zurück über den Atlantik, begleitet von einigen seiner engsten Mitarbeiter und Berater, darunter Lydia Deininger, Manfred Gentz, der Leiter der Finanzabteilung bei Daimler, Rüdiger Grube, ein erfahrener Berater in Fragen der Konzernstrategie, sowie Christoph Walther, der joviale Pressechef des Konzerns. Unterwegs singen sie zu einer CD des Tenors Andrea Bocelli. Am frühen Samstagmorgen treffen sie erschöpft zu Hause in Stuttgart ein. Es war eine verdammt anstrengende Woche.

Auf dem Flug nach Stuttgart nimmt Schrempp ein Gespräch auf seinem Satellitentelefon entgegen. Bernd Pischetsrieder,

der Vorstandsvorsitzende von BMW und ein alter Freund aus der Zeit in Südafrika, ruft an, um Schrempp zu seinem Deal zu gratulieren.

»Sag mal, Bernd, kann ich irgendetwas für dich tun?«, fragt Schrempp am Ende des Gesprächs.

Schrempp weiß, dass die *Financial Times* an jenem Tag auf der Titelseite mit zwei Artikeln über die Konsolidierung in der Automobilindustrie aufwartet. Ganz oben und über die gesamte Breite der Seite steht die erste Meldung über den DaimlerChrysler-Deal. Weiter unten findet sich eine Notiz, in der es heißt, Volkswagen habe BMW im Ringen um die Übernahme des englischen Luxusautoherstellers Rolls-Royce aus dem Feld geschlagen.

Die Gegenüberstellung der beiden Schlagzeilen ist aufschlussreich. Verglichen mit dem Chrysler-Deal ist die Transaktion mit Rolls-Royce, bei der es um ganze 430 Millionen Pfund (718 Millionen Dollar) geht, eine Lappalie. Auch strategisch ist sie weit weniger bedeutsam. Mit dem Rolls-Royce-Deal, den BMW zu guter Letzt doch noch unter Dach und Fach bringt, sichert sich das Unternehmen zwar einen gut klingenden Markennamen in einem kleinen, wenn auch prestigeträchtigen Marktsegment. Er trägt jedoch nichts dazu bei, die Zukunft der betreffenden Unternehmen zu sichern – im Gegenteil.

Für Jürgen Schrempp und das Team von Daimler-Benz sind diese Zeitungsmeldungen besonders bedeutsam. Wenn sie ihre Karten nicht richtig ausgespielt hätten, hätte ihnen möglicherweise dasselbe Schicksal gedroht wie nun Rolls-Royce – als Hersteller von Luxuslimousinen in eine strategische Sackgasse zu geraten und keine andere Wahl mehr zu haben, als sich an den meistbietenden ausländischen Konkurrenten zu verkaufen.

An jenem denkwürdigen und euphorischen Tag der Bekanntgabe war man allgemein jedoch eher versucht, die Dinge nicht in diesem Licht zu sehen. Tatsächlich war es aber sehr wohl so, dass der Deal mit Chrysler auch aus einer strategischen Schwäche heraus betrieben wurde. Mercedes-Benz, das Juwel in der Krone von Daimler-Benz, hatte nicht mehr viele Optionen. In wenigen Jahren wäre das Unternehmen an die Grenzen seines Wachstums gestoßen. Die Glanzleistung des DaimlerChrysler-Deals besteht darin, dass es Daimler damit gelungen war, sich von einem potenziellen Rolls-Royce zu einem der potentesten Autohersteller der Welt hochzukatapultieren.

Dieser Erfolg hat zwei Gründe. Einer liegt in den Veränderungen, die Schrempp bereits zwischen 1995 und 1997 bei Daimler-Benz durchsetzte und ohne die eine Fusion oder Übernahme keineswegs möglich gewesen wäre. Der zweite und nicht zu unterschätzende Grund ist der legendäre Ruf der Marke Mercedes-Benz, die auf eine höchst ungewöhnliche und bewegte Vergangenheit zurückblickt.

ERSTER TEIL

DIE GESCHICHTE ZWEIER SYMBOLE

1. Kapitel
EIN STERN GEHT AUF

Eine kurze Firmengeschichte von Daimler-Benz

Die Fabrik ist so sauber wie ein OP. Kaum ein Laut ist zu hören. Computergesteuerte Maschinen richten sich über den Motorblocks aus und bringen mit unfehlbarer Präzision Schrauben, Bolzen und andere Bauteile an. Tag für Tag produziert das Werk in Bad Cannstatt vor den Toren Stuttgarts an die zweitausend Sechs- beziehungsweise Acht-Zylinder-V-Motoren, die in alle Welt geliefert und unter den Motorhauben von Mercedes-Benz-Pkws montiert werden. Hier zeigt sich deutsche Technologie von ihrer fortschrittlichsten Seite.

Drei Kilometer von dieser Fabrik entfernt steht in einem öffentlichen Park ein altes hölzernes Gewächshaus. Elegante Damen führen ihre Hunde auf den verschlungenen Kieswegen der Umgebung aus. Das Gewächshaus beachten sie kaum; sie sind sich der historischen Bedeutung jener bescheidenen Hütte und ihrer Spazierwege anscheinend nicht bewusst. Diese ruhigen Parkwege dienten einst als Teststrecke für die ersten stotternden Motorräder und motorisierten Fahrzeuge, aus denen das moderne Auto entstand. Und in jenem Gewächshaus entwickelten Gottlieb Daimler und sein Assistent Wilhelm Maybach 1886 ihre erste fragile Motorkutsche. Zur selben Zeit legte Carl Benz in Mannheim letzte Hand an seinen Motorwagen, das erste patentierte Automobil. Die beiden großen Tüftler sind sich tatsächlich nie begegnet – nur ihre Namen verschmolzen mit der Gründung der Daimler-Benz AG im Jahr 1926.

Karl Friedrich Benz, Sohn eines Lokomotivführers, hatte von Kindesbeinen an ein Fahrzeug bauen wollen, das ohne Schienen fahren konnte. So auch Gottlieb Daimler – doch sein Ehrgeiz ging noch weiter. Er erkannte die revolutionäre Kraft der Motorisierung und ahnte, welchen Einfluss diese neue Mobilität auf die Gesellschaft haben würde. Er sagte zutreffend voraus, dass diese Entwicklung das Leben der Menschen grundlegend verändern werde, denn sie eröffnete ihnen die Freiheit, sich schnell und unabhängig fortzubewegen. Was er jedoch unterschätzte, war die Größe des potenziellen Markts, den er maßgeblich mitgestaltete. Er rechnete sich aus, dass der europäische Bedarf mit dem Absatz von höchstens fünftausend Fahrzeugen gedeckt sein dürfte, da der Mangel an Fahrern das Wachstum begrenzte.

Schon bald führte das Unternehmen, das er gründete, den charakteristischen Stern als Markenzeichen. Die drei Zacken symbolisierten die Absicht des Unternehmers, den Transport »zu Lande, zu Wasser und in der Luft« zu bewältigen. Bereits vor der Jahrhundertwende produzierte seine Firma Motoren für Schiffe und die ersten Flugmaschinen und baute Omnibusse und Lastkraftwagen. In den folgenden einhundert Jahren entwickelte sich das Unternehmen, gemeinsam mit der Firma von Karl Benz in Mannheim, zu Deutschlands größtem, erfolgreichstem und mächtigstem Industriekonzern.

Gottlieb Daimler, der 1834 in Schorndorf bei Stuttgart zur Welt kam, stammte aus bescheidenen Verhältnissen und gelangte durch die Erfindung des Automobils zu Ruhm und Reichtum. Der Sohn eines Gastwirts machte eine Lehre als Waffenbauer und schloss eine Ausbildung zum Ingenieur an. Daimler arbeitete in der Deutz-Motorenfabrik in Köln eng mit Nikolaus August Otto zusammen und bahnte den Weg für neue technische Standards wie den revolutionären Viertaktgasmotor. Deutz, damals der Inbegriff für Innovation, war 1884 die erste Fabrik weltweit, die sich auch dem Bau von Benzinmotoren widmete.

Daimler verfügte über die Gabe, das kommerzielle Potenzial neuer Technologien vorauszusehen und Ideen in marktfähige Realitäten zu verwandeln. »Nicht die Idee, sondern die gute Ausführung ist das Hauptmoment«, lautete seine Devise.

1882, im Alter von 48 Jahren, kehrte Daimler in seine schwäbische Heimat zurück und kaufte im Kurort Cannstatt eine Villa mit einem großen Grundstück. Gemeinsam mit Wilhelm Maybach, der ein glänzender Konstrukteur war und der Deutz-Fabrik ebenfalls den Rücken gekehrt hatte, richtete er im Gewächshaus eine Versuchswerkstatt ein.

Maybach, zehn Jahre jünger als Daimler, stammte aus einer alten Hufschmiedfamilie und hatte seit seiner Jugend Maschinen erfunden. War Daimler vor allem ein Visionär, so war Maybach derjenige, der daraus Prototypen und Patente entwickeln konnte.

Monatelang arbeiteten die beiden unter absoluter Geheimhaltung – bis eines Nachts die örtliche Polizei vor der Tür stand. Der Gärtner, der sich darüber ärgerte, aus dem Gewächshaus ausgesperrt worden zu sein, verdächtigte die beiden als Geldfälscher und zeigte sie an. Doch es wurde nichts gefunden. Für die Ortspolizei waren die Männer lediglich komische Tüftler und dickköpfige Spinner.

Daimler und Maybach entwickelten damals einen 212-Kubikzentimeter-Motor in Form einer Uhr, eine geniale Umsetzung der Ideen Ottos en miniature. Dieser Motor, der mit Benzin angetrieben wurde und die gewaltige Nutzleistung von einem PS erbrachte, wurde in einen robusten Zweiradrahmen montiert, und so entstand im Jahr 1885 das erste Motorrad der Welt. Maybach ging mit dem neumodischen Gefährt auf Jungfernfahrt und bewältigte die zwei Kilometer lange Strecke von Cannstatt nach Unter-türkheim unbeschadet.

Im Frühling des folgenden Jahres bestellte Daimler bei einer Stuttgarter Firma eine Kutsche – angeblich ein Geschenk für seine Frau. Als das Gefährt endlich vor dem Gewächshaus eintraf, montierte er am hinteren Ende eine stärkere Variante des Uhrmotors. Die Drehkraft wurde mit Hilfe eines Treibriemens auf die Radachse übertragen. Das erste vierrädrige Kraftfahrzeug der Welt war geboren. Es verfügte über zwei Geschwindigkeiten – langsam und schnell.

Auch Karl Benz war nach langem Tüfteln bereit, mit seinem Fahrzeug eine Testfahrt zu unternehmen. Er hatte jedoch nur begrenztes Vertrauen in seine Erfindung und sprang bereits wenige Sekunden nach dem Start der Jungfernfahrt von seinem Vehikel. Wie so mancher Ingenieur jener Zeit fürchtete er sich vor Explosionen, die man bei diesen frühen Experimenten in der Tat nicht selten erlebte. Seine Frau war es, die fortan die Strapazierfähigkeit seiner Erfindung unter Beweis stellte. 1888 teilte Bertha Benz eines schönen Tages ihrem Mann mit, dass sie und die beiden Söhne vorhätten, ihre Mutter im achtzig Kilometer entfernten Pforzheim zu besuchen. Sie sagte ihm jedoch nicht, dass sie den Wagen nehmen wollten. Bertha setzte sich mutig ans Steuer des zweiten Modells ihres Mannes und fuhr los. Es wurde eine schier endlose Reise. Bei jedem Hügel mussten die Söhne aussteigen und schieben, bei jedem Drogisten mussten sie anhalten und Kraftstoff nachfüllen. Bertha reinigte mit ihrer Hutnadel mehrfach das verstopfte Ansaugrohr, und zum ersten Mal in der Geschichte des Automobils kam eine Damenstrumpfhose bei einer Motorpanne als Treibriemen zum Einsatz.

Trotz aller Widrigkeiten stärkte diese heroische Fahrt Benz' Zuversicht in seine Erfindung und sorgte außerdem für willkommene Publicity. Die Firma Benz & Cie. konnte weiter expandieren. Im Jahr 1900 verkaufte die damals größte Automobilfabrik der Welt bereits 603 Fahrzeuge, davon 341 ins Ausland.

Die Geschichte von Daimler-Benz wäre gewiss ganz anders verlaufen, wären die ersten Kraftfahrzeuge nach jener mutigen Frau Benz benannt worden. Man kann sich nur schwer vorstellen, wie Janis Joplin in ihrer sehnsuchtsvollen, ausdrucksstarken Art singt: »Oh Lord, won't you buy me a Bertha Benz.« Das klingt natürlich nicht annähernd so charismatisch wie »Mercedes-Benz«.

Dieser Markenname geht auf Mercedes Jellinek zurück, Tochter von Emil Jellinek, einem deutsch-jüdischen Geschäftsmann mit einem Hang zu Tempo und feiner Lebensart. Mercedes, die 1889 in Wien zur Welt kam, ist für unsere Geschichte allein deshalb bedeutsam, weil ihr Vater besessen war vom Namen seiner Tochter, dem spanischen Wort für »Anmut«. Jellinek ließ sich vor den Toren Wiens eine »Villa Mercedes« bauen, eine weitere wurde in Nizza errichtet. Schon bald besaß er auch ein Boot, das auf den Namen »Mercedes« getauft wurde. 1900 wurde der Name erstmals auch auf Kraftfahrzeuge übertragen. Zwei »Mercedes«-Wagen starteten bei der Rennwoche in Nizza, wo Adelige und betuchte Geschäftsleute in der glühenden Rivierasonne zusammenkamen, um bei diversen Veranstaltungen ihre Kühnheit zu testen.

Im selben Jahr schloss Jellinek einen ehrgeizigen Vertrag mit der Firma Daimler: Er verpflichtete sich, 36 Kraftfahrzeuge zu kaufen – für 555 000 Goldmark mit dem Exklusivrecht, sie unter dem Namen »Mercedes« in Österreich-Ungarn, Frankreich, Belgien und den Vereinigten Staaten zu vertreiben. Die Bestellung garantierte den Erfolg des Unternehmens Daimler und bescherte Jellinek immensen Reichtum.

Jellinek zeigte ein starkes praktisches Interesse an den Fahrzeugen, die er kaufte, und arbeitete eng mit Maybach zusammen, um bessere und schnellere Automobile zu konstruieren. Nach den Rennen von 1900, bei denen einer der

»Mercedes«-Prototypen in einen fatalen Unfall verwickelt wurde, wies er Maybach an, ein Fahrzeug mit einem Frontmotor und einem niedrigeren Schwerpunkt zu bauen. Das Ergebnis war eine leichtere, schnellere und stabilere Maschine, die 1901 bei der Rennwoche in Nizza zur Sensation wurde. Die Mercedes-Wagen beherrschten den gesamten Wettbewerb und gewannen das Langstreckenrennen, den Ein-Meilen-Sprint und das Bergrennen.

Der Glamour, der die Marke Mercedes heute noch umgibt, geht auf jenes historische Ereignis in Nizza zurück. Seitdem wird Mercedes mit Leistung, Eleganz und Tempo gleichgesetzt.

Von Anfang an bildeten Rennen den fruchtbaren Boden für eine endlose Reihe technischer Neuerungen. Die Eleganz und die Geschwindigkeit von Rennwagen wie den ersten S-Klasse-Wagen der zwanziger Jahre, dem legendären »Silberpfeil« der späten dreißiger Jahre oder dem W 196 der Nachkriegsjahre färbten auch auf die Modelle ab, die für die normalen Kunden gebaut wurden. Zahlreiche Siege auf der Rennstrecke unterstrichen den Elitestatus der Marke und machten Reklame für deren überlegene Leistung. David Coulthard und Mika Häkkinen, die in der aktuellen Formel-Eins-Serie für McLaren-Mercedes fahren, wollen natürlich an die Erfolge solch legendärer Weltmeister wie Rudolf Caracciola und Juan Manuel Fangio anknüpfen. Häkkinen gewann bereits zweimal den Weltmeistertitel in einem »Silberpfeil«.

Die junge deutsche Automobilindustrie entwickelte sich in den folgenden Jahren in eine andere Richtung als die amerikanische, da Henry Ford bereits vor dem Ende der Dekade mit seinem Modell T in die Massenproduktion eingestiegen war. In den Vereinigten Staaten bildete die rasch wachsende Mittelschicht naturgemäß die zentrale Käuferschicht für die ersten Automobile. Die deutsche Mittelschicht war dagegen noch nicht wohl situiert genug, um einen Massenmarkt für Kraftfahrzeuge zu bilden. Während andere deutsche Autohersteller wie Adam Opel auf das Bürgertum abzielten, beschloss Daimler, sich ganz auf Adel, Politik, Geld und Prominenz auszurichten. Mit Ausnahme der englischen Königsfamilie, die Rolls-Royce bevorzugt, hielten sich die meisten Monarchen und Politiker des zwanzigsten Jahrhunderts Mercedes-Limousinen als Staatskarossen. Und auch der Vatikan fährt Mercedes – der erste ging im Jahre 1930 unter Papst Pius XII. in den Fuhrpark des Heiligen Stuhls ein; ein speziell konstruiertes »Papa-Mobil« ist heute im Mercedes-Museum in Untertürkheim zu sehen.

*

Für Benz und die konkurrierende Daimler-Motoren-Gesellschaft bedeutete der Erste Weltkrieg in erster Linie eine Ausweitung der Produktion. Der Bedarf an Kriegsgütern war hoch, die Firmen erwirtschafteten Gewinn. Doch nach dem Krieg forderten die Wiedergutmachungsleistungen und das traurige wirtschaftliche und politische Klima ihren Tribut. Daimler und Benz durften keine Flugzeugmotoren mehr bauen, die inzwischen zu einem wichtigen Bestandteil ihrer Produktpalette geworden waren. Im verzweifelten Bemühen, ungenutzte Kapazitäten auszulasten, schlug Daimler erstmals einen Kurs der Diversifikation ein. Zu den Erzeugnissen der frühen zwanziger Jahre zählten unter anderem Möbel und Schreibmaschinen, die unpassenderweise mit dem Mercedes-Stern verziert waren.

In jener Zeit der galoppierenden Inflation trat die Deutsche Bank auf den Plan. Die Bank war 1870 von Georg von Siemens gegründet worden, ein Jahr vor Bismarcks Sieg im Deutsch-Französischen Krieg und der Proklamation des Deutschen Reichs. Von Siemens und seine Partner wollten in diesem neuen Deutschland das Wachstum der Industrie fördern und finanzieren.

So halfen von Siemens und die Deutsche Bank 1883 dem Unternehmer Emil Rathenau bei der Gründung der Allgemeinen Elektricitäts-Gesellschaft, AEG. Es liegt eine gewisse Ironie darin, dass AEG 1985 von Daimler-Benz übernommen und zehn Jahre später von Jürgen Schrempp demontiert und dichtgemacht wurde. Das Finanzinstitut war an der Gründung des Unternehmens beteiligt, unterstützte die Übernahme durch Daimler und billigte letzten Endes auch dessen unrühmliches Ende.

Die Deutsche Bank spielte eine ähnliche Rolle wie die J. P. Morgan Bank in den Vereinigten Staaten in den Jahren vor Inkrafttreten des Glass-Steagall-Gesetzes von 1933, das den Einfluss der Bank drastisch beschnitt. Das neue Gesetz legte die klare Aufgabenteilung von Geschäfts- und Investitionsbanken fest. J. P. Morgan hatte bislang das Wertpapier- und Emissionsgeschäft sowohl für den amerikanischen Staat als auch die Privatwirtschaft abgewickelt. Im Unterschied dazu konnte die Deutsche Bank über das gesamte zwanzigste Jahrhundert hinweg ihre Macht bewahren.

Vor der Zentrale des Bankhauses in Frankfurt steht eine Granitstatue, die Bände spricht über das Selbstverständnis der Bank und ihre historische Rolle in Deutschland: Glatt polierte Steinfalten schlingen sich in unendlichen Windungen übereinander, umeinander und ineinander. Der Titel der Statue lautet »Kontinuität«. In einem bewegten Jahrhundert war die Deutsche Bank stets ein Bollwerk an Beständigkeit und ein nicht zu unterschätzender Faktor in der deutschen Industrielandschaft.

Nirgends wird dies deutlicher als bei der Firma Daimler-Benz, die 1926 durch den Zusammenschluss der beiden Unternehmen entstand. Angeregt wurde dieser Deal von Emil Georg von Stauss von der Deutschen Bank, der die Konsolidierung der angeschlagenen deutschen Automobilindustrie fördern wollte. Von Stauss, der in den folgenden zehn Jahren als begeisterter Nazi und »politischer Bankier« bekannt werden sollte, wollte die beiden besten deutschen Autofirmen zusammenschweißen, die gemeinsam dreißig Prozent des Markts beherrschten. Seit jener Zeit ist der Vorstandsvorsitzende der Deutschen Bank traditionell zugleich Vorsitzender des Aufsichtsrats von Daimler-Benz.

Nach einer zweijährigen Zusammenarbeit in einem Joint Venture unterzeichnete man 1926 den Fusionsvertrag. In dem Dokument wurde unter anderem festgesetzt, dass der Name Benz niemals aus dem Firmennamen gestrichen werden dürfe – eine Bestimmung, die in der Abschlussphase der Verhandlungen zwischen Daimler und Chrysler Jahrzehnte später wieder relevant werden sollte.

Die beiden Firmen bauten teure, aufwändig ausgestattete Kraftfahrzeuge. Daimlers Motto lautete: »Das Beste oder nichts.« Benz prägte eine ähnliche Devise: »Vom Guten das Beste.« Die ehemaligen Konkurrenten passten also sehr gut zusammen.

*

Ende der zwanziger Jahre begann in München der verhängnisvolle Aufstieg eines politischen Aktivisten, dem durch die Veröffentlichung seines ersten Buches ein unerwarteter Geldsegen beschert wurde. Wie so viele andere in einer ähnlichen Situation vor und nach ihm feierte er seinen neuen Wohlstand mit dem Kauf eines prestigeträchtigen Autos – eines Vier-Liter-Mercedes. Der Mann, der die Bestellung in Auftrag gab, hieß Adolf Hitler; das Erfolgsbuch war *Mein Kampf*. Der Wagen, der am 29. Januar 1929 geliefert wurde, blieb nicht das einzige Fahrzeug aus dem Stall von Mercedes-Benz. Kurz vor Kriegsausbruch 1939 schenkte Daimler Adolf Hitler zu seinem fünfzigsten Geburtstag ein prächtiges Tourenmodell, ein 770er Cabriolet.

Kurz nach seiner Machtergreifung im Januar 1933 skizzierte Hitler seine Pläne für die Wiederbelebung der deutschen Automobilindustrie. Die Branche war durch die Weltwirtschaftskrise stark angeschlagen; bei Daimler-Benz war die Zahl der Mitarbeiter in den fünf Jahren von 1927 bis 1932 um die Hälfte zurückgegangen. Hitler setzte die Steuern auf Autos drastisch herab, worauf die Branche kräftig boomte. Allein 1933 schufen die Autohersteller 70 000 Arbeitsplätze, und die Produktion stieg um 54 Prozent. Man stellte Tausende neuer Arbeiter ein, weitete die Kapazitäten aus und erzielte wieder Gewinne. 1935 zahlte Daimler den ausgehungerten Aktionären ihre erste Dividende seit der Fusion von Daimler und Benz im Jahr 1926.

Hitler war besessen von der Idee eines Autos für den einfachen Mann – dem späteren »Volkswagen«. Ferdinand Porsche entwarf damals ein entsprechendes Fahrzeug, doch die deutschen Autohersteller konnten sich nicht darüber einigen, in welcher Weise die Produktion aufgenommen werden sollte. Bei Hitlers Wunschpreis von 900 Reichsmark pro Auto ließ sich kaum etwas verdienen. Jakob Werlin, ein alter Freund Hitlers und Vorstandsmitglied bei Daimler, half dem Führer aus der Klemme. Das Daimler-Werk in Untertürkheim baute die ersten dreißig Exemplare des Prototyps, die damals – nach dem Motto »Kraft durch Freude« – als »KdF-Wagen« bezeichnet wurden. In Wolfsburg wurde ein neues Unternehmen gegründet, das die Fahrzeuge für den Massenmarkt fertigen sollte. Dies war der Vorläufer der heutigen Volkswagen AG.

Daimler-Benz spielte eine aktive Rolle bei der militärischen Aufrüstung des Landes und bei der Vorbereitung auf den Krieg, der seit dem Beginn des Naziregimes erörtert wurde. Das Unternehmen investierte massiv in seine Lastwagenfabrik in Marienfelde bei Berlin und baute 1935–36 in Genshagen südlich der Hauptstadt eine neue Fabrik, die der Massenfertigung von Flugzeugmotoren dienen sollte. Das Werk wurde bewusst in einem dichten Waldgebiet errichtet, wobei die einhundert Produktionsstätten auf einem riesigen Areal verstreut lagen, damit sie aus der Luft nicht so leicht zu identifizieren waren. Die Effizienz der Fabrikanlage musste hinter strategischen Gesichtspunkten zurückstehen – Krieg stand bereits auf dem politischen Spielplan.

1939 sollte das absolute Glanzjahr in der Geschichte von Daimler-Benz werden. Man hatte bei den Produktionszahlen von Personen- und Lastkraftwagen alle Rekorde gebrochen und hoffte auch in Zukunft auf weitere Umsatzsteigerungen. Doch Daimler und die übrige deutsche Industrie hatten einen Pakt mit dem Teufel geschlossen. Im September wurde der Verkauf von Autos an Privatpersonen verboten, die Produktion bei Daimler musste ganz auf die Erfordernisse des Krieges ausgerichtet werden. Die Werke des Unternehmens lieferten auf Hochtouren Lastkraftwagen für die Front und Motoren für Panzer, Schnellboote und Flugzeuge.

In den folgenden Kriegsjahren setzte das Unternehmen zunehmend Zwangsarbeiter ein und ergänzte auf diese Weise die eigene dezimierte Belegschaft mit Tausenden von Kriegsgefangenen, Zivilisten aus besetzten Ländern und Häftlingen aus Konzentrationslagern. In Werken wie Untertürkheim, Sindelfingen, Mannheim und Berlin-Marienfelde stellten diese ausgehungerten und misshandelten Menschen bald mehr als ein Drittel der gesamten Arbeitskräfte. Sie lebten und arbeiteten unter völlig unmenschlichen Bedingungen und waren ständig der Gefahr von Luftangriffen sowie den Schikanen und Schlägen der Aufseher ausgesetzt. Als sich der Krieg ausweitete und die Aussicht auf einen Sieg immer mehr schwand, mussten sie unterirdische Höhlen bauen, in die ein Großteil der Produktionsstätten des Unternehmens verlegt wurde.

Die Zeit zwischen 1933 und 1945 war für die Industrie ein düsteres Kapitel. Daimler-Benz war nicht das einzige Unternehmen, das eng mit Hitlers Regime zusammenarbeitete. Praktisch alle großen deutschen Banken und Industriekonzerne stellten sich zum Teil schon von 1933 an hinter den Führer. Auch der Einsatz von Zwangsarbeitern war allgemein üblich. Offener Widerstand kam kaum aus den Reihen der Industrie – und wenn, endete er häufig tödlich, wie etwa im Fall Hermann Köhlers. Köhler, der Direktor der Stuttgarter Filiale der Deutschen Bank und

Mitglied des Daimler-Aufsichtsrats, wagte es, Kritik an den Nationalsozialisten zu üben. Er wurde im Herbst 1943 hingerichtet.

Nach dem Krieg hat Daimler-Benz als eines der ersten Unternehmen seine Archive geöffnet, um den Historikern eine wissenschaftliche Aufarbeitung dieser Periode zu ermöglichen. Heute hat das Unternehmen eine führende Rolle bei den Bemühungen der deutschen Industrie um Wiedergutmachung übernommen. Der Konzern zahlte den bislang größten Beitrag in den Wiedergutmachungsfonds, und Manfred Gentz, Finanzchef von DaimlerChrysler, leitet auf Seiten der Wirtschaft die Stiftung, die die Entschädigung ehemaliger Zwangsarbeiter koordiniert.

*

Bis Kriegsende waren siebzig Prozent der Fabrikgebäude in Untertürkheim dem Erdboden gleichgemacht worden; in Gaggenau waren es achtzig und in Sindelfingen sogar 85 Prozent. Auch die Werke in Berlin waren vollständig zerstört. Nur Mannheim war mit zwanzig Prozent Schaden relativ glimpflich davongekommen.

Die wenigen verbliebenen Arbeiter machten sich zunächst daran, den Schutt beiseite zu räumen und Pfade durch die Ruinen zu bahnen. Die Unternehmensleitung von Daimler und die Besatzungstruppen aus Amerika und Frankreich konnten sich damals kaum vorstellen, dass in einem der Daimler-Werke jemals wieder irgendetwas produziert werden würde. »Das Unternehmen hat praktisch aufgehört zu existieren«, lautete das düstere Urteil des Jahresberichts für 1945, der erst sechs Jahre später veröffentlicht wurde.

Daimler-Benz stand buchstäblich aus Schutt und Asche wieder auf und stürzte sich eifrig ins Geschäft. Wichtige Maschinen, die man zum Schutz vor Bombenangriffen vergraben hatte, wurden wieder ans Tageslicht befördert. Zwar waren die meisten Werkhallen zerstört, doch die unterirdischen Höhlen hatten sich bewährt – nur etwa fünfzehn Prozent des Maschinenparks waren zerstört worden. Sofort machte man sich wieder an die Planung neuer Modelle.

Die Autoproduktion steigerte sich von 214 Stück im Jahr 1946 auf 1045 im Folgejahr und 17 417 im Jahr 1949; im selben Zeitraum stieg die Zahl der gebauten Lastkraftwagen um das Sechsfache auf 6000. Im Mai 1949 stellte das Unternehmen auf der Hannover-Messe drei neue Fahrzeugtypen vor – einen 3,5-Tonner Lkw und zwei Ausführungen einer 170er S-Klasse. Die Modelle fanden im In- und Ausland sofort großen Anklang und allmählich gewann Daimler das alte Terrain wieder zurück. Bereits 1951 zählte das Unternehmen etwa 32 000 Beschäftigte, genauso viele wie vor dem Krieg.

Passenderweise hielt der amerikanische Außenminister James F. Byrnes seine historische Rede von 1946 in Stuttgart – eine Rede, in der er die Deutschen aufforderte, hart zu arbeiten, bescheiden zu leben und die deutsche Industrie zu friedlichen Zwecken wieder aufzubauen. Daimler und Hunderte anderer schwäbischer Konstruktionsfirmen folgten seinem Aufruf. Doch nicht Fleiß und Disziplin allein waren ausschlaggebend für das Wiederaufleben von Daimler in der Nachkriegszeit, auch äußere Faktoren waren entscheidend. Die Umsetzung des Marshallplans seit 1948 animierte auch amerikanische Unternehmer, wieder in das vom Krieg gebeutelte Europa zu investieren, und sorgte dafür, dass Deutschland kein »Land der Ruinen und Schweinehirten« blieb, wie wohl so mancher insgeheim gehofft hatte. Im selben Jahr führte Ludwig Erhard, der große deutsche Wirtschaftsminister, die D-Mark ein. Diese neue Währung weckte wieder das Vertrauen in die angeschlagene deutsche Wirtschaft und bildete einen wichtigen Grundpfeiler für den künftigen Wohlstand des Landes.

Im Februar 1953 wurde das wiedergewonnene Ansehen Deutschlands als Mitglied der internationalen Staatengemeinschaft durch das Londoner Schuldenabkommen untermauert; dies ebnete den Weg für die Konvertibilität der D-Mark und sicherte Deutschlands Kreditwürdigkeit im Ausland. Die deutsche Delegation wurde damals von Hermann Josef Abs angeführt, der später zum Vorsitzenden des Daimler-Aufsichtsrats gewählt wurde.

Seit dieser Zeit spiegelt das zunehmende Florieren des Daimler-Konzerns den wachsenden Wohlstand Deutschlands insgesamt. Die Umsätze betrugen im Jahre 1950 immerhin schon 502 Millionen DM, 1960 bereits 3,7 Milliarden DM; 1970 waren es 10,5 Milliarden DM, 1980 nicht weniger als 31 Milliarden DM und ein Jahrzehnt später 85 Milliarden DM. Im selben Zeitraum stieg die Zahl der produzierten Personen- und Lastkraftwagen von 42 200 auf 842 000 und die Zahl der Mitarbeiter von 31 000 auf 377 000.

Die tatkräftigen Daimler-Chefs der Nachkriegszeit verstanden es, sich auf die positiven Werte ihres Erbes zu stützen und Deutschlands reichstes und mächtigstes Unternehmen aufzubauen. Es gelang ihnen, den Ruf der technischen Präzision und Innovation zu wahren und das Netz der Vertragshändler weltweit auszudehnen. Daimler gründete in Nord- und Südamerika sowie in Asien Montagewerke und Vertriebsnetze. 1956 verkaufte der Konzern seine Personen- und Lastkraftwagen über rund 1400 Vertretungen in 127 Ländern. Wie schon vor den beiden Kriegen konzentrierte sich Daimler-Benz auch in den folgenden Jahrzehnten bei den Pkws ausschließlich auf das obere Segment des Markts, wobei Modelle wie der 300-SL-Sportwagen und die S-Klasse-Limousine von 1972 den Nimbus des dreizackigen Sterns besonders verstärkten. Die Fahrzeuge waren marktführend, vor allem wenn es um technische Neuerungen und Sicherheit ging. Mercedes führte zum Beispiel schon Ende der siebziger Jahre nach fast zwanzigjähriger Forschung und Entwicklung als erster Autohersteller Airbags und ABS-Bremssysteme ein.

Wegen der Qualität seiner Fahrzeuge konnte Daimler höhere Preise ansetzen als seine Konkurrenten. Dies führte natürlich auch zu höheren Handelsspannen, Gewinnen und Rücklagen. Darüber hinaus nutzte der Konzern die Möglichkeiten der flexiblen Buchführung, um die Gewinne sowohl vor den Aktionären als auch vor dem Fiskus zu schützen. Die dadurch entstandenen stillen Reserven konnten wiederum in aggressive Investitionsprogramme fließen.

Es schien, als würde der Daimler-Benz-Konzern nie wieder so schwach und angreifbar sein wie in den späten zwanziger und frühen dreißiger Jahren.

*

In den achtziger Jahren vollzogen Daimler-Benz und die Deutsche Bank alljährlich ein Ritual, das die Unabhängigkeit des Autoherstellers von seinem größten Aktionär demonstrieren sollte.

Der Daimler-Vorstand zitierte die führenden Köpfe der Bank nach Stuttgart um pro forma nachzufragen, ob das Geldinstitut immer noch ein sicheres Depot für große Summen sei. Es ging dabei um die fünf bis sechs Milliarden Mark in bar, die Daimler-Benz als Überschuss aus seiner erfolgreichen Expansion in der Nachkriegszeit angesammelt hatte. Natürlich zweifelte niemand an der Integrität des Instituts; man wollte sich vielmehr versichern, trotz der hohen Kapitaleinlage in wichtigen Entscheidungen unabhängig zu sein.

Mit der gebotenen Höflichkeit erklärten die Vertreter der Deutschen Bank, dass dies natürlich eine beträchtliche Summe darstelle, im Grunde aber nur einen Bruchteil ihres gesamten Bilanzvolumens ausmache.

Am Ende einigten sich beide Seiten stets darauf, dass das Geld bei der Deutschen Bank hinterlegt bleiben solle und die Bank die Einlage marktüblich verzinsen solle. Mehr konnte die Deutsche Bank nicht erwarten, obwohl sie über ein Viertel des Unternehmens besaß und seit einem halben Jahrhundert die Unternehmensstrategie maßgeblich beeinflusst hatte.

Diese Episode veranschaulicht die subtile Feindseligkeit, die das Verhältnis zwischen Daimler und der Deutschen Bank seit Jahrzehnten kennzeichnet. Der Daimler-Konzern war stets darauf bedacht, seine Unabhängigkeit unter Beweis zu stellen, während die Bank in der gesamten Nachkriegszeit auf höchster Ebene ihren Einfluss geltend gemacht hat.

Seit jeher hat die Deutsche Bank ihre dominierende Rolle im Aufsichtsrat dazu genutzt, die Konzernstrategie zu bestimmen und die Wahl des Vorstandsvorsitzenden zu beeinflussen. Bis Anfang der achtziger Jahre funktionierte dies auch reibungslos. So war zum Beispiel Joachim Zahn, von 1965 bis 1979 Vorstandsvorsitzender von Daimler, ein Protegé der Deutschen Bank. Als er 1979 ausschied, kam erwartungsgemäß Gerhard Prinz zum Zuge, der den Posten nur vier Jahre lang innehaben sollte; er erlitt auf seinem Heimtrainer einen tödlichen Herzanfall. Sein Nachfolger wurde Werner Breitschwerdt – eine kontroverse Entscheidung, denn einflussreiche Führungspersönlichkeiten sowohl in der Bank als auch im Konzern hatten eigentlich Edzard Reuter favorisiert.

Reuter war der aufstrebende Finanz- und Planungsleiter, ein Visionär, der den Daimler-Konzern über seinen primären Absatzbereich, den Automobilmarkt, hinaus in die rapide expandierenden Zukunftsbranchen führen wollte. Wie Herrhausen verschrieb er sich nach Kriegsende ganz dem Wiederaufbau und war fast dreißig Jahre lang für Daimler-Benz tätig.

Alfred Herrhausen, einer von Reuters Förderern, wurde im Juli 1985 Vorstandsvorsitzender der Deutschen Bank und Aufsichtsratsvorsitzender von Daimler-Benz. In der Stuttgarter Daimler-Zentrale hatte er ein Büro, von dem aus er die Konzernleitung radikal umzukrempeln plante. Breitschwerdt wurde schließlich der Rücktritt nahe gelegt, Reuter 1987 zu seinem Nachfolger ernannt. Herrhausen brachte auch Helmut Werner als Leiter der Lkw-Abteilung mit an Bord. Werner, der ehemalige Chef der Reifenfirma

Continental, galt damals bereits als potenzieller Nachfolger Reuters. Es dauerte nicht lange, bis er zum Chef von Mercedes-Benz ernannt wurde; in dieser Position war er maßgeblich an der Erneuerung des Automobilunternehmens im Zentrum des Konzerns beteiligt.

Als Vorstandsvorsitzender der Deutschen Bank und Aufsichtsratsvorsitzender von Daimler-Benz war Herrhausen der einflussreichste Mann der deutschen Wirtschaft und die vollkommene Verkörperung des deutschen Erfolgs der Nachkriegszeit. In dieser Position war er auch ein exponiertes Ziel für Angriffe. Am Morgen des 30. November 1989 wurde er vor seinem Haus in Bad Homburg das Opfer eines Bombenattentats; der Chauffeur überlebte den Anschlag, Herrhausen war auf der Stelle tot. Ein roter Stern und eine Kalaschnikow, die am Straßenrand zurückgelassen wurden, gaben das Attentat als Werk der Roten-Armee-Fraktion zu erkennen, jener linken Terrorgruppe, die jahrzehntelang einen blutigen Feldzug gegen deutsche Finanz- und Wirtschaftskapitäne führte.

Der Mord dämpfte den sorglosen Optimismus, der seit dem Fall der Berliner Mauer ganz Deutschland mitgerissen hatte. Nach der perversen Logik der Terroristen, die am Vorabend der historischen Wiedervereinigung mit Ostdeutschland die Bundesrepublik in ihrem Grundgefüge treffen und verwunden wollten, gab es kein geeigneteres Ziel.

Obwohl Herrhausen nur wenig mehr als vier Jahre Chef des Aufsichtsrats gewesen war, übte er einen entscheidenden Einfluss auf Daimler-Benz aus. Er war der wichtigste Befürworter von Edzard Reuter, der 1995 von Jürgen Schrempp abgelöst wurde. Und er war einer der geistigen Väter des Plans, Daimler-Benz in ein »integriertes Hightech-Unternehmen« zu verwandeln.

Im Rückblick erwies sich diese Strategie als Unheil für das Unternehmen, das 1995 fast am Ende war. Es ist verlockend, darüber zu spekulieren, was geschehen wäre, hätte

Herrhausen weitergelebt. Hätte er das Scheitern der Strategie erkannt? Hätte er irgendetwas dagegen unternommen? Oder hätten er und Reuter die Strategie gemeinsam vielleicht doch zum Erfolg führen können?

Herrhausens Nachfolger wurde der Kettenraucher Hilmar Kopper. Der nüchterne Preuße setzte gleich zu Beginn seiner Amtszeit ein Zeichen – er zog aus dem Büro des Aufsichtsratschefs in der Stuttgarter Hauptverwaltung aus. Dem Vorstand der größten europäischen Bank vorzustehen sei eine Vollzeitbeschäftigung, behauptete er.

2. Kapitel
DIE GESCHICHTE DER CHRYSLER CORPORATION

Von Walter P. Chrysler bis Lee Iacocca

Es war im Jahr 1908, als sich ein 33-jähriger amerikanischer Ingenieur bei einem Besuch in Chicago verliebte. Der Ingenieur hieß Walter Percy Chrysler. Das Objekt seiner Zuneigung war indes nicht aus Fleisch und Blut; es handelte sich vielmehr um einen elfenbeinfarbenen und roten Locomobile-Touringwagen, der bei einer Automobilausstellung zu besichtigen war. Vier Tage hintereinander schlich Chrysler auf der Ausstellung herum und starrte wie gebannt auf den Wagen. Er wollte das Fahrzeug um jeden Preis haben und beschloss, umgehend ein Darlehen von 4300 Dollar aufzunehmen und den 5000 Dollar teuren Traumwagen zu kaufen.

Chrysler ließ seine Neuerwerbung an seinen Wohnort in Kansas transportieren, wobei er die Maschine mit so viel Sorgfalt behandelte, als sei sie tatsächlich seine frisch heimgeführte Braut. Zu Hause angekommen, ging er nicht etwa gleich auf Probefahrt, sondern nahm den Wagen einschließlich Motor immer wieder auseinander und setzte die Einzelteile wieder zusammen. Chrysler war leidenschaftlich daran interessiert herauszufinden, wie jedes einzelne Bauelement konstruiert war und wie das Automobil funktionierte.

Chrysler gelangte schnell zu der Überzeugung, dass die Zukunft des Transportwesens nicht der Eisenbahn gehöre, bei der er seit seinem siebzehnten Lebensjahr sein Brot verdient hatte, sondern dem Automobil. 1910 gab er seine Anstellung bei der American Locomotive Company in Pittsburgh auf und stieg bei der Firma Buick ein, die zu General Motors gehörte. Er machte einen rasanten Aufstieg: binnen zehn Jahren war er President von Buick und Vice President von General Motors. Bis 1920 hatte er genügend Vermögen angehäuft, um aus dem Unternehmen auszuscheiden und in Vorruhestand zu gehen. Er hatte es satt, für William C. Durant, den legendären General-Motors-Gründer, zu arbeiten.

In die Industrie zurückgelockt wurde er mit einem Jahresgehalt von einer Million Dollar – einer beträchtlichen Summe für die damalige Zeit – und der Aufgabe, die tief verschuldete Firma Willys Overland zu sanieren. (Die Firma überlebte und baute von den 40er Jahren an den berühmten Jeep Willis Overland MB. Nach verschiedenen Besitzerwechseln wurde sie Jahrzehnte später in die Chrysler Corporation übernommen.) 1921 wurde Walter Chrysler Chairman von Maxwell und Chalmers, zwei weiteren kränkelnden Autoherstellern. Er brachte sie auf Vordermann, fusionierte sie 1923 und begann mit der Produktion von Automobilen, die seinen Namen trugen. Ein paar Jahre später übernahm er die Leitung des Unternehmens, das von diesem Zeitpunkt an Chrysler Corporation hieß.

Der erste Chrysler wurde im Januar 1924 bei der Automobilausstellung in New York vorgestellt. Da die offizielle Schau Automobilen vorbehalten war, die bereits in Produktion waren, enthüllte Chrysler den neuen Prototyp seines Wagens in der Lobby des Commodore Hotels. Der Publicityeinfall machte sich bezahlt. Das Sechs-Zylinder-Modell 70 S mit einer Spitzengeschwindigkeit von siebzig Meilen pro Stunde und innovativen Hydraulikbremsen schlug sofort groß ein. Bereits im ersten Jahr wurden fast 20 000 Stück davon verkauft. In den folgenden vier Jahren stiegen die Zahl der produzierten Fahrzeuge und die Bandbreite der verfügbaren Modelle rapide. 1927 war

Chrysler mit einem Produktionsvolumen von 182 000 Fahrzeugen der siebtgrößte Autohersteller in Amerika.

Im folgenden Jahr übernahm Chrysler die finanziell angeschlagenen Dodge Brothers, die eher robuste Fahrzeuge bauten, und führte die preisgünstigen Marken DeSoto und Plymouth ein. Als es im Oktober 1929 zum großen Börsenkrach kam, war Chrysler – neben Ford und General Motors – unter die »Big Three«, die drei großen amerikanischen Autohersteller, aufgestiegen.

Im selben Monat, in dem der Aktienmarkt zusammenbrach, räumte Chrysler den nach ihm benannten Wolkenkratzer an der Ecke 42. Straße und Lexington Avenue in Midtown Manhattan. Ganze elf Monate lang war dieser 77 Stockwerke hohe Bau das größte Gebäude der Welt, bis im Mai des folgenden Jahres das um 62 Meter höhere Empire State Building fertig gestellt wurde. Die mit einer 56 Meter hohen Stahlspitze gekrönte und insgesamt 319 Meter hohe Chrysler-Zentrale war an den Außenfassaden mit Friesen in der Form von Radkappen und Wasserspeiern aus rostfreiem Stahl verziert. »Das bizarre, phantastische und exotische Gebäude zieht die Aufmerksamkeit des Passanten auf sich«, hieß es in einem zeitgenössischen Bericht, »und auch das erstaunte Interesse der Landbevölkerung und der Seeleute, die das Gebäude im Umkreis von Meilen sehen können.«

Der Bau war kühn und originell – Eigenschaften, die auch mit den ersten Chrysler-Automobilen in Verbindung gebracht wurden und die Fahrzeuge auch noch über viele Jahrzehnte kennzeichneten. Im Chrysler-Building schwingt so viel Symbolisches mit, dass vielen Daimler-Chrysler-Managern die Tränen in den Augen standen, als Jürgen Schrempp Anfang 2000 bei einer Mitarbeiterkonferenz in der Zentrale von Auburn Hills bekannt gab, man werde einige in Detroit ansässige Abteilungen der Hauptverwaltung zu gegebener Zeit wieder in das ehrwürdige Gebäude in New York verlegen. Der Umzug könnte auf die Einrichtung einer »virtuellen« DaimlerChrysler-Zentrale in den Vereinigten Staaten deuten, doch ein offizieller Abzug der Hauptverwaltung aus Stuttgart ist angesichts des deutschen Erbes von Daimler unwahrscheinlich.

Der Wolkenkratzer setzte auch dem Erfolg von Walter P. Chrysler selbst ein Denkmal. Chrysler war ein archetypischer amerikanischer Unternehmer, der es mit Tüchtigkeit und Findigkeit schaffte, aus einfachen Verhältnissen zu Ruhm und Reichtum aufzusteigen. Er war ein bulliger, offener Mensch, der in den Jahren bei der Eisenbahn gelernt hatte, harte Schläge auszuteilen und markige Sprüche loszulassen. Ende der zwanziger Jahre hatte er diese groben Seiten jedoch abgelegt. Auf den Fotos, die ihn im schicken Zweireiher stolz neben dem neuesten Tourenwagen oder Coupé zeigen, strahlt er Eleganz, Frische und Selbstbewusstsein aus.

Chrysler, dessen Vorfahren im neunzehnten Jahrhundert aus Worms am Rhein nach Amerika ausgewandert waren, erlebte im Gegensatz zu vielen Geschäftsleuten, die in den ungestümen Jahren der Roaring Twenties reüssierten, in der darauf folgenden Wirtschaftskrise keinen Zusammenbruch. So konnte er auch in den mageren Jahren in innovative Technologien investieren. Seine Spitzeningenieure – Carl Breer, Fred Zeder und Owen Skelton, die als die »drei Musketiere« bezeichnet wurden – kamen mit einer bahnbrechenden Idee nach der anderen. Dazu zählten das Motoraufhängungssystem »Floating Power«, das die Übertragung der Motorvibration auf das Fahrzeuggehäuse verhinderte; die automatische Zündung; rostfreie Karosserien und die weltweit erste abgerundete Sicherheitsglas-Windschutzscheibe aus einem Stück. 1934 folgte der stupsnasige Chrysler Airflow. Mit seinem tropfenförmigen Design, einer Sicherheitskabine aus Stahl und einer Vielzahl weiterer Neuerungen war dieses Modell seiner Zeit so weit voraus, dass es bei den Käufern zunächst überhaupt nicht ankam. Doch es setzte für die gesamte Autoindustrie neue Maßstäbe in puncto Sicherheit und Komfort. Im Rückblick war dies vielleicht das erste wirklich moderne Auto; seine Form wurde später in den »cab forward« Chryslers der 90er Jahre und dem PT Cruiser nachgeahmt.

In den Jahren nach der Wirtschaftskrise wurde Chrysler immer größer und immer stärker. Chrysler war der einzige Autohersteller, der 1933 größere Umsätze aufwies als 1929. Im Jahr 1940 beherrschte Chrysler 25 Prozent des Markts und hatte Ford als zweitgrößte amerikanische Autofirma nach General Motors verdrängt.

*

Walter P. Chrysler starb 1940. Der Tod dieses Patriarchen und der Kriegseintritt der Vereinigten Staaten im Dezember 1941 markierten einen Wendepunkt in der Geschichte des Unternehmens.

Wie die übrige amerikanische Industrie war Chrysler gezwungen, die Produktion von Fahrzeugen für Privatkunden einzustellen und sich stattdessen auf die Herstellung von Rüstungsgütern für die alliierten Streitkräfte zu verlegen. Die Werke produzierten ab sofort Lastkraftwagen, Motoren für Schiffe und Flugzeuge, Panzer, Raketen sowie Schlepper und Radarsysteme. Das berühmteste aller damaligen Chrysler-Produkte war der 32 Tonnen schwere M-4-Sherman-Panzer, das wichtigste Kampffahrzeug der US Army und ihrer Alliierten. Chrysler baute 18 000 dieser flinken und zuverlässigen Fahrzeuge. Ferner lieferte man 500 000 Dodge-Lastkraftwagen.

Während des Kriegs stellte allein Chrysler Material im Wert von 3,4 Milliarden Dollar bereit – von 29 Milliarden Dollar, die die Automobilindustrie insgesamt beisteuerte. Für eine ganze Generation von Amerikanern waren die Panzer und Trucks des Unternehmens Symbole für den heroischen Kampf zur Befreiung der Welt von den Achsenmächten.

Als wieder Friedenszeiten einkehrten, gab sich Chrysler weniger innovativ als vor dem Krieg. Unter K. T. Keller wurde der Konzern zum Inbegriff des Konservatismus. Der neue Mann an der Spitze bestand darauf, dass seine Autos so groß sein müssten, dass der Fahrer mit aufgesetztem Hut einsteigen könne. In einer Zeit, als der Hut längst kein unentbehrlicher Bestandteil der Garderobe mehr war, erwarben die Autos von Chrysler schnell den Ruf, ungeschlacht und altmodisch zu sein, verglichen mit den schnittigen neuen Modellen von Ford und General Motors. Die Verkaufszahlen gingen zurück, und bis zum Jahr 1954 sank der Marktanteil auf beunruhigende dreizehn Prozent, den niedrigsten Wert seit dem Krieg.

Von diesem Zeitpunkt an lässt sich ein anhaltendes Charakteristikum in der jüngeren Geschichte der Chrysler Corporation verfolgen, nämlich die Tendenz, zwischen Aufstieg und Krise hin und her zu pendeln. Die nordamerikanische Autoindustrie wies stets markante Zyklen zwischen fetten und mageren Jahren auf. Und man konnte sich darauf verlassen, dass Chrysler mit schöner Regelmäßigkeit in den guten Jahren besonders gut und in den schlechten Jahren besonders schlecht abschnitt – ein Rezept für anhaltende Instabilität.

1955 verbesserte sich die Lage des Unternehmens zunächst entscheidend mit der Einführung des Chrysler 300, eines starken 300-PS-Fahrzeugs, dessen fortschrittliches Styling auf die Silhouette des zwanzig Jahre vorher entwickelten Airflow zurückgriff. Unter dem Chefdesigner Virgil Exner entstand eine Reihe dynamisch geformter, sportiver Fahrzeuge, die dem Unternehmen wieder auf die Beine halfen. Doch als 1958 die nächste Rezession heraufdämmerte, erwies sich Chrysler erneut als anfällig. Während die Verkaufszahlen der Branche insgesamt um 31 Prozent zurückgingen, sank der Ausstoß bei Chrysler um 48 Prozent. Bis 1962 hatte sich der Marktanteil des Unternehmens auf gefährlich niedrige 8,3 Prozent verringert.

»Meine Frau lässt sich scheiden. Meine Freundin ist schwanger. Mein Sohn ist von der Uni Yale geflogen. Und jetzt bin ich auch noch zum Vice President von Chrysler befördert worden.« Dieser Witz (zitiert in David Halberstams *The Reckoning*) zeigt, wie tief Chrysler damals gesunken war.

Als der autokratische Lynn Townsend den Posten des Chairman übernahm, gelang dem Unternehmen – zumindest äußerlich – ein Aufschwung. Marktanteil und Gewinn stiegen entsprechend dem landesweiten Boom auf dem Automarkt. Allerdings beschwor Chrysler ernsthafte Probleme für die Zukunft herauf. Townsend vergeudete die Ressourcen von Chrysler bei dem unseligen Versuch, ein internationales Netz aufzubauen, indem er Beteiligungen an einer Reihe von zweitklassigen Firmen erwarb, wie zum Beispiel Rootes in England, Simca in Frankreich und Barreiros in Spanien. Die Produktion für den heimischen Markt konzentrierte sich ganz auf große, benzinschluckende Schlitten – eine gravierende Fehlentscheidung, so kurz vor der Ölkrise von 1973 und der Einführung strenger Abgasverordnungen.

Der frühere Pep im Bereich der technischen Konstruktion verflog in dem Maße, wie Buchhalter die Zügel der Firma in die Hand nahmen. Die Absatzzahlen führten zu einer Überschätzung der realen Nachfrage, und bald standen Zehntausende unerwünschter Wagen auf riesigen Flächen in ganz Michigan. Noch Jahre später empörte sich Lee Iacocca über den Anblick einer dieser »sales banks«. Als er Ende 1978 bei Chrysler einstieg, musste er bei seiner täglichen Fahrt zur Arbeit an endlosen Halden unverkaufter Wagen vorbeifahren. Zwischen den Autos schoss das Unkraut in die Höhe, im Winter lagen die Kutschen unter einer dicken Schneedecke, und gekrönt wurde der Skandal dadurch, dass zusätzliche Abstellflächen für die Überbestände vom Erzrivalen Ford gemietet werden mussten.

1970 hatte Chrysler fast 800 Millionen Dollar Schulden und war damit im Verhältnis zu seinen Vermögenswerten weit tiefer verschuldet als General Motors beziehungsweise Ford. Als Penn Central 1970 mit Schulden von einer Milliarde Dollar in Konkurs ging, richtete sich die ganze Aufmerksamkeit auf Chrysler: War dies der nächste Multi, der Pleite machte? Ein paar Monate lang geriet das Unternehmen in eine gefährliche Liquiditätskrise, als es vom Wertpapierhandel ausgeschlossen wurde. Nur mittels entschiedener Finanzdiplomatie ließen sich die Kredithähne wieder öffnen. Chrysler torkelte so vor sich hin und konnte es sich 1971 leisten, eine 35-prozentige Beteiligung an der japanischen Mitsubishi Motors Corporation zu erwerben. In den folgenden zwei Jahren wies Chrysler Rekordumsätze auf, bevor es 1973 mit dem Ölembargo der Organisation Erdöl exportierender Länder (OPEC) zum Zusammenbruch kam.

Das Embargo der OPEC beherrschte eine ganze düstere Dekade lang die Szenerie. Die Autoindustrie spürte zunehmend den Druck des Gesetzgebers, der sich darum bemühte, die Abhängigkeit der Vereinigten Staaten vom Öl aus dem Nahen Osten zu verringern. Die »Big Three« sahen sich gezwungen, massiv in die Entwicklung kleinerer Fahrzeuge mit sparsamerem Kraftstoffverbrauch zu investieren. Gleichzeitig dämpfte eine Reihe von Rezessionen die allgemeine Nachfrage nach Automobilen überhaupt.

Chrysler litt stärker als Ford und General Motors. Die Chrysler Corporation war kleiner und finanziell weniger robust als ihre Konkurrenten und somit weniger in der Lage, die Kosten der neuen Maßnahmen zu tragen. Und im Gegensatz zu General Motors und Ford hatte sie keinerlei Polster, um die Rezession auf dem amerikanischen Markt aufzufangen. Die beiden größeren Unternehmen waren mit florierenden internationalen Unternehmen verbunden, während der Chrysler Corporation durch ihre internationalen Verflechtungen nur zusätzlicher Kummer entstand. Die völlig unrentable englische Firma Rootes konnte nur mit Hilfe einer kräftigen staatlichen Subventionsspritze über Wasser gehalten werden. 1978 zog Chrysler erste Konsequenzen und verkaufte seine Werke in England, Spanien und Frankreich für insgesamt 430 Millionen Dollar in Aktien und Barmitteln an Peugeot-Citroën.

Verschlimmert wurden die Probleme bei Chrysler darüber hinaus durch schlechtes Management und miserable technische Standards. Am 2. November 1978, dem Tag, an dem Lee Iacocca in das Unternehmen einstieg, wies Chrysler einen Quartalsverlust von 159 Millionen Dollar auf, den schlimmsten in seiner gesamten Geschichte.

*

Der Einfluss, den Lee Iacocca auf Chrysler – und auf Amerika insgesamt – ausübte, ist Stoff für allerlei Legenden. Hier sollen nur kurz die wichtigsten Fakten wiedergegeben werden.

Iacocca wurde am 15. Oktober 1924 als Sohn italienischer Einwanderer der ersten Generation in Allenstown, Pennsylvania, geboren. Sein Vater Nicola war ein tüchtiger Geschäftsmann, der einen Hot-Dog-Laden mit dem Namen »Orpheum Wiener House« betrieb. Die Familie Iacocca überstand auch die Jahre der Wirtschaftskrise, und der junge Lee (der auf den Namen »Lido« getauft war) schloss 1942 die Highschool ab. Wegen der Folgen eines rheumatischen Fiebers wurde er aus medizinischen Gründen als wehruntauglich eingestuft. Anstatt in den Krieg zu ziehen, konnte er auf die Universität gehen um Maschinenbau und Ingenieurwissenschaften zu studieren. 1946 nahm er eine Stelle bei der Ford Motor Company an.

Iacocca entdeckte bald, dass die Vertriebs- und Marketingaspekte des Unternehmens sein wahres Metier waren. Er stieg rasch in der Firma auf und machte im April 1964 mit der Einführung des Ford Mustang im ganzen Land von sich reden. Mit seinem schnittigen Styling, das bewusst die Form europäischer Rennwagen nachahmte, brachte der Mustang den durchschlagenden Erfolg. Er sah nicht nur gut aus, sondern war bei einem Preis von unter 2500 Dollar absolut erschwinglich. Der Wagen symbolisierte die positivsten Seiten des Nachkriegsamerika –

Wohlstand und Selbstbewusstsein – und katapultierte Iacocca an die Spitze der Autoindustrie. Anfang 1965 wurde er zunächst Vice President der Unternehmensbereiche Pkw und Nutzfahrzeuge, 1970 beförderte man ihn schließlich zum President des gesamten Unternehmens.

Sein Wirken an der Spitze von Ford war nach allen herkömmlichen Maßstäben unternehmerischer Leistung ein ausgesprochener Erfolg. In den zwei Jahren vor seinem erzwungenen Ausscheiden erzielte die Firma Rekordgewinne. Doch Ford war kein herkömmliches Unternehmen; es wurde immer noch von der Familie des Gründers kontrolliert, deren Launen mindestens ebenso ausschlaggebend waren wie das, was unter dem Strich herauskam. Mit seinem selbständigen Führungsstil, ganz zu schweigen von seiner Vorliebe für einen exklusiven Lebensstil und einem entsprechend hohen Gehalt, brachte Iacocca den Chairman und Enkel des Firmengründers, Henry Ford II, gegen sich auf. 1975 intrigierte Ford mit der Absicht, Iacocca loszuwerden. Doch dieser kämpfte um seine Position und überstand selbst alle möglichen demütigenden Versuche, seine Autorität zu untergraben. Zum entscheidenden Knall kam es erst am 13. Juli 1978. Ford zitierte Iacocca in sein Büro und entließ ihn ohne große Umschweife aus der Firma, die 32 Jahre lang sein Lebensinhalt gewesen war.

So, wie Iacocca die Geschichte in seiner Bestseller-Autobiographie schildert, war die Entlassung die Konsequenz eines endlosen Kampfes zwischen einem betrunkenen Reaktionär und einem visionären Emporkömmling, der den Schneid besaß, die Autorität der Familie Ford in Frage zu stellen. Andere waren der Meinung, Iacocca habe die Kündigung durch seine Arroganz und Egozentrik selbst heraufbeschworen. Egal was nun zutrifft – durch die Entlassung stand Iacocca plötzlich dem kränkelnden Chrysler-Konzern zur Verfügung. Und eben wegen dieser Entlassung verspürte Iacocca, als er das Angebot bei Chrysler annahm, den glühenden Wunsch, sich selbst, Henry Ford II, ganz Detroit und der übrigen Welt zu beweisen, dass er in der Autoindustrie noch immer jemand war, mit dem gerechnet werden musste.

Der 54-Jährige wurde President und Geschäftsführer, mit der Zusage, spätestens 1980 von John J. Riccardo den Posten des Chairman zu übernehmen. Doch Riccardo schied vorzeitig aus, und so wurde Iacocca bereits im September 1979 zum Chairman und Chief Executive ernannt.

Chrysler befand sich in einem weitaus maroderen Zustand, als Iacocca bei seinem Antritt befürchtet hatte. Die Arbeitsmoral war erschreckend, die Bilanz reines Stückwerk, die Werke waren schmutzig und unsicher. In seiner Autobiographie gesteht Iacocca, dass er nicht um alles Geld in der Welt bei Chrysler eingestiegen wäre, wenn er gewusst hätte, was auf ihn zukommt.

Seine erste Maßnahme bestand darin, ein Team ehemaliger Kollegen von Ford einzustellen, um die inzestuöse Managementkultur bei Chrysler aufzubrechen. Doch kurzfristig reichte dies weder aus um den Marktanteil – der bei ganzen acht Prozent lag – noch um die sich zuspitzende finanzielle Lage des Unternehmens positiv zu beeinflussen. Im Sommer 1979 nahm Chrysler einen Stützungskredit in Anspruch und sorgte damit für Panik bei den Banken, denen das Unternehmen insgesamt mehrere Milliarden Dollar schuldete. Die Verluste im zweiten Quartal des Jahres 1979 beliefen sich auf über 200 Millionen Dollar. Es war ausgeschlossen, die zusätzlichen zwei Milliarden Dollar für die Investitionen aufzutreiben, die erforderlich gewesen wären, wenn Chrysler die verschärften Abgas- und Sicherheitsbestimmungen der amerikanischen Bundesregierung hätte erfüllen wollen.

Nach dem Sturz des Schahs von Persien waren die Ölpreise drastisch gestiegen, und die Autoindustrie geriet erneut in eine schwere Rezession. Der Erfolg der japanischen Importe verschlimmerte die Lage zusätzlich. Die Chrysler Corporation stand unmittelbar vor der Katastrophe.

Die Lösung bestand darin, in Washington um Unterstützung zu bitten. Iacoccas Gesuche um staatliche Beihilfen entfesselten eine hitzige ideologische Diskussion darüber, ob es ratsam sei, Probleme in der Privatwirtschaft mit staatlichen Mitteln zu lösen. Die oppositionellen Republikaner waren dagegen, doch Jimmy Carters demokratische Regierung zeigte sich offen. Iacocca mobilisierte zweitausend Händler und Arbeiter für eine Kampagne, um den Druck auf den Kongress zu erhöhen.

Sie brachten jedes Argument vor, das ihnen einfiel: Chrysler würde einen Konkurs nicht überleben. Chrysler sei der wichtigste Arbeitgeber für Afroamerikaner in den Vereinigten Staaten. Chrysler sei der größte Arbeitgeber in der Stadt Detroit. Das Unternehmen sei ein Opfer unfairer Handelspraktiken seitens der japanischen Importeure. Für die missliche Lage bei Chrysler sei Washington verantwortlich, denn schließlich hatte die Bundesregierung eine erdrückende Flut von Gesetzen erlassen ... und so weiter.

Die Befürworter einer Rettungsaktion setzten sich zwar schließlich durch, doch die staatliche Hilfe war an Bedingungen geknüpft. Chrysler sollte nicht die direkte Finanzspritze bekommen, um die man sich bemühte; vielmehr wollte der Staat die Bürgschaft für weitere Kredite übernehmen. Und diese Maßnahme sollte nur dann erfolgen – so stellte der Kongress klar –, wenn Chrysler eine Reihe von Konzessionen einholte, und zwar von den Angestellten, den Händlern, der Geschäftsleitung, den Zulieferern, den Gläubigern und Kreditgebern. Im Dezember 1979 verabschiedete der Kongress ein Gesetz zur Kreditbürgschaft für die Chrysler Corporation (Chrysler Corporation Loan Guarantee Act). Das Gesetz, das eine Kreditbürgschaft über 1,5 Milliarden Dollar sicherte, wurde am 7. Januar 1980 von Präsident Carter unterzeichnet. Erste Mittel erhielt Chrysler jedoch erst um die Jahresmitte, nachdem sich die Banken endlich darüber geeinigt hatten, wie Chryslers 4,5 Milliarden Dollar Schulden umstrukturiert werden sollten.

In den folgenden zwei Jahren häufte Chrysler immer neue Verluste von insgesamt 2,2 Milliarden Dollar an. Das Land steckte in einer Rezession, die Zinsen waren hoch, und die Konsumenten kauften keine neuen Autos. Iacocca kämpfte mit allen Mitteln darum, das Unternehmen über Wasser zu halten. Er senkte die Kosten, setzte den Kostendeckungspunkt um fünfzig Prozent herab und reduzierte die Bestände um eine Milliarde Dollar. An einem Sommertag des Jahres 1980 entließ er 3000 der insgesamt 6500 Ingenieure. Bis Ende 1981 wurde die Hälfte der Büroarbeitsstellen abgebaut. Iacocca musste jeden Monat nach Washington reisen und über seine Fortschritte berichten. Wenn das Unternehmen eine Summe von zehn Millionen Dollar ausgeben wollte, musste er jedes Mal eine Genehmigung einholen – eine demütigende Schlappe für einen Mann, der es gewohnt war, bei Ford in einem Firmenjet um die Welt zu düsen.

Der Keim für die spektakuläre Genesung des Unternehmens war jedoch längst gesät. Schon bevor Iacocca bei Chrysler eingestiegen war, hatte sich sein ehemaliger Ford-Kollege Hal Sperlich für Investitionen in eine Kleinwagenserie eingesetzt. Dies widersprach nicht nur der Unternehmenskultur von Chrysler, dem traditionellen Hersteller spritschluckender Superschlitten, sondern den Prinzipien der »Big Three« insgesamt. In Detroit hatte man sich lange Zeit dem Druck der Regierung widersetzt, kleinere Fahrzeuge zu bauen, und hatte nicht glauben wollen, dass dies dem Wunsch der Käufer entspräche. Doch als die Benzinpreise in die Höhe schnellten, war eine massive Änderung in den Präferenzen der Kunden absehbar. Iacocca kam in den Genuss der Mittel für das Kleinwagenprogramm, für das sich Sperlich ausgesprochen hatte. Dieses bildete die Grundlage für eine Reihe kleiner, im Kraftstoffverbrauch sparsamer Autos mit Vorderradantrieb. Die ersten Modelle dieses Typs – der Dodge Aries und der Plymouth Reliant – kamen im Herbst 1980 auf den Markt.

Da die üblichen Konstruktionsmängel auftraten, dauerte es mehr als ein Jahr, bis die neuen Modelle an Akzeptanz gewannen. Ab Anfang 1982 waren sie endlich der erhoffte Motor für die Wiederbelebung bei Chrysler. Die Gesamtwirtschaft erholte sich, und die Gewinne stiegen wieder. 1983 war klar zu erkennen, dass sich die Situation des Unternehmens deutlich zum Positiven gewandelt hatte. Im ersten Quartal erzielte Chrysler einen Rekordgewinn und verfügte über genügend liquide Mittel, um von den 1,2 Milliarden Dollar Kreditschulden beim Staat 400 Millionen Dollar zu tilgen. Im Juli 1983 fuhr Iacocca nach Washington und zahlte den Rest des Darlehens acht Jahre vor Fristablauf zurück.

Für Iacocca war dies auch ein persönlicher Triumph. Er hatte sein eigenes Renommé ganz auf die Sanierung von Chrysler gegründet; im Herbst des Jahres 1980 war er sogar in der Fernsehwerbung für die neue Fahrzeuggeneration seines Unternehmens aufgetreten. »Wenn Sie ein besseres Auto finden können . . . kaufen Sie es«, hatte sein Schlachtruf gelautet. Die Öffentlichkeit reagierte positiv, kaufte die Autos und half damit, ein angekratztes Symbol des Landes zu retten. Iacoccas brillante Fernsehauftritte und die Abbildung seines Porträts auf der Titelseite des *Time Magazine* im März 1983 machten ihn zu einem der bekanntesten Geschäftsmänner Amerikas. In seiner Autobiographie, die 1984 erschien und 37 Wochen hintereinander auf den Bestsellerlisten stand, schilderte er seine Lebensgeschichte als Parabel des amerikanischen Traums und mehrte seinen Ruhm noch zusätzlich.

Iacocca konnte noch einen weiteren großen Erfolg verbuchen, die Entwicklung des Minivan. Mit dieser Idee hatten er und Sperlich bereits bei Ford gespielt, doch bei ihrem alten Arbeitgeber fanden sie keine Unterstützung. Das Konzept bestand darin, den sparsamen Kraftstoffverbrauch des Kombiwagens mit der Geräumigkeit des Lieferwagens zu verbinden. Es handelte sich um eine völlig

neue Art von Fahrzeugen, die sich – wie Iacocca hoffte – besonders für Familien als attraktiv erweisen würde.

Und damit lag er völlig richtig, denn als die ersten Minivans im Januar 1984 auf den Markt kamen, waren sie ein sensationeller Erfolg. Sie ließen sich wie ein Personenwagen fahren und zugleich wie ein kleiner Lastwagen nutzen. Die ungeheuer große Nachfrage nach dem neuen Dodge Caravan und dem Plymouth Voyager bescherte Chrysler absolute Rekordgewinne. Die Erträge für das erste Quartal überstiegen die des gesamten Vorjahres, und die Gewinne für das Jahr 1984 betrugen 2,4 Milliarden Dollar – das beste Ergebnis seit Bestehen des Unternehmens. Hatte man sich kurz zuvor noch Sorgen gemacht, wo man den nächsten Cent hernehmen sollte, so schwamm man auf einmal in Geld.

Nun ging es darum, die Gewinne zukunftsträchtig einzusetzen. Bei einer klugen Investition dieses Geldes bestand die Möglichkeit, dass Chrysler sich dauerhaft aus dem endlosen Auf und Ab der Konjunkturzyklen befreien konnte. Bei einer Vergeudung der Mittel stand zu befürchten, dass Chrysler bei der nächsten Rezession wieder ganz am Boden war.

Zweiter Teil

Grundlagen und Voraussetzungen

3. Kapitel
WIE MAN IN ZEHN JAHREN
100 MILLIARDEN MARK
VERPULVERT

Daimler-Benz und die verhängnisvolle Diversifikation in der Dekade bis 1995

Im Sommer 1993 fragte ein frecher junger Finanzjournalist den Vorstandsvorsitzenden der Deutschen Bank, wie lange Edzard Reuter noch Vorstandschef von Daimler-Benz sein werde. Hilmar Kopper, der immer noch seine sechzig Zigaretten am Tag rauchte, zog tief an seiner Marlboro, bevor er knapp erwiderte: »Herr Waller, Edzard Reuter wird so lange Vorstandsvorsitzender von Daimler-Benz bleiben ... wie ich es will!«

Mit dieser Bemerkung stellte Hilmar Kopper einige Dinge klar. Er machte deutlich, dass die Entscheidung über Edzard Reuter noch nicht gefallen war. Noch klarer gab er zu verstehen, dass die Entscheidung über Reuters Schicksal ganz allein in der Hand der Deutschen Bank lag. Und er ließ wissen, dass weitere Fragen zu diesem heiklen Thema höchst unwillkommen waren.

Hinter den Kulissen wurden diese Fragen mit immer größerer Dringlichkeit gestellt. Daimler-Benz war zu einem Moloch geworden, der Unternehmenswert zerstörte und Geld schluckte. Je mehr Umsatz das Unternehmen erzeugte, desto geringere Erträge erzielte es. Je mehr Gewinne das Autogeschäft von Mercedes-Benz erwirtschaftete, desto mehr Geld wurde in die unheilvolle Diversifikation in den Bereichen Luft- und Raumfahrt und Elektrotechnik verschwendet.

Im Licht des nachfolgenden Debakels ist es wichtig –

wenn es auch nicht leicht fällt – anzuerkennen, dass Herrhausen und Reuter mit ihren Plänen zunächst nicht vollkommen auf dem Holzweg waren.

Nach der Ölkrise von 1978/79 warfen die Planungsstrategen von Daimler einen nüchternen Blick auf das Kerngeschäft, die Autoproduktion. Sie erkannten, dass die Branche unter Überkapazitäten litt und dem ständigen Auf und Ab der Konjunkturzyklen ausgeliefert war. Der Wettbewerb verschärfte sich, selbst im oberen Marktsegment, das Mercedes-Benz beherrschte. Wieso sicherte man die Zukunft des Unternehmens nicht dadurch, dass man in Branchen mit besseren Wachstumsaussichten investierte? Das dafür benötigte Kapital würde aus dem Personen- und Lastkraftwagengeschäft von Mercedes-Benz stammen, das über genügend liquide Mittel verfügte. Reuter, der Anfang der achtziger Jahre Leiter der Finanz- und der Planungsabteilung war, formulierte diese Strategie in einem Papier, das dem Vorstand im August 1984 vorgestellt wurde. Die neuen Expansionsbereiche sollten Luft- und Raumfahrt, Elektrotechnik und Softwaredienste sein. Geplant war, das Prestige und die Prosperität der Marke Mercedes auf diese neuen Sektoren zu übertragen und die Erträge schließlich wieder dem Autogeschäft zufließen zu lassen. Also stürzte sich Daimler in eine gewaltige Kauforgie.

Die erste Neuerwerbung erfolgte 1985. Daimler erstand für 550 Millionen DM eine Mehrheitsbeteiligung an dem ehrwürdigen Hersteller von Flugzeugmotoren MTU (Motoren und Turbinen Union). Reuter wusste, dass MTU nichts weiter als ein Startblock für das Rennen auf dem Weltmarkt für Luft- und Raumfahrt war. Es war wichtig, die Position stärker auszubauen. So sicherte sich Daimler 68 Prozent der Dornier GmbH, Deutschlands zweitgrößtem Flugzeugmotorenbauer, und einige Jahre später folgte die Übernahme von Messerschmitt-Bölkow-Blohm (MBB). MBB war Deutschlands größtes Luft- und Raumfahrtunternehmen und über das Tochterunternehmen Deutsche Airbus Anteilseigner im europäischen Airbus-Konsortium. MBB war außerdem der führende deutsche Rüstungslieferant und Systemführer bei solch lukrativen Aufträgen wie dem Jäger 90 und dem Eurofighter-Projekt.

Eigentümer von MBB waren diverse private und staatliche Gesellschaften, weswegen sich die Verhandlungen komplex und langwierig gestalteten. Das ganze Jahr 1989 über bemühte sich Reuter, einen Deal einzufädeln; doch die Minderheitsaktionäre bei MBB, die Gewerkschaft IG-Metall und der eigene Daimler-Aufsichtsrat leisteten massiven Widerstand. Alfred Herrhausen stand dem ganzen Projekt ausgesprochen distanziert gegenüber. Die Verhandlungen über den Erwerb von 50,01 Prozent an MBB für 1,9 Milliarden DM wurden schließlich im Dezember 1989 abgeschlossen, weniger als einen Monat nachdem Herrhausen bei einem Terroranschlag ums Leben kam.

1985 wagte sich Daimler noch auf ein gänzlich anderes Terrain; der Autokonzern erwarb eine Mehrheitsbeteiligung an AEG, dem Elektrotechnikkonzern, der die unterschiedlichsten Produkte herstellte, vom Kühlschrank und Wasserkocher über Automationssysteme und Straßenbahnen bis zum Computerchip. AEG war ein altes Traditionsunternehmen mit damals 72 000 Mitarbeitern und elf Milliarden Mark Umsatz. Es war Reuters Ziel, der Firma wieder zu ihrer alten Größe als ernst zu nehmendem Rivalen von Siemens zu verhelfen. Im Jahr 1986 hatte AEG in allen Marktsegmenten, in denen es tätig war, die Marktführung verloren. Der 1,6-Milliarden-DM-Deal – bis dahin der größte in der Geschichte des Landes – bedeutete, dass Daimler-Benz Siemens den Rang ablief und zum führenden deutschen Industriekonzern avancierte.

Die Käufe und Übernahmen wurden bis Anfang der neunziger Jahre fortgesetzt. Im Juli 1991 bezahlte Daimler 1,5 Milliarden DM für eine 34-prozentige Beteiligung an Cap Gemini Sogeti, Europas größten Softwareentwickler. Dahinter stand die Absicht, Synergien mit debis, Daimlers neuem Geschäftsbereich Informationstechnologie und

Finanzdienstleistungen, zu erzeugen. Die ursprünglichen Erwartungen erfüllten sich nicht und die Neuerwerbung wurde schließlich wieder veräußert – wenigstens mit Gewinn.

Im Oktober 1992 kaufte Daimler den holländischen Kleinflugzeughersteller Fokker. Dies sollte eigentlich der strategische Geniestreich für Daimlers Flugzeuggeschäft sein, erwies sich jedoch bald als Schuss in den Ofen.

Die Unternehmen, die in den Anfangsjahren erworben wurden, hatten einiges gemeinsam. Es waren stolze Traditionsunternehmen mit eigener Unternehmenskultur, was die Eingliederung in den Daimler-Benz-Konzern durchaus erschwerte. Daimler verschlimmerte das Problem dadurch, dass bei den Käufen keine klaren Verhältnisse geschaffen wurden. Einige unangenehme Minderheitsbeteiligungen blieben bestehen, und die Eigner setzten alles daran, Ärger zu machen und vernünftige Entscheidungen zu durchkreuzen. Hinzu kam, dass Daimler eine nachsichtige Mutter war, die bei ihren Töchtern nur zögerlich die Kosten zurückschraubte und die radikalen Umstrukturierungen vornahm, die unbedingt nötig gewesen wären.

Bald standen alle vor ernsthaften Wettbewerbs- und Strukturproblemen. So gelang es dem AEG-Konzern nicht, die Marktführung in wenigstens einem seiner Geschäftsfelder zurückzuerobern. Mit dem Fall des Eisernen Vorhangs und dem Ende des Kalten Krieges brach die gesamte Verteidigungsindustrie zusammen. Und Anfang der neunziger Jahre durchlief die Luft- und Raumfahrt eine tiefe Talsohle.

Reuters Strategie entsprach ganz dem damaligen Geist der Zeit. Große Konglomerate waren in Mode und die Diversifikation hatte den Segen führender Wirtschaftsberater wie McKinsey.

»85 und 86 konnte niemand voraussagen, was 1990 mit dem Zusammenbruch des Kommunismus und der deutschen Wiedervereinigung passieren würde«, erklärte Manfred Gentz Ende 1995 einem Reporter des Magazins *Institutional Investor.* »Dies brachte dramatische Veränderungen für die Flugzeug- und die Verteidigungsindustrie mit sich, und auch der Bereich der Elektrotechnik hat sich inzwischen vollkommen gewandelt. Als sich das gesamte politische Szenarium änderte, änderten sich auch die Handelsbedingungen für unsere Geschäftsfelder.« Auf die Frage, ob Daimler die Diversifikation wiederholen würde, versicherte der Daimler-Benz-Manager: »Ich glaube, wir hatten damals Recht, unsere Basis zu verbreitern.«

Der Diversifikationskurs war gut gemeint und auch à la mode. Beabsichtigt war, die Risiken des Konzerns zu verringern und mehr Sicherheiten zu schaffen. Doch genau das Gegenteil trat ein. Die neuen Unternehmen verschlangen Unmengen von Mitteln und nahmen die Aufmerksamkeit des Managements in Anspruch, sehr zum Schaden der Kernkompetenz. »Jedes Jahr sind dem Autogeschäft Gelder in Höhe von 1,5 bis 2 Milliarden DM vorenthalten worden, die ohne die Verluste bei den neu erworbenen Geschäftsfeldern Mercedes zugeflossen wären«, klagte eine Gruppe leitender Manager im August 1992 in einem Beschwerdebrief an Kopper. »Das reicht aus, um eine Fabrik vollkommen neu auszurüsten oder in neue Autoprodukte zu investieren.«

Anfang der neunziger Jahre musste gerade Mercedes einiges durchmachen. Die neue panzerartige S-Klasse fand nur mäßigen Anklang. Die Absatzzahlen – weniger als drei Millionen Stück in fünf Jahren – hatten stagniert. »Daimler-Benz war ein Unternehmen, das von seinem Kurs abgekommen war«, erinnert sich Bob Lutz, der ehemalige Chrysler-President, der Anfang der neunziger Jahre den Europabereich von Ford leitete. »Es war langsam, schwerfällig und überheblich geworden und produzierte Autos, die sich immer weiter von dem entfernten, was der Kunde wünschte.«

Die schwache Leistung der Neuerwerbungen konnte so lange kompensiert werden, wie das zentrale Autogeschäft Gewinne abwarf. In den Anfangsjahren profitierte Daimler noch von unerwarteten Gewinnen, die Mercedes in Nordamerika erzielte. Der starke Dollar schlug in hohen DM-Gewinnen durch. Später, Anfang der neunziger Jahre, profitierte Daimler vom Boom infolge der deutschen Wiedervereinigung. Doch 1993 holte die Rezession Mercedes-Benz ein, und der Pkw- und Lkw-Bereich stürzte erstmals seit fünfzig Jahren in die Verlustzone. Einen flüchtigen Eindruck von den drohenden Problemen erhielt die Außenwelt im September 1993, als der Konzern seine Zahlen erstmals nach den amerikanischen Bilanzierungsgrundsätzen veröffentlichte. Das Unternehmen wies für die ersten sechs Monate des Jahres einen Verlust von nahezu einer Milliarde Mark aus. Für das gesamte Jahr betrug der Verlust an die zwei Milliarden Mark.

Es gab noch ein weiteres Anzeichen dafür, dass bei Daimler-Benz nicht alles zum Besten stand – die Entwicklung des Aktienkurses. Keith Hayes, der freimütige Autoanalyst von Goldman-Sachs, wendet gern einen seiner speziellen Tricks an, wenn er vor leitenden Managern bei Daimler-Benz referiert. Er projiziert eine Folie an die Wand, die zwei scharf auseinander laufende Linien zeigt. »Stellen Sie sich vor, das ist Ihre Pension«, beginnt Hayes. Die Manager blicken irritiert auf um sich das Diagramm gründlicher anzusehen. Es stellt die erschreckende Aktienkursentwicklung eines bestimmten Unternehmens im Vergleich zum Aktienmarkt insgesamt dar. »Dies, meine Herren, ist der Daimler-Benz-Aktienkurs im Verhältnis zum deutschen Markt in den zehn Jahren von 1985 bis 1995.« Die Manager schlucken ungläubig. Es ist in der Tat ein sehr trauriges Bild.

Die Wertentwicklung der Daimler-Benz-Aktien war im Jahrzehnt vor 1995 in jeder Hinsicht kläglich. Der Markt entwickelte sich nach oben, während der Daimler-Aktienkurs im Mittelfeld herumdümpelte. Wenn Investoren sicherstellen wollten, dass ihr Wertpapierbestand besser abschnitt als der Markt insgesamt, dann mussten sie von den dreißig größten deutschen Unternehmen, die im Deutschen Aktienindex (DAX) vertreten sind, lediglich Daimler aussparen und allein in die anderen 29 investieren. Nur zwei Unternehmen schnitten noch schlechter ab als Daimler. Das eine war die nahezu bankrotte Metallgesellschaft, das andere die Deutsche Babcock – nicht gerade erlesene Gesellschaft für Deutschlands stolzesten Industriekonzern.

Der Aktienkurs fiel, obwohl die Umsätze des Unternehmens stiegen. In der Dekade bis 1995 hatten sich die Umsätze des Konzerns von fünfzig Milliarden Mark im Jahre 1985 auf 120 Milliarden DM im Jahr 1995 mehr als verdoppelt. Doch im selben Zeitraum halbierte sich der Wert des Unternehmens auf dem Aktienmarkt von 68 Milliarden DM auf 34 Milliarden DM. Und in dieser Zeitspanne hat Daimler Schwindel erregende siebzig Milliarden Mark in seine Neuerwerbungen investiert, die Kaufpreise für diese Unternehmen und deren spätere Verluste mit eingerechnet. In den zehn Jahren bis 1995 wurden grob gerechnet etwa 100 Milliarden DM an Kapital vernichtet.

Es bleibt die Frage, ob der Aktienmarkt die Leistung eines Unternehmens wie Daimler-Benz adäquat widerspiegelt. Edzard Reuter bezweifelte dies. Er plädierte stets vehement dafür, wirtschaftliche Entwicklungen nicht nach kurzfristigen Aktienschwankungen, sondern nur langfristig zu beurteilen. Er machte geltend, dass Daimler-Benz im Vergleich zu angloamerikanischen Konkurrenten in einer privilegierten Position war, da es als deutsches Unternehmen nicht dem kurzfristigen Leistungsdruck unterlag, den Aktienanleger ausüben. Und wenn sich die Gewinne selbst langfristig nicht einstellen wollten, konterte Reuter, so habe er zwar die richtige Vision für die Zukunft von Daimler-Benz gehabt, dies würde jedoch niemand begreifen.

Aktienmärkte sind indes sehr effiziente Informations-prozessoren. Die Kurse spiegeln sämtliche bekannten Daten über die zukünftige Ertragskraft eines Unternehmens; sie steigen beziehungsweise fallen, je nachdem ob das Unternehmen freien Cashflow erzeugt, das heißt liquide Mittel, die über das hinausgehen, was wieder investiert werden muss, und somit als Dividende an die Aktionäre ausgeschüttet werden können. Es mag sein, dass die Märkte die wirtschaftliche Situation ein oder zwei Jahre lang missdeuten, doch Anfang der neunziger Jahre sandte der Aktienkurs von Daimler-Benz ein unmissverständliches Signal aus. Es war etwas faul im Kern des Unternehmens. Daimler wurde immer größer und gleichzeitig immer unrentabler. Der Konzern schluckte Cash und vernichtete Unternehmenswert. Dies war das nüchterne Urteil des Marktes über Reuters Versuch, einen integrierten Technologiekonzern zu schaffen.

Aus angloamerikanischer Sicht ist es höchst sonderbar, dass sich Reuter und sein Führungsteam so lange auf ihren Posten halten konnten. In den Vereinigten Staaten und in England besteht ein »Markt für Unternehmenskontrolle«. Mit anderen Worten, wenn die Unternehmensführung schlechte Arbeit leistet, tun sich die Aktionäre zusammen und tauschen den CEO gegen einen Kandidaten ihrer Wahl aus. Das Management ist sozusagen nur der Mieter des Hauses und jederzeit durch den Eigentümer kündbar. In Deutschland genießen die Manager dagegen traditionell ein hohes Maß an Jobsicherheit.

Ein deutliches Anzeichen dafür, dass in einem Unternehmen etwas schief läuft, ist das Übernahmeangebot. In Deutschland war dies bislang ausgesprochen selten; vor Bietern schützen die Mauern der »Festung Deutschland«, jenes Netz von Überkreuzverflechtungen und -mandaten, das die deutsche Unternehmenslandschaft seit Anbeginn des Industriezeitalters kennzeichnet. Die erste erfolgreiche feindliche Übernahme eines deutschen Unternehmens durch ein ausländisches kam erst im Jahr 2000 zustande,

als die britische Mobiltelefon-Gesellschaft Vodafone ihren
Rivalen Mannesmann übernahm.

*

Anfang der neunziger Jahre war Daimler-Benz also ein
chaotisches Universum, in dem die normalen Regeln des
Wirtschaftslebens auf den Kopf gestellt waren. Für gewöhnlich teilt die Unternehmensführung jenen Investiti-
onsprojekten Kapital zu, die positive Erträge versprechen.
Besteht eine Wahlmöglichkeit zwischen mehreren konkurrierenden Projekten, so wird in jenes Projekt investiert, das
im Verhältnis zu den eingegangenen Risiken die größten
Gewinne abzuwerfen verspricht. Bei Daimler-Benz war es
dagegen so, dass die Hauptverwaltung dort am meisten
Geld hineinpumpte, wo die größten Verluste erzielt wurden. Dies war die Folge eines sonderbaren Systems der
Rechnungslegung, das folgendermaßen funktioniert:
Die einzelnen Sparten – 1995 zählte man 35 – waren
gehalten, der Hauptverwaltung vierteljährlich Berichte vorzulegen. Bis 1996 waren dies vage Prognosen über die zu
erwartenden Gewinne für das Geschäftsjahr, gemessen an
den Planungsvorgaben. Diese Methode barg zwei gravierende Nachteile. Erstens diente als Maßstab für den Gewinn das so genannte Betriebsergebnis, also der Betriebsgewinn vor einer Bilanzberichtigung. Die Flexibilität solcher
Berichtigungen eröffnete den einzelnen Spartenleitern unbegrenzten Spielraum, die Zahlen zu manipulieren. Im Jahr
1993 wies zum Beispiel Mercedes-Benz auf der Ebene des
Betriebsergebnisses nur einen kleinen Gewinn aus. Analysten vermuten, dass dies nur möglich war, weil die Personen-
wagen-Division der ungeheuer schlecht abschneidenden
europäischen Lastwagen-Division zu Hilfe kommen musste. Die Zahlen vermittelten der Hauptverwaltung kaum
einen Eindruck von den tatsächlichen betriebswirtschaftlichen Verhältnissen der einzelnen Sparten.
Der zweite Schwachpunkt bei dieser Methode der Abschlussvorlage war der Planungszyklus. Zu Beginn eines

Jahres setzten sich die einzelnen Spartenchefs mit der Hauptverwaltung zusammen und arbeiteten einen detaillierten Plan aus. Nach drei Monaten meldeten sie, inwieweit sie das Plansoll erfüllten. Es war immer dieselbe Geschichte – »es ist noch viel zu früh, aber natürlich werden wir es schaffen«. Weitere drei Monate später meldeten die Sparten erneut, sie seien »auf dem richtigen Kurs«. Selbst wenn das nicht der Fall war, wurde nicht nachgebohrt, denn die heilige Urlaubszeit stand vor der Tür. Erst wenn im Herbst alle zurückkehrten, kamen die Probleme langsam ans Licht. Schwarz auf Weiß sah man die Fakten erst im Oktober und November, doch dann war es bereits zu spät, korrigierend einzugreifen.

Das Prozedere, nach dem dies dem Vorstand von Daimler-Benz mitgeteilt wurde, war äußerst bizarr. Die Sparten mussten lediglich im Rahmen der so genannten Abmeldung bekannt geben, dass sie hinter ihr Plansoll zurückfielen. Anstatt für ihre Misserfolge gefeuert, degradiert oder in irgendeiner anderen Weise zur Rechenschaft gezogen zu werden, konnten sich die Manager darauf verlassen, dass alles schon irgendwie geregelt werden würde. Sie wussten, dass die Hauptverwaltung das nötige Kapital beschaffen würde, um den Verlust auszugleichen. Und das deutsche Steuerrecht verschlimmerte diese Absurdität noch zusätzlich. Wenn die Hauptverwaltung das Geld nicht zuführte, konnte der Verlust in der Untersparte steuerlich nicht von den Gesamterträgen des Konzerns abgesetzt werden.

»Ich lag oft wach und fragte mich, was zum Teufel los war«, erinnert sich Hilmar Kopper, der als Aufsichtsratsvorsitzender dafür verantwortlich war, die Leistung des Daimler-Benz-Konzerns zu überwachen. »Es wäre nicht so schlimm gewesen, wenn nur ich im Dunkeln getappt wäre; das Problem war jedoch, dass auch der Vorstand nicht die leiseste Ahnung davon hatte, was in den einzelnen Sparten los war.«

Das System der Abschlussvorlage wurde aus Tradition gebilligt. Jahrzehntelang war Daimler-Benz ein unwahrscheinlich reiches Unternehmen gewesen, mit milliardenschweren Finanzreserven, die man beinahe beliebig hin und her schieben konnte. Diese Fettpolster verursachten eine tief sitzende Selbstgefälligkeit, eine aus dem Überfluss geborene Arroganz. Als Schrempp Mitte 1995 den Vorstandsvorsitz übernahm, waren die Reserven geschwunden – geblieben war nur die Arroganz.

*

Am Abend des 28. April 1995 lud Edzard Reuter einen kleinen Kreis auserwählter Journalisten im Anschluss an die jährliche Pressekonferenz zu einem Abendessen in vertraulicher Runde ein. Reuter nutzte solche zwanglosen Anlässe gern dazu, die für die Allgemeinheit bestimmten offiziellen Verlautbarungen etwas zu verbrämen. Zum damaligen Zeitpunkt war Schrempp seit beinahe einem Jahr als zukünftiger Vorstandsvorsitzender auserkoren und es war nur noch eine Frage von Wochen, bis Reuter seinen Rücktritt bekannt gab.

Reuter ging es damals vor allem um eins – er wollte als Nachfolger von Hilmar Kopper zum Vorsitzenden des Aufsichtsrats ernannt werden. Kopper hatte Reuter den Posten Anfang 1994 angeboten. »Ich teilte Herrn Reuter mit, er könne mein Nachfolger werden, wenn wir so schnell wie möglich bekannt geben könnten, dass Jürgen Schrempp ihn als Vorstandsvorsitzenden ablöst«, berichtet Kopper heute. Die Deutsche Bank war damals dabei, ihre eigene Strategie zu überdenken. Sie wollte allmählich ihr Portefeuille an Industriebeteiligungen reduzieren und mit den liquiden Mitteln ihren zentralen Bereich, das Bankgeschäft, stärken. Die Bank wollte in Zukunft weniger Einfluss auf Daimler-Benz ausüben – und was war dafür besser geeignet, als ihre Präsenz an der Spitze des Aufsichtsrats zurückzunehmen? Unter den gegebenen Umständen schien es richtig, Reuter zum ersten nicht von der Deutschen Bank gestellten Aufsichtsratsvorsitzenden von Daimler-Benz seit 1926 zu küren.

Zwei Monate später besann sich Kopper anders. Er erfuhr während seines Urlaubs in Frankreich, dass Reuter – in der Nachfolge seines Vaters – als Bürgermeister von Berlin kandidieren wollte. Kopper war außer sich. Er war der Meinung, Reuter hätte ihm dies persönlich mitteilen sollen; stattdessen las er die Neuigkeit in der Zeitung. Er hatte einen harten Kampf gegen einige Kollegen des Aufsichtsrats geführt, um Reuters zukünftige Position zu sichern, und fühlte sich nun bloßgestellt. Darüber hinaus hielt es Kopper angesichts der vielen Probleme, die bei Daimler immer offensichtlicher wurden, für ausgeschlossen, dass Reuter gleichzeitig den Posten des Aufsichtsratsvorsitzenden und ein hohes öffentliches Amt bekleiden konnte. Allein die Tatsache, dass Reuter überhaupt ein Engagement in der Politik erwog, ließ nach Koppers Meinung erkennen, dass Reuter das Ausmaß der Probleme bei Daimler bei weitem unterschätzte. Er hatte den Eindruck, dass Reuter einem der heißesten Stühle in der deutschen Industrie ein politisches Amt vorzog.

»Ich hatte Reuter mein Wort gegeben, doch ich fühlte mich durch sein Vorgehen von diesem Versprechen entbunden«, erklärt Kopper. Er unterrichtete Reuter damals nicht sofort von seinem Sinneswandel, sondern wartete darauf, dass Reuter ihn doch noch in seine politischen Pläne einweihte – vergeblich. Im April 1995 war Reuter nach wie vor der Meinung, er würde neuer Aufsichtsratsvorsitzender werden. Einen Monat vor seinem Rücktritt als Vorstandsvorsitzender wurde ihm schließlich ein ganz normaler Sitz im Aufsichtsrat angeboten, weiter nichts. Verärgert bat er Jürgen Schrempp und andere Vorstände zu jener privaten Pressekonferenz am 28. April. Reuters Absicht war es, sich Schrempps offizielle Unterstützung für seine Berufung auf den Spitzenposten zu sichern.

»Es war klar, dass sich Hilmar Kopper unabhängig von irgendwelchen Versprechen dagegen entschieden hatte«, erinnert sich Schrempp. »Sobald Reuter Wind davon bekommen hatte, startete er seine eigene Kampagne. Er bat mich zu kommen, um sicherzustellen, dass die Journalisten sahen, was für ein ausgezeichnetes Verhältnis wir hatten, und er wollte, dass ich eine Erklärung abgab, nach der er Aufsichtsratsvorsitzender werden solle.«

Im Prinzip hatte Schrempp nichts dagegen, doch ließ er Reuter wissen, dass er sich nicht öffentlich gegen den Hauptaktionär des Unternehmens aussprechen werde. Am späten Nachmittag legte er Reuter nahe, das Thema auszuklammern, weil eine Schlammschlacht in den Zeitungen seiner Kampagne nicht zuträglich wäre. Reuter willigte ein, den Mund zu halten.

Bei dem Abendessen war man kaum mit der Vorspeise fertig, als die unvermeidliche Frage gestellt wurde: »Werden Sie der nächste Aufsichtsratsvorsitzende sein?« »Zu dieser Frage werde ich mich nicht äußern«, erwiderte Reuter. Es folgte ein Moment des Schweigens. »Aber man hat mir eigentlich ein Versprechen gegeben.« Völlig unvermittelt ließ er plötzlich einen Schwall von Klagen über das Verhalten der Deutschen Bank vom Stapel. »Ich kann mich einfach nicht mehr auf sie verlassen«, wetterte Reuter.

Als das Essen vorbei war, tranken Schrempp und Reuter zusammen ein Glas Schnaps. »Ich bin sicher, dass Sie wissen, was Sie tun«, sagte Schrempp, »aber können Sie mir bitte erklären, weshalb Sie all das gesagt haben?«

»Ich musste es mir einfach von der Seele reden«, lautete die einfache Antwort.

Am nächsten Tag waren die Zeitungen voll von Schlagzeilen über den drohenden Konflikt zwischen Reuter und der Deutschen Bank. Schlimmer noch – es wurde klar, dass Kopper und Reuter bereits seit Monaten nicht mehr richtig miteinander gesprochen hatten. Die Schlammschlacht, die man eigentlich vermeiden wollte, hatte begonnen.

Edzard Reuter selbst vereitelte mit seinem Verhalten die letzte Chance, die er vielleicht noch gehabt haben mochte, Aufsichtsratsvorsitzender von Daimler-Benz zu werden.

4. Kapitel
JENSEITS VON AFRIKA

Biographie und Philosophie
Jürgen Schrempps

Im Sommer 1999 hielt Jürgen Schrempp im Mansion House in London eine Rede. Anwesend war auch der Lord Mayor, der Oberbürgermeister, in seiner antiquierten Amtstracht aus Robe, Goldkette und Kniehosen. Schrempp musterte das Publikum – Londoner Prominenz, Industrielle und Bankiers – mit einer gewissen Skepsis. Er genießt zwar den Status und die Insignien der Macht, die mit seiner Arbeit einhergehen, doch ist er allergisch gegen jede Manifestation von Pomp und Förmlichkeit.

Und so war er denn höchst erfreut, als er erfuhr, dass in seinem Terminplan eine Stunde für eine Führung durch das Mansion House, eines der architektonischen Schmuckstücke Londons, vorgesehen war. Er drückte sich vor der Besichtigungstour, verschwand und genehmigte sich stattdessen in der Bar des Dorchester Hotel einen Beefburger mit Pommes frites. Während er seine Mahlzeit genoss, erinnerte er sich mit einem leisen Lachen, dass sich Kanzler Kohl bei einem Besuch in Salzburg einmal etwas Ähnliches leistete: Er setzte sich in ein Café ab und gönnte sich ein Stück Torte, anstatt einen Termin mit Margaret Thatcher wahrzunehmen.

Schrempp liebt das Unprätentiöse. Am liebsten isst er ein Steak oder einen Beefburger – mittags dazu ein Glas leichten Weißwein, abends einen kräftigen Brunello di Montalcino oder einen Barolo. Während sich Edzard

Reuter, Schrempps Vorgänger als Vorstandsvorsitzender bei Daimler-Benz, mit Philosophen und Politikern umgab und seine Freizeit dem Reitsport widmete, ist Schrempps Lieblingshobby das Bergsteigen. Einmal im Jahr geht er mit dem weltberühmten Bergsteiger Reinhold Messner und einem kleinen Kreis von Freunden auf eine anspruchsvolle Klettertour in die Alpen. Bereits einen Monat im Voraus entsagt er dem Alkohol und erhöht sein Joggingpensum, um in Form zu sein.

Zu seinen Freunden zählen Größen wie Lee Kwan Yew, der Präsident von Singapur, der ehemalige amerikanische Präsident George Bush und James Wolfensohn, der Präsident der Weltbank. Wenn es sein Terminkalender erlaubt, verbringt er seine Zeit auch gerne mit weniger hoch gestellten Persönlichkeiten, wie einem Kreis von Architekten und Fotografen aus Stuttgart, dem Künstler und Leiter der Münchner Kunstakademie Ben Willekens, dem ehemaligen Rennfahrer Niki Lauda, dem Barkeeper des St. Regis Hotel in New York (immer auf der Spur des neuesten »talk of the town«) und verschiedenen anderen Freunden, die er im Laufe seines Lebens beruflich und privat kennen lernte.

Schrempp, 1944 als zweiter von drei Söhnen geboren, stammt aus bescheidenen Verhältnissen. Sein Vater war ein niedriger Verwaltungsbeamter der örtlichen Universität. Jürgen Schrempp ist zu jung, um sich noch an den Krieg selbst erinnern zu können, doch weiß er, dass er in seiner Kindheit nach der Niederlage Deutschlands große Entbehrungen litt. Selten gab es genug zu essen, das Abendbrot bestand mitunter nur aus einer Schüssel Kirschen oder Äpfeln oder einem Teller Kartoffeln. Seine Mutter musste ein Schloss vor den Kühlschrank hängen, denn wenn die drei Buben ihn einmal zwischendurch plünderten, blieb nichts mehr übrig.

Die materiellen Verhältnisse in Schrempps Kindheit mögen begrenzt gewesen sein, doch sein familiäres Umfeld erlebte er als ausgesprochen herzlich und liebevoll. Besonders nah stand er seinem Vater, einem begeisterten Amateurfußballer und Trainer, der es später zum Ehrenvorsitzenden des lokalen Vereins FC Freiburg brachte. Schrempp spielte damals in der Jugendmannschaft des Fußballclubs, dessen Spiele er noch heute begeistert verfolgt. Ein ebenso enges Verhältnis hatte er auch zu seinem Großvater, der seine Leidenschaft für das Schachspiel weckte und ihm erklärte, wie wichtig Strategie und Taktik sind, wenn man seine Ziele im Leben erreichen will. Diese Lektion nahm sich Schrempp besonders zu Herzen.

Als Teenager sprach Schrempp oft mit seinem Vater über seine beruflichen Möglichkeiten. Es gab zwei Alternativen: Entweder wollte er Ingenieur werden und ein Traumauto erfinden, oder aber Anwalt, was seiner Debattierfreude entgegengekommen wäre. Doch zunächst musste er seine Pläne aufgeben. In der Oberschule glänzte er zwar in Mathematik und den naturwissenschaftlichen Fächern, doch Französisch bereitete ihm Probleme. Dies warf ihn ein Jahr zurück, und da er keine Lust hatte, noch mehr Zeit zu verlieren, brach er mit fünfzehn die Schule ab und begann beim örtlichen Mercedes-Benz-Händler eine Mechanikerlehre.

Diese Entscheidung war ihm damals alles andere als leicht gefallen. Er hing den ganzen Tag bis zu den Ellbogen in den Eingeweiden von Lastwagen und bekam das Öl nicht mehr von den Händen, sosehr er auch scheuern mochte. Es wurmte ihn, dass das Öl auch dann nicht loszuwerden war, wenn er abends in die Tanzstunde ging.

»All die anderen Burschen waren auf dem Gymnasium oder auf dem Weg zur Universität, und ich war der einzige Arbeiter«, entsinnt sich Schrempp. »Das hat mir absolut missfallen ... Das kann doch nicht der Sinn des Lebens sein, sagte ich mir.«

Heute blickt er mit gemischten Gefühlen auf diese Zeit zurück. »Ich werde nie vergessen, dass ich unter einem Lastwagen angefangen habe«, so Schrempp. Er ist einerseits froh, dass er die Welt des Arbeiterlebens hinter sich gelassen hat; andererseits ist er stolz, dass er dort angefangen hat. Seine Erfahrung als Mechaniker verleiht ihm Glaubwürdigkeit bei der Belegschaft und half ihm in allen Stadien seiner Laufbahn, gute Beziehungen zu den Gewerkschaften zu entwickeln.

Nach der Lehre schrieb er sich als einer der ersten Studenten an der jungen Ingenieurschule in Offenburg ein und erwarb innerhalb von drei Jahren das Diplom. Ein Stipendium, das ihm von der Firma Daimler angeboten wurde, schlug er aus, um seine Unabhängigkeit zu wahren. Seinen Lebensunterhalt verdiente er sich stattdessen damit, bei Hochzeiten oder in Freiburger Kellerbars auf der Trompete Jazz oder Tanzmusik zu spielen; das Instrument hatte er sich mit einem Darlehen seines Vaters gekauft. Noch heute hat Schrempp in seinem Büro direkt neben dem Schreibtisch in einem offenen Regal eine Trompete stehen, und wenn er besonders guter Stimmung ist, greift er schon mal zu dem silbernen Instrument – einem Geschenk des Clubs der 300-SL-Fahrer – und spielt eines seiner Lieblingsstücke.

Durch seine Musik machte Schrempp auch Karlfried Nordmann auf sich aufmerksam, den Leiter der Freiburger Mercedes-Niederlassung und späteren Chef von Mercedes-Benz Nordamerika. Schrempp, der einmal bei einem Treffen von Fliegerassen aus aller Welt spielte, kam beim Publikum so gut an, dass Nordmann – selbst ein hoch dekorierter ehemaliger Jagdflieger – ihm zur Belohnung über das Wochenende seinen Wagen lieh. Schrempp saß zum ersten Mal am Steuer eines großen Mercedes, ein aufregendes Erlebnis mit Folgen. Nordmann, der kurze Zeit später in die Mercedes-Hauptverwaltung befördert wurde, wirkte fortan als Schrempps Mentor und überredete ihn, nach Studium und Militärdienst bei dem Stuttgarter Unternehmen einzusteigen. 1970 war es schließlich so weit: Schrempp trat eine Anstellung in der Serviceabteilung für Export in Untertürkheim an.

*

Der Einstieg war zunächst enttäuschend. Schrempp war mit hohen Erwartungen in die berühmteste Autofirma der Welt eingetreten. Anstatt sich an die Entwicklung seines Traumautos zu machen, landete er in einer kleinen Stube ohne eigenen Schreibtisch. Doch ein kurzes ermunterndes Gespräch mit Nordmann brachte ihn wieder auf Kurs und bald hatte er große Freude an seiner Arbeit. Man übertrug ihm den Bereich Afrika; er war verantwortlich für die Koordination zwischen dem Außendienst und den Konstruktions- und Fertigungsabteilungen in Stuttgart. Trat in Namibia oder Südafrika ein technisches Problem auf, so musste er sich darum kümmern. Es war eine Zeit des »kontinuierlichen konstruktiven Kämpfens«, wie er es heute nennt – eine aufschlussreiche Formulierung, die einiges über Schrempps Persönlichkeit verrät. Er fand Gefallen an den knallharten Methoden des konkurrenzbesessenen Wirtschaftslebens. Es machte ihm Spaß, sich mit Problemen zu befassen und Lösungen zu erkämpfen.

Diese erste Stelle vermittelte Schrempp auch ein Gefühl von Abenteuer. Er kam ständig mit Ingenieuren und Vertriebsleuten zusammen, die die Hauptverwaltung besuchten und über Afrika erzählten. Schrempp, die Enge der süddeutschen Provinz gewohnt, war begeistert von dem, was er über die große Weite dieses Landes und das Leben jenseits der schwäbischen Zentrale hörte. Es verwundert kaum, dass er sich um eine Stelle in Afrika bewarb. Anfang 1974 bekam er schließlich ein Angebot. »Alles ist besser, als in diesem kleinen Kaff außerhalb von Stuttgart herumzuhocken«, entgegnete seine Frau, als er ihr von der Gelegenheit berichtete. Als Schrempp diese Anekdote Jahrzehnte später Journalisten erzählte, musste er mit ein paar Flaschen Wein und einer Entschuldigung beim Bürgermeister des Dorfes Klein-Heppach Abbitte leisten.

Schrempp, seine Frau und die zwei kleinen Söhne flogen Mitte Juli 1974 nach Südafrika. Es war ihr erster Langstreckenflug – und eine äußerst unbequeme Reise, denn die beiden Kinder hatten keine eigenen Sitzplätze. Doch für

Schrempp zählte nur, dass er endlich Stuttgart hinter sich lassen konnte und eine neue Welt vor ihm lag.

Als er 1987 in die Hauptverwaltung zurückkehrte, war er ein anderer Mensch geworden: Er hatte Auslandserfahrungen gesammelt, war ein Mann von Welt und bereit, ganz an die Spitze aufzusteigen. Bis auf zwei Jahre in den Vereinigten Staaten hatte er die gesamte Zeit in Südafrika zugebracht. Schrempp liebt dieses Land – die Natur, die Menschen, die Geräusche und Gerüche und den Wein. Er besitzt eine Wildfarm tief im Busch und hat vor kurzem in der Nähe von Kapstadt ein Grundstück an der Küste gekauft. Als Vorsitzender von SAFRI (der Südliches-Afrika-Initiative der Deutschen Wirtschaft) bemüht er sich aktiv darum, das Wohl des Landes zu fördern – am 19. 4. 1995 wurde er von Nelson Mandela in Anerkennung seiner Verdienste zum südafrikanischen Ehrengeneralkonsul der Bundesländer Baden-Württemberg, Rheinland-Pfalz und Saarland ernannt. Auch in seinem Stuttgarter Büro finden sich überall Erinnerungen an Afrika. Hinter Schrempps Schreibtisch hängt die Flagge des Landes; Masken und Speere an den Wänden seines Büros unterstreichen die Verbindungen zu diesem Land ebenso wie der Bildschirmschoner seines Computers, eine Luftaufnahme Kapstadts. In entspannten Augenblicken spricht er davon, sich dort zur Ruhe zu setzen oder ein eigenes Geschäft zu eröffnen. Seit seiner Rückkehr nach Deutschland verbringt er Weihnachten oder Neujahr in Südafrika, und wenn es der Terminkalender erlaubt, hin und wieder auch einmal ein kurzfristig freigeschaufeltes Wochenende.

Schrempp und seine Familie fanden sofort Gefallen an Südafrika. Er war ein junger Mann, der zum richtigen Zeitpunkt den richtigen Job gefunden hatte. Die Arbeit in Südafrika entsprach seinem geselligen Naturell und förderte sein Streben nach Unabhängigkeit. Schon nach einem Jahr wurde er zum Service Manager ernannt; er bereiste den Kontinent und lernte Händler und Kunden kennen. Er stieg immer weiter auf und wurde 1980 in den Vorstand von Daimler-Benz Südafrika berufen. »Inzwischen kannte ich jede Straße in Südafrika, jeden Händler, jeden wichtigen Journalisten, jeden Fuhrparkleiter und dessen Großmutter«, entsinnt er sich schwärmend. Es war wie eine große Familie, und die Freundschaften, die damals geschlossen wurden, haben bis heute gehalten.

Schrempps Mentor war damals Morris Shenker, der Chairman von Daimler Südafrika. Shenker, ein kleiner aufgeweckter ehemaliger Gebrauchtwagenhändler vom östlichen Kap, war gläubiger Jude; obwohl seine Familie in Polen stark unter den Nazis gelitten hatte, begegnete er dem jungen Deutschen ohne Vorbehalte. Schrempp lernte Shenker sehr schätzen und fühlte sich geehrt, bei dessen Beerdigung einer der Sargträger zu sein.

»Er war hoch geachtet, aber gleichzeitig ungeheuer unbeliebt«, sagt Schrempp, während er über das Geheimnis von Shenkers Ausstrahlung nachdenkt. »Er war absolut unabhängig. Wenn er mit den Leuten in Stuttgart redete, sagte er, ich brauche das und das, und ließ sich von der mittleren Leitungsebene niemals verschaukeln.«

Schrempp lernte, die Hauptverwaltung mit einem kritischen Blick zu sehen. »Mit jedem Kilometer, den man sich vom ›Bullshit Castle‹ entfernt, geht es einem besser«, erklärte er damals. Mit »Bullshit Castle« war die Zentrale in Untertürkheim gemeint. Diese Bezeichnung hat sich übrigens nicht Schrempp ausgedacht, sondern ein Leiter des Bereichs Nordamerika. Doch Schrempp und seine Kollegen übernahmen den Ausdruck und verwendeten ihn ständig.

»Ich habe nichts gegen Bürokratie an sich«, sagt er heute, »aber in Deutschland gibt es immer so viele Gremien und Ausschüsse. Das ist lästig, hat aber gleichzeitig etwas Gemütliches. Wenn man ein Problem hat, muss man zuerst zu dem einen gehen, dann zu dem anderen und so weiter.

Man ist nie wirklich persönlich für etwas verantwortlich, es ist immer alles eine Teamentscheidung.«

In Südafrika war das ganz anders. »Ich konnte auf der Stelle Entscheidungen treffen. Wenn es ein Problem gab, hat man sich mit zwei oder drei Leuten zum Abendessen zusammengesetzt und es gelöst. Man konnte eine Entscheidung fällen, dazu stehen und sich um andere Dinge kümmern, ohne erst einen Haufen von Leuten zu Rate zu ziehen. Das hat mir ungeheuer gefallen.«

*

1982 wurde Schrempp nach Stuttgart zurückgerufen, um ein Geheimprojekt zu besprechen. Er wurde direkt vom Flughafen zu Gerhard Prinz, dem damaligen Vorstandsvorsitzenden von Daimler, gebracht. Man bot ihm an, die Geschäftsleitung von Euclid zu übernehmen, einem amerikanischen Hersteller von schweren geländegängigen Nutzfahrzeugen, die hauptsächlich beim Tagebau zum Einsatz kamen. Anfangs zögerte er, den Posten zu übernehmen. »Ich bin zu jung für den Job«, entgegnete Schrempp seinem Chef. »Was ist, wenn ich bei irgendeinem hohen Tier, einem Anwalt oder Grubenbesitzer vorspreche? Die lachen mich ja aus. Ich bin schließlich erst 38!«

»Werden Sie ausgelacht, wenn Sie hereinkommen, dann macht das gar nichts«, erwiderte Prinz. »Und wenn immer noch über Sie gelacht wird, wenn Sie gehen, dann sicherlich nicht wegen Ihres Alters.«

Schrempp nahm die Stelle an und zog nach Cleveland, Ohio. Als er und seine Familie an ihrem neuen Wohnort ankamen, stießen sie auf eine verpestete und verschmutzte Landschaft – ein Schock nach der Zeit in Afrika. »Müssen wir hier leben?«, fragte seine Frau bestürzt.

Jürgen Schrempp erkannte sofort, dass Euclid tief in Schwierigkeiten steckte. Aufgrund der massiven Rezession in den Vereinigten Staaten war es schwer, die Nutzfahrzeuge der Firma auf dem heimischen Markt zu verkaufen, und der Export wurde durch die Stärke des amerikanischen

Dollar gedrosselt. Euclid musste gegen starke Konkurrenten wie Komatsu und Caterpillar ankämpfen. Es würde viele Millionen kosten, eine starke Wettbewerbsposition zu etablieren. Hinzu kam, dass die Strategie, die zur Übernahme von Euclid geführt hatte, durch den Kauf von Freightliner 1981 ausgehebelt worden war. Durch diesen Deal drängte Daimler-Benz direkt in den Markt für On-road-trucks. Es gab also keinen zwingenden Grund, mit immensem Aufwand den Markt für Off-road-trucks zu erobern. Daimler-Benz, so folgerte Schrempp, solle Euclid verkaufen.

Nach Ansicht seiner Kollegen in Stuttgart hatte die Überlegung allerdings einen Haken. Man stimmte zwar mit seiner Analyse des Marktes und der finanziellen Situation überein, doch hatte er einen heiklen Punkt übersehen. Euclid war das »Kind« des Vorstandsvorsitzenden. Dr. Prinz hatte seinen Aufstieg auf dem Rücken der Euclid-Übernahme geschafft; daher konnte man nicht erwarten, dass er den Verkauf des Unternehmens billigen würde. »Du willst Prinz zu verstehen geben, dass wir sein Baby killen müssen?«, lautete die ungläubige Reaktion von Gerhard Liener, dem damaligen Leiter der Lkw-Abteilung bei Daimler. »Versuchen wir lieber, Zeit zu gewinnen.«

»Das ist nicht meine Art«, erwiderte Schrempp. »Ich gehe zu Prinz und sage es ihm so, wie es ist.«

»Dann musst du aber allein gehen«, meinte Liener.

Im Büro des Vorstandsvorsitzenden legte Schrempp eine halbe Stunde lang ohne Unterbrechung seine Sicht der Dinge dar. Prinz war alles andere als aufgebracht; er hörte sich Schrempps Argumente für eine Veräußerung aufmerksam an. Als Schrempp seine Ausführungen beendet hatte, stellte Prinz zahlreiche Fragen. »Ich glaube, da ist was dran«, sagte Prinz schließlich und forderte den jungen Manager auf, den Sachverhalt und seinen Standpunkt detaillierter auszuarbeiten. Ein paar Wochen später flog Prinz nach Chicago und hörte sich eine längere Präsentation des Falls an, in der zum Verkauf geraten wurde. Am

Ende der Sitzung stimmte Prinz zu: »Jürgen, Sie haben Recht, wir müssen das Unternehmen abstoßen. Aber tun Sie mir einen Gefallen: Können wir das Ganze in aller Stille abwickeln? Sie wissen, wie heikel das für mich ist.«

»Werden wir die Abteilung für Fusionen und Akquisitionen mit einbeziehen?«, fragte Schrempp.

»Normalerweise verlangt man nicht vom Frosch, sich selbst das Wasser seines Teichs abzugraben«, erwiderte der Vorstandsvorsitzende.

Der Verkauf wurde von Schrempp mit minimaler Unterstützung seitens der Stuttgarter Hauptverwaltung koordiniert und schließlich im Dezember 1984 zum Abschluss gebracht.

In diesem Zusammenhang bekam Schrempp auch eine erste Kostprobe davon, wie kurzfristig in der amerikanischen Welt geplant wird. Nachdem er den Vertrag mit dem neuen Eigentümer, Clark Equipment, unterzeichnet hatte, unterhielt er sich mit dem zukünftigen CEO von Euclid.

»Innerhalb von drei oder vier Monaten werde ich hier alles umkrempeln«, tönte der Neue.

»Schön«, erwiderte Schrempp etwas verdutzt. »Sie haben mehr Erfahrung als ich. Verraten Sie mir Ihr Geheimnis?«

»Da Sie ohnehin gehen, kann ich es Ihnen ja sagen«, erwiderte der Amerikaner. »Es ist ganz einfach: Wir kürzen siebzig Prozent der Kosten für Forschung und Entwicklung. Damit steigen die Gewinne automatisch.«

»Aber damit zerstören Sie die Grundlage des Unternehmens«, wandte Schrempp ein. »Dann haben Sie in drei oder vier Jahren überhaupt keine Produkte mehr und können nicht mehr konkurrieren.«

»In drei oder vier Jahren bin ich gar nicht mehr hier«, erklärte der Amerikaner. »Wozu also die Aufregung?«

Dies war ein absoluter Schock für Schrempp, der sich immer auch emotional mit den Unternehmen verbunden fühlt, für die er arbeitet, selbst wenn er gerade dabei ist, sie zu verkaufen oder zu schließen.

Er sollte noch einen zweiten Schock erleben. An dem Tag, an dem der Verkauf besiegelt wurde, genehmigte er sich mit Liener im New Yorker Plaza Hotel einen Drink. Gegen Mitternacht dämmerte ihm auf einmal, dass er jetzt ohne Anstellung war. »Ich habe mich gerade selbst wegsaniert... Aber wenn man seine Arbeit richtig macht, muss man wohl auch bereit sein, seinen eigenen Job zu verhökern.«

*

Tatsächlich war Schrempp jedoch alles andere als arbeitslos. Mit dem erfolgreichen Verkauf von Euclid empfahl er sich als Sanierungsexperte und erhielt die Chance, das marode Busgeschäft des Konzerns in Mannheim zu übernehmen. Er lehnte das Angebot ebenso ab wie eine Stelle in der Türkei. Schließlich wurde er wieder nach Südafrika zurückversetzt, wo er 1985 den Vorstandsvorsitz der dortigen Mercedes-Benz-Niederlassung übernahm.

Endlich hatte er seinen Traumjob. Doch das politische Klima hatte sich in den Jahren seiner Abwesenheit deutlich verschlechtert. P. W. Bothas Regime hatte sich nicht bewährt, die Lage im Land verschärfte sich zusehends. Der Kampf zur Abschaffung der Apartheid hatte sich verstärkt, und die westlichen Unternehmen gerieten zunehmend unter Druck, sich aus Südafrika zurückzuziehen. Der verbotene Afrikanische Nationalkongress (ANC) drängte ausländische Investoren zur Desinvestition um die Regierung zu schwächen. Viele amerikanische und englische Unternehmen verließen Südafrika oder trafen Vorkehrungen, ihre Vermögenswerte auf Marionettengesellschaften zu übertragen, die leicht wieder übernommen werden konnten, falls sich die politische Lage änderte. Schrempp schloss sich dieser Linie nicht an. Er war ein lautstarker Kritiker der Apartheid und trat zugleich dafür ein, weiterhin in Südafrika zu investieren. Diese Einstellung war sehr ungewöhnlich und brachte ihm zu Hause in Deutschland wie auch in Südafrika große Schwierigkeiten ein.

Seine konservativen Kollegen in Stuttgart fragten ihn, ob er eigentlich wisse, wer seine Kunden seien. Es war kein Geheimnis, dass in den afrikanischen Townships nur sehr wenige Wagen von Daimler-Benz verkauft wurden. »Würden Sie auch große Reden schwingen und den Kommunismus kritisieren, wenn Sie in Moskau stationiert wären?«, wurde er gefragt. »Das kann ich nicht sagen, vielleicht würden sie mich dort gleich erschießen«, erwiderte Schrempp. »Jedenfalls bin ich nicht in Moskau, ich bin in Südafrika und ich muss mir jeden Morgen im Spiegel selbst in die Augen schauen.«

Die Debatte spitzte sich zu, als Schrempp auch noch mehr Kapital forderte, um seinen Bereich zu erweitern. Der Vorstand von Daimler-Benz war dafür, doch die Gewerkschaftsvertreter im Aufsichtsrat waren vehement gegen Maßnahmen, die ihrer Meinung nach eine Unterstützung des rassistischen Regimes darstellten. Schrempp bekam seine Mittel erst, als der Vorsitzende des Aufsichtsrats seine ausschlaggebende Stimme geltend machte. Zusammen mit Franz Steinkühler, dem damaligen Chef der mächtigen Gewerkschaft IG Metall und Mitglied des Daimler-Aufsichtsrats (er trat später, nach dem Bekanntwerden von Insidergeschäften, zurück), entwickelte Schrempp nun einen zehn Punkte umfassenden Verhaltenskodex für deutsche Unternehmen, die in Südafrika bleiben wollten. »Meine Vorstellung war, dass wir die Leute dort genauso behandeln, wie wir die Leute in Europa behandeln«, erinnert sich Schrempp, »anstatt irgendeinen Deal einzufädeln, der bloß den Status quo aufrechterhielt, bis wir wieder zurückkommen durften.«

»Die Gewerkschaften waren damals praktisch die einzige gesetzlich zulässige Möglichkeit für die Schwarzen, sich politisch zu äußern«, erläutert er. »Ich war entschieden der Meinung, dass wir die Situation verbessern konnten, indem wir mit den Gewerkschaften in einen Dialog über ihre Arbeitsbedingungen traten.«

Schrempp war auch einer der wenigen Wirtschaftskapitäne, die den zukünftigen Präsidenten Thabo Mbeki in Lusaka aufsuchten, um Kontakte zwischen dem verbotenen Afrikanischen Nationalkongress und der Wirtschaft herzustellen. Schrempps offene Kritik am Apartheidsregime brachte ihm innerhalb des ANC viele Freunde ein, auch wenn diese seine Haltung in der Frage der Desinvestition absolut missbilligten. Daheim in Deutschland verlieh ihm dieses Engagement ein stärkeres Profil und festigte seinen Ruf als ein Mensch, der genau weiß, was er will, und nicht davor zurückschreckt, sich für einen unpopulären Standpunkt einzusetzen.

Als Schrempp 1987 nach Stuttgart zurückberufen wurde, stand er bald vor noch größeren Herausforderungen. Zugegeben, er hatte seine Ecken und Kanten, doch er hatte sich als stark motivierte und motivierende Führungskraft erwiesen. Er wusste das breitere politische Umfeld einzuschätzen, in dem ein Unternehmen der Privatwirtschaft operierte, und diese Eigenschaft wusste wiederum Edzard Reuter zu schätzen. Schrempp hatte bei Euclid gezeigt, dass er in der Lage war, mit komplexen Situationen fertig zu werden und schwierige Entscheidungen zu treffen. Mittlerweile war er auch ein potenzieller Kandidat für die Daimler-Benz-Konzernspitze.

Zunächst wurde er stellvertretendes Mitglied des Daimler-Benz-Vorstands und wirkte als rechte Hand von Helmut Werner, dem Leiter der Lkw-Abteilung. Zehn Jahre später lieferten sich die beiden ein heftiges Gefecht über die Struktur des Unternehmens. Schrempp gewann die Schlacht und schuf damit die notwendigen Voraussetzungen für die Fusion mit Chrysler; Werner schied dagegen aus dem Unternehmen aus.

Damals waren die beiden jedoch noch enge Freunde. Geschäftlich reisten sie gemeinsam um die ganze Welt, in ihrer Freizeit teilten sie Interessen wie Tennis, Skilaufen und den Besuch von Truck-Rennen auf dem Nürburgring. Sie waren so unzertrennlich, dass Schrempp 1989 zunächst zögerte, seine nächste Beförderung zum Leiter des neu geschaffenen Bereichs Luft- und Raumfahrt bei Daimler anzunehmen.

Reuter bot ihm den Posten bei einem Glas Trollinger in seinem Haus in Stuttgart an und scherzte noch, die Stelle könne sich als Sprungbrett für den Vorstandsvorsitz des Gesamtkonzerns erweisen. »Ich will nicht Vorstandsvorsitzender werden«, beteuerte Schrempp, »und ich will auch nicht Leiter der Luft- und Raumfahrtabteilung werden.«

Nach einigem Hin und Her willigte Schrempp schließlich ein, mit Alfred Herrhausen von der Deutschen Bank in Frankfurt zu reden. »Ich werde Herrhausen nichts abschlagen«, versprach er Edzard Reuter.

»Herr Herrhausen, ich kann meine Trucker nicht einfach so sitzen lassen«, gab Schrempp dem Vorstandsvorsitzenden zu verstehen. »Helmut und ich sind ein eingespieltes Team. Er ist der verantwortliche Lokomotivführer und ich bin seine rechte Hand. Wir sind gerade erst aus dem Bahnhof rausgefahren und haben den Kessel eingeheizt ... und werden bald mit Volldampf fahren.«

»Es ist schwerer, eine Lokomotive zu bauen, als eine zu fahren«, entgegnete Herrhausen und wies darauf hin, dass die Luft- und Raumfahrtabteilung erst aufgebaut werden müsse. Er appellierte so lange an Schrempps Vorliebe für Herausforderungen, bis Schrempp den Posten übernahm – ein Posten, den seine Kollegen als den schwierigsten im gesamten Daimler-Benz-Konzern betrachteten.

Schrempp, inzwischen 45 Jahre alt, zog nach München und betrat eine ganz neue Welt. Er wusste nichts über Luft- und Raumfahrttechnologie, sein Lernpensum war Schwindel erregend. Er erbte ein ganzes Sammelsurium von Unternehmen mit diversen Produktionsschwerpunkten, von Passagier- und Militärflugzeugen bis zu Verteidigungssystemen wie Flugabwehrraketen und Spionagesatelliten. Doch schon nach kurzer Zeit führte er mit der deutschen Regierung Verhandlungen über die Übernahme von MBB, dem größten Rüstungsunternehmen des Landes. Der Einstieg in diesen Industriezweig war hoch kontrovers. Traditionalisten klagten, Daimler-Benz werde seinem Hauptgeschäftsbereich als Hersteller von Personen- und Lastkraftwagen untreu. Linke Politiker warfen Daimler vor, jenen Waffengiganten neu erschaffen zu wollen, der in der deutschen Geschichte schon einmal eine unrühmliche Rolle gespielt hatte. Herrhausen dagegen sah die Chance, einen paneuropäischen Verteidigungskonzern aufzubauen, eine Vision, die sich erst 1999 mit der Gründung der deutsch-französischen European Aeronautic Defence and Space Company (EADS) erfüllen sollte. Die Übernahme von MBB wurde am Ende im Aufsichtsrat mit Herrhausens entscheidender Stimme beschlossen.

Es war eine ungeheure Herausforderung, sämtliche Hürden zu bewältigen. Bei der Gründung der Daimler-Benz Aerospace (DASA) musste Schrempp aus einer Gruppe unabhängiger Firmen, die sich seit Jahrzehnten heftige Konkurrenzkämpfe geliefert hatten, ein vernünftiges Unternehmensgefüge schaffen. Erschwert wurde die Aufgabe durch die Selbstkostenpreismethode, die in der Rüstungsbranche herrschte. Normale betriebswirtschaftliche Überlegungen waren irrelevant, da diese Unternehmen ihre Gewinne in der Weise erzielten, dass sie dem Staat einen Fixbetrag von zehn Prozent auf die Ausgänge berechneten.

Schrempp begann mit einer Rationalisierung der Unternehmen, wobei er wenig Respekt für die herkömmliche deutsche Konsenskultur zeigte. Rechtsformen wurden aufgelöst, Arbeiter entlassen, Fabriken geschlossen. Er wurde zum Feindbild und zur Zielscheibe regelmäßiger verbaler Attacken seitens der Gewerkschaften, der Politiker und der Medien. Selbst einige Kollegen wandten sich gegen ihn, den Trucker im Airlinebusiness, den Badener in Bayern. Doch in diesem Mahlstrom aufreibender, aber konstruktiver Konflikte war Schrempp absolut in seinem Element.

Die deutsche Rüstungsindustrie fungierte als eine Art nationales Beschäftigungsprogramm; in jedem der sechzehn Bundesländer war eine Fabrik angesiedelt. Als Schrempp erfuhr, dass sein Unternehmen Verluste machte und darüber hinaus der deutsche Verteidigungshaushalt gekürzt werden sollte, beschloss er, sechs Werke zu schließen. Dies, so klagten seine Kritiker, sei die allererste Werkschließung in der gesamten Geschichte des Unternehmens Daimler-Benz.

»Damals herrschte die Auffassung, ein Unternehmen von der Größe und Rentabilität von Daimler-Benz habe die Verpflichtung, seine Fabriken weiterzubetreiben«, erinnert sich Manfred Bischoff, der damalige Finanzchef des Konzerns.

Schrempp formulierte in dieser schweren Zeit zum ersten Mal einen Grundsatz, der die Erwartungen der Aktionäre mit den Interessen der Gesellschaft insgesamt in Einklang bringen sollte. Er brachte es auf die Formel: »Nur ein rentables Unternehmen kann ein soziales Unternehmen sein.«

Die Politiker, die sich um die Weiterführung der Werke bemühten, interessierten sich dagegen nicht für die Feinheiten der Diskussion um Interessengruppen versus Anteilseigner. Bei einem Treffen mit acht Ministerpräsidenten wurden Reuter und Schrempp gefragt, wie viel Geld sie wollten, um die Fabriken vor der Schließung zu bewahren. »Sie können uns gar nichts geben«, erwiderte Schrempp, »aber es steht in Ihrer Macht, dafür zu sorgen, dass wir nicht noch drastischere Maßnahmen ergreifen.«

Im Zusammenhang mit diesem Treffen entwickelte sich das gute Arbeitsverhältnis zwischen Schrempp und Gerhard Schröder, dem damaligen Ministerpräsidenten von Niedersachsen. So überredete Schrempp Schröder, eine Pressekonferenz zur Unterstützung des Eurofighter-Programms zu geben. Dies widersprach der Parteipolitik, war aber förderlich für den Arbeitsmarkt, was Schröder durchaus erkannte. Bei einer anderen Gelegenheit setzten sie sich an einem Freitagabend in einem Münchner Restaurant zusammen, um die Details einer Werkschließung in Schröders Bundesland auszuarbeiten. Sie fanden einen Kompromiss, nach dem Niedersachsen das Werk übernehmen sollte und dafür so viel Geld bekam, wie den Konzern eine Schließung gekostet hätte. Auf diese Weise rettete Schröder einige Arbeitsplätze und Schrempp setzte seinen Plan durch.

Im Lauf der Zeit wurden die beiden gute Freunde und reden sich inzwischen mit Vornamen an, was in der steifen Welt der deutschen Wirtschaft und Politik eher ungewöhnlich ist. Wenn Schrempp Schröder einen Gefallen tun kann, dann zögert er nicht. So verschaffte er im Rahmen des EADS-Deals Schröder eine hervorragende Plattform, um das enge Verhältnis in den deutsch-französischen Beziehungen zu demonstrieren.

*

Nach außen wirkt Schrempps Stil zwar oft provokant und aggressiv, doch hinter den Kulissen zeigt er sich weitaus versöhnlicher und vor allem kooperativ. Er traf sich während seiner Zeit bei der DASA zum Beispiel regelmäßig mit Aloysius Schwarz, dem hartnäckigen Vorsitzenden des Betriebsrats. Vor jeder Unterredung klärten sie, ob es sich um ein offizielles oder ein inoffizielles Gespräch handelte. Wenn Letzteres der Fall war, skizzierte Schrempp seine Pläne, und dann suchten sie gemeinsam nach Möglichkeiten, der Belegschaft die Umstrukturierung schmackhafter zu machen. Dies konnte zwar die Proteste der Öffentlichkeit nicht abwenden, doch es bildete die Grundlage für ein ausgezeichnetes Arbeitsverhältnis zwischen Schrempp und der Belegschaft.

»Meine Maßnahmen waren höchst unpopulär, aber ich ergriff sie nach dem Grundsatz, dass ich unseren Arbeitnehmervertretern immer noch Aug in Aug gegenübertreten konnte«, erinnert sich Schrempp. Der gute persönliche Draht zu den Gewerkschaftsbossen sollte sich besonders in den Jahren 1993 bis 1995 als wichtig erweisen, als sich die Bedingungen bei der DASA verschlechterten. In jener Zeitspanne baute Schrempp mehr als 22 000 Arbeitsplätze ab, fast ein Viertel der gesamten Belegschaft. Trotz massivem Säbelrasseln auf beiden Seiten ging die Rationalisierung ohne einen einzigen Streiktag vonstatten, da die Maßnahmen erst nach Rücksprache mit den Gewerkschaften nach dem Grundsatz der Mitbestimmung beschlossen wurden.

Dieses Prinzip wurde der deutschen Industrie nach dem Zweiten Weltkrieg von den Alliierten auferlegt. Weiter ausgebaut wurde es 1975 unter der sozialdemokratischen Regierung von Helmut Schmidt, um die Arbeitnehmervertretung in den Aufsichtsräten zu stärken.

Bei einem Unternehmen von der Größe der DASA oder des Daimler-Konzerns besteht der Aufsichtsrat aus insgesamt zwanzig Personen, zehn Vertretern der Aktionäre stehen zehn Vertreter der Belegschaft gegenüber. Der Vorsitzende hat eine entscheidende Stimme und leitet das so genannte Präsidium, ein Gremium von vier Aufsichtsräten, die sich mit Personalfragen befassen. Es gibt auch ein informelles Gremium der Aktionärsvertreter (der so genannten Kapitalseite des Aufsichtsrats), das gemeinsam mit dem Vorstand über Unternehmensstrategien und Investitionen berät. Auch die Arbeitnehmerseite des Aufsichtsrats tritt in einem eigenen Gremium, der Arbeitnehmervorbesprechung, zusammen. Der gesamte Aufsichtsrat kommt im Durchschnitt einmal pro Quartal zusammen und segnet wichtige Entscheidungen ab.

Das System ist hoch kompliziert, hochgradig politisch und nicht gerade transparent. Doch in Deutschland hat es sich ganz gut bewährt. Arbeit und Kapital kooperieren produktiver als in konkurrierenden Volkswirtschaften. Es gibt bewährte Prozeduren, um Konflikte zu vermeiden und Pattsituationen zu lösen. Dieses Gefüge bringt zwar nicht immer Klarheit und Liebenswürdigkeit hervor, aber es fördert dennoch eher die Zusammenarbeit als die Konfrontation.

»1993 riet man mir ab, eine harte Umstrukturierung vorzunehmen, weil ich dann vielleicht nicht die Stimmen der Arbeitnehmervertreter bekommen würde, wenn es darum ginge, den nächsten Vorstandsvorsitzenden von Daimler zu wählen«, erinnert sich Schrempp. »Über kurz oder lang standen sie trotz des Abbaus von Zehntausenden von Stellen bei DASA hundertprozentig hinter mir, eben wegen der Art, wie ich vorging. Ich war knallhart, berücksichtigte jedoch, dass ich hin und wieder Kompromisse eingehen musste – vor allem in Bezug auf Umfang, Timing und Darstellung. Ich ging nie Kompromisse in dem Sinn ein, dass ich auf eine Maßnahme verzichtete, aber in dem Sinn, dass ich versuchte, sie abzufedern . . . Als ich dann als Vorstandsvorsitzender weitermachte, habe ich dieselbe Methode angewandt.«

Im Spätsommer 1993 unterhielt sich Schrempp mit Edzard Reuter im Garten von Reuters Wohnung am Ufer des Bodensees. Reuter vertraute seinem Schützling an, dass er ihn als seinen Nachfolger als Vorstandsvorsitzenden empfohlen habe.

»Das sollten wir aus dem Programm streichen«, erwiderte Schrempp. »Ich bin nicht interessiert.«

Schrempp war voll damit beschäftigt, die DASA umzustrukturieren. Er wollte Herrhausens Traum erfüllen und aus der DASA Europas mächtigstes Luft- und Raumfahrtunternehmen machen und er spielte immer noch mit dem Gedanken, später ein eigenes Unternehmen aufzubauen.

Reuter ließ ihn wissen, dass die Deutsche Bank ebenfalls hinter dieser Entscheidung stehe. Mit seiner energischen Art, die Aufgaben bei der DASA anzupacken, hatte Schrempp auch Hilmar Kopper auf sich aufmerksam gemacht. Der Bankier zeigte sich beeindruckt von Schrempps Entschie-

denheit und der Klarheit, mit der er oft unpopuläre Maßnahmen bekannt gab. »Er ist ein knallharter, kompromiss-
loser Bursche«, so Kopper. »Trotzdem hatte er das Vertrauen der Gewerkschaften gewonnen. Sie spürten seine
Grundehrlichkeit. Da gab es keine falschen Kompromisse,
keine Salamitaktik. Er skizzierte stets das schlimmste Sze-
nario und handelte dann einfach danach.«

1993 waren in der Diskussion um die Nachfolge des
Vorstandsvorsitzenden nur noch zwei Kandidaten im Rennen. Der eine war Jürgen Schrempp, der andere Helmut
Werner, Schrempps ehemaliger Vorgesetzter, inzwischen
Chef von Mercedes-Benz. Werner galt als Kronprinz und
war noch von Herrhausen zum künftigen Nachfolger Reuters gesalbt worden. Er war beliebt und angesehen und
hatte sich durch die rasche Wiederbelebung der Marke
Mercedes hervorgetan.

Reuter sollte ursprünglich 1996 in den Ruhestand treten, doch Kopper beschloss, den Wechsel um ein Jahr vor-
zuziehen. Anfang 1994 teilte Kopper bei der Weltmeister-
schaft im Springreiten in Aachen Werner seine Entscheidung mit: Schrempp solle den Posten übernehmen.
Schrempp selbst unterrichtete er bei der Bildeberg-Konfe-
renz in Helsinki. Er nahm an. »Als sei es die natürlichste
Sache der Welt gewesen«, erinnert sich Kopper. Es war
Zeit für einen Neuanfang.

*

Schrempp, ein großer, vitaler Mann mit markanten Zügen
und einem durchdringenden Blick, besitzt eine beeindru-
ckende Persönlichkeit und strahlt eine äußerst dynamische
geistige und körperliche Energie aus.

Wenn er jemanden von etwas überzeugen will, packt er
ihn am Arm und bombardiert ihn mit Argumenten. Er
lässt erst los, wenn man ihm Recht gibt. Bei Meetings
kommt es nicht selten vor, dass er aufspringt und in einem
Monolog seine Ansicht darlegt, wobei er Hände, Kopf und
Körper in sein reiches Gebärdenspiel einbezieht. Er packt

das Flipchart, so als sei es seine Partnerin bei einem ausgelassenen lateinamerikanischen Tanz, und blättert in wilder Hektik die Seiten um. Er ist richtig stolz auf seine Shows mit dem Flipchart. »Damit kann ich wie verrückt verhandeln«, räumt er lachend ein.

Schrempp hält sich stets an drei ungeschriebene Regeln für den Erfolg im Geschäftsleben. Die erste lautet: gesund und fit sein. Dementsprechend treibt er sehr viel Sport. Wenn er zu Hause ist, verbringt er die Samstagvormittage meist in seinem privaten Fitnessstudio. In London oder New York versucht er sich in Form zu halten, indem er vor Sonnenaufgang kurz im Hyde Park oder im Central Park joggen geht. Freunde berichteten, sie hätten ihn noch nie so frustriert erlebt wie in der Zeit, als er wegen einer Knieverletzung nicht täglich trainieren konnte.

»Jeder erzählte mir damals, ich würde fitter denn je aussehen,« scherzt er heute. »Das hat mich natürlich gefreut ... aber in Wirklichkeit sah ich wohl nie schlechter aus und war nie so miserabel in Form wie vor drei Jahren. Nur das hat mir natürlich niemand ins Gesicht sagen wollen.«

Schrempps zweite Regel lautet, dass man an allem Spaß haben sollte. Förmliche Events mit steifer Etikette sind ihm zuwider. Viel lieber setzt er sich mit Kollegen zu zwanglosen Brainstorming-Sitzungen zusammen, bei denen die Grenze zwischen Arbeit und Vergnügen verschwimmt.

In seiner Zeit bei der DASA zogen Schrempp und seine Mitarbeiter am Freitagnachmittag auch schon mal in eines ihrer Lieblingslokale um, wo sie ihre Papiere ausbreiteten und in einer lockeren Atmosphäre ihre Geschäfte abwickelten. In München kam es oft zu spontanen Zusammenkünften in seinem bayrischen »Stüberl«. Kurz nachdem er von Reuter den Vorstandsvorsitz übernahm, ließ er sich neben seinem neuen Büro ein ähnliches Zimmer einrichten, in dem auch heute noch viele zwanglose Gespräche stattfinden.

Seinen fünfzigsten Geburtstag feierte er im Flugzeug auf dem Rückflug von Japan. Jürgen Weber, der Vorstandsvorsitzende der Lufthansa, hatte extra zu diesem Anlass ein Fass Bier bereitgestellt. Es war eine ausgelassene Party, denn auf dem Flug passierte man mehrere Zeitzonen, und so musste immer wieder erneut angestoßen werden. Mitreisende in der ersten Klasse kamen in den Genuss des seltenen Erlebnisses, Schrempp, Edzard Reuter und Helmut Werner flotte Lieder singen zu hören.

Beim Weltwirtschaftsforum in Davos richtet Schrempp jedes Jahr in einem Bergrestaurant eine private Party aus. Die Einladungen zu diesem so genannten »Bergführertreffen« sind sehr begehrt, eben weil es sich vollkommen von den anderen Empfängen in Davos abhebt. Es geht zwanglos zu, und es ist kein einziges Glas Champagner in Sicht. Der Abend fängt mit einem Glas Glühwein draußen im Schnee an. Während des Abendessens hält Schrempp einen Vortrag – in einem Jahr beleuchtete er die Realität der Globalisierung in der Folge des DaimlerChrysler-Deals, in einem anderen betrachtete er die Verantwortung von Führungspersönlichkeiten in der Wirtschaft gegenüber künftigen Managergenerationen. An die Rede schließt sich meist eine Diskussion an, die im Lauf des Abends immer lebhafter wird. Gegen Mitternacht fängt das Singen an. Schrempp und seine Freunde scharen sich um ein Mikrophon und geben ausgelassene Stimmungslieder zum Besten. Die Party endet nicht selten erst gegen vier Uhr. Ein paar Stunden später sitzen Schrempp und Kollegen wie Manfred Bischoff, frisch rasiert und makellos gekleidet, bereits beim Frühstück und bereiten sich auf das Tagesgeschäft vor. Die Gäste, die mit einem gewaltigen Kater aus den Federn kriechen, staunen nur so über das Durchhaltevermögen des deutschen Spitzenmanagers.

Wein und Geselligkeit sorgen zwar für einen reibungslosen Ablauf mancher Zusammenkunft, doch die gründliche Vorbereitung darf nicht unterschätzt werden. Dies ist Schrempps dritter Garant für den Erfolg im Geschäftsleben. Er geht in der Regel davon aus, dass jeder, der mit ihm zu tun hat, absolut gründlich informiert ist.

Gelegentlich vermittelt Schrempp gern den Eindruck, als habe er seine »Hausaufgaben« nicht gemacht. Er marschiert dann in eine Konferenz, raschelt mit seinen Papieren und tut so, als mache er sich eben erst mit den Programmpunkten vertraut. Doch das ist eigentlich nur Show, denn wenn es um etwas Wichtiges geht, ist er immer unglaublich gut vorbereitet. »Er ist begierig, zu lernen und die wesentlichen Themen ruck, zuck aufzunehmen«, kommentiert ein eng vertrauter Kollege. »Er stellt viele Fragen und gibt auch gerne zu, wenn er etwas nicht weiß. Ein paar Augenblicke später kann er die Themen dann so präsentieren, als habe er sie schon immer beherrscht.«

Schrempp pflegt ein dichtes Netz von Kontakten, die er auch geschickt nutzt, wenn es darum geht, Informationen zu beschaffen. Da er sein Leben lang für Daimler tätig war, weiß er genau, an wen er sich innerhalb des Unternehmens wenden muss. Aber auch außerhalb des Konzerns kann er sich per Telefon oder E-Mail jederzeit an einen Experten auf jedem beliebigen Gebiet wenden. Wenn er sich beispielsweise über E-Commerce informieren will, spricht er mit Lou Gerstner, dem Chef von IBM, und überprüft dann das, was er erfahren hat, indem er seinen Sohn Alexander anruft, einen Webdesigner. Bei der Entwicklung einer Internetstrategie für Daimler in den Jahren 1999–2000 hörte er sich 35 verschiedene Präsentationen unterschiedlichster Experten an, von Carly Fiorina, der Chefin von Hewlett-Packard, bis zu kalifornischen Programmierern mit Pferdeschwanz.

Zugang zu reinen Fakten findet er über das firmeneigene Intranet, und zwar über sein schwarzes IBM-Notebook Clara, das Gerstner ihm einmal schenkte. Schrempp macht innerhalb des Unternehmens auch groß Reklame für das Intranet; er argumentiert, damit verfügten sämtliche Mitarbeiter des Unternehmens über 95 Prozent der Informationen. »Die restlichen fünf Prozent sind der Grund, weshalb ich Vorstandsvorsitzender bin«, sagt er. Mit Hilfe seines Sohnes hat er sich auch mit dem Internet vertraut gemacht; dadurch kann er eine Vielzahl weiterer Informationsquellen zu Rate ziehen, bevor er eine Entscheidung trifft.

*

Wenn Schrempp Tempo und Gangart vorgibt, ist das Business meist unterhaltend, intellektuell anspruchsvoll und erfordert Stehvermögen.

In seiner Anfangszeit als Vorstandsvorsitzender handelte er sich mit seinem Hang zum Geselligen einmal ziemlichen Ärger ein. Im Sommer 1995 flog er von München zu einer nachmittäglichen Konferenz in die italienische Hauptstadt. Nach dem Abendessen ging er mit Lydia Deininger und Hartmut Schick, dem Leiter des Planungsstabs, aus, um auf Lydias 31. Geburtstag anzustoßen. Es war der 19. Juli und eine wunderbar laue Sommernacht. Als das Trio in das Hotel Hassler Medici zurückkehrte, war es bereits zu spät für einen letzten Drink in der Bar. Also besorgten sich die drei eine Flasche Chianti und spazierten von ihrem Hotel aus die Spanische Treppe hinab, an deren Fuß sich anlässlich einer Modenschau eine riesige Menschenmenge tummelte. Auf halber Höhe wurden sie von der römischen Polizei zu einer routinemäßigen Passkontrolle angehalten.

»Zeigen Sie uns Ihre Pässe«, verlangte einer der Polizisten. Schrempp ärgerte sich zwar über den Ton des Mannes, erklärte sich jedoch bereit, ins Hotel zurückzugehen und die Pässe zu holen, die den italienischen Gesetzesbestimmungen entsprechend dort deponiert worden waren. Als er wieder zurückkam, hatte sich die Auseinandersetzung zugespitzt. Deininger und Schick wechselten hitzige Worte mit einer Gruppe Carabinieri, die um ein Polizeiauto herumstanden. Keine Seite verstand die andere, da weder Lydia Deininger noch Hartmut Schick mehr als »stupido polizia« zu sagen wussten und die Italiener weder Deutsch noch Englisch sprachen. Es kam zum Eklat, Schrempp und seine Kollegen wurden von den Carabinieri mitgenommen.

Auf der Polizeiwache weigerten sich die drei, ein Protokoll zu unterschreiben, in dem zu Unrecht behauptet wurde, sie hätten eine Polizistin tätlich angegriffen. Nach einigen hektischen Telefonaten war die Sache geklärt, ein paar Stunden später wurde das Trio entlassen. Inzwischen wusste jedoch bereits die halbe Mercedes-Benz-Niederlassung in Rom von dem Zwischenfall.

Innerhalb weniger Tage war die Meldung auch in Deutschland durchgesickert und brachte Schrempp zahlreiche kritische Schlagzeilen in der Boulevardpresse ein. Gewerkschaftsfunktionäre klagten, es sei unangebracht, dass der Vorstandsvorsitzende eine Zechtour durch Rom mache, während zu Hause in Deutschland so viele Arbeitsplätze vernichtet würden. Kollegen warfen Schrempp vor, den Namen Daimler in Misskredit zu bringen. Ein zweischneidiger Kommentar kam auch von Hilmar Kopper, dem Vorsitzenden des Aufsichtsrats. »Bei der Flasche Wein wäre ich auch gern dabei gewesen«, sagte er zu Schrempp, als dieser ihn anrief und ihn über den Vorfall unterrichtete. »Ich sagte aber auch zu ihm: Das darf nicht wieder vorkommen; Sie sind schließlich Vorstandsvorsitzender des größten deutschen Unternehmens.«

»Ich will ja nur ein Mensch sein und bleiben«, vertraute Schrempp kurz nach dem Vorfall Werner Breitschwerdt an, einem Freund und ehemaligen Vorstandsvorsitzenden von Daimler-Benz.

»Man muss seine menschliche Seite zurückhalten, wenn man in dieser Position ist«, erwiderte Breitschwerdt.

Rückblickend gesteht Schrempp reumütig, er hätte sich bei den Polizisten ausgiebig entschuldigen und jeder Konfrontation aus dem Weg gehen sollen. Diese Episode sei ein Beispiel eines höchst unkonstruktiven Konflikts gewesen, sagt Schrempp ernüchtert.

*

Schrempp ist unbeirrbar und kompromisslos im Verfolgen seiner Ziele. Er verbindet eine raffinierte Taktik mit sorgfältiger Planung und schnellem Agieren im geeigneten Augenblick. »Er verfügt über eine ungewöhnliche Mischung von Eigenschaften«, bemerkt ein eng vertrauter Kollege. »Er ist ein Stück weit Schachspieler, ein Stück weit Straßenkämpfer, der mit harten Bandagen kämpft.«

»Ich denke immer drei Schritte voraus«, erklärt Schrempp einem leicht verdutzten amerikanischen Manager, kurz nachdem die Fusion mit Chrysler bekannt gegeben wurde. »Aber es ist klar, dass ich stets nur den ersten Schritt offen lege – wenn man zu früh zu viel preisgibt, ist der ganze Schlachtplan vereitelt.«

Schrempp ist bereit, andere mit in seine Überlegungen zu taktischen Fragen einzubeziehen, doch nur sehr wenige Eingeweihte haben Einblick in seine Strategien. Er plant nicht nur viele Schritte im Voraus, sondern denkt sich auch Finten und Ablenkungsmanöver aus, leichte Abweichungen vom erwarteten Kurs, damit Außenstehende über seine wahren Absichten getäuscht werden oder glauben, er habe einen Fehler begangen. Doch auf einmal stehen die Figuren richtig und plötzlich heißt es: Schachmatt!

Beim Schachspiel selbst ist Schrempp nicht immer so unschlagbar. Garri Kasparow brauchte nur drei Minuten, um Schrempp in eine Position zu bringen, in der er keine seiner Figuren mehr bewegen konnte, ohne sich selbst schachmatt zu setzen. Im Sitzungssaal befindet sich Schrempp jedoch nie in dieser Position.

Als er zu Reuters Nachfolger ernannt wurde, bestand der Kern seines engsten Mitarbeiterkreises aus Lydia Deininger, Hartmut Schick und Manfred Bischoff. Sie setzten sich ein Wochenende nach dem anderen an einen Tisch und sammelten spontane Ideen zu Struktur und Strategie. Später wurden andere in diesen Zirkel einbezogen, darunter Eckhard Cordes (der bald als Strategieexperte in den Vorstand berufen wurde), Rüdiger Grube (Cordes' Stellvertreter), Christoph Walther, der Leiter der Unternehmenskommunikation bei Daimler, und Alexander Dibelius von Goldman-Sachs.

Auch einigen wenigen anderen schenkt Schrempp Gehör, darunter Klaus Mangold, der Leiter des Unternehmensbereichs Dienstleistungen bei Daimler und ein alter Freund aus Freiburg; Victor Halberstadt, ein gerissener holländischer Wirtschaftsprofessor; Vernon Jordan, der Kenner der Washingtoner Szene und Vertraute Bill Clintons; Mike Taylor, ein Freund aus Südafrika, der eine Londoner PR-Agentur leitet; Bernard Attali, der ehemalige Chef von Air France und jetzige Leiter der Deutschen Bank in Frankreich; Anton Rupert, der südafrikanische Luxusgüter- und Tabakmagnat; David K. P. Lee, der Chairman und CEO der South-East Asia Bank und Karel Vuursten, der CEO von Heineken.

Schrempp unterscheidet klar zwischen Außenstehenden wie Halberstadt oder Dibelius, bei denen er sich Feedback zu den unterschiedlichsten Fragen holt, und leitenden Führungskräften im eigenen Unternehmen wie Cordes oder Bischoff. Er schätzt lange Gespräche unter vier Augen mit anderen Vorstandsmitgliedern, die er vor offiziellen Sitzungen gern zu einem offenen Meinungsaustausch zu sich nach Hause einlädt. Setzt man sich privat zusammen, wird rückhaltlos und ohne Tabus diskutiert. Schrempp ist schonungslos offen gegenüber jenen wenigen Vertrauten, die ihm ebenso direkt begegnen.

Selbstverständlich wird fleißig um die Zugehörigkeit zum inneren Zirkel gerangelt, und es wird unentwegt darüber spekuliert, wer auf dem aufsteigenden beziehungsweise auf dem absteigenden Ast ist.

Schrempps hitziges Temperament erleben Mitarbeiter und Kollegen innerhalb wie außerhalb des innersten Zirkels. Langjährige Vertraute haben gelernt, seine Reaktionen richtig einzuschätzen und Kritik nicht allzu persönlich zu nehmen. Sie haben erkannt, dass er sich über nichts so sehr ärgert wie über Inkompetenz und mangelnde Vorbereitung. »Er hasst Fragen und liebt Empfehlungen«, umschreibt ein Angehöriger des innersten Kreises diesen Wesenszug. Die Kollegen haben gelernt, die entsprechenden Themen gründlich durchzudenken, bevor sie ihm gegenübertreten.

Sie fürchten, bei ihm in Ungnade zu fallen. Er kann einen eingestandenen Fehler verzeihen und einen plausibel vorgetragenen Standpunkt akzeptieren, auch wenn er diesen nicht teilt. Doch wenn er auch nur den Anflug des Eindrucks gewinnt, dass jemand ein falsches Spiel mit ihm treiben oder ihn hintergehen will, muss der Betreffende damit rechnen, in den äußersten Kreis der Finsternis verstoßen zu werden. Auch seine Kritiker rühmen Schrempps außergewöhnliches Gespür für Untreue. »Er merkt es aus fünf Kilometern Entfernung, wenn seine Autorität untergraben wird«, berichtet einer, der Schrempps Ellbogen zu spüren bekam. »Wenn es auf ein Machtspiel hinausläuft, ist er der Sieger.«

In Personalfragen ist Schrempp nur ungern zu Kompromissen bereit. Auf seinem Weg an die Spitze gab es auch mit ehemaligen Freunden und Verbündeten vereinzelt Konflikte. Hier ist allen voran Edzard Reuter, Schrempps ehemaliger Mentor, zu nennen. In diesem Fall entzweiten sich die beiden, lange nachdem Schrempp zur Spitzenposition aufgestiegen war und die Strategie seines Vorgängers umkehrte – eine Strategie, die Schrempp in seiner Zeit bei der DASA selbst mitentwickelt und umgesetzt hatte. Zum endgültigen Bruch kam es 1996, als Reuter seine Autobiographie veröffentlichte, in der er eine Breitseite nach der anderen auf Schrempp und andere ehemalige Kollegen bei Daimler abfeuerte.

In einem anderen Fall sah sich Schrempp gezwungen, sich von Gerhard Liener zu trennen, der ebenfalls zu seinen Freunden und Förderern zählte. Liener schrieb einen langen Artikel, in dem er Reuters Selbstüberhebung und Managementfehler anprangerte. Das Dossier erschien im *manager magazin* und brachte den ganzen Konzern in Verruf. Es blieb Schrempp nichts anderes übrig, als Lieners Beratervertrag mit dem Unternehmen zu lösen.

Was mit Helmut Werner passierte, als er und Schrempp sich über die Struktur des Unternehmens in die Haare gerieten, werden wir in einem späteren Kapitel sehen.

Es wäre indes falsch, wenn hier der Eindruck eines brutalen, rücksichtslosen Managers entstünde. Schrempp betont die Bedeutung des Menschlichen und des Emotionalen in den Geschäftsbeziehungen in einer Weise, die überzeugte Kapitalisten amerikanischer Prägung als soft und wattig empfinden würden. Er ist stolz, dass durch die Fusion mit Chrysler keine Arbeitsplätze vernichtet, sondern neue geschaffen wurden. Dabei mag ihm die Episode mit seinem Nachfolger bei Euclid durch den Kopf gehen, und der Gedanke, ein Unternehmen nur aufzukaufen, um das Personal abzubauen und Werke zu schließen, entsetzt ihn. Stellen zu streichen mag notwendig sein, kann jedoch niemals Selbstzweck sein.

»Ich habe immer gesagt, Menschen sollten Fehler machen dürfen«, erklärt Schrempp. »Wenn ich dann jemanden wegen eines Fehlers feuern würde, würde ich jede Glaubwürdigkeit verlieren.«

Im Umgang mit einzelnen Arbeitnehmern kann er sich sehr leutselig geben. Gelegentlich spaziert er, ganz unabhängig von den Verpflichtungen des Tages, die paar hundert Meter vom Firmenkomplex in Möhringen zu einem nahe gelegenen Imbissstand, wo er sich unter die einfachen Arbeiter mischt und Currywurst bestellt. Das Massenblatt *Bild* bewundert ihn als einen Menschen, der für schwäbische Maultaschen jeden Kaviar stehen lässt.

Die meisten Arbeitnehmer sind es gewohnt, dass ihre Vorgesetzten so tun, als interessierten sie sich für die Einzelheiten ihrer Tätigkeit; sie reagieren jedoch ausgesprochen überrascht, wenn der Boss auf seine Worte Taten folgen lässt. Rüdiger Grube erinnert sich an die erste Begegnung mit Schrempp. Grube hielt vor dem DASA-Vorstand einen Vortrag, in dem er sich für die Verbesserung eines Programms zur Förderung der Mitarbeitermotivation aussprach. Schrempp zeigte sich beeindruckt und versprach, ihm innerhalb von zwei Wochen Feedback zu geben. Am vierzehnten Tag klingelte prompt das Telefon.

Einmal weigerte sich ein Wachmann der Münchner DASA-Zentrale, Schrempp ohne Ausweis passieren zu lassen. Schrempp, damals bereits Chef des Tochterunternehmens, schickte dem einfachen Angestellten zwei Flaschen Wein und gratulierte ihm zu seinem Pflichtbewusstsein.

*

In den Monaten vor der Übernahme des Vorstandsvorsitzes bei Daimler-Benz bemühte sich Schrempp mehrfach um einen Termin bei Reuter, um die Übergabe zu besprechen. Es ist eigentlich das Normalste auf der Welt, wenn sich der scheidende Vorstandsvorsitzende mit seinem Nachfolger zusammensetzt, dachte Schrempp. Es wäre hilfreich gewesen, mit dem Wesentlichsten vertraut gemacht zu werden – zu erfahren, wo welche Akten waren, welche Unterlagen persönlich waren, was archiviert werden sollte und was im Safe verwahrt wurde. Genau das hatte er getan, als Manfred Bischoff die Leitung der DASA übernahm. Jeder Hinweis darauf, wie die Machthebel in Europas größtem Industrieunternehmen zu betätigen waren, wäre willkommen gewesen.

Doch eine Übergabe im eigentlichen Sinn fand nicht statt. Anfragen von Schrempps Sekretariat bei Reuters Assistenten blieben unbeantwortet. Abgesehen von einem kurzen Gespräch auf einem Flug zurück von China hatten sich Schrempp und Reuter in dem Jahr, in dem die Entscheidung über die Nachfolge bereits feststand, kaum darüber ausgetauscht, was der Spitzenposten so alles mit sich brachte. Als er am Freitag, den 26. Mai 1995, zwei Tage nachdem die Aktionäre seine Ernennung gebilligt hatten, in der Chefetage einzog, hatte er kaum eine klare Vorstellung von dem, was ihn dort erwarten würde.

Als er in das große Büro trat, fiel ihm wieder auf, wie kalt die Einrichtung wirkte. Der ganze Raum war in Grau gehalten: graue Teppiche, grau getäfelte Wände, graue Möbel. An jenem Tag wirkte das Büro noch nüchterner als sonst. Sämtliche Dokumente, sämtliche Akten, die Reuter gehört hatten, waren verschwunden. Die Tür des Safes stand offen, der Safe war leer. Das Büro war vollständig ausgeräumt worden.

Eine seiner ersten Entscheidungen bestand darin, den elften Stock der Hauptverwaltung umzukrempeln. Er ließ die graue Ausstattung und Einrichtung, die er von Reuter geerbt hatte, entfernen und teilte das Büro in zwei Räume. Seine Hälfte verbreitet heute mit der Holztäfelung und den englischen Antiquitäten eine besonders gemütliche Atmosphäre. Die andere Hälfte bezog Lydia Deininger, die Bürochefin des Vorstandsvorsitzenden, die im Lauf der Zeit jeden Winkel mit ihrer Sammlung von Teddybären aller Art voll stopfte, die sie von den zahlreichen Geschäftsreisen rund um die Welt mitbrachte und von Freunden und Geschäftspartnern geschenkt bekam.

Reuter hinterließ ein leeres Büro – und ein Unternehmen, das ahnungslos vor den radikalsten Umwälzungen in seiner gesamten Geschichte stand.

5. Kapitel
BLUT AUF DER PIAZZA

Von der Vision zum Value.
Wie Schrempp sein Erbe ordnete

Kurz nachdem Schrempp den Posten des Vorstandsvorsitzenden übernommen hatte, berief er die beiden obersten Führungsebenen der Hauptverwaltung in das Forum, einen weiß getäfelten Konferenzsaal in der Möhringer Hauptverwaltung.

Die Konferenz fand am Freitag, den 14. Juni, vor der Mittagspause statt; ein Büfett und Getränke standen bereit. Alle kamen in der Erwartung, eine nette, anspornende Rede des neuen Chefs zu hören. Stattdessen stürmte Schrempp auf das Podium und hielt eine kompromisslose Ansprache gespickt mit Kriegsvokabular.

»Wir stehen an der Front, und wir stehen im Zentrum des weltwirtschaftlichen Schlachtfelds«, wetterte er. »Wir verfügen über die besten Waffen, um diesen Überlebenskampf zu führen, solange wir nicht einen Millimeter von unserem Kurs abweichen . . . das heißt, das wettbewerbsfähigste Unternehmen der Welt zu werden.«

Nachdem er den allgemeinen Hintergrund skizziert hatte, erklärte er mit ernster Miene, dass er als allererste Maßnahme das Personal der Hauptverwaltung von 1200 auf 300 Mitarbeiter verringern werde. Es herrschte plötzlich eine eisige Atmosphäre. Schrempp erläuterte, was er zu tun gedachte und was dies auch für den vor ihm versammelten Kader von Bürokraten bedeutete. »Wenn ich das Unternehmen umstrukturieren soll, dann muss ich hier anfangen«, schnauzte er. »Wir müssen die Treppe von oben nach unten fegen.«

Um den Ernst der Lage zu verdeutlichen, schloss er seine Rede mit einem provokativen Verweis auf Winston Churchill.

»In einem ähnlichen Kampf – nämlich 1940 – warnte [er] seine Landsleute, dass sie sich auf nichts anderes als Blut, Schweiß und Tränen einstellen sollten, bis sie ihren endgültigen Erfolg errungen hätten ... und auch ich kann Ihnen heute nichts anderes versprechen als viele, lange Monate des Kampfes, die vor uns liegen.«

Schrempp schloss mit unverändert ernster Miene; auf Fragen, sagte er, werde er nicht eingehen. Er stürmte hinaus und ließ sein Publikum betäubt und schweigend zurück. »Träumen wir?«, fragten sich die Leute, halb in der Hoffnung, er werde zurückkommen und erklären, es sei alles nur ein Witz gewesen. Man war zutiefst befremdet über Schrempps harten Stil. Nach zehn Minuten war der Saal leer – die Speisen und Getränke waren nicht angerührt worden.

Schon dieser Auftritt hatte seine Führungskräfte zutiefst erschüttert, doch das wirkliche Erdbeben sollte erst ein paar Wochen später folgen. Am 28. Juni legte Daimler eine beschämende »Gewinnwarnung« vor, ein knappes Statement, in dem für 1995 gravierende Verluste vorausgesagt wurden. Diese Warnung, die noch umso beklemmender wirkte, weil die Höhe des Defizits nicht genau definiert war, erfolgte wie ein Blitz aus heiterem Himmel. Es war das erste Mal seit dem Zweiten Weltkrieg, dass Daimler-Benz einen Fehlbetrag ausweisen musste. Als die Verluste für das Jahr schließlich quantifiziert waren, beliefen sie sich auf insgesamt 5,7 Milliarden DM. Dies war der größte Verlust, den ein europäisches Unternehmen je auswies – das heißt ein Unternehmen, das hinterher nicht in Konkurs ging.

Daimler-Benz war doch eigentlich über den Berg? Nach

einigen schwierigen Jahren lief doch wieder alles glatt? Dies war zumindest der Eindruck, den Edzard Reuter ein paar Wochen zuvor in seiner Abschiedsrede vermittelt hatte.

*

Am Mittwoch, den 24. Mai 1995, erschienen Edzard Reuter und Jürgen Schrempp zusammen mit etwa siebentausend weiteren Personen zur Jahreshauptversammlung von Daimler-Benz. Dieses Ritual ist ein wichtiges Ereignis im Kalender der deutschen Wirtschaft. Es ist das einzige Mal im Jahr, dass die Titanen des Vorstands und des Aufsichtsrats in die Niederungen herabsteigen und zumindest pro forma vor der großen Masse der normalen Aktionäre Rechenschaft ablegen. Pensionäre, Angestellte, Aktionäre, Journalisten drängen in die voll besetzte Hanns-Martin-Schleyer-Halle unweit des Autowerks in Untertürkheim, um an diesem aufwändig inszenierten Event teilzunehmen. Gestärkt mit 14 000 Paar Würstchen, 12 000 belegten Brötchen, 3 000 Brezeln, 12 000 Tassen Kaffee und 16 000 Gläsern kühlen alkoholfreien Biers und Apfelsaft, lauschen sie den sorgfältig ausgearbeiteten Reden des Vorstandsvorsitzenden und des Aufsichtsratsvorsitzenden, gefolgt von einer scheinbar endlosen Reihe von Fragen und Antworten zu allen möglichen Themen, von der Unternehmensstrategie und den Finanzen über die Firmenpolitik bei Rüstungsexporten bis hin zu Umweltfragen.

Der Ablauf dieses Tages mit seinen besonderen Ritualen ist absolut vorhersehbar. Die Mitglieder des Vorstands und des Aufsichtsrats, die auf dem Podium versammelt sind und sich wie Götter einem gläubigen Volk zeigen, werden im Lauf des Tages immer gelangweilter und unruhiger. Hilmar Kopper von der Deutschen Bank, der die Versammlung in seiner Funktion als Aufsichtsratsvorsitzender von Daimler-Benz leitet, wird zunehmend missmutiger und barscher, wenn er sich mit unbeherrschten Aktionärsaktivisten abgeben muss. Nach einigen Stunden schließlich beschränkt er die Fragezeit genervt auf jeweils eine Minute. Wenn ein Fragesteller weiterquasselt, schaltet Kopper einfach das Mikrophon aus. Einmal wurde er der Tiraden von Professor Eckhard Wenger, der als Urheber so mancher Aktionärsproteste bekannt wurde, so überdrüssig, dass er ihn von Bodyguards aus dem Saal entfernen ließ.

Die Daimler-Benz-Hauptversammlung dauert gewöhnlich mindestens zwölf Stunden. Beginnen endlich die Wahlgänge, wissen die Anwesenden genau, dass das Ergebnis bereits im Voraus feststand. Die umfangreiche Beteiligung der Deutschen Bank bedeutet, dass über jedes heikle Thema schon längst entschieden war. Doch bei der Hauptversammlung geht es um Show, nicht um demokratische Aktionärseinbindung. Das scheint allerdings kaum zu stören, jeder verlässt die Versammlung zufrieden und wird das nächste Mal wieder dabei sein. Die Zahl der Teilnehmer ist seit Schrempps Ernennung stetig gestiegen; bei der ersten Hauptversammlung nach der Fusion von Daimler und Chrysler wurden fast 20 000 Anwesende gezählt.

Bei der Hauptversammlung des Jahres 1995 stand Edzard Reuter im Mittelpunkt. Alle waren gespannt, denn Reuter hielt seine letzte Rede als Vorstandsvorsitzender. Am Ende des Abends sollte Schrempp offiziell die Regie übernehmen. Welche Bilanz würde Reuter nach beinahe acht kontroversen Jahren ziehen?

Reuters Rede war eine merkwürdige Mischung aus Pessimismus und Optimismus, aus groben Allgemeinheiten und spezifischen Besonderheiten. An einer Stelle zitierte er ein paar Zeilen aus Sophokles' *Antigone,* an einer anderen Stelle ging er detailliert auf die Prognosen für die einzelnen Geschäftsfelder ein. Seine Ausführungen reichten von volkswirtschaftlichen Schreckgespenstern wie den Übeln einer unbegrenzten freien kapitalistischen Marktwirtschaft bis zu rein persönlichen Belangen. In ungewöhnlich demütigen Formulierungen räumte er ein, dass auch er im Lauf der Zeit gewisse Fehler gemacht habe, auf die er allerdings nicht näher einging. Er erklärte, dass er in seinen 22 Jahren im Daimler-Vorstand stets nach besten Kräften bemüht war, den anstehenden Aufgaben gerecht zu werden. An keiner Stelle erwähnte er explizit seine Vision eines »integrierten Technologiekonzerns«, sondern gab nur seiner Hoffnung Ausdruck, die Grundlagen dafür geschaffen zu haben, dass Daimler auch im Jahr 2005 noch als stolzes, wettbewerbsfähiges Unternehmen dastehe.

Das Manuskript der Rede war, wie alle wichtigen externen Kommunikees, vor dem Termin der Hauptversammlung in Reuters Büro herumgegangen, und etliche seiner Berater hatten vorgeschlagen, die optimistischeren Kommentare über die Aussichten für das Unternehmen ein wenig zu dämpfen. Doch der Chef hielt an den positiven Prognosen für die Zukunft fest. Reuter berichtete stolz darüber, wie es der Division Mercedes-Benz gelungen sei, innerhalb von fünf Jahren eine vollkommen neue Produktpalette einzuführen. Er erklärte, die Zukunft der AEG als eines integralen Bestandteils des Daimler-Konzerns sei gesichert. Etwas vorsichtiger wurde er, als er auf die DASA zu sprechen kam. Er machte darauf aufmerksam, dass die Ergebnisse der Division Luft- und Raumfahrt für das laufende Jahr entscheidend vom DM-Dollar-Wechselkurs abhingen und dass es daher unwahrscheinlich sei, dass diese Sparte ihre Zielmarke erreiche. Dennoch signalisierte er Zuversicht, indem er bekannt gab, dass sich der Vorstand dafür ausgesprochen habe, die Dividende für 1994 von acht auf elf Mark zu erhöhen.

So wie der scheidende Vorstandsvorsitzende es darlegte, waren dies Anzeichen dafür, dass das Unternehmen alle richtigen Maßnahmen getroffen hatte, um ein gesundes Wachstum für 1995 und darüber hinaus zu sichern. Nach einigen schwierigen Jahren stehe das Unternehmen inzwischen wieder auf festen Beinen, beteuerte er. »Unsere Zuversicht ist nicht bloß Wunschdenken, sondern stützt sich auf Daten und Fakten, die belegen, dass unsere Maßnahmen Wirkung zeigen«, betonte er ausdrücklich. »Wenn wir sehen, wie rasch und erfolgreich wir die ernste Rezession von 1992 und 1993 überwunden haben, die düstersten Jahre in der Nachkriegsgeschichte dieses Unternehmens, haben wir sogar noch mehr Anlass zum Optimismus.«

Er schloss mit hochherzigen Worten und wünschte Schrempp viel Glück für die Zukunft.

*

Schrempps dringlichstes Anliegen war es, sich mit Manfred Gentz zusammenzusetzen, dem Juristen und ehemaligen Personalchef, der zeitgleich mit Schrempps Ernennung zum Vorstandsvorsitzenden zum Finanzchef befördert wurde. Die beiden besitzen völlig unterschiedliche Persönlichkeiten, verfügen fachlich jedoch über Fähigkeiten, die sich gut ergänzen. Gentz' Detailversessenheit harmoniert aufs Beste mit Schrempps kreativem Denken und skrupellosem Verhandlungsgeschick. Ihre erste gemeinsame Aufgabe bestand nun darin, die Finanzen in den Griff zu bekommen.

Sie prüften zunächst die Grundlagen, auf denen Reuters optimistische Aussagen beruhten. »Ich sah Manfred Gentz an, und Manfred sah mich an«, erinnert sich Schrempp später. »Dann sahen wir uns die Zahlen an. Und dann mussten wir beide erst einmal tief Luft holen.«

Wie in den vorausgegangenen Jahren hatten die Prognosen für den Rest des Jahres das klassische »Hockeyschläger-Profil«. Nach einem zögerlichen Start versprachen die Erlöse und Gewinne allmählich zu steigen um in einem vierten Quartal zu gipfeln, das die Probleme des Jahresbeginns mehr als auszugleichen versprach. Den Zahlen lag außerdem die Annahme zugrunde, dass man nötigenfalls die angesammelten Kapitalrücklagen des Konzerns plündern könne. Daimler-Benz hatte so viele Jahrzehnte lang so viel Geld verdient, dass es allgemein üblich war, bei der

Gewinnausweisung die flexiblen Grundsätze der deutschen Rechnungslegung voll auszuschöpfen.

Durch geschicktes Ausnutzen der zahlreichen legalen Schlupflöcher in den Vorschriften zur Rechnungslegung konnte die Geschäftsleitung die Progression der ausgewiesenen Gewinne »verstetigen«, das heißt glätten und ausgleichen. In den Jahren 1993 und 1994 hatte der Konzern beispielsweise Grundstücke verkauft sowie Anteile am Versicherungskonzern Allianz und andere Vermögenswerte veräußert. Man hatte auch eine Reihe von Rückstellungen aufgelöst, Unsummen von Mitteln, die vor dem Fiskus geschützt wurden und zum geeigneten Zeitpunkt in das Unternehmen zurückgeleitet werden konnten. All diese Einmaleffekte wurden mit den Verlusten in einen Topf geworfen, sodass der Konzern den Aktionären am Ende einen kleinen Gewinn vermelden konnte.

Sollte man dasselbe Spiel weiterspielen oder dem Ganzen ein für alle Mal ein Ende setzen? Dies war die entscheidende Frage, die sich dem neuen Vorstandsvorsitzenden und seinem Finanzchef stellte. Schrempp beschloss, Reuter anzurufen, zu dem er damals noch ein ausgezeichnetes Verhältnis hatte.

»Edzard, wir sollten uns zusammensetzen und die Zahlen durchsprechen. Tun Sie mir den Gefallen. Wir setzen uns mit Manfred Gentz zusammen und gehen die Vorhersagen durch.«

»Ich habe jetzt keine Zeit«, erwiderte Reuter, »aber es besteht kein Grund, nervös zu werden. Es ist erst Juni und im Herbst sieht es ohnehin immer besser aus, das wissen Sie. Und im Übrigen verfügt das Unternehmen über genügend Substanz. Es besteht also kein Grund zur Besorgnis!«

Sie telefonierten noch ein paar Mal miteinander, und endlich setzte sich Reuter zwanzig Minuten mit Gentz über die Zahlen. Doch Gentz und Schrempp waren von der Jahresprognose nicht zu überzeugen. Je tiefer sie in die Materie eintauchten, desto schlimmer sah es aus. Die Firma AEG, ein ehrwürdiger Name in der deutschen Elektrotechnik- und Elektronikindustrie, schien auch diesmal wieder eine Rückkehr in die Gewinnzone anzupeilen, doch zu diesem Zeitpunkt im Jahr war dies immer der Fall gewesen. Schrempp glaubte längst nicht mehr daran, dass die Division ihr Plansoll erreichen würde. Man konnte sich darauf verlassen, dass die AEG das Jahr mit einem Verlust abschließen würde, ganz egal, was die Geschäftsleitung vorher prognostizierte.

Das Luft- und Raumfahrtgeschäft war eine Sache für sich. Da Schrempp von der DASA kam, wusste er, wie sehr diese Division von den Schwankungen der Wechselkurse abhing, besonders im Verhältnis zwischen dem US-Dollar und der D-Mark. Praktisch alle DASA-Kunden, egal ob staatliche Auftraggeber oder private Fluggesellschaften, bezahlten ihre Rechnungen in Dollar. Demgegenüber wurden etwa achtzig Prozent der Kosten bei der DASA in D-Mark ausgewiesen. Folglich wurden die Erträge dieser Division mitunter kräftig gedrückt; wenn der Wert der D-Mark zum Beispiel um zehn Pfennig stieg, sank der Betriebsgewinn automatisch um 300 Millionen DM.

Bei Mercedes-Benz, schon immer der Motor für den Cashflow bei Daimler-Benz, sah es besser aus: Die Sparte hatte 1994 wieder eine beachtliche Ertragsstärke erreicht und war auch für 1995 wieder auf einem guten Kurs. Man erwartete, dass Mercedes dem restlichen Konzern aus der Klemme half, wie es in den vergangenen zehn Jahren fast immer der Fall gewesen war.

Ein oder zwei Tage lang überlegte Schrempp, ob er nicht einfach Reuters Rat folgen, das Problem aussitzen und auf eine glückliche Wendung hoffen sollte. Am Ende entschied er sich dagegen, das Problem nur zu verschleppen. »Meine Herren«, erklärte Schrempp seinen Kollegen bei der ersten Sitzung des Vorstands nach seinem Amtsantritt, »jetzt geht es hart auf hart.« Mit Unterstützung des Vorstands beschlossen Schrempp und Gentz, die bittere Pille zu schlucken und etwas zu tun, was Daimler in seiner stolzen

Geschichte noch nie getan hatte. Jene »Gewinnwarnung« wurde vorgelegt, die zeigte, dass die Lage so prekär war, dass das Unternehmen mindestens eine weitere Milliarde in zusätzliche Umstrukturierungsmaßnahmen stecken müsste. Zu diesem Zeitpunkt wurde intern noch geschätzt, dass sich die Verluste auf etwa zwei Milliarden Mark belaufen würden. Niemand hatte damals geahnt, wie massiv sie in Wirklichkeit ausfallen würden.

Die offizielle Begründung für den dramatischen Wandel in der Unternehmensprognose war das anhaltende Erstarken der D-Mark. Was zum Zeitpunkt der jährlichen Hauptversammlung weniger als fünf Wochen zuvor als vorübergehendes Phänomen angesehen worden war, stellte sich nun nach Meinung des Vorstands als dauerhafter Faktor in der Betriebskonfiguration des Konzerns dar. Während sich Edzard Reuters Prognose auf die optimistischsten Annahmen gestützt hatte, schlugen Schrempp und Gentz den entgegengesetzten Weg ein und ordneten an, die Prognosen basierend auf einem Dollarwechselkurs von DM 1,45 statt DM 1,65 zu stellen. Dieser neue Pessimismus bedeutete viele Milliarden unvorhergesehener Verluste und lieferte die wirtschaftliche Begründung für Schrempps brutale Umstrukturierung des Konzerns im Lauf der folgenden achtzehn Monate.

Als die Maßnahme bekannt gegeben wurde, enthielt man sich weiter gehender Erklärungen. Die einschlagende Wirkung wurde weder durch die technischen Einzelheiten noch die gewundenen Formulierungen erzielt, mit denen der Daimler-Vorstand seine Kehrtwendung zu begründen suchte – es war die Symbolik, die in ihrer Deutlichkeit an Machiavelli erinnert. In seinem Werk *Il Principe* beschreibt Niccolò Machiavelli eine Szene, in der ein Regent einen zerstückelten Leib auf der Piazza ausstellen lässt. Dies war eine klare Botschaft, und das Volk wusste, dass der Fürst es ernst meinte. »Aufgrund der Brutalität des Schauspiels war die Bevölkerung der Romagna eine Zeit lang bestürzt und beschwichtigt zugleich«, heißt es im *Principe,* dem definitiven »Managementlehrbuch« der Renaissance.

Auch Schrempps Gewinnwarnung war knallhart und beängstigend – ein klarer Bruch mit der Praxis der Vergangenheit. Sein autoritäres Vorgehen war eine Kampfansage gegen die selbstgerechte und arrogante Kultur der Vergangenheit. »Wenn man den größten Verlust in der deutschen Geschichte ausweist, dann werden sogar die eigenen Leute verstehen, dass man etwas tun muss«, so Schrempp heute.

Das Statement hatte vorhersehbare Auswirkungen auf den Aktienkurs von Daimler-Benz. Der Kurs sank drastisch, da sich die schlimmsten Befürchtungen der Investoren bestätigten. Die großen internationalen Fondsmanager sahen keinen Grund, ihr Urteil zu revidieren – Daimler war ihrer Meinung nach ein totales Wrack. Sie waren sich auch noch unsicher, was sie von dem neuen Vorstandsvorsitzenden halten sollten. Schließlich war er der Urheber der verhängnisvollen Fokker-Übernahme und ein Protegé Edzard Reuters. Es war den Brokern noch zu früh, um den Beginn einer neuen Ära zu bejubeln.

Schrempp war damals weder sonderlich um die Reaktion des Aktienmarkts besorgt noch um die öffentliche Meinung. Seine oberste Priorität bestand darin, innerhalb des Unternehmens eine Atmosphäre zu schaffen, die der Veränderung förderlich war. Der Konzern, dessen Leitung er übernommen hatte, war ein schwer angeschlagener Patient. Das »Herz«, das Autogeschäft von Mercedes-Benz, pumpte nach wie vor kräftig, doch der Körper war stark lädiert. Es war höchste Zeit, das Ausbluten schnellstens zu unterbinden.

*

Im Jahr bevor Schrempp die Konzernleitung übernahm, entwickelte er einen persönlichen Plan für seine ersten Amtsjahre als Vorstandschef. Drei Dinge wollte er erreichen:

Als Erstes hatte er vor, die verworrene Struktur und die Verwaltung des Konzerns umzugestalten. Das Konglomerat, das er von Reuter erbte, war schwerfällig und behinderte rasche Entscheidungsprozesse. Schrempp war der Meinung, dagegen müsse schnell etwas unternommen werden.

Zweitens wollte er den Umbau des Luft- und Raumfahrtgeschäfts fortsetzen und damit Alfred Herrhausens Plan erfüllen, Daimler-Benz zum führenden Unternehmen einer paneuropäischen Luft-, Raumfahrt- und Verteidigungsindustrie zu machen.

Drittens wollte er eine Übernahme durchführen, um dem Kerngeschäft, der Autoproduktion, eine größere Dimension und einen globalen Geltungsbereich zu verschaffen. In den vielen Daimler-Benz-Vorstandssitzungen, an denen Schrempp teilnahm, hatte er den deutlichen Eindruck gewonnen, dass etwas getan werden musste, um Mercedes-Benz zu stärken. Wie dies genau vonstatten gehen sollte, war zu diesem Zeitpunkt alles andere als klar. Einen größeren Zusammenschluss hatte Schrempp jedoch schon damals im Sinn.

Dies waren weit reichende Vorhaben, die in detaillierterer Form noch ausgearbeitet werden mussten. Er hatte bisher auch noch niemanden in seine Überlegungen eingeweiht, denn er wusste, wenn er über diese Ziele in der Öffentlichkeit sprechen würde, ließen sie sich umso schwerer in die Praxis umsetzen. Außerdem kam es auch auf den richtigen Zeitpunkt an; gegenwärtig war es sinnlos, sich nur mit derlei Zukunftsmusik zu beschäftigen, denn die Lage des Unternehmens war prekär. »Noch so ein Jahr wie 1995, und das Unternehmen hätte nicht überlebt«, gesteht Schrempp heute. »Ich musste langfristige Strategien erst einmal auf Eis legen. Wenn man eingeht, braucht man keine Strategie mehr.«

Schrempp und sein Team beschlossen, die 35 Sparten des Daimler-Konzerns einer nüchternen Prüfung zu unterziehen. Sie nahmen sich eine Division nach der anderen vor und stellten sich die Frage, die in der vorausgegangenen Dekade weitgehend tabu gewesen war: Sollen wir auf diesem Geschäftsfeld überhaupt operieren?

Die Stunde der Wahrheit kam im Oktober 1995, als die Ergebnisse der Analyse den Aktionärsvertretern des Aufsichtsrats vorgelegt wurden. Die Präsentation lag in den Händen von Eckhard Cordes, einem ehemaligen Controller bei AEG, den Schrempp zum Leiter seines Strategieteams berief. Cordes gehörte damals noch nicht dem Vorstand an und er wusste, dass er jetzt beweisen sollte und konnte, inwieweit er sich für eine Beförderung eignete.

Cordes' Darstellung bestach vor allem durch die nüchterne, beinahe wissenschaftliche Art, in der er seine Sicht der Dinge darlegte. Er führte aus, warum das zehnjährige Bemühen, ein integriertes Technologieunternehmen aufzubauen, gescheitert war. Seinen Worten nach war dieser grandiose Traum, der den Daimler-Konzern und seine Aktionäre ungefähr einhundert Milliarden Mark gekostet hatte, gehörig geplatzt.

»Wenn wir so weitermachen, werden wir in zwei Jahren auf den Prellbock knallen«, warnte Cordes. Er eröffnete seinen Zuhörern, dass es um die wahre Ertragslage des Konzerns weit schlimmer stand als erwartet. Die Produktpalette des Konzerns sei viel zu breit und ziehe die Aufmerksamkeit des Managements von den Feldern ab, die wirklich zählten.

Die Daimler-Aufsichtsräte hörten stumm und wie versteinert zu. Es war so, als gingen ihnen nach Jahren des Dahindösens plötzlich die Augen auf, als würden sie endlich die wahre Misere des Unternehmens erkennen. Cordes sprach sich dafür aus, das Spektrum der Geschäftsbereiche drastisch zu reduzieren und sich nur auf die Bereiche zu konzentrieren, von denen man etwas verstand.

Seine Worte markierten einen Wendepunkt in der Geschichte des Konzerns und signalisierten den ersten Schritt auf dem Weg zur Umstrukturierung und Genesung. Die dahinter stehende Logik führte zwangsläufig zu der Entscheidung, sich wieder auf die Autoindustrie auszurichten – und damit letztlich auch zur Fusion mit Chrysler.

Schrempp knüpfte da an, wo Cordes aufgehört hatte. »Meine Herren«, sagte er, »wir sind an einem Punkt angelangt, wo es kein Zurück mehr gibt.« Jeder der Anwesenden wusste, dass ein beschwerlicher Weg bevorstand.

Es folgten massive Verkäufe. Einige Felder wurden aufgrund ihrer miserablen Geschäftsleitung abgestoßen; andere wurden veräußert, weil Schrempp und Cordes der Meinung waren, sie würden nie die kritische Masse entwickeln, um zu Weltmarktführern aufzusteigen. Innerhalb von achtzehn Monaten wurde die Zahl der Divisionen von 35 auf 23 reduziert. Bis Ende 1997 waren 60 000 Arbeitsplätze abgebaut worden; 15 000 Menschen wurden arbeitslos oder vorzeitig in den Ruhestand entlassen; 45 000 Mitarbeiter wurden von neuen Eigentümern übernommen.

Diese nüchternen Fakten werden keineswegs der Dimension der Veränderung gerecht, die Schrempp in diesen ersten Jahren durchsetzte. Es war eine regelrechte Kulturrevolution – und eine Umwälzung, die an der Spitze ansetzte. Die Vorstandssitzungen, die bislang nach strengem Reglement abgelaufen waren und nur dazu gedient hatten, routinemäßig Reuters Entscheidungen abzusegnen, waren plötzlich eine Plattform für echte Debatten. Es wurde nicht mehr pünktlich zum Mittagessen Schluss gemacht, sondern so lange diskutiert, bis sich die Vorstände zu einer tragbaren Entscheidung durchgerungen hatten.

Die stolze Organisation war gezwungen, ernsthaft Grenzen zu respektieren und sich neu zu definieren. Im Namen der Flexibilität wurden Hierarchien eingeebnet, und zugunsten des neuen Mantras vom »Shareholder-Value« wurden alte Traditionen über Bord geworfen. Diese Radikalkur war die notwendige Voraussetzung für die Fusion mit der Chrysler Corporation, von deren freier und ungebundener Kultur Daimler lernen konnte.

Für viele Traditionalisten war diese Entwicklung zutiefst erschütternd, während jüngere Führungskräfte dies als eine spannende Zeit erlebten. Plötzlich war nichts mehr unantastbar – die neue Generation erhielt die Erlaubnis, die heiligen Kühe von gestern zu schlachten.

Der erste Testfall für Schrempps Team war die Auflösung der AEG. Das in Frankfurt ansässige Traditionsunternehmen war sogar älter als der Mutterkonzern Daimler-Benz und zählte mehr als 50 000 Mitarbeiter. Seit es Mitte der achtziger Jahre von Reuter übernommen worden war, hatte es Verluste von rund fünf Milliarden Mark ausgewiesen. Man hatte eine scheinbar endlose Serie erfolgloser Umstrukturierungsversuche unternommen und seit 1982 mehr als ein Dutzend Geschäftsfelder verkauft; übrig geblieben war eine Hand voll Kerngeschäfte, von der Mikroelektronik über Automatisierungstechnik bis zu Transportsystemen. Trotz aller Bemühungen gelang der AEG nie die Ertragswende, die verschiedene Vorstandsvorsitzende versprochen hatten. Sie hatte in praktisch allen ihrer vielfältigen Geschäftsfelder eine schwache Position inne. Auf emotionaler Ebene war sie fraglos ein Teil der Daimler-Benz-Familie, und der alten Garde fiel es schwer, sie abzuspalten. Hinzu kam, dass die AEG ein eigenes Rechtssubjekt bildete und über eine relativ große Zahl von Minderheitsaktien verfügte, die an der Frankfurter Börse notiert waren.

Cordes fand eine elegante Lösung. Er hatte vor, das eigenständige Unternehmen AEG einfach in die Daimler-Benz-Muttergesellschaft zu integrieren und dann jene Tochtergesellschaften abzustoßen, die man nicht behalten wollte. Es sollte keinen eigenen Vorstand, keinen eigenen Aufsichtsrat und keine eigene Aktionärsgruppe mehr geben, die jedes Mal besänftigt werden musste, wenn ein Geschäftsfeld abgestoßen wurde. Schrempp und seine Verbündeten sollten die Zügel in die Hand nehmen.

Es war ein einfaches Konzept, das jedoch auf massiven Widerstand stieß. Als man den AEG-Vorstand in den Plan einweihte, wurden Cordes und Dibelius Bilder von Berlin vor und nach dem Krieg unter die Nase gehalten – die geplante Maßnahme, so gab man ihnen zu verstehen, würde die gleiche Wirkung haben wie die Bombenangriffe, welche die deutsche Hauptstadt dem Erdboden gleichgemacht hatten. Die alte Garde nahm sich einen eigenen Rechtsberater und erklärte, Cordes' Plan sei zu 99,9 Prozent undurchführbar. Die Gewerkschaften gingen auf die Straße und protestierten gegen die Schließung der Frankfurter AEG-Zentrale; die Demonstranten trugen Särge und Porträts der »Totengräber« Schrempp und Cordes.

In einer entscheidenden Konferenz erhob einer der AEG-Anwälte Einspruch gegen den Plan. Cordes unterbrach ihn: »Erheben Sie einen rechtlichen oder einen wirtschaftlichen Einwand?« Es handle sich um ein wirtschaftliches Problem, erwiderte der Anwalt. »Wissen Sie, um wie viel Geld es hier geht?«, fragte Cordes und ließ die Zahl von sieben Milliarden Mark fallen. »Akzeptieren Sie also bitte, dass ich nur rechtliche Fragen mit Ihnen diskutieren werde; solange es um wirtschaftliche Dinge geht, bin ich verantwortlich. Wenn ich Ihre Meinung hören will, werde ich Sie danach fragen.«

Es herrschte betretenes Schweigen. Das hatte es noch nie gegeben, dass ein jüngerer Mann einem älteren so entschieden begegnet war. Ein Vorstandsmitglied hätte einen Untergebenen abkanzeln können, doch Cordes und der Anwalt waren gleichgestellt. Diese Art von Haltung signalisierte einen klaren Bruch mit der Vergangenheit. Laut Dibelius, der Zeuge dieses Wortwechsels war, markierte dies den Beginn einer Konzernkultur bei Daimler-Benz, die nicht mehr von einem »ja, aber«, sondern einem »wird gemacht« geprägt wurde.

Der Fall AEG war typisch für die Art und Weise, in der Daimler-Benz umstrukturiert wurde. Ein verantwortlicher Manager entwickelte mit Unterstützung externer Experten und Berater unter absoluter Geheimhaltung einen Aktionsplan. Wurde der Plan schließlich offen gelegt, setzte man ihn – auch gegen innere Widerstände – rasch durch.

AEG war in bester Gesellschaft – die Umstrukturierung ging weiter.

*

Kurz vor Weihnachten 1995 saß Schrempp auf der Terrasse der Villa eines Freundes in Kapstadt. Es war gegen Mittag, die Sonne schien, und Schrempp fühlte sich entspannt und wohl. Als das Telefon klingelte, war es aus mit seiner guten Laune. Am anderen Ende der Leitung waren Manfred Bischoff, der Chef der DASA, und Manfred Gentz, der Finanzchef von Daimler-Benz. Sie wollten über Fokker reden.

Im zurückliegenden Jahr hatte Schrempp bereits mit dem holländischen Ministerpräsidenten Wim Kok verhandelt und diesem einen wenig reizvollen Deal angeboten. Wenn der holländische Staat eine weitere Finanzspritze von drei Milliarden Gulden bewilligte, würde Daimler-Benz noch einmal ebenso viel beisteuern, und Fokker wäre gerettet. Wenn nicht, würde Daimler die dem Tochterunternehmen gewährten Kredite nicht verlängern und Fokker würde in Konkurs gehen. »Wenn Sie nicht zahlen, dann zeigen Sie, dass Sie kein Vertrauen in das Unternehmen haben«, erklärte Schrempp dem Ministerpräsidenten freiheraus. »Wieso sollten wir dann welches haben?«

Als Schrempp zu seinem Weihnachtsurlaub nach Südafrika flog, hatte er noch nichts von der holländischen Regierung gehört. Vielleicht glaubten die Holländer, er bluffe. In gewissem Maße tat er das sogar, doch nicht in der Weise, wie die Holländer dies vielleicht dachten; Schrempp fürchtete insgeheim, Kok würde auf den Deal eingehen, wodurch Daimler gezwungen wäre, tief in die Taschen zu greifen, um die 77 Jahre alte Firma über Wasser zu halten. Schrempp schritt unruhig die Terrasse auf und ab, während ihm die beiden Manfreds die neuesten

120

Schreckenszahlen des holländischen Flugzeugbauers durchgaben.

Die Misere, die das Unternehmen seit der beinahe drei Jahre zurückliegenden Übernahme belastete, hatte sich nicht abstellen lassen. Selbst vier Umstrukturierungen hintereinander und die Halbierung der Belegschaft von 20 000 auf 11 000 hatten nichts dazu beigetragen, die Wettbewerbsfähigkeit des Unternehmens zu sichern. Fokker verschlang Unsummen – die Verluste beliefen sich auf etwa 250 Millionen DM im Monat. Die drei Männer grübelten über die Alternativen nach. Wollten sie wirklich die Notbremse ziehen? »Überlegt euch nur einmal, was das für unseren Ruf bedeutet«, gab einer der Manfreds zu bedenken. »Daimler-Benz hat nie einer Investition den Rücken gekehrt.«

»Meine Herren«, sagte Schrempp nach einer halben Stunde, »für den Fall, dass die holländische Regierung eine Übernahme ihrer Verantwortung ablehnt, müssen wir Folgendes tun.« Er fällte eine Doppelentscheidung – die finanzielle Unterstützung für Fokker einstellen und die Konsequenzen tragen. Ein paar Wochen später erläuterte er dem Aufsichtsrat nach der Ablehnung der Holländer, was er zu tun gedachte. »Ich brauche kein offizielles Vertrauensvotum«, erklärte er dem Aufsichtsrat, »ich möchte vielmehr betonen, dass ich die volle Verantwortung für das übernehme, was auf uns zukommt.«

In diesem Moment meldete sich Manfred Bischoff zu Wort: »Ich bin auch noch da, ich übernehme ebenfalls die Verantwortung.«

Hilmar Kopper, der Vorsitzende des Aufsichtsrats, bat die beiden, den Raum zu verlassen. Fünf Minuten später wurden sie wieder hereingebeten. Die Haltung des Aufsichtsrats war klar: »Wir vertrauen auf Ihre Führungskompetenz und unterstützen die Entscheidung des Vorstands, die Finanzhilfen für Fokker einzustellen.« Dieser Schritt führte schließlich dazu, dass das Unternehmen in Konkurs ging.

Schrempp verließ die Aufsichtsratssitzung und rief bei Wim Kok an. Er wurde sofort durchgestellt. »Herr Ministerpräsident, wir haben eben beschlossen, keine weiteren Mittel für Fokker bereitzustellen.«

Am anderen Ende der Leitung herrschte Stille.

»Sie wussten doch, dass heute der Aufsichtsrat tagt, und ich hatte Ihnen versprochen, Sie anzurufen und über das Ergebnis zu unterrichten. Es bleibt uns nichts übrig, als das zu tun, was wir bereits angekündigt haben.«

Die Entscheidung, Fokker zu schließen, war nicht nur aus politischen Gründen schwierig. Es bestand die Gefahr, dass Daimler-Benz die traditionelle holländische Feindseligkeit gegenüber den deutschen Nachbarn wieder aufflammen ließ. Auch persönliche Gründe spielten eine Rolle. Fokker war Schrempps »Love Baby«. In derselben Weise, in der Reuter seine persönliche Glaubwürdigkeit von der Übernahme der AEG abhängig machte, hatte Schrempp auf die Übernahme von Fokker gesetzt. 1992 bot er die ganze Macht seiner Persönlichkeit auf, um seine Kollegen zu überzeugen, dass sie die Gelegenheit ergreifen und dieses ehrwürdige Unternehmen kaufen sollten, das über beinahe ebenso viel Renommee verfügte wie Mercedes-Benz.

Die Gründe für den Kauf von Fokker lagen klar auf der Hand: Er versprach die Position der DASA als Europas führender Flugzeughersteller entscheidend zu stärken. Fokker baute Kurzstreckenmaschinen mit bis zu einhundert Sitzen. Die Firma war bekannt und berühmt für solide, zuverlässige Flugzeuge; zum Zeitpunkt der Übernahme waren etwa eintausend ihrer Regionaljets im Einsatz. Fokker versprach, die bestehenden Flugzeugbaukapazitäten der DASA zu ergänzen. Schrempp und Bischoff trugen diese Argumente mit großer Überzeugungskraft vor. Mit Dornier produzierte die DASA bereits kleinere Nahverkehrsflugzeuge mit dreißig Sitzen, und mit ihrer 37,5-prozentigen Beteiligung am Airbus-Konsortium war auch die Produktion von Langstreckenpassagierflugzeugen mit bis zu dreihundert Sitzen abgedeckt. Fokker schloss also die Lücke und vervollständigte die Produktpalette. Schrempp und Bischoff hatten zunächst erwogen, einen ganz neuen eigenen Mittelstreckenjet zu konstruieren, doch es hätte mindestens drei Milliarden Mark gekostet und Jahre gedauert, ihn auf den Markt zu bringen. Wieso also nicht die Gelegenheit ergreifen, die Fokker bot?

Schrempp und Bischoff arbeiteten einen Zehnjahresplan für das Zivilluftfahrtgeschäft aus. Sie wollten Synergieeffekte zwischen den drei verschiedenen Gesellschaften nutzen. Für die gesamte Bandbreite an Flugzeugen sollten Triebwerke und die technische Ausstattung der Cockpits entwickelt werden. Es war eine verlockende Überlegung. Innerhalb eines Jahres steckte das Unternehmen jedoch in ernsten Schwierigkeiten. Es zeigte sich, dass Schrempp und Bischoff in Bezug auf den Flugzeugmarkt, die Preise und die Wechselkurse von falschen Annahmen ausgegangen waren. Der Markt taumelte in ein Konjunkturtief, die Preise fielen innerhalb von zwei Jahren um dreißig Prozent, die D-Mark erstarkte gegenüber dem US-Dollar, und so war es unmöglich, Fokker-Flugzeuge halbwegs Gewinn bringend zu verkaufen.

»Es war eine unvorhergesehene Anhäufung von Risiken«, erklärt Manfred Bischoff. »Mit einem oder auch zwei dieser negativen Faktoren hätten wir klarkommen können, aber nicht mit allen dreien. Wir konnten unsere Kosten eben nicht so schnell reduzieren, wie sich die Marktkonditionen verschlechterten.«

Auf Schrempp kamen schwere Zeiten zu. Woche für Woche vertrat er bei den Vorstandssitzungen von Daimler-Benz stur den Standpunkt: Es gibt keine Lösung für die Probleme bei Fokker. »Normalerweise ist er jemand, der sich für ein Problem begeistert«, erinnert sich ein Teilnehmer jener Sitzungen. »Er sagt, ein Problem sei immer auch eine Chance, und er findet immer eine Möglichkeit, es zu lösen. In diesem Fall konnte er jedoch gar nichts tun. Die

Kostensenkung zeigte keinerlei Auswirkung. Deswegen fand er das Ganze so unangenehm.«

Nach der Entscheidung, Fokker in den Konkurs gehen zu lassen, entstanden Daimler-Benz unmittelbare Kosten von 2,3 Milliarden DM. Die Gesamtkosten des Engagements beliefen sich auf etwa 3,7 Milliarden DM – gewiss nicht die glorreichste Episode in Schrempps Laufbahn. Schrempp hatte die Entscheidung der Übernahme jedoch nicht allein getragen. Der Vorstand und der Aufsichtsrat der DASA sowie der Vorstand und der Aufsichtsrat von Daimler-Benz selbst hatten sich alle einstimmig, ja sogar begeistert für den Deal ausgesprochen.

»Niemand machte Schrempp Vorwürfe, als er sagte, ›es ist meine Schuld‹«, so Hilmar Kopper. »Es war erfrischend, dass er die Dinge beim Namen nannte. Es wurden keine falschen Versprechen gegeben. Und außerdem haben wir alle gemeinsam den Deal verabschiedet und somit auch Verantwortung übernommen.«

Von all den vielen, die anfangs hinter dem Zusammenschluss standen, schien lange Zeit jedoch nur noch einer dafür einzustehen – Jürgen Schrempp.

»Es gibt zwei Möglichkeiten, wie sich ein Manager verhalten kann, wenn er einen Fehler gemacht hat. Er geht oder er bittet um die Gelegenheit, den Fehler wieder gutzumachen. Das habe ich dem Vorstand zu verstehen gegeben, und der Vorstand gab mir diese Chance.«

Durch seine Bereitschaft, Fehler einzugestehen und die Konsequenzen dafür zu tragen, stärkte Schrempp seine Position nicht nur bei Daimler-Benz; er erntete auch unerwartetes Lob: Der holländische Wirtschaftsminister und der Chef des Gewerkschaftsverbands lobten Schrempp in schriftlichen Mitteilungen für die Art und Weise, wie er mit der Situation umgegangen war.

*

Anfang der neunziger Jahre sprach kein deutscher Vorstandsvorsitzender, der etwas auf sich hielt, über den

Aktienkurs seines Unternehmens. »Man war der Meinung, das sei langweiliger Detailkram«, erinnert sich Hilmar Kopper von der Deutschen Bank. »Es wurde erwartet, dass man von hochtrabenden Dingen wie Vision und Strategie spricht.« Die große Masse der normalen Daimler-Aktionäre wurde ignoriert. »Man betrachtete sie lediglich als Bereitsteller von Mitteln für ein weit größeres Projekt«, kommentiert Nick Snee von J. P. Morgan, »bei dem die Berücksichtigung des finanziellen Ertrags als verwerfliche Kurzsichtigkeit erachtet wurde.«

Kurz nachdem Schrempp den Posten als Vorstandsvorsitzender bei Daimler-Benz übernommen hatte, ließ er zehn leitende Führungskräfte zu sich kommen und fragte sie nach dem Aktienkurs. Acht wussten es gar nicht, zwei nicht genau. »Niemand wusste es, es war ihnen völlig gleichgültig«, so Schrempp. Ihre Bezahlung, ja im Grunde ihr ganzer Daseinszweck als Manager war vollkommen losgelöst vom Aktienkurs.

Schrempp wurde zu einem leidenschaftlichen Verfechter des Shareholder-Values, der Rendite des langfristigen Anteilseigners. »Gewinn! Gewinn! Gewinn!«, lautete sein Schlachtruf. In einer Zeit, als er Zehntausende von Stellen abbaute und Traditionsunternehmen wie AEG oder das Raumfahrtressort von Dornier abstieß, machte er sich mit solchen Parolen äußerst unbeliebt. Sein energisches Beharren, Value für Aktionäre zu schaffen, ging der deutschen Unternehmenskultur gegen den Strich. Die Inlandspresse warf ihm vor, sich auf Kosten sozialer Werte nur für den Profit zu interessieren. Andere deutsche Vorstandsvorsitzende reagierten entsetzt auf diese Bedrohung ihres bequemen Status quo. Walter Riester, der stellvertretende Bundesvorsitzende der IG Metall, titulierte Schrempp als »Rambo der Nation«. Auch der Spitzname »Neutronen-Jürgen« – in Anlehnung an Jack Welch von General Electric – stammt übrigens aus dieser Zeit.

»Ich verfolgte genau, wie Jack redete und handelte, als er [Anfang der achtziger Jahre] bei General Electric einstieg«, entsinnt sich Schrempp. »Er war knallhart, er strich Zehntausende von Stellen und erklärte, er müsse aus allen Geschäftsfeldern aussteigen, in denen GE nicht die Nummer eins oder zwei auf der Welt sein könne. Eines hatte er klar erkannt: Um eine große Organisation umzukrempeln, muss man sich auf einige wenige klar formulierte Vorgaben konzentrieren, die man Tag für Tag wiederholen und dann einfach umsetzen muss. Deshalb habe ich, wenn ich unterwegs war und mit den Leuten geredet habe, immer wieder gesagt, ›Schaut euch GE an, schaut euch Jack Welch an‹ ... Ich brauchte ihn, um das durchzusetzen, was ich durchsetzen wollte. Es kam mir sehr zugute, dass man mich für einen knallharten amerikanisierten Kapitalisten hielt. Die Botschaft vom Shareholder-Value musste ich abspulen wie eine alte zerkratzte Platte«, erklärt er. »Es war mir zuwider, aber ich musste es tun.«

Er führte den Begriff der »Schrempp-Kurve« ein, der besagte, dass vor einer Verbesserung erst einmal eine Verschlechterung eintritt. Er machte die schmerzliche Erfahrung, dass schwierige Entscheidungen große Unbeliebtheit mit sich bringen können, zumindest auf kurze Sicht. Man muss über ein feines Gespür für die Stimmung im Unternehmen verfügen, darf aber nicht den Mut verlieren, wenn die Moral sinkt.

»Wenn man notwendige Veränderungen durchführt, verschlechtert sich die Moral natürlich«, gesteht Schrempp. »Aber wenn man überzeugt ist, das Richtige zu tun, darf man auf keinen Fall den Kurs ändern. Man muss aber unbedingt hinhören, ganz genau hinhören, denn in solchen Phasen sagen einem die Menschen die ungeschminkte Wahrheit. Wenn man dann die richtige Entscheidung gefällt hat, geht es mit der Moral auch wieder bergauf. Von diesem Zeitpunkt an braucht man auch nicht mehr auf die Leute zu hören, denn sie berichten einem ohnehin nur noch das, was gut klingt.«

Aus internationaler Sicht mutet die Kontroverse, die Schrempps Vokabular und sein vehementes Eintreten für Shareholder-Value entfachten, höchst sonderbar an. In Großbritannien und in den Vereinigten Staaten gilt es als völlig selbstverständlich, dass die Wertschöpfung für Aktionäre der wichtigste, wenn nicht sogar der einzige Grund dafür ist, weshalb ein Unternehmen überhaupt tätig ist. In England verdoppelte ein Manager wie Sir Brian Pitman, der Chairman von Lloyds TSB, in den neunziger Jahren den Aktienkurs seiner Bank alle achtzehn Monate. Durch die Schaffung von Unternehmenswert, argumentiert er, profitiert auch die übrige Gesellschaft durch neue Arbeitsplätze und Investitionen. Wenn sich alle Unternehmen der Privatwirtschaft rückhaltlos darauf konzentrieren, dauerhaft höhere Erträge für die Aktionäre zu erzielen, entsteht ein kapitalistisches Nirwana. Der Beweis dafür, so beteuern die Verfechter des Shareholder-Values, ist der außergewöhnlich lang anhaltende Boom in den Vereinigten Staaten. Gewinnorientierte Unternehmen mit Zugang zu den größten und ergiebigsten Kapitalmärkten der Welt waren maßgeblich an der noch nie da gewesenen, neun Jahre währenden Wachstumsphase in der amerikanischen Volkswirtschaft beteiligt.

In Deutschland ist diese Argumentation noch umstritten. Bis Mitte der neunziger Jahre spielte der Aktienmarkt in der Gesamtwirtschaft nur eine untergeordnete Rolle. Es gab nur 665 börsennotierte Unternehmen, in England, einer viel kleineren Volkswirtschaft waren es dagegen über 2000. Die Börsenkapitalisierung aller Aktiengesellschaften betrug in Deutschland gerade mal 25 Prozent des Bruttoinlandsprodukts insgesamt, verglichen mit 75 Prozent in den Vereinigten Staaten beziehungsweise über hundert Prozent in Großbritannien. Nur sechs Prozent aller deutschen Haushalte besaßen Aktien; dem stehen mehr als zwanzig Prozent in England beziehungsweise den USA gegenüber.

Deutschland florierte in einer »splendid isolation« von den internationalen Kapitalmärkten, denn die deutschen

Unternehmen bezogen ihre Finanzen nicht von Börsenanlegern, sondern von wohlgesinnten inländischen Banken. Privatanleger mieden den Aktienmarkt und investierten lieber in Staatspapiere oder Immobiliengeschäfte. Die Pensionsfonds und Versicherungsgesellschaften, die so genannten institutionellen Anleger, die in den Vereinigten Staaten und in England die Märkte antreiben, waren dagegen nur schwach vertreten.

Der Grund für diese Autarkie des Kapitalmarkts lag darin, dass Deutschland jahrzehntelang einen gesunden Überschuss sowohl in seiner Leistungs- wie auch in seiner Kapitalbilanz erwirtschaftete. Dies änderte sich jedoch mit der Wiedervereinigung von Ost- und Westdeutschland, der politische Umbruch machte einen massiven Kapitaltransfer von West nach Ost erforderlich. Mitte der neunziger Jahre wurde Deutschland erstmals seit dem Ende des Krieges ein Nettoimporteur von Kapital, das heißt, es wurde mehr Kapital importiert als exportiert. Hinter diesen Kapitalimporten standen internationale Investoren, hartgesottene New Yorker und Londoner Fondsmanager, die gerne in rentable Unternehmen investierten, die ihre Sprache sprachen – die des Shareholder-Values.

Als Schrempp anfing, die Trommel für den Shareholder-Value zu rühren, wurde die breitere volkswirtschaftliche Perspektive von den meisten seiner Kollegen in Deutschland nicht richtig erkannt, ganz zu schweigen von den Mitgliedern der Gewerkschaft IG Metall. In Deutschland herrschte soziale Marktwirtschaft mit einer starken Betonung auf »sozial«. Der Druck des Wettbewerbs – im Leben wie auf den Kapitalmärkten – wurde durch ein allumfassendes Netz von Sozialeinrichtungen und einen Hang zum Konsens gemildert. Schrempp hätte damals genauso gut chinesisch reden können, so fremd und unvertraut klangen seine Sätze und Formulierungen. Er wirkte wie ein Kapitalist reinsten Wassers.

Heute gibt Schrempp zu, dass er bei der Betonung des

Shareholder-Values absichtlich übertrieben habe; das sei seine Art der Schocktherapie für die selbstgefällige Unternehmensführung bei Daimler gewesen. Seine provokative, polemische Ausdrucksweise ließ auch die Medien, die Gewerkschaften und die Kollegen in der Industrie aufhorchen und Notiz nehmen.

»All die negativen Schlagzeilen haben mir persönlich natürlich gar nicht gefallen«, gesteht Schrempp, »aber sie haben mir geholfen, etwas zu bewirken.«

Die Folge war klar und eindeutig: Wenn Schrempp sagte, er wolle etwas anpacken, bezweifelte niemand, dass es auch vollbracht wurde.

»Als ich [1995] anfing, fragte ich mich, ob ich lieber am Anfang oder lieber am Ende beliebt sein möchte. Machiavelli sagt im *Principe,* ›Grausamkeiten begeht man am Anfang‹. Wenn man unpopuläre Maßnahmen ergreifen muss, ist es also besser, man erledigt sie gleich zu Beginn.«

Er schuf das erste Optionsmodell in Deutschland, das die Entlohnung der Manager direkt mit dem Aktienkurs von Daimler verknüpfte. Und damit Schrempps Kollegen auch die Wichtigkeit des Ganzen begriffen, mussten leitende Führungskräfte Piepser tragen, die so programmiert waren, dass sie zum Schluss der Frankfurter Börse piepsten und den Aktienkurs von Daimler sowie die Werte wichtiger Wettbewerber wie Volkswagen, BMW und der drei großen amerikanischen Autohersteller anzeigten.

Schrempp schaffte den Planungszyklus ab, der unter seinem Vorgänger maßgeblich zur Kapitalvernichtung beigetragen hatte. Manfred Gentz führte eine neue Form der Budgetierung ein, bei der die Kapitalrendite als Maßstab für die Leistung angesetzt wurde. Ein Eckwert von zwölf Prozent wurde festgesetzt; wenn ein Tochterunternehmen diesen Wert nicht erreichte, wurde es verkauft. Dies war eine brutale, aber effiziente Methode, den Managern die Kapitalressourcen bewusst zu machen, die ihnen zur Verfügung standen. Die Zwölf-Prozent-Marke prägte sich ebenso leicht ein wie das Schlagwort vom Shareholder-

Value; die Manager setzten alles daran, die Zielmarke zu erreichen. Das Aufstellen einer Ligatabelle von Leistungsstarken und Leistungsschwachen lieferte dem Vorstand eine wichtige Grundlage für Investitionsentscheidungen. Vorbei waren die Zeiten, in denen erwartet wurde, dass Mercedes-Benz andere, mit Verlust arbeitende Divisionen quersubventionierte.

»Der Vorstandsvorsitzende der Temic [eines Herstellers von elektronischen Bauteilen] kam an und sagte, die Verluste würden sich aus den folgenden vollkommen legitimen wirtschaftlichen Gründen auf soundso viele zig Millionen belaufen«, erzählt Schrempp. »Wir sagten, vielen Dank, Sie haben vier Wochen Zeit, um uns mitzuteilen, was Sie zu tun gedenken, um wieder in die Gewinnzone zu kommen ... andernfalls müssen wir ohne Sie über die Zukunft Ihres Unternehmens entscheiden.«

Niemand hatte je so deutliche Worte gesprochen. In der Vergangenheit hatte man zugelassen, dass die Temic hundert Millionen Mark im Jahr Verlust machte, weil diese Tochter andere Bereiche des Konzerns belieferte. Von nun an musste das Unternehmen auf eigenen Beinen stehen, oder es drohte das Aus. Im Dezember 1997 wurden Teile der Temic dann auch tatsächlich verkauft.

Die Entscheidungsprozesse wurden vereinfacht und beschleunigt. Im Jahr 1997 traf man innerhalb von nur vier Wochen die Entscheidung, die Schwerlaster-Division von Ford zu kaufen. Unter dem alten Regime hätte dies sechs bis acht Monate gedauert.

Ferner wurde das altmodische Betriebsergebnis fallen gelassen zugunsten der amerikanischen Generally Accepted Accounting Principles (US GAAP, Grundsätze ordnungsmäßiger Rechnungslegung), die dem Vokabular internationaler Investmentkreise entsprechen. Die GAAP sind weniger leicht zu manipulieren als die deutsche Buchführung, und so konnten die Divisionsleiter ihre Zahlen nicht mehr so ohne weiteres vernebeln. Zum ersten Mal bestand eine klare Verbindung zwischen den internen Leistungsmaßstäben und den gesetzlichen Jahresabschlüssen.

Als Schrempp Ende 1996 den schlimmsten Teil der Umstrukturierung hinter sich hatte, dämpfte er seinen Ton merklich. In einer Rede bei der Friedrich-Ebert-Stiftung versprach er sogar, den ungeliebten englischen Ausdruck »Shareholder-Value« durch den deutschen Begriff »wertorientierte Unternehmensführung« zu ersetzen, nicht ohne vorher noch klarzustellen: »Hinter ›Shareholder-Value‹ verbirgt sich nichts Bedrohlicheres als die Aussage, dass die Unternehmensführung danach streben muss, den Wert des Unternehmens zu steigern. Der Gewinn aus einer Investition muss höher sein als die langfristigen Kosten zur Finanzierung dieser Investition. Das ist im Grunde alles!«

Er erklärte, es gebe ein magisches Dreieck, das Manager von Publikumsgesellschaften beachten müssten. Die Seiten dieses Dreiecks repräsentierten die Angestellten, die Kunden beziehungsweise die Öffentlichkeit und schließlich die Aktionäre. »Wenn das Dreieck gleiche Seiten aufweist, habe ich meine Sache gut gemacht«, erläuterte er. »Jahrelang wurde bei uns der Aktionär klein und die anderen groß geschrieben. Als ich an Bord kam, war es an der Zeit, das Ganze ins Gleichgewicht zu bringen. Betont werden muss jedoch, dass ich nicht die Marionette der Aktionäre bin, dass ich durchaus weiß, dass ich viel weitreichendere Verpflichtungen habe. Aber wenn ein Unternehmen kurz davor steht, den Bach hinunterzugehen, dann muss ich etwas dagegen tun.«

Vor heimischem Publikum musste Schrempp seine Anschauung immer wieder begründen und verteidigen. Bei internationalen Investoren war dies nicht erforderlich. Eben jene Philosophie, die ihn zu Hause als rücksichtslosen Kapitalisten erscheinen ließ, brachte ihm im Ausland eine begeisterte Anhängerschaft ein.

Seit der ersten Expansion nach Übersee in den fünfziger Jahren ist Daimler-Benz ein ausgesprochen internationales Unternehmen mit Niederlassungen auf der ganzen Welt. Dies eröffnete dem Führungsnachwuchs zahlreiche Möglichkeiten, sich in Asien oder den Vereinigten Staaten, in Südamerika oder Südafrika zu bewähren, bevor sie nach Stuttgart zurückkehrten und eine leitende Position einnahmen. Nach allgemeinen Maßstäben verfügte Daimler über einen international erfahrenen Kader an leitenden Führungskräften.

Doch aus der Sicht der internationalen Kapitalmärkte war Daimler-Benz nach wie vor ein höchst provinzielles Unternehmen. Jahrzehntelang erwirtschaftete es so viele liquide Mittel, dass es gar nicht darauf angewiesen war, sich außerhalb Deutschlands Kapital zu beschaffen, und wahrte folglich kühle Distanz zu den Fondsmanagern in London und New York. Diese Haltung änderte sich erst 1993 – Daimler-Benz ging als erstes deutsches Unternehmen mit seinen Aktien an die New Yorker Börse und schlug damit eine Brücke zwischen der größten europäischen Volkswirtschaft und den größten Kapitalmärkten der Welt. Der Börsengang erfolgte unter großem Tamtam, doch nachdem sich die Aufregung gelegt hatte, ließ sich kaum ein systematisches Engagement erkennen. Es wurde nur geringfügig neues Kapital beschafft, und Daimler unterhielt sehr wenig direkten Kontakt zu internationalen Anlegern und Analysten, besonders auf der Ebene des oberen Managements. Reuter beispielsweise gab keine persönlichen Briefings. Das taten zu jener Zeit zugegebenermaßen die wenigsten deutschen Vorstandsvorsitzenden, doch Daimler stand in dem Ruf, besonders unnahbar zu sein. Dies änderte sich mit dem Amtsantritt von Schrempp.

Seine erste Präsentation vor internationalen Anlegern fand Ende 1995 statt. »Er behandelte uns mit entwaffnender Offenheit«, erinnert sich einer der Teilnehmer. »Hier hatten wir es einmal mit einem Unternehmer zu tun, der eine echte Bereitschaft zeigte, etwas zu riskieren und konkret zu handeln, wenn es Probleme gab. Es wurden keine Phrasen gedroschen. Er stellte klar, dass das Unternehmen nicht nur umgekrempelt, sondern sozusagen vor sich selbst gerettet werden müsse. Hinter dieser unverhohlenen Haltung steckte ein komplexes, vielschichtiges Individuum. Er krempelte nicht nur das gesamte Unternehmen um – ein Ausdruck, den wir an der Börse benutzen, als wäre das Ganze so einfach wie einen Wasserhahn auf- oder zuzudrehen –, sondern er richtete die gesamte Grundhaltung des Unternehmens neu aus. Meine ersten Eindrücke waren: Erstens haben wir es hier mit einem knallharten Sanierer zu tun, zweitens hat dieser Typ eine ganz klare Vorstellung davon, wo er mit dem Unternehmen hinwill.«

Die internationalen Investoren verfolgten Schrempps Entwicklung zunächst mit Skepsis. Man war erstaunt, dass er den Mut zeigte, sich von Fokker zurückzuziehen, und würdigte die Signalwirkung der Verlagerung auf Ziele, die Erträge aus dem investierten Kapital sicherten. Doch bis zum Spätsommer des Jahres 1996 konnte Daimler-Benz mit keinen wirklich guten, beruhigenden Meldungen aufwarten. Dann konnte Schrempp schließlich berichten, dass Daimler-Benz über den Berg war. Der Konzern erzielte im ersten Halbjahr einen Gewinn von über 700 Millionen DM, ein Turn-around von mehr als zwei Milliarden Mark. Ende Dezember gab das Unternehmen bekannt, der Betriebsgewinn für das gesamte Jahr belaufe sich auf imposante 3,7 Milliarden DM und der Umsatz sei auf 130 Milliarden DM gestiegen. Und Daimler baute schließlich keine Arbeitsplätze ab, sondern schuf neue Stellen; im Laufe des Jahres waren 10 000 neue Mitarbeiter eingestellt worden.

Die Investoren rechneten es Schrempp hoch an, dass er das Ruder des Unternehmens herumgerissen hatte: Bis 1997 hatte sich der Daimler-Aktienkurs verdoppelt, Mitte 1998 war der Kurs dreimal so hoch wie 1995. Schrempp hatte die entscheidende Entdeckung gemacht, dass ein starker Aktienkurs die wirksamste Waffe im strategischen Arsenal eines Unternehmens ist. Dies gab ihm die Mittel in die Hand, einen ganz speziellen Deal zu schließen.

6. Kapitel
DIE INTUITION DES BOB LUTZ

Die Erneuerung der Chrysler Corporation
Anfang der neunziger Jahre

Lutz, der hinter der Erneuerung der Chrysler Corporation in den neunziger Jahren stand, ist ein Meister des dramatischen Auftritts. Er scheut dabei weder die Gefahr, sich unter Umständen lächerlich zu machen, noch Leib und Leben zu riskieren – solange es der Sache diente. Und diese »Sache« war Chrysler.

Die folgenden Episoden sollen seinen Ideenreichtum und sein Engagement kurz illustrieren.

Bob Lutz sitzt rittlings auf einem riesigen cremefarbenen Brahmabullen. Der Bulle trottet auf ein Camp mitten in der Wüste Arizonas zu, in dem vierzig der führenden Autojournalisten der Welt zu einem ungewöhnlichen Picknick und Pressetermin zusammengekommen sind. Allmählich wird Lutz sichtbar. Er ist wie immer makellos gekleidet, trägt Jackett und Krawatte und zieht an einer großen Zigarre. Am Camp angekommen, bleibt der Bulle plötzlich wie angewurzelt stehen. Einen Augenblick lang herrscht erwartungsvolle Spannung. Dann schickt sich der Bulle an, sich direkt vor dem versammelten Pressecorps laut und ausgiebig zu erleichtern.

Diese unfreiwillig komische Einlage hinterließ bei den Anwesenden natürlich einen ebenso bleibenden Eindruck wie die Präsentation des Jeep Grand Cherokee. Bei der Autoshow 1992 in Detroit sollte Lutz den neuen Wagen vorstellen. Anstatt eine langweilige Rede zu halten, fuhr er mit dem Jeep eine steile Treppe hinauf und raste dann durch eine riesige Glasscheibe. Ein im wahrsten Sinne durchschlagender Erfolg.

Hinter all seinen Auftritten spürte man den bewussten Vorsatz, die Marke Chrysler wieder zu beleben und mit Charisma auszustatten. Für die Presse wie für die Öffentlichkeit war Chrysler bald aufs Engste mit Lutz, einem ehemaligen Jagdflieger und einer schillernden Persönlichkeit, verbunden.

*

Als Lutz 1986 von Ford zu Chrysler wechselte, stand er vor einem ungewöhnlichen Problem. In Detroit war es Tradition, dass Spitzenmanager der Autoindustrie bis zu vier Geschäftswagen bekamen. Zwei davon wurden ihnen ganz überschrieben, die anderen beiden konnten sie zu günstigen Konditionen leasen. Welche Wagen sollte Lutz nun in seine Garage stellen? Es fiel ihm leicht, sich für den Minivan zu entscheiden, der nach wie vor ein begehrtes Fahrzeug war. »Aber es war echt schwierig, Nummer zwei, drei und vier zu finden – Fahrzeuge, in denen man sich sehen lassen und vor allem ans Steuer setzen konnte«, gestand Lutz später.

Ende der achtziger Jahre nahm sich die Produktpalette des Unternehmens eher traurig aus. Das Design war schwerfällig und unoriginell, die Technik überholt und unzuverlässig.

Iacocca, der immer noch am Chefposten festhielt, hatte sein einstmals untrügliches Gespür verloren. Der absolute Tiefpunkt kam 1989, als nicht weniger als vier neue Fahrzeuge auf Anhieb durchfielen. Der Dodge Spirit und der Plymouth waren Kompaktwagen, die auf fünf Jahre alten Entwürfen basierten.

Iacoccas Gleichgültigkeit gegenüber dem Produktdesign und der technischen Ausstattung stand in krassem Gegensatz zu seinem übertriebenen Engagement auf anderen Gebieten. Der Umschwung Mitte der achtziger Jahre hatte dem Unternehmen einen Berg liquider Mittel beschert, die Iacocca eifrig ausgab – auch zu seinem privaten Nutzen. Nachdem er in den mageren Jahren sein Gehalt geopfert hatte, war es nun leicht, einen Schwindel erregenden Anstieg seiner Vergütung zu rechtfertigen. 1986 verdiente er fast 24 Millionen Dollar an Gehalt, Prämien und Anteilen – ein Rekord, selbst bei den »Big Three«. 1987 waren es achtzehn Millionen Dollar. Aus einem etwas altruistischeren Motiv lancierte er einen Aktienrückkauf des Unternehmens im Wert von zwei Milliarden Dollar – eine gängige Praxis, um Überschusskapital umzuverteilen und den Gewinn pro Anteil zu erhöhen.

Merkwürdig parallel zu Edzard Reuters verhängnisvoller Diversifikationsstrategie verwendete Iacocca die verbleibenden Barmittel für eine Übernahmeorgie, die das Unternehmen weit von seinem Kerngeschäft, der Autoproduktion, wegführte. 1986, während Daimler über den Vorstoß in die Luft- und Raumfahrt nachdachte, kaufte Iacocca die Gulfstream Aerospace Corporation, die kleinere Privatflugzeuge baute. Während Daimler-Benz die Dienstleistungstochter debis aufbaute, übernahm Chrysler Finance America, E. F. Hutton Credit und vier Mietwagengeschäfte. Die unheimliche Parallele zu Daimler ging sogar noch einen Schritt weiter. Iacocca führte nämlich die Struktur einer Holdinggesellschaft ein und teilte das Unternehmen in vier Bereiche auf: Automobile, Luft- und Raumfahrt, Finanzdienstleistungen und neue Technologien. Das Autogeschäft litt unter mangelnden Investitionen und ungenügender Aufmerksamkeit seitens des Managements.

Rückblickend könnte man sagen, dass Iacocca einige seiner Fehler durch seine größte Übernahme wieder wettmachte. Für 800 Millionen Dollar kaufte Chrysler 1987 die American Motors Corporation (AMC), den viertgrößten Autohersteller der Vereinigten Staaten, der aber beträchtliche Verluste erwirtschaftete. Renault, der französische Besitzer, hatte sich jahrelang vergeblich darum bemüht, etwas aus der Marke Jeep, der Perle in der Sammlung von AMC, zu machen. Chrysler musste die Verbindlichkeiten von AMC übernehmen, um an den Jeep zu kommen, doch der Deal sollte sich als Meisterstück erweisen. Von AMC kamen einige talentierte Ingenieure und eine nüchterne Unternehmensphilosophie, von der das Chrysler-Management einiges zu lernen hatte. Und beinahe zufällig bescherte die Übernahme Chrysler ein jahrelanges Wachstum auf dem Markt für Sports Utility Cars, das rapide wachsende Segment der amerikanischen Autoindustrie, das Chrysler in den neunziger Jahren beherrschen sollte.

Doch zunächst schwächte der Deal die Finanzen des Konzerns, und zwar unmittelbar vor einem weiteren Konjunkturabschwung, den die gesamte Branche zu spüren bekam. Chrysler steckte wieder einmal in der Klemme. Der Nettogewinn purzelte 1989 auf 359 Millionen Dollar, und der Anteil am amerikanischen Automarkt fiel auf knapp über zehn Prozent. Als sich ein Jahr später die Rezession mit voller Wucht auswirkte, sank der Gewinn auf lächerliche 68 Millionen Dollar, und der Marktanteil ging auf 9,3 Prozent zurück. 1991 schließlich machte Chrysler fast 800 Millionen Dollar Verlust, und der Marktanteil landete bei mickrigen 8,4 Prozent.

Als der Aktienkurs damals von seinem einstigen Spitzenwert von dreißig Dollar auf zehn Dollar abstürzte, sah es ganz so aus, als würde sich die Krise von 1980 wiederholen. Banken weigerten sich, kurzfristige Schuldtitel von Chrysler zu verlängern, und ein Teil der Schulden wurde offiziell von »Investment grade« auf »Junk« herabgestuft. Iacocca kündigte ein Programm zur Senkung der Kosten um eine Milliarde Dollar an und willigte ein, Gulfstream abzustoßen. Die prekäre Finanzlage des Konzerns ließ sich nur durch eine Neuemission von Aktien in Höhe von 350 Millionen Dollar verbessern. Mit einer Marktkapitalisierung von mageren drei Milliarden Dollar hing Chrysler wieder einmal in den Seilen.

Mitte der neunziger Jahre dagegen wäre es Lutz und wohl auch jedem anderen Autoliebhaber nicht schwer gefallen, ein halbes Dutzend Chrysler-Modelle auszusuchen und stolz vor dem eigenen Haus zur Schau zu stellen oder damit die Autobahn entlangzufegen. »Als ich [1998] ausschied, hätte man, selbst wenn man bereits neun Firmenfahrzeuge besessen hätte, immer noch zwei oder drei weitere haben wollen«, erklärte Lutz.

Dazu zählten der Dodge Viper, ein ungeheuer starker Supersportwagen; der Plymouth Prowler, ebenfalls ein origineller Roadster; der Jeep Grand Cherokee, eines der weltweit ersten Sports Utility Cars der Luxusklasse; der dynamisch gestylte Dodge Ram Pick-up Truck; der Dodge Interpid, das erste Modell einer neuen Generation geräumiger Limousinen mit steil vorgezogener Windschutzscheibe, und selbst der charakteristische Kleinwagen Neon.

Chrysler führte in den neunziger Jahren mehr neue Modelle ein als in den vorausgegangenen zwei Jahrzehnten und gewann für die Konstruktion und Ausführung seiner Personen- und Lastkraftwagen einen Preis nach dem anderen. »Wir wurden weltweit dafür ausgezeichnet, führend darin zu sein, aufregende Fahrzeuge zu entwickeln, und zwar schneller als alle anderen«, kommentiert Bob Eaton den massiven Ausstoß an beliebten und charismatischen Fahrzeugen im Vorwort zu Lutz' Autobiographie mit dem Titel *Guts*.

Die Trendwende bei Chrysler beschränkte sich indes nicht auf die Produktpalette. Mitte der neunziger Jahre war Chrysler der profitabelste Autohersteller der Welt, der Konzern hatte mehr Geld verdient als in den sechs Jahrzehnten seines Bestehens zusammen. 1996 kürte das einflussreiche Magazin *Forbes* Chrysler zum Unternehmen des Jahres, in Anerkennung dafür, dass Chrysler wieder als solides und respektables Unternehmen dastand.

Die Anfänge dieser Erneuerung lassen sich bis zum Eintritt des Bob Lutz bei Chrysler im Juni 1986 zurückverfolgen. Lutz, ein großer, adretter Mann mit kurzem silbergrauem Haar und einer distinguierten Haltung, wuchs in wohlhabenden Verhältnissen und in einer kosmopolitischen Umgebung auf, die in ihm eine Vorliebe für die Annehmlichkeiten des Lebens weckten – gute Weine, große Zigarren und schnelle Autos. Aufgrund der berufsbedingten Wanderschaft seines Vaters, er war Bankier bei Credit Suisse, wuchs Lutz teils in Amerika, teils in der deutschsprachigen Schweiz auf. Er spricht fließend Deutsch, Französisch und Englisch und besitzt eine doppelte – die US-amerikanische und schweizerische – Staatsbürgerschaft. Die häufigen Umzüge wirkten sich nachteilig auf seine Ausbildung aus, und so schloss er erst mit 22 Jahren die Oberschule ab. Danach trat er in das US Marine Corps ein, wo er fünf Jahre lang diente und lernte, Flugzeuge und Hubschrauber zu fliegen.

Nach dem Studium der Betriebswirtschaftslehre erfüllte er sich schließlich seinen lang gehegten Wunsch, in der Autoindustrie zu arbeiten. Er machte eine kometenhafte Karriere und stieg rasch zum Leiter der Verkaufs- und Marketingabteilung von General Motors in Europa auf, bevor er abgeworben wurde – zunächst von BMW (wo er drei Jahre lang als Vorstand für Vertrieb tätig war) und dann von Ford. Er wurde zum Leiter von Ford Europa befördert; in dieser Funktion führte er den neuen Ford Sierra ein und erwirtschaftete stattliche Gewinne, die das Unternehmen in der tiefen Rezession der amerikanischen Industrie Anfang der achtziger Jahre gut gebrauchen konnte. Achtzehn Monate nach seinem Wechsel zu Chrysler wurde Lutz zum President und Chief Operating Officer ernannt.

Lutz war mehr als nur ein international erfahrener Manager. Er war bekannt dafür, unkonventionell zu denken und sich auch ebenso zu verhalten. Einmal trat er bei einem Verkaufsgespräch mit nasser Badehose vor die Kunden. Er meinte, dieser Auftritt würde sich nachhaltig ins Gedächtnis der Anwesenden einprägen. Er fuhr in einer hautengen Ledermontur mit dem Motorrad durch Europa. Er kaufte sich ein ausgemustertes tschechisches Jagdflugzeug, mit dem er seiner Sucht nach Geschwindigkeit frönte. Er war großspurig, attraktiv, extravagant und bei der Presse als Quelle für diverse Geschichten und Indiskretionen geschätzt. Kurzum, er war ein archetypischer, überlebensgroßer Automagnat in der Tradition Walter P. Chryslers persönlich.

Als sich Iacocca immer mehr von der Leitung des laufenden Geschäftsbetriebs zurückzog, scharte Lutz ein kleines Team gleich gesinnter Manager um sich, deren erklärtes Ziel war, Chrysler wieder auf Vordermann zu bringen. Zu dieser Clique gehörte unter anderem der Franzose François Castaing, der mit der AMC-Übernahme zu Chrysler kam; er war ein genialer Kraftfahrzeugingenieur, der bereits als junger Student Formel-2-Rennwagen konstruiert hatte und später zahlreiche revolutionäre Maschinen für das Rennprogramm von Renault baute. Mit von der Partie war auch Tom Gale, ein Chrysler-Veteran und Designguru, der den neuen Look der Chrysler-Produkte entwickelte. Tom Stallkamp übernahm die Beschaffungsplanung und senkte die Kosten des Konzerns um Milliarden. Dennis Pawley kam 1989 zu Chrysler, nach einer erfolgreichen Laufbahn bei General Motors und Mazda, wo er als einer der ersten amerikanischen Manager japanische Arbeitspraktiken in die amerikanische Fertigungswirtschaft eingeführt hatte.

Dies war ein erlesener Kreis ausgewiesener Autonarren, die aus den unterschiedlichsten Bereichen teils zufällig, teils gezielt den Weg zu Chrysler gefunden hatten und die gleichen Werte hochhielten – die Begeisterung für das Produkt, die Abneigung gegenüber Hierarchie und Bürokratie sowie die Bereitschaft, rasch kühne Entscheidungen zu fällen. »Wir waren tempogeladene Antibürokraten, die überzeugt waren, es sei besser, eine weniger perfekte Entscheidung rasch zu fällen, als eine perfekte Entscheidung zehn Monate lang hinzuziehen«, erklärt Lutz. »Wir arbeiteten alle aus Freude am Spiel.«

Nach Lutz' Einstieg bei Chrysler dauerte es eine ganze Weile, bis die ersten Früchte seiner Führungskompetenz gereift waren. Dies liegt in der Natur der Autoindustrie mit ihren drei- bis fünfjährigen Spannen zwischen der Planung eines neuen Modells und der Vorführung im Showroom. Das große Jahr war 1992, als Lutz bei der Autoshow im Januar den Jeep Grand Cherokee vorstellte.

Der Grand Cherokee sah gut aus, glich vom Fahrgefühl eher einem Personenwagen als einem Truck und war zugleich bequem und robust. Mehr als jeder andere Wagen war dieses Modell Anlass und Auslöser der weltweiten Manie für Offroad-Fahrzeuge, die primär in Städten und Vororten gefahren werden und dem Besitzer dennoch (wenigstens ersatzweise) das prickelnde Gefühl von Freiheit und Wildnis vermitteln. Mit dem Grand Cherokee, der auf die altbewährten Stärken des Minivan baute, konnte Chrysler den rapide expandierenden nordamerikanischen Markt für leichte Trucks ganz neu definieren und schließlich sogar beherrschen. Chryslers Absätze bei leichten Trucks stiegen von bescheidenen 200 000 Stück Anfang der achtziger Jahre auf 1,6 Millionen zum Zeitpunkt der Fusion mit Daimler-Benz. Der Marktanteil erhöhte sich auf märchenhafte 23 Prozent.

Für die Finanziers, die Chryslers abnehmenden Cashflow beobachteten, war die Einführung der Limousinen der LH-Generation kurze Zeit später weitaus wichtiger. Der neue Jeep allein hätte den Aufschwung des Unternehmens nicht gesichert; dazu waren auch Produkte für den Massenmarkt erforderlich. Die erfolgreiche Einführung des Dodge Interpid, des Chrysler Concorde und des Eagle Vision überzeugte die Bankiers, das kränkelnde Unternehmen zu unterstützen, und läutete Chryslers Comeback ein.

Die Vorarbeit zu diesem Turn-around war in den vorausgegangenen fünf Jahren geleistet worden. Lutz und sein Team hatten einen Kampfgeist entwickelt, der es dem Unternehmen ermöglichte, die schwierigen Zeiten gut zu überstehen: »Es herrschte eine wahre Underdog-Mentalität, die uns zu schonungslosen Konkurrenten machte«, erinnert sich Jim Holden, damals ein Shootingstar im Bereich Vertrieb und Marketing. »Wir gingen viele Risiken ein, weil wir wussten, dass wir andernfalls dichtmachen mussten, und das führte dazu, dass wir den anderen ständig eins überbrieten. Wir schafften es, vom Bürger dritter Klasse zum Liebling der Stadt aufzusteigen.«

Lutz entwickelte einen Plan, der Chrysler durch die Rezession führen und anschließend die Wiederbelebung des Unternehmens garantieren sollte. Der Plan bestand aus mehreren Elementen. Das erste und wichtigste und für den Kunden sicherlich augenfälligste Element war ein neuer Ansatz im Design. »Wir wollten in Bezug auf das Design vor den Trendkurven liegen und nicht irgendwelchen festgefahrenen Mustern folgen«, erläutert Lutz. »Alles, was wir machten, zeichnete sich durch eine starke Individualität aus.«

Dies war ein radikaler Ansatz für Detroit. Autohersteller müssen Zeit und riesige Summen in ein neues Projekt investieren, ohne sicher zu wissen, ob den Kunden das Endprodukt auch gefällt. Trotz Marktforschung fallen viele Erzeugnisse kläglich durch. Es ist letztendlich auch eine Frage des Glücks, ob ein Verkaufsschlager gelingt, der so viel einbringt, dass er all die Flops wettmacht. Eine Strategie, dieser Unsicherheit zu begegnen, besteht darin, auf Nummer sicher zu gehen, das heißt, Autos zu bauen, die bewährten Mustern entsprechen. Damit sind wenigstens die Erträge einigermaßen berechenbar, auch wenn die Gewinne eher enttäuschen.

Man kann aber auch auf diese Sicherheiten verzichten, auf Marktforschung, Buchhaltung und Konvention, und sich auf die Intuition verlassen.

»Nehmen Sie einen Regisseur wie Spielberg. Er vermeidet formelhafte Filme, weil er eine persönliche Vision hat, weil er eine eigene Überzeugung davon besitzt, was einen großartigen Film ausmacht. Was er macht, macht er nicht aufgrund von Marktforschung oder Ertragsprognosen aus der Buchhaltung«, erklärt Lutz begeistert.

Und so kehrte Chrysler der konventionellen Ansicht den Rücken. Tom Gale, einer derjenigen, die diese Strategie entwickelten, äußert sich dazu folgendermaßen: »Wir waren als Unternehmen immer erfolgreich gewesen, solange wir uns von allen anderen signifikant unterschieden. Wir gingen daran, Produkte zu schaffen, die so bemerkenswert waren, dass sie für sich selbst sprachen.«

»Es war kein Problem für uns, Fahrzeuge zu bauen, für die wir zu wenig Forschung betrieben hatten oder die in der Marktforschung eine starke Polarisierung ergaben«, sagt Lutz. »Ein Beispiel: 25 Prozent der Leute gefiel [der Dodge Ram] so sehr, dass sie ihn unbedingt haben mussten, wohingegen die anderen 75 Prozent meinten, er sei so hässlich, dass sie ihn nicht einmal anrühren würden. Wenn man vier Prozent des Marktes für große Pick-ups innehat und die Marktforschung ergibt, dass 25 Prozent dieser Leute sagen, sie müssten unser Produkt unbedingt haben, dann kann man sagen, wir liegen mit unserer Entscheidung richtig.«

Der Dodge Ram wurde zu einem der großen Verkaufserfolge von Chrysler Mitte der neunziger Jahre. Er war geradlinig im Sinne von direkt, kühn und auffallend anders als sämtliche Konkurrenzprodukte.

Lutz führt das Comeback von Chrysler auf sein intuitives Denken in einer rationalen Welt zurück. Menschen, die sich auf ihre Intuition, auf ihre rechte Gehirnhälfte, verlassen, entwickeln kreative und unorthodoxe Denkmethoden; Menschen, die mit der linken Gehirnhälfte operieren, denken dagegen linear und kontrolliert. Er behauptet, die Autoindustrie sei viel zu lange von der linken Gehirnhälfte beherrscht worden – von Buchhaltern und Planungsstrategen, die die Autoproduktion als ein rein wissenschaftliches Unterfangen betrachteten. Dem widerspricht Lutz. Ein Autokauf sei eine emotionale Entscheidung, und das bedeute, ein Autohersteller müsse auch seinem Instinkt folgen.

»Wir entschieden unglaublich viel rein intuitiv; es gab ungewöhnlich wenig Planungsarbeit. Wir sparten uns all den Unfug, der normalerweise mit der Einführung eines neuen Produktes zusammenhängt... Wir hatten alle ein starkes, persönliches Gespür dafür, was klappen würde.«

Im Grunde hatte Chrysler gar keine andere Wahl. Das Unternehmen war knapp bei Kasse und verfügte nicht über die Mittel, um in langwierige Forschungs- und Entwicklungsprozesse zu investieren. Der Konzern musste Risiken eingehen, sonst hätte er nicht überlebt. Man machte aus der Not eine Tugend und ging so schnell wie möglich von der Konzeption zur Produktion über. »Indem wir sofort auf den richtigen Wagen stießen, sparten wir uns all den überflüssigen Schrott«, erklärt Lutz. In den gesamten neunziger Jahren lagen die Produktentwicklungskosten bei Chrysler nicht einmal halb so hoch wie bei den zwei großen amerikanischen Konkurrenten. Zum Zeitpunkt der Fusion mit Daimler betrugen sie ganze 2,8 Prozent der Einnahmen, verglichen mit sechs Prozent bei Ford und acht Prozent bei General Motors.

Die Kostensenkung ging Hand in Hand mit einer völlig neuen Fertigungsmethode. Lutz und sein Team beschlossen, so viel wie möglich von den Japanern zu übernehmen. Im Hinblick auf Iacoccas frühere Tiraden gegen die Handelspraktiken der Japaner war dies zumindest intern ein kühner Schritt, doch die Ingenieure wussten, dass Chrysler – und die amerikanische Fertigungsindustrie insgesamt – weit hinter ihre japanischen Konkurrenten zurückgefallen war. Sie nahmen Mitsubishi, Chryslers langjährigen Jointventure-Partner, gründlich unter die Lupe. Sie führten auch eine eingehende Studie über den Konkurrenten Honda durch, durch dessen Erfolg beim amerikanischen Käufer die anderen Detroiter Autohersteller und auch Chrysler stets benachteiligt waren. Lutz und sein Adjutant Castaing gelangten zu der Überzeugung, dass Chrysler seinen Konkurrenten nur dann ein Schnippchen schlagen konnte, wenn der Konzern bewährte japanische Fertigungspraktiken übernahm.

Eine wichtige Lektion der Japaner lautete, die Grenzen zwischen den einzelnen Prozessen in der Fahrzeugherstellung aufzulösen. »Unser Konstruktionsbüro war völlig zergliedert«, schreibt Lutz in seiner Autobiographie. »Karosseriebau, Fahrgestellbau, Antriebsbau, Elektrotechnik und so weiter waren selbst alle gar nicht so kleine Bereiche ... Folglich konnte kein Programm innerhalb der Konstruktion schneller operieren als der langsamste Teil der Organisation. Wenn beispielsweise die Abteilung für Türschlösser, Griffe und Schließmechanismen zu einem bestimmten Zeitpunkt mit Arbeit überschüttet wurde, dann wurde das gesamte System blockiert und musste warten, bis sie wieder aufgeholt hatte.«

Die Lösung bestand darin, »Bühnenteams« zu schaffen. Die Mitarbeiter waren ab sofort nicht mehr nur für einzelne Komponenten verantwortlich, sondern für einen kompletten Wagen. Design, Konstruktion, Verkauf und Marketing sowie Beschaffung – die traditionell in getrennten organisatorischen »Silos« untergebracht waren – mussten nun alle zusammenarbeiten, um einen Wagen termingerecht und budgetgerecht zu liefern. Für jeden Fahrzeugtyp – Großwagen, Kleinwagen, Minivan, Jeep und Truck – wurde eine eigene Plattform eingerichtet. Diese »schlanke«, teambezogene Fertigungsmethode war in Japan längst üblich; in den Vereinigten Staaten populär gemacht wurde sie durch die Veröffentlichung von *The Machine that Changed the World,* einer einflussreichen Studie über die Zukunft des Autos, die das Massachusetts Institute of Technology durchführte. Chrysler war der erste amerikanische Autohersteller, der die Methode in die Praxis umsetzte.

Die zweite wichtige Lektion der Japaner lautete, eine neue Methode der Beschaffung zu entwickeln. Anstatt mit einer großen Zahl von Zulieferern zu arbeiten, die sich in einem ständigen Konkurrenzkampf um Qualität und Preis aufrieben, wählte Chrysler eine kleinere Anzahl von Zulieferern aus, mit denen feste langfristige Beziehungen aufgebaut wurden. Anstatt Preisnachlässe zu verlangen, bot Chrysler den Zulieferern an, gemeinsam mit dem Konzern zu bestimmen, wo Produktivitätssteigerungen und Einsparungen möglich wären. Die Methode orientierte sich bewusst am japanischen System des *keiretsu,* ging jedoch noch weiter, betont Lutz. »Was das Einbeziehen unserer Zulieferer in einen echten Dialog betrifft, gingen wir weiter als die Japaner; wir haben sie nicht bloß nachgeahmt«, erklärt er. Durch Tom Stallkamps SCORE-System – eine Abkürzung für »Suppliers Cost-Reduction Effort« (Programm für die Kostensenkung bei Lieferanten) – hat Chrysler zwischen 1989 und 1998 schätzungsweise über fünf Milliarden Dollar eingespart.

Die neue Fertigungsmethode zeigte sich auf ausdrucksvolle Weise im Dodge Viper, einem supersportlichen Zweisitzer, der Ende 1992 auf den Markt kam. War je ein Projekt der rechten Gehirnhälfte entsprungen, dann dieses. Die einzige Marktanalyse fand in Bob Lutz' Kopf statt. Er hatte die Idee, einen feurigen 400-PS-Sportwagen zu entwickeln, der als Aushängeschild für Chryslers Potenzial dienen sollte. Trotz einiger anfänglicher interner Vorbehalte beschaffte Lutz die Investitionsmittel für dieses verrückte Projekt, und im Januar 1989 wurde bei der Detroiter Autoshow ein Prototyp dieses sinnlichen Fahrzeugs enthüllt, der begeistert aufgenommen wurde. Als das Modell schließlich in Produktion ging, war es »ein überzeugendes Symbol unseres neuen Geistes, unseres unkon-

147

ventionellen Denkens, unseres Wagemuts und des Tempos, in dem wir unsere Stärke wiedergewannen.« (Lutz, *Guts*)

Inzwischen ließ sich der Viper natürlich auch vernunftmäßig, das heißt mit der linken Gehirnhälfte, begründen: Er war das erste Fahrzeug, das von einem der neuen Bühnenteams hergestellt wurde, und so bestätigte sein Erfolg nachträglich die Entscheidung des Unternehmens, zu dieser Produktionsform überzugehen. Auch wenn der Viper für sich gesehen kein Geld einbrachte, warf er einen gewissen Glorienschein über die übrigen Produkte von Chrysler. »Mann, ist das ein Dodge!«, hörte man die Leute schwärmen. Bankiers trugen sich auf den Wartelisten für die Bestellungen des neuen Wagens ein, während sie gleichzeitig das Refinanzierungspaket des Unternehmens billigten.

*

Am Dienstag vor Ostern 1995 weilte Bob Eaton gerade in New York, als ihn ein unangenehmer Anruf erreichte. Am anderen Ende der Leitung war Kirk Kerkorian, der in Las Vegas ansässige Investor und größte Chrysler-Aktionär. Kerkorian unterrichtete den Chrysler-CEO, dass er am nächsten Tag ein 23 Milliarden Dollar hohes Übernahmeangebot für das Unternehmen bekannt geben werde.

Eaton, der gerade eine Rede ausarbeitete, die er bei der New Yorker Autoausstellung halten wollte, sagte alle Termine ab und flog mit dem Firmenjet nach Detroit zurück. Er trommelte seine engsten Mitarbeiter und Berater zu einem Krisenstab zusammen, um eine Strategie zu entwickeln, die das Unternehmen vor den unliebsamen Avancen des Räubers bewahren sollte. Kerkorians Offerte für Chrysler war das zweitgrößte Übernahmeangebot in der amerikanischen Wirtschaftsgeschichte, seit RJR Nabisco im Jahre 1989 für 25 Milliarden Dollar übernommen worden war. Für den Führungsstab von Chrysler war dieses Angebot gleichermaßen faszinierend wie irritierend. Faszinierend, weil sich alles um Kerkorian und seine Motive in geheimnisvolles Dunkel hüllte.

Der 77-jährige Kerkorian lebte in Las Vegas, scheute das Rampenlicht, begeisterte sich für die Fliegerei und war superreich. Seine zehnprozentige Beteiligung an Chrysler, die zum Zeitpunkt des Angebots ungefähr zwei Milliarden Dollar wert war, bildete nur einen Teil seines riesigen Vermögens, zu dem auch das MGM Grand Hotel in Las Vegas, der größte Hotelkomplex der Welt, gehörte.

Wie Iacocca stammte Kerkorian aus bescheidenen Verhältnissen und war zu einem der bedeutendsten Geschäftsmänner Amerikas aufgestiegen. Er wurde im kalifornischen Fresno als Sohn eines aus Armenien eingewanderten Obstfarmers geboren. Er verließ im Alter von sechzehn Jahren die Highschool und arbeitete eine Zeit lang als Berufsboxer, Putzer in einem Hollywood-Filmstudio und als Bingo-Hall-Manager. Während des Krieges entdeckte er seine Leidenschaft für die Fliegerei. Nach dem Krieg nahm er auf seine Zweisitzermaschine einen Kredit von 60 000 Dollar auf um damit sein erstes eigenes Geschäft zu gründen – eine Charterfluglinie, die Spieler zwischen Kalifornien und Las Vegas hin und her beförderte. Das Geschäft florierte, und 1968 verkaufte er das Unternehmen für 107 Millionen Dollar an Transamerica Corporation. Danach machte er sich als scharfsinniger und mitunter auch umstrittener Investor einen Namen. Kritiker warfen ihm vor, Firmen brutal auszuschlachten. Ein großes Kontingent seiner Beteiligung an Chrysler kaufte er, als deren Aktienkurs zwischen zehn und dreizehn Dollar pro Stück lag. Seine Investition hatte sich bis zum Zeitpunkt seines Übernahmeangebots mindestens verdreifacht.

Kerkorians Investmentgesellschaft Tracinda – benannt nach seinen beiden Töchtern Tracy und Linda – schwor hoch und heilig, dass das Angebot nicht als feindlicher Akt gegen die Unternehmensführung und die Belegschaft zu verstehen sei. Eaton beeilte sich jedoch klarzustellen, dass das Unternehmen nicht zum Verkauf stehe und dass er sich der Übernahme widersetzen werde.

Bei all dem Wirbel um den Übernahmeversuch war keineswegs klar, woher Kerkorian und seine Meute das Geld hernehmen würden. Das Angebot war zum Zeitpunkt der Abgabe nicht vollständig finanziert.

In Kerkorians Lager wurde immerhin zu verstehen gegeben, dass man mindestens auf fünf Milliarden Dollar aus Chryslers eigenen Barreserven zurückgreifen werde, damit die Zahlen aufgingen. Mit anderen Worten, Kerkorian wollte sich der Taktik jener Übernahmegeier der achtziger Jahre bedienen, die mit den liquiden Mitteln ihrer Übernahmeziele eben jene Schulden bezahlten, mit denen sie die Übernahme überhaupt erst finanzieren wollten. Für Chrysler war dies besonders ärgerlich, weil das Unternehmen so sparsam mit seinen Ressourcen umgegangen war, dass es in seiner Bilanz inzwischen über acht Milliarden Dollar in bar und börsengängigen Wertpapieren auswies. Eaton und seine Kollegen waren der festen Überzeugung, dass sie mindestens 5,5 Milliarden Dollar davon brauchen würden, um die nächste Rezession zu überstehen und die Fehler der Vergangenheit zu vermeiden. Nun kreisten die Geier über diesen Geldern und jenem Team, das den Konzern in den letzten Jahren so besonnen geführt hatte.

Der größte Affront bestand darin, dass Lee Iacocca mit seinem Namen – und mit fünfzig Millionen Dollar seines auf 200 Millionen Dollar geschätzten Vermögens – Kerkorians Angebot unterstützte. Iacocca war erst 1992 als Chairman und CEO zurückgetreten, war aber bis Ende 1993 Director geblieben. Es war kein würdevoller Abschied gewesen. Non-executive Directors (Mitglieder des Board of Directors, die nicht an der Geschäftsführung beteiligt waren) hatten ihren Einfluss geltend machen müssen, damit er endlich seinen Hut nahm. Eaton und sein Team empfanden es als ungeheuerliche Treulosigkeit, dass Iacocca Kerkorians Ansinnen unterstützte.

In seinem letzten Jahr bei Chrysler war Iacocca zu einer Karikatur seiner selbst geworden. Er engagierte sich massiv in einer Kampagne zur Beschaffung von Geldern für die Restaurierung der Freiheitsstatue und spielte mit dem Gedanken, sich um eine Kandidatur für die amerikanische Präsidentschaft zu bewerben. Er reiste nach Europa und heckte mit Gianni Agnelli, dem Chef von Fiat, hochfliegende Pläne für eine Fusion der beiden Unternehmen aus. Es kam jedoch nichts dabei heraus.

Iacocca beeinflusste auch die Entscheidung, Bob Eaton und nicht Bob Lutz zu seinem Nachfolger zu ernennen. Lutz war ihm zu oft und in zu vielen Fragen in die Quere gekommen, und so wurde statt seiner der phlegmatische Eaton, ehemaliger Leiter des europäischen Geschäftsbereichs von General Motors, an Bord geholt. Er übernahm im März 1992 die Funktionen des Vice Chairman und Chief Operating Officer.

Entgegen allen Erwartungen hatte Lutz nicht verärgert seinen Hut genommen, als er bei der Besetzung des Chefsessels übergangen wurde. Eine nüchterne, rationale Betrachtung der Situation überzeugte ihn, zu bleiben und mit Eaton zusammenzuarbeiten. Lutz leitete weiterhin den laufenden Geschäftsbetrieb, während Eaton das Unternehmen nach außen hin vertrat und die Konzernstrategie entwickelte.

Diese Strategie ließ sich auf eine ganz einfache Formel bringen: Chrysler setzte sich zum Ziel, bis 1996 der führende Autohersteller in den Vereinigten Staaten und bis zum Jahr 2000 die Nummer eins in der Welt zu werden. Für ein Unternehmen, das seit dem Krieg ein halbes Dutzend Mal kurz vor dem Zusammenbruch gestanden hatte, war dies ein ungeheuer kühnes Ziel. Umso erstaunlicher war es, dass Eaton und Lutz zu dem Zeitpunkt, als Kerkorian seinen Vorstoß machte, tatsächlich auf dem besten Weg zum Erfolg waren.

Sie hatten zahlreiche Kriterien festgelegt, nach denen Chrysler auf dem Weg zur Nummer eins beurteilt werden wollte – charakteristisches Produktprofil, Kundenzufriedenheit, Qualität, Kostenführerschaft, Finanzkraft. Es gab zwar noch immer Probleme mit der technischen Qualität, doch das finanzielle Ergebnis war hervorragend. Im Jahr 1996 betrug die Umsatzrendite über sechs Prozent, deutlich mehr als bei Ford oder General Motors, und die Kapitalrendite lag bei zwanzig Prozent, mehr als doppelt so hoch wie der Branchenmittelwert. Die Zahlen für Gewinn und Absatz pro Mitarbeiter – der Maßstab für die Produktivität – waren die besten in der Branche. Chrysler generierte einen immensen Cashflow und plante, in den nächsten fünf Jahren 23 Milliarden Dollar in neue Produkte und die Werkerweiterung zu investieren. Die Dividenden beliefen sich auf eine Milliarde Dollar im Jahr, und der Konzern verfügte zum ersten Mal seit vierzig Jahren über eine vollständig finanzierte Pensionskasse. Aktienrückkäufe zeichneten sich ab.

Alles schien perfekt zu laufen – doch leider hatte der Aktienmarkt die günstige Entwicklung des Unternehmens nicht entsprechend honoriert. An dem Tag, als Kerkorian sein Aktienübernahmeangebot in Höhe von 55 Dollar pro Aktie bekannt gab, lag der Kurs bei 39,25 Dollar. Eine bewährte Methode für die Bewertung eines Unternehmens besteht darin, den Marktwert als ein Vielfaches des Gewinns pro Aktie anzugeben. Vor dem Übernahmeangebot betrug das Kurs-Gewinn-Verhältnis lediglich 4,4. Das Kurs-Gewinn-Verhältnis bei einem typischen Industrieunternehmen lag damals im Durchschnitt allerdings bei fünfzehn.

Was war der Grund für diese immense Unterbewertung? Ganz einfach: die Wahrscheinlichkeit einer Rezession in den Vereinigten Staaten und die Befürchtung der Investoren, dass die Gewinne bei Chrysler massiv zusammenschrumpfen würden, wie es in der Vergangenheit immer wieder der Fall gewesen war. Aber rüstete sich das Unternehmen nicht bereits für die nächste Baisse? Verfolgten

Eaton und sein Team mit dem Ansammeln von Barmitteln nicht genau die richtige Strategie, um die Aktionäre bei der nächsten Rezession vor dem Schlimmsten zu bewahren? Undankbare Aktionäre wollten das Unternehmen offensichtlich sowohl seines Cashbestands als auch seiner Sicherheit berauben.

Kerkorian sah das ganz anders: Das Unternehmen gehörte den Aktionären und saß auf viel zu viel Geld. Der Investor aus Las Vegas argumentierte, Eaton sei viel zu konservativ. Die Chrysler Corporation sei inzwischen viel stabiler, als sie vor vergangenen Baissen gewesen war, meinte Kerkorian, und brauche deswegen gar nicht so viel Cash. Das Unternehmen sei nicht so anfällig, wie Eaton behaupte. Daher sei es weitaus besser, den Überschuss, oder zumindest einen Teil davon, an die Aktionäre abzutreten.

*

Am Donnerstag jener Woche las Helmut Werner von Mercedes-Benz über Kerkorians unsittlichen Antrag an Chrysler. Er war im schweizerischen Davos auf Skiurlaub. Da kam ihm der Gedanke, dass Chrysler daran interessiert sein könnte, sich mit Mercedes zusammenzutun, um das feindliche Übernahmeangebot abzuwehren.

Er rief Eaton am Karfreitag an und meinte ganz unverbindlich, sie könnten sich ja einmal zusammensetzen – vielleicht ließe sich angesichts des unerfreulichen Angebots gemeinsam etwas unternehmen.

»Ich weiß nicht«, sagte Eaton zögernd, »vielleicht ist es keine schlechte Idee.«

Er rief Werner am Sonntag wieder an und lud ihn in die Vereinigten Staaten ein. Werner flog noch am selben Abend mit der Concorde nach New York, und am nächsten Tag trafen sich die beiden in einer Privatwohnung in Manhattan.

Ein paar Wochen später erhielt Schrempp einen Anruf von einem Berater Kerkorians. Kerkorian wollte die Möglichkeit sondieren, sich mit Daimler-Benz zusammenzutun, um seinem Vorhaben die ökonomische Plausibilität zu verleihen, die diesem offenkundig fehlte.

Für kurze Zeit sah es so aus, als stünden Daimler-Benz und Mercedes-Benz auf den entgegengesetzten Seiten ein und desselben Übernahmeversuchs.

7. Kapitel
WIEDERVEREINIGUNG

Die Fusion zwischen Mercedes-Benz und seiner Muttergesellschaft

»Es ist, wie wenn zwei Laster auf der Autobahn fahren«, sagte Manfred Bischoff.

Seine Vorstandskollegen hörten schweigend zu, während der Chef des Luft- und Raumfahrtunternehmens seinen Vergleich ausführte.

»Ich kann förmlich sehen, wie diese beiden riesengroßen Sattelschlepper mit hoher Geschwindigkeit aufeinander zurasen. Im Augenblick sind sie noch weit voneinander entfernt, aber sie bewegen sich sehr schnell aufeinander zu. Über kurz oder lang werden sie gegeneinander krachen, weil die Straße, auf der sie fahren, nur eine Spur hat. Es gibt keine Ausweichmöglichkeit! Meine Herren, einer dieser Sattelschlepper heißt Jürgen Schrempp. Der andere ist Helmut Werner!«

Bischoff entflammte mit dieser Äußerung einen Konflikt im Vorstand, der seit mehreren Monaten geschwelt hatte. Bereits im März 1996 hatte die Presse von Schrempps Plänen berichtet, die Holdinggesellschaft zum Nachteil von Helmut Werner umzustrukturieren. Anfang September, nach Bischoffs Rede, brach der Streit schließlich offen aus und wurde rasch zu einem unverhohlenen Machtkampf, der erst mit Werners Rücktritt im Januar 1997 endete.

Im Zentrum des Konflikts stand ein scheinbar harmloses Vorhaben: Schrempp wollte die Struktur des Daimler-

Benz-Konzerns ändern. Seiner Meinung nach war es eine Anomalie, dass Mercedes-Benz eine separate Aktiengesellschaft bildete, also ein unabhängiges Unternehmen war, doch zugleich eine hundertprozentige Tochtergesellschaft von Daimler-Benz. Edzard Reuter hatte Mercedes 1989 zu einem eigenständigen Unternehmen gemacht, als das Autogeschäft als Randbereich der zentralen Konzernaktivitäten erachtet wurde. Nachdem Schrempp schon etliche Töchter abgestoßen hatte, war das Autogeschäft wieder in den Mittelpunkt des Daimler-Benz-Konzerns gerückt. Im Jahr 1996 erwirtschaftete es bei Daimler drei Viertel des Umsatzes von 106 Milliarden DM – seine Erträge erbrachten den gesamten Gewinn und glichen die Verluste der anderen Divisionen aus.

Nach Schrempps Auffassung war die Konzernstruktur das letzte Relikt der erfolglosen Ära Reuter und musste folglich beseitigt werden. Das neue effiziente System sollte die gestärkte Position von Mercedes-Benz als Krone des Konzerns und Mittelpunkt der Zukunftsstrategie klar zum Ausdruck bringen. Im August setzte sich Schrempp im New Yorker Hotel Four Seasons mit Eckhard Cordes und Rüdiger Grube zusammen, um mit ihnen Einwände gegen den Status quo zu diskutieren und Alternativen für die Zukunft durchzuspielen.

Die Probleme waren nicht schwer zu benennen. Die gegenwärtige Struktur gewährte dem Vorstand von Daimler-Benz nur eine sehr beschränkte Kontrolle über die Führung seiner größten Tochter. Die Entscheidungsprozesse, die das Autogeschäft betrafen, waren schwerfällig und zeitraubend. Alle Entscheidungen, die Mercedes betrafen, mussten vom Mercedes-Vorstand und Aufsichtsrat ratifiziert werden, bevor der Daimler-Vorstand sie erörtern konnte. Durch die Eliminierung einer Führungsebene konnte Daimler-Benz Shareholder-Value schaffen. Zu diesem Schluss kam jedenfalls eine brauchbare Studie von fünfzig vergleichbaren Unternehmen, welche die Goldman-Sachs-Investmentbank durchführte.

Es gab noch einen weiteren Einwand, den die drei aber während des nachfolgenden Gefechts für sich behielten. Sie erkannten, dass es dem Daimler-Benz-Konzern mit der vertrackten Struktur unmöglich sein würde, in der bevorstehenden Konsolidierungsphase eine aktive, offensive Rolle zu übernehmen.

Anders gesagt, die bestehende Struktur würde Daimler daran hindern, irgendwelche Deals zu schließen. Das wusste man aus Erfahrung. Die Gespräche, die Helmut Werner 1995 mit Chrysler eingeleitet hatte, waren ergebnislos geblieben. Ein entscheidender Grund für das Scheitern der Gespräche bestand darin, dass Mercedes die Tochtergesellschaft eines Konglomerats war. Mercedes besaß keine eigene Identität auf dem Aktienmarkt und verfügte folglich über keine Mittel, um eine Transaktion mit einem anderen Unternehmen zu realisieren.

Grube, der damals noch bei der DASA in München war und erst am 1. September offiziell in Schrempps Team einstieg, hatte Schrempp und Cordes dabei unterstützt, zehn Modelle für mögliche Führungsstrukturen auszuarbeiten. Diese reichten von einer reinen Holdinggesellschaft, in der ein eingeschränkter Vorstand eine minimale Direktkontrolle über die Angelegenheiten der Tochterunternehmen ausübte, bis zu einer Reihe von Modellen, bei denen das Kerngeschäft im Vorstand der Holdinggesellschaft direkt vertreten war. Das Team favorisierte Modell Nr. 6, das einem vergrößerten Vorstand eine Mischung funktioneller und spartenbezogener Aufgaben zuteilte. Dies, so dachten die drei, ließ sich sehr leicht und mit beträchtlichen Steuervorteilen für den Konzern bewerkstelligen, indem man so vorging wie seinerzeit bei AEG. Mercedes-Benz sollte einfach mit Daimler-Benz zusammengeschlossen und dann aufgelöst werden.

Den Strategen war indes klar, dass die Umsetzung des Plans um einiges schwieriger sein würde als die Entwicklung der Idee. Als sie sich in der stimmungsvollen Umgebung von Gottlieb Daimlers Geburtsort – in einem

Fachwerkhaus im Zentrum von Schorndorf – erneut zusammensetzten, einigten sie sich darauf, dass sie alle zurücktreten würden, wenn sie ihre Pläne nicht umsetzen konnten. Sie fällten eine »digitale Entscheidung«, wie Schrempp es nannte – ein klares Entweder-Oder, Ja oder Nein.

In den folgenden Jahren wandte Schrempp immer wieder ähnliche Methoden an, wenn es um komplexe Probleme in der Unternehmensführung ging:

Zunächst analysiert eine kleine Gruppe eingeweihter Kollegen sorgfältig die Optionen. Als Zweites entscheiden sie sich für die radikalste Vorgehensweise, bei der es nur zwei mögliche Resultate gibt – absoluter Erfolg oder totales Scheitern. Schließlich setzen sie die Entscheidung so rasch wie möglich und ohne Kompromisse um.

Wird ein Erfolg erzielt, geht Schrempp gestärkt aus der kritischen Situation hervor und kann verdientes Lob für die Kühnheit seiner Taktik einstecken. Scheitert das Ganze jedoch, übernimmt der Konzernchef die volle Verantwortung und ist bereit, sich ein One-Way Flugticket nach Kapstadt zu kaufen und sich in Südafrika vorzeitig zur Ruhe zu setzen.

Monatelang stand es für Schrempp und sein Team auf Messers Schneide. Es war keineswegs sicher, dass ihre Strategie aufgehen würde. Im Rückblick gesteht Schrempp, dass die Vorbereitung und Durchführung der Fusion mit Mercedes viel unangenehmer und schmerzlicher war als der spätere Zusammenschluss mit Chrysler. Mercedes war weniger als sieben Jahre unabhängig von der Muttergesellschaft gewesen, doch ihre »Wiedervereinigung« wurde von den Beteiligten als mindestens ebenso traumatisch empfunden wie die politische und gesellschaftliche Wiedervereinigung von Ost- und Westdeutschland zu Beginn des Jahrzehnts.

Der Prozess war schmerzlich, weil es dabei auch um Persönliches ging. Die Presse und einige der betroffenen Parteien sahen darin eine Wiederholung der Kampagne zur Ablösung von Edzard Reuter.

In der einen Ecke stand Schrempp, der trotz seiner wachsenden Popularität bei den internationalen Investoren für deutsche Maßstäbe nach wie vor ein Außenseiter war. Schrempp hatte sich zu Hause zwar Feinde gemacht, aber noch längst nicht den Anstieg der Gewinne bewirkt, der seine harte Methode bestätigte und rechtfertigte – der Konzern als Ganzes war längst nicht über den Berg.

In der anderen Ecke stand Helmut Werner, der in Untertürkheim als Retter des Autogeschäfts bejubelt wurde. Er war seit 1993 Vorstandsvorsitzender von Mercedes-Benz und seit Anfang der neunziger Jahre stellvertretender Vorstandsvorsitzender des Gesamtkonzerns. Er schaffte es, seine Untergebenen mit beinahe fanatischer Loyalität an sich zu binden. Einige Kollegen erinnern sich an die »Unabhängigkeitserklärung«, die er eines Abends in der Kantine in Untertürkheim proklamierte. Dies war im Herbst 1996, als sich der Konflikt mit Schrempp bereits zugespitzt hatte. Vor etwa vierhundert Mercedes-Managern sprach er sich entschieden dafür aus, dass die Marke, das Management und das Unternehmen Mercedes als eine Einheit bestehen bleiben sollten. Würden die beiden getrennt, so wäre die Integrität der Marke Mercedes verletzt, verkündete er. Es waren packende, emotional anrührende Worte, die mit stehenden Ovationen belohnt wurden.

Die Bewunderung für Werner beschränkte sich nicht allein auf Stuttgart. Das Magazin *Business Week* führte ihn 1996 als einzigen Deutschen unter den fünfundzwanzig führenden Wirtschaftskapitänen der Welt. Für die Medien war er die Personifizierung der Marke Mercedes-Benz – keine geringe Ehre für einen Mann, der den größten Teil seines Berufslebens in der Reifenindustrie zugebracht hatte und erst sieben Jahre zuvor von Alfred Herrhausen ins Hause Daimler-Benz geholt worden war.

*

In der kurzen Zeit, in der Helmut Werner die Leitung von Mercedes-Benz innehatte, führte er bedeutende Veränderungen ein und kehrte den Negativtrend im zentralen Autogeschäft um, der sich bis in die Mitte der achtziger Jahre zurückverfolgen ließ. Die Zahl der Autos, die Mercedes verkaufte, erreichte 1986 mit 590 000 einen Spitzenwert und stagnierte dann fünf Jahre lang bei etwa 580 000.

Solch eine Situation ist für jeden Autohersteller gefährlich, denn die Kosten steigen von Jahr zu Jahr und der Verkaufspreis steht unter einem steten Druck. Dies hat zur Folge, dass die Gewinnspanne und die Rentabilität gedrückt werden. Der Boom nach der deutschen Wiedervereinigung Anfang der neunziger Jahre verzögerte lediglich den Tag des Jüngsten Gerichts für Mercedes. 1993 machte Mercedes schließlich erstmals seit dem Zweiten Weltkrieg Verluste, und zwar in Höhe von 1,3 Milliarden DM. Die Höhe dieser Verluste bezog sich auf das deutsche Betriebsergebnis; nach den amerikanischen Grundsätzen ordnungsmäßiger Rechnungslegung wären sie noch viel höher ausgefallen.

Mercedes war ein schlafender Riese, der sich auf seinem vergangenen Erfolg ausruhte und vor aktuellen Herausforderungen selbstgefällig die Augen verschloss. Der Investmentanalyst Gary Lapidus von Goldman-Sachs formulierte es einmal folgendermaßen: »Die Produkte waren Altäre der technischen Kompetenz ohne Rücksicht auf die Kosten.« Weder den Wünschen des Kunden noch den Kosten des Produktionsprozesses wurde groß Beachtung geschenkt. Eckhard Cordes erinnert sich, dass der Leiter der Konstruktionsabteilung zu sagen pflegte: »Wir bestimmen, was der Markt will; der Markt diktiert uns nicht, was wir machen.« Dies war ein Relikt der stolzen schwäbischen Unternehmenskultur der Vergangenheit. Die vorrangige Philosophie lautete immer noch »Das Beste oder nichts«. Doch Gottlieb Daimlers Sendungsformel passte nicht mehr so recht in die Welt der modernen, wettbewerbsorientierten Autoherstellung.

Neuer Patent-Motorwagen

mit Gasbetrieb durch Benzin

von

Benz & Cie., Rheinische Gasmotorenfabrik

in

Mannheim.

Höchste Auszeichnung (Ehrendiplom) Ausstellung Glogau 1888.

Ausgestellt in der Kraft- und Arbeitsmaschinen-Ausstellung in München
seit dem 12. September 1888.

*Die Firma Benz & Cie
stellt im Jahr 1888 ihren
neuen Patent-Motorwagen
vor.*

*Wilhelm Maybach am
Steuer eines Daimler
Stahlradwagens aus dem
Jahr 1889.
Der 1,5 PS Motor ermög-
lichte eine Höchstgeschwin-
digkeit von 18 km/h.*

*Karl Benz am Steuer eines
Benz-Patent-Wagens der dritten
Generation, anno 1890.*

Emil Jellinek und Tochter Mercedes, Namenspatronin der Marke »Mercedes«.

Familienausflug mit dem ersten Mercedes von 1901. Im Fond sitzt Adolf Daimler, einer der Söhne des Firmengründers, am Steuer Oberingenieur Balz, beide in Begleitung ihrer Ehefrauen.

Schnelligkeit und Eleganz zeichnen diesen Sportwagen aus der MB-Baureihe aus, 1928.

Legendärer Dreifachsieg beim Großen Preis von Monaco, 1937.

Juan Manuel Fangio gewinnt mit dem »Silberpfeil« W 196 R den Großen Preis von Frankreich, 1954.

Zerstörte Daimler-Benz Werkanlage in Stuttgart-Untertürkheim, 1944.

*1947 wurde die Produktion in einigen Werken wieder aufgenommen,
zunächst mit Vorkriegsmodellen wie dem 170V.*

Die fünfziger Jahre: Mercedes-Benz 300 d Cabriolet.

Die sechziger Jahre: der Flügeltüren Mercedes 300 SL-Coupé.

Die siebziger Jahre: Mercedes-Benz 450 SL.

Firmengründer Walter P. Chrysler neben seinem ersten »Chrysler«, 1924.

Robert Eaton mit dem Werkzeugkasten von W. P. Chrysler.

Walter P. Chrysler und seine »Drei Musketiere«, die innovativen Ingenieure Breer, Zeder und Skelton.

Die futuristischen Chrysler »Airflow 8« gewann 1934 und 1935 den Design-Preis »Concours d'Elégance«.

*Der Chrysler »Town & Country«
gehörte zu den Spitzenmodellen seiner Zeit, 1946.*

*Das Modell 300 F ist eines der schönsten Beispiele für Chryslers
charakteristisches Design, 1960.*

Mit der neuen S-Klasse, die beim Genfer Automobilsalon von 1991 vorgestellt wurde, versuchte Mercedes-Benz bewusst, neue internationale Maßstäbe für Luxuslimousinen zu setzen. Der Wagen war das erste Auto mit Doppelverglasung und Türschlossautomatik. Die Justierung von Fahrersitz, Rückspiegel und Lenkradsäule ließ sich per Computer speichern und stellte sich automatisch ein, je nachdem wer am Steuer saß. Der Wagen war mit einem massiven Sechs-Liter-Motor mit zwölf Zylindern ausgestattet. Als erstes Auto der Welt verfügte dieses Modell in der automatischen Abgaskontrolle über einen aktiven Kohlefilter.

Diese Neuerungen waren das Ergebnis eines fünfjährigen Entwicklungsprogramms, das mehr als drei Milliarden Mark verschlungen hatte, doch das Auto, das dabei herauskam, war ein monströses Ungetüm mit zu viel technischem Schnickschnack, das bei den Kunden wenig Anklang fand.

»Nie im Traum hätte ich daran gedacht, eines von diesen Dingern zu fahren, egal wie alt ich sein mochte«, erinnert sich Bob Lutz. Die Karosse war 5,10 Meter lang und 1,89 Meter breit. Die Konkurrenz spottete, das Gefährt weise diese Dimensionen nur auf, um den rivalisierenden 7er-BMW (der zwanzig Zentimeter kürzer war) zu übertrumpfen. Größe und Gewicht (2,2 Tonnen) widersprachen allen gesellschaftlichen und politischen Forderungen nach kleineren Fahrzeugen, die weniger umweltschädlich waren. Die Limousine wurde endgültig zum Gespött der Nation, als die Presse dahinter kam, dass der Wagen so schwer war, dass er nach der gesetzlichen Zulässigkeit eigentlich nicht mehr als drei Personen und eine Aktentasche befördern dürfte.

»Zu schwer, zu teuer und absolut übertechnisiert«, lautete auch das Urteil von Nick Snee von J. P. Morgan. Die anfänglichen Probleme mit der S-Klasse waren umso ärgerlicher, als dies das erste neue Modell war, das Mercedes seit der Einführung der E-Klasse im Jahre 1985 auf den

Markt gebracht hatte – und das erste Nachfolgemodell in der S-Klasse seit elf Jahren.

Hinzu kam, dass unerwartete Konkurrenz auf das Terrain von Mercedes drängte. Ende der achtziger und Anfang der neunziger Jahre stießen Toyota, Nissan und Honda erstmals auf das Marktsegment der Nobelkarossen vor. Die Stuttgarter Ingenieure meinten, dies ignorieren zu können, doch die Kunden zeigten sich enthusiastisch, besonders in den Vereinigten Staaten. Vernon Jordan erinnert sich an eine Konferenz von Daimler-Benz-Beratern in New York Anfang der neunziger Jahre. Jordan erwähnte die simple Tatsache, dass man in der Tiefgarage seiner Washingtoner Anwaltskanzlei inzwischen keinen Mercedes, sondern nur noch den Toyota Lexus sah. Es war nicht so, dass die Japaner plötzlich dahinter gekommen waren, wie man bessere Autos baute als die Deutschen, doch sie überzeugten einfach durch ein besseres Preis-Leistungs-Verhältnis.

Als Helmut Werner seinen legendären Vorgänger Werner Niefer ablöste, machte er sich daran, den schlafenden Riesen zu wecken. Dazu startete er eine Reihe von Initiativen, die die Moral bei Mercedes-Benz wieder heben und das Unternehmen auf dem Weltmarkt wettbewerbsfähiger machen sollten. Es gab eine Produktoffensive, eine Produktivitätsoffensive, eine Ausbildungsoffensive und eine Globalisierungsoffensive. Das Personal wurde abgebaut (von 95 962 Mitarbeitern im Jahr 1990 auf 77 078 im Jahr 1995), und die Produktivität ging deutlich nach oben: Der Umsatz pro Mitarbeiter stieg von 377 000 DM auf 517 000 DM. Die Zahl der Führungsebenen wurde von sechs auf vier verringert. Die Kosten wurden um mehrere Milliarden D-Mark im Jahr gesenkt.

Das für die Außenwelt greifbarste und sichtbarste Ergebnis dieser Initiativen war eine Reihe neuer Wagen und Nachfolgemodelle für ältere Typen. Als Erstes kam die neue C-Klasse, eine kleine Limousine, die die alte

190er-Serie ablösen sollte und bald den Spitznamen »Rettungswagen« erhielt. »Der Name hat uns natürlich nicht gefallen«, gesteht Jürgen Hubbert, der den Wagen mitentwickelte, »aber für das Unternehmen war er natürlich so eine Art Rettungswagen.«

Dann kam die neue E-Klasse, der Mercedes »mit neuen Augen«, wie es in der Presse hieß. Zum ersten Mal entwickelte Mercedes einen Wagen unter Berücksichtigung des Preises, den er letztlich auf dem Markt erzielen sollte. Diese so genannte »Gewinnzielkalkulation« war eine japanische Methode und das genaue Gegenteil der Philosophie, die hinter der überzogenen S-Klasse stand. »Mercedes-Benz wandte seine weltbekannte ›deutsche Spitzentechnik‹ nun innerhalb eines Rahmens an, der Kundennutzen, Preis und Kosten in ein ausgewogenes Verhältnis setzte, statt auf Qualität um jeden Preis abzuzielen«, erklärt Lapidus von Goldman-Sachs. »Das Ergebnis [waren] Produkte, die auf dem Markt wettbewerbsfähiger und für Mercedes-Benz rentabler sind.«

Später gesellten sich zwei wunderschöne Sportwagen, der SLK und der CLK, hinzu. Diese schnellen, eleganten Wagen waren das genaue Gegenteil der schwerfälligen S-Klasse und drückten den neuen Geist von Mercedes-Benz aus. Dann folgte die A-Klasse, ein umstrittener, untersetzter Viertürer mit Heckklappe, der als Pendant zum Opel Astra und zum VW Golf gedacht war. Mit der M-Klasse wagte Mercedes einen ersten Vorstoß in das rasch expandierende Segment luxuriöser Sports Utility Cars. Und schließlich erschienen noch ein neuer Lieferwagen der V-Klasse und – lange nachdem Werner aus dem Unternehmen ausgeschieden war – der Smart, ein kompakter Zweisitzer, der in Verbindung mit SMH, dem schweizerischen Hersteller der Swatch-Uhren, gebaut wurde.

Werners Erbe ist nicht unumstritten. Vor allem seine Entscheidung, mit Mercedes-Benz auf den Kleinwagensektor vorzustoßen, ist mit einem Fragezeichen versehen. Doch

Werners Einfluss auf Mercedes ist leicht zu erkennen. Als er 1993 die Unternehmensleitung übernahm, gab es fünf Hauptklassen mit neun Hauptvarianten. Fünf Jahre später zählte man – ohne den Smart – zehn Klassen mit vierzehn Varianten. Gemeinsam mit dem damaligen Pkw-Verantwortlichen und späteren Nachfolger Jürgen Hubbert schuf Werner die Bedingungen für den Wachstumsschub in der zweiten Hälfte der neunziger Jahre; 1999 überstieg die Absatzzahl erstmals die Marke von einer Million Fahrzeugen.

Der Erfolg löste komplexe Entwicklungen aus. Das Tochterunternehmen Mercedes-Benz fing an, nach einigen schwierigen Jahren wieder richtig stolz zu sein, doch in den Stolz mischten sich tiefe Ressentiments gegen die Holdinggesellschaft. Seit 1989 waren sich die Automanager wie Bürger zweiter Klasse in dem »integrierten Technologiekonzern« vorgekommen, dessen Prioritäten explizit außerhalb des Hauptabsatzgebiets der Autoindustrie lagen. Dabei hatte sich die Diversifikation, die die Zentrale betrieb, als höchst verhängnisvoll erwiesen. »Wir waren das eigentliche Herzstück des Konzerns«, beschreibt ein Vorstandsmitglied die Situation Anfang bis Mitte der neunziger Jahre, »und einiges von dem, was um uns herum passierte, trug kaum zum Wert des Unternehmens bei. Etwas deutlicher gesagt: Wir hatten das Gefühl, dass wir für den ganzen Mist zahlen mussten.«

Schrempps Initiative von 1996 zielte darauf ab, das Autogeschäft wieder auf den Sockel zu heben, von dem es einst heruntergestoßen worden war. Werners Team sah das natürlich anders. Der Schachzug einer Fusion zwischen Mercedes und Daimler sah für sie aus wie eine Kastration.

*

Schrempp durchschritt den Sitzungssaal im ersten Stock des Hochhauses im Zentrum des Möhringer Bürokomplexes, der das Nervenzentrum von Daimler-Benz bildete. Die

Klausurtagung fand unter ungewöhnlicher Geheimhaltung statt. Nicht einmal Sekretärinnen durften während dieser entscheidenden Sitzung im Raum bleiben. Nur Vorstandsmitglieder waren Zeugen des Showdowns.

Schrempps Vorstandskollegen saßen um einen halbrunden Tisch.

»Wer ist für den Plan«, wollte er wissen, »und wer ist dagegen?«

Es war der 16. Oktober, sechs Wochen nachdem Cordes und Grube dem Gesamtvorstand erstmals die verschiedenen Optionen für eine Umgestaltung der Holdingstruktur vorgestellt hatten. In der Zwischenzeit waren die beiden Sattelschlepper weiter aufeinander zugerast. Schlichtungsversuche waren gescheitert, und Werner hatte eine Reihe neuer Positionen für die Zeit nach der Umstrukturierung abgelehnt. Der 16. Oktober war der Tag des Zusammenstoßes.

Schrempp wusste die Antworten auf seine Frage bereits. Er hatte sich inoffiziell die Zustimmung von sechs seiner sieben Vorstandskollegen im Vorfeld sichern können. Der einzige Widerstand gegen Modell Nr. 6 war von Werner zu erwarten. Schrempp fing ganz links am Tisch bei Manfred Gentz an. Er schritt den ganzen Halbkreis ab und forderte jedes Vorstandsmitglied einzeln auf, kurz und sachlich seinen jeweiligen Standpunkt zu erläutern. Einer nach dem anderen sprachen sie ihre Zustimmung aus. Werner saß in der Mitte des Tisches. Als Schrempp bei ihm anlangte, wechselte er unvermittelt die Richtung und fuhr auf der rechten Seite des Tisches fort. Die restlichen Vorstandsmitglieder gaben der Reihe nach ihr Votum ab. Ganz am Ende trat Schrempp wieder neben Werner. Nun war es offensichtlich, wonach Werner ganz allein dastand mit seiner Gegenposition, wonach die Integrität der Marke Mercedes nur bewahrt werden könne, wenn Mercedes ein unabhängiges Rechtssubjekt blieb.

»Tja, Helmut«, sagte Schrempp. »Wir haben die Wahl. Geht es durch, stehen wir beide vor einem Problem, denn es wird nur einen Vorstandsvorsitzenden geben. Geht es nicht durch, könnte es sein, dass man dich bittet, meinen Platz einzunehmen.«

Bis zu diesem Zeitpunkt war Werner davon ausgegangen, dass er sich auf die Unterstützung seiner Vorstandskollegen bei Mercedes-Benz verlassen konnte, selbst wenn er im Vorstand von Daimler-Benz mit seiner Stimme ganz allein dastand. Doch in den folgenden 48 Stunden zog man ihm auch dort den Boden unter den Füßen weg – drei der wichtigsten Automanager wurden abtrünnig und liefen in Schrempps Lager über.

Am 17. Oktober hieß es in der *Stuttgarter Zeitung*, Jürgen Hubbert (verantwortlich für Personenfahrzeuge), Dieter Zetsche (Marketingchef) und Kurt Lauk (verantwortlich für Nutzfahrzeuge) hätten mit Schrempp Gespräche unter vier Augen geführt und ihre Bereitschaft signalisiert, dem erweiterten Daimler-Benz-Vorstand beizutreten.

»Ich weiß Ihre Loyalität zu schätzen«, hatte Schrempp gesagt, »aber könnten Sie sich vorstellen, im Daimler-Benz-Vorstand zu sitzen?«

Er verlangte keine sofortige Antwort, doch noch ehe die drei Zeit hatten, sich die Sache zu überlegen, war der Zeitungsartikel erschienen. Hätten sie den Bericht dementiert, hätten sie bei Daimler keine Zukunft gehabt. Eine einzige Schlagzeile hatte genügt, um Werners Position zu untergraben.

Der nächste Schritt bestand darin, den Aufsichtsrat zu überzeugen. Am 6. November fuhren Schrempp und Werner nach Frankfurt, um ihre Positionen darzulegen. Die Kapitalseite des Aufsichtsrats unterstützte zwar Schrempps Strukturmodell, lehnte aber ein Ausscheiden Werners ab. »Wir unterstützen Ihren Plan«, so Kopper zu Schrempp, »aber wir wollen, dass Sie beide uns einen Vorschlag vorlegen, aus dem hervorgeht, wie Sie zusammenarbeiten werden..., denn wir brauchen Sie beide!«

Schrempp hatte nun zwar die Zustimmung der Aktionärs-vertreter des Aufsichtsrats erreicht, doch die Gewerk-schaften waren weniger leicht zu überzeugen. Karl Feuer-stein, der stellvertretende Vorsitzende dieses Organs, ver-urteilte Schrempp öffentlich dafür, dass er den Konflikt in einen Machtkampf ausarten ließ. Schrempp teilte Feuer-stein mit, er werde auch zurücktreten, falls dies zur Durch-setzung des Plans notwendig wäre. Er ging sogar noch wei-ter und sagte, er würde freiwillig Werner den Posten des Vorstandsvorsitzenden des neuen Konzerngebildes über-lassen, solange nur sein Plan in Kraft gesetzt werde.

»Ich bin fest davon überzeugt, dass dies die richtige Ent-scheidung für das Unternehmen ist; sie muss einfach umge-setzt werden«, versicherte er dem Gewerkschaftsführer. »Wir könnten das Ganze absegnen, und ich würde den Abgang machen. Natürlich würde ich jammern, aber gleichzeitig wäre ich sehr froh, denn ich hätte genau das Richtige für das Unternehmen getan. Ich möchte, dass der Plan realisiert wird, also wieso sollte er nicht auch ohne mich realisiert werden?«

Dasselbe sagte er auch zu Helmut Werner. »Wenn du den Spitzenposten willst, kannst du ihn haben. Ich werde es nicht so weit kommen lassen, dass meine persönlichen Interessen dem im Weg stehen, was im Sinne des Unter-nehmens am besten ist.«

Werner lehnte das Angebot ab und beteuerte, dass er nichts mit den autofremden Bereichen des Konzerns zu tun haben wolle.

Schrempp wandte diese Taktik auch bei Hilmar Kopper und den Gewerkschaftsvertretern an. »Wenn Sie das noch einmal sagen, werfe ich Sie hinaus!«, erwiderte Kopper, halb im Ernst. Die Gewerkschaften versicherten ihm eben-falls, das könne er nicht machen – sie wollten auf keinen Fall, dass er gehe.

Das Ganze mochte ausgesehen haben wie ein Hasard-spiel, doch Schrempp hatte die Chancen und Risiken sorg-fältig durchkalkuliert. Er wusste genau, wie stark seine

Position war – und die nachfolgenden Ereignisse trugen dem Rechnung.

Schrempp und Werner fanden sich im Dezember erneut bei Kopper ein, in der vagen Hoffnung, einen Kompromiss zu erzielen. Werner meinte, er könnte die neue Struktur akzeptieren, wenn er Finanzchef des Konzerns werden würde. Kopper versicherte ihm, dass Manfred Gentz seine Arbeit gut mache und diese Stelle nicht zur Disposition stünde.

Ein paar Tage später trat der Aufsichtsrat im Sitzungssaal der Deutschen Bank zusammen. Schrempp bat Eckhard Cordes, eine neutrale Beurteilung der verschiedenen Optionen vorzulegen. Inzwischen hingen den Aufsichtsratsmitgliedern die technischen Erörterungen über Strukturmodelle von Holdinggesellschaften längst zum Hals heraus. Cordes hielt sich nicht lange mit den Folien auf und knallte eine nach der anderen auf den Overheadprojektor.

Kopper bat Schrempp, zur geplanten Grundstruktur Stellung zu nehmen. Selbstverständlich äußerte er sich positiv. Dann fragte er Werner zu dessen Meinung; das Erstaunen war groß, als dieser erwiderte: »Das ist eine hervorragende Struktur; das ist genau das, was das Unternehmen braucht.« In diesem Augenblick dämmerte es den Anwesenden, dass ihnen endgültig nichts anderes übrig blieb, als sich tatsächlich zwischen Werner und Schrempp zu entscheiden.

Die beiden wurden aus dem Sitzungssaal geschickt. Stunde um Stunde verstrich, ohne dass ein Ergebnis erzielt wurde. Draußen warteten auch Hubbert und Zetsche, die noch hineingerufen werden sollten, um über ihre bevorstehende Berufung in den Vorstand zu verhandeln. Während Schrempp allmählich immer ungehaltener wurde, verwickelten sich Kopper und seine Kollegen in eine immer persönlicher werdende Auseinandersetzung um Schrempp und Werner. Zur Debatte stand längst nicht mehr die Struktur, denn inzwischen hatten sich ja alle für Schrempps Plan ausgesprochen. Zwei Aufsichtsratsmitglieder äußerten sich gegen Schrempp; ihre Argumente waren sehr persönlicher Natur – sie waren Werners Freunde und konnten Schrempps aggressiven Stil nicht ausstehen.

Kopper verwandte sich für Schrempp. Dieser habe seine Verdienste unter Beweis gestellt, als er AEG und Fokker abstieß und Daimler wieder auf einen Wachstumskurs brachte. Er habe der Deutschen Bank als größtem Daimler-Aktionär damit Milliardenwerte beschert. Werners Versuch, an die Spitze zu gelangen, war für Kopper eine nicht ernst zu nehmende Episode. Schlussendlich entschied sich der Aufsichtsrat einstimmig für Schrempp und sein Modell.

Inzwischen war Schrempp längst nach Stuttgart zurückgeflogen. Er kochte noch immer und träumte bereits von einem frühzeitigen Ruhestand in Südafrika.

Am nächsten Morgen besuchte ihn Kopper privat, um ihn davon zu unterrichten, was der Aufsichtsrat bereits vor der bevorstehenden Plenarsitzung des Gremiums beschlossen habe.

»Hilmar, das geht doch nicht«, entgegnete Schrempp.

»Nur keine Aufregung«, beruhigte ihn der Banker, »so ist das nun mal.«

Am Morgen des 16. Januar 1997 wurde Christoph Walther in einen Konferenzraum im elften Stock des Hochhauses zitiert. Eingefunden hatten sich dort das vierköpfige Präsidium des Aufsichtsrats (Kopper, Professor Johannes Semmler, Karl Feuerstein und Bernhard Wurl) sowie Schrempp und Werner.

»Dr. Walther, wollen Sie bitte Platz nehmen«, fing Kopper an.

Walther setzte sich und bemerkte, dass Werner bleich aussah.

»Wir haben uns auf eine Pressemitteilung geeinigt. Ich lese sie Ihnen vor.«

Kopper verlas ein kurzes Statement darüber, dass Werner zum Monatsende aus dem Unternehmen ausscheide.

»Bitte sorgen Sie dafür, dass das heute Nachmittag hinausgeht«, schloss Kopper.

Heute, im Jahr 2000, ist Werner alles andere als der verbitterte Griesgram, der er hätte werden können, nachdem er das Duell gegen Schrempp verloren hatte. Er meint, er fühle sich vollkommen ausgefüllt in seiner derzeitigen Funktion als Aufsichtsratsvorsitzender der Expo Hannover.

Werner lässt sich nicht gern über die Gründe für seine Taktik während des Machtkampfes von 1996–97 aushorchen, und so bleibt der Verdacht bestehen, dass er sich über das Maß an Unterstützung seitens des Aufsichtsrats täuschte. Er sagte, er habe sich Schrempp entgegengestellt, weil er nicht davon überzeugt war, dass sein ehemaliger Stellvertreter die primären Interessen des Autogeschäfts wahren würde. »In Anbetracht der nachfolgenden Entwicklung«, räumt Werner großmütig ein, »muss ich gestehen, dass ich mich geirrt habe.«

8. Kapitel
MIT DEN HAIEN SCHWIMMEN

Schrempps strategische Planung des DaimlerChrysler-Deals

Anfang 1997 begegnete Jürgen Schrempp auf dem Gang vor seinem Büro im elften Stock der Zentrale in Stuttgart-Möhringen seinem Kollegen Eckhard Cordes.

»Eckhard, du musst es wohl schon satt haben, immer nur Firmen zu verkaufen«, witzelte Schrempp. »Ich denke, wir sollten einmal darüber nachdenken, etwas zu kaufen.«

Die schlimmste Phase der Umstrukturierung war überstanden; das Unternehmen befand sich nicht mehr in der Intensivstation, sondern war inzwischen ein ganz normaler Patient geworden. Als auch die Gewinne anfingen zu steigen, war eine vollständige Genesung abzusehen. Die neue Struktur des Konzerns mit einem operativen Vorstand an der Spitze war unter Dach und Fach, und so war es tatsächlich an der Zeit, allmählich wieder über Wachstum nachzudenken.

Das Strategieteam von Daimler war sich allerdings der Fallstricke der Vergangenheit bewusst. Wenn man nun erneut Wachstum anstrebte, dann nicht um jeden Preis. Es kam vielmehr auf profitables Wachstum an. Hierin lag der gravierende Unterschied zu dem Credo, das in der Dekade vor 1995 geherrscht hatte.

Am 1. Juli 1997 skizzierte Rüdiger Grube in einem Referat vor dem Vorstand einen neuen Ansatz. Dies geschah im

Rahmen der jährlichen, streng geheimen Konzernstrategiekonferenz, bei der alle Sparten des Daimler-Konzerns die Köpfe zusammensteckten und die längerfristige Strategie des Unternehmens beurteilten. Grube erklärte, dass Daimler-Benz seinen Absatz in den zehn Jahren bis 1985 und auch in der folgenden Dekade jeweils verdoppelt habe. Nun war geplant, den Absatz in den zehn Jahren bis 2005 abermals zu verdoppeln. Aufgrund des Automatismus des Zinseszinses bedeutete dies ein jährliches Wachstum von sieben Prozent in den folgenden zehn Jahren.

In der Dekade vor 1995, erinnerte er das Gremium, war der Absatz gestiegen, der Wert des Unternehmens aber gesunken, und zwar von 65 Milliarden DM im Jahr 1985 auf 34 Milliarden DM im Jahr 1995. Um sicherzustellen, dass sich dies nicht wiederholte, wurde die Festlegung des Ertragsziels mit der Absicht verbunden, sowohl die Kapitalrendite als auch die absolute Summe des eingesetzten Kapitals zu erhöhen. Dies sollte Finanzkraft und Größe gleichermaßen garantieren.

Unter Verweis auf eine Studie von fünfzig leistungsstarken Unternehmen in vielen verschiedenen Industriebranchen versicherte Grube seinen Kollegen, dass dies ein Rezept für ein anhaltendes Steigen des Aktienkurses sei. In jeder Branche, egal wie unattraktiv die Grundbedingungen waren, gab es Gewinner und Verlierer. Einige Stahlunternehmen verdienten sehr viel Geld, trotz der chronischen Überkapazität der Branche. Und einige Telekommunikationskonzerne, um ein Gegenbeispiel zu nennen, zerstörten Shareholder-Value trotz der phantastischen Expansion ihrer Branche. »Es kommt nicht darauf an, was man macht, sondern wie man es macht«, lautete die Botschaft.

Das Ganze habe nur einen Haken, erklärte Grube. Nachdem Daimler-Benz seine Industriebeteiligungen weitgehend abgestoßen hatte, war der Konzern wieder überwiegend ein Autounternehmen.

Es war jedoch allen klar, dass Mercedes-Benz allein

nicht genügend Wachstum erzeugen konnte, um die Zielvorgaben zu erfüllen.

Die Analyse wurde in einem geheimen Dossier vorgelegt, von dem jedem Vorstandsmitglied in der Sitzung eine Kopie ausgehändigt wurde. Jede Kopie war nummeriert und wurde am Schluss wieder eingesammelt. Die Vorsichtsmaßnahme war verständlich, da die Information äußerst delikat war.

Die Kernaussage des Papiers war, dass Daimler-Benz schon 2002 an seine Wachstumsgrenzen stoßen würde. Bis dahin waren es nur noch fünf Jahre – ein kurzer Augenblick im Leben eines Industriegiganten wie Daimler-Benz. Was dies bedeutete, war jedem der Anwesenden bewusst. Entweder wäre Daimler-Benz zur Diversifikation gezwungen, was angesichts der jüngsten Geschichte des Konzerns eine ungute Vorgehensweise war, oder es mussten Schritte erfolgen, um das zentrale Autogeschäft zu stärken.

Der Vorstand erteilte Cordes und Grube den Auftrag, verschiedene Optionen zu prüfen. Man beschloss, bei einer späteren Sitzung die weitere Vorgehensweise zu besprechen. Derweil nahmen zwei weitere Teams eine ähnliche Strategiestudie in Angriff. Jürgen Hubbert und seine Kollegen in der Pkw-Abteilung starteten eine eigene Analyse über die Zukunft von Mercedes-Benz innerhalb der sich rasant entwickelnden Autoindustrie. Gleichzeitig führte die Investmentbank Goldman-Sachs eine Studie durch. Diese drei Studien, die sich ein und demselben Problem von drei unterschiedlichen Sichtweisen näherten, kamen im Wesentlichen zu ähnlichen Schlussfolgerungen.

Die grundlegende Erkenntnis bestand darin, dass der Prozess der Konsolidierung innerhalb der Automobilindustrie anhalten würde. Die Zahl unabhängiger Autohersteller in der Welt (ausgenommen Korea) war von 42 im Jahr 1960 auf 28 im Jahr 1980 zurückgegangen und betrug 1997 noch ganze achtzehn. In der nächsten Phase der Konsolidierung, die vielleicht durch den unausweichlichen Konjunkturabschwung ausgelöst wurde, drohte die Gesamtzahl auf ein Dutzend oder weniger zu sinken. Die Hintergründe dafür bildeten der unerbittliche Wettbewerb und die massive Überkapazität – die Produktion der Branche überstieg den weltweiten Bedarf um ein Viertel. Von den 685 Autofabriken auf der Welt müssten etwa achtzig geschlossen werden, bevor sich die Produktionskapazität und die Verbrauchernachfrage einpendelten.

Gleichzeitig war damit zu rechnen, dass sich der Wettbewerb verschärfte und der Innovationsprozess beschleunigte. Am Ende stand die Prognose, dass sich die Autoindustrie allein in den nächsten fünfzehn Jahren im selben Maße ändern würde wie in den vergangenen fünfzig Jahren zusammen.

Vor diesem Hintergrund stellte sich die Frage, welche Unternehmen als Gewinner aus diesem Wandlungsprozess hervorgehen würden. Es herrschte der Eindruck, dass drei, vielleicht vier Konzerne eine globale Superliga bilden könnten. Diese würden die Branche allein durch ihre Größe und ihren weltweiten Geltungsbereich beherrschen. Den Firmen General Motors, Ford und Toyota schien ein Platz in dieser Spitzenrunde sicher zu sein. Der vierte Platz war noch offen.

Bei Daimler kam man zu dem Schluss, dass das erfolgreiche Autounternehmen der Zukunft eine vollständige Produktpalette anbieten müsse, vom winzigen Personenwagen bis zum riesigen Containerzug. Um den Kunden nicht zu verwirren, musste das Unternehmen mit mehreren Marken aufwarten, zumal eine einzige Marke gar nicht den gesamten Markt abdecken konnte. Das Unternehmen musste über eine wirklich globale Reichweite verfügen und eine Kultur der Innovation aufweisen. Es musste einen anhaltenden Kostenvorteil gegenüber seinen Konkurrenten vorweisen. Nur dann konnte solch ein Unternehmen in den bevorstehenden turbulenten Jahren seine Führungsrolle wahren.

Gemessen an diesen Vorgaben stand Mercedes-Benz vor gravierenden strategischen Problemen. Schon Anfang der neunziger Jahre waren Werner und sein Team zu dem Schluss gelangt, dass die absolute Wachstumsgrenze für das Einzelunternehmen Mercedes-Benz bei ungefähr 1 bis 1,1 Millionen Personenwagen liegen würde. Es gab einfach nicht genügend wohlhabende Kunden auf der Welt, um dieses Niveau zu überschreiten. Das Wachstum werde in den Jahren 2001–2002 auf null schrumpfen, sagten sie voraus. Selbst jährliche Absätze von einer Million Stück zu erreichen brachte große strategische und betriebliche Probleme mit sich. Traditionell operierte Mercedes-Benz im Spitzensegment, das rund zehn Prozent des gesamten Weltmarkts für Personenwagen mit insgesamt vierzig bis fünfzig Millionen Fahrzeugen ausmachte. Werners Produktinitiative zielte darauf ab, die Absatzmenge zu steigern, indem Mercedes auch in die unteren Marktsegmente vorstieß und somit auf zwanzig Prozent des Gesamtmarktes konkurrenzfähig wurde. Dies bedeutete eine Verdoppelung des potenziellen Marktes für Mercedes – doch um welchen Preis für die prestigeträchtige Marke?

Es bestand die Gefahr einer Abwertung, wenn das Unternehmen die Produktpalette erweiterte und immer mehr Modelle einführte. Der kritische Moment trat denn auch prompt ein, als Ende 1997 die A-Klasse auf den Markt kam. Die Designer von Mercedes waren der Meinung, dass der Zauberglanz der Marke Mercedes auf dieses neue Marktsegment abfärben würde. Die anfänglichen Reaktionen auf den neuen »Baby-Benz« waren euphorisch. »Kein Auto der Welt weist diese Kombination aus Geräumigkeit, Bequemlichkeit beim Einparken, Crashtauglichkeit, Sparsamkeit im Verbrauch und allgemeiner technischer Brillanz auf«, kommentierte die Zeitschrift *Automotive Industry*. »Die neue A-Klasse ist der Personenwagen mit der größten Raumeffizienz seit dem Morris Mini von 1959 und der erste Mercedes mit Vorderradantrieb. Sie bestimmt das Autodesign des 21. Jahrhunderts. Von nun an werden Kleinwagen nicht mehr dasselbe sein.«

Bis Mitte Oktober hatte Mercedes Bestellungen für 100 000 Wagen angenommen – ein Verkaufsvolumen, das die Produktion bis in die Mitte des folgenden Jahres ausfüllte. Die meisten dieser Kunden hatten nie zuvor einen Mercedes besessen, und so sah es ganz danach aus, als hätte es Mercedes geschafft, in ein unteres Marktsegment zu expandieren und gleichzeitig seinen Ruf bezüglich Sicherheit und Qualität zu wahren.

Es gab nur einige wenige Kassandras. Bob Eaton, der Chairman von Chrysler, erklärte auf einer Konferenz, wenn Mercedes anfange, Kompaktwagen zu produzieren, sei die legendäre Marke angekratzt. »Kein anderer Hersteller hat seine Marke je so strapaziert«, sagte er prophetisch.

Ende Oktober leitete ein schwedischer Journalist dann die Katastrophe ein. Es war ihm gelungen, einen Wagen der neuen A-Klasse während einer Testfahrt umzustürzen. Er setzte den Wagen einer besonders harten Probe aus und riss an einer Stelle abrupt das Lenkrad herum, um einem imaginären Elch auszuweichen. Der Wagen kippte, die Fotos gingen um die ganze Welt und eine Welle negativer Publicity wurde ausgelöst.

In Deutschland wurde der Vorfall am 22. Oktober bekannt. Die Daimler-Vorstände, die anlässlich der Tokioter Automobilausstellung in Japan weilten, taten das Ganze zunächst als Bagatelle ab. Sie vermuteten einen Sabotageakt und meinten – ganz zu Recht, wie sich später herausstellte –, dass die Wagen vieler Konkurrenten bei einem entsprechenden Test ebenfalls umkippen würden. Als die negativen Schlagzeilen nicht abrissen, musste man handeln.

»Das ist ein ernstes Problem«, so Schrempp damals zu seinen Kollegen, »aber jede Krise bietet auch eine Chance. Ich weiß noch nicht, worin die Chance besteht, doch wir werden es herausfinden.«

Nachdem ein Krisenstab eine Untersuchung des Vorfalls durchgeführt hatte, musste Mercedes widerwillig einräumen, dass technische Mängel vorlagen. Tests mit Wagen der Konkurrenz hatten zwar gezeigt, dass diese bei entsprechend aggressivem Vorgehen ebenfalls auf dem Dach landeten, doch die A-Klasse ließ sich tatsächlich leichter umkippen als andere Modelle. Das Problem wurde gelöst, indem man zunächst das Fahrwerk leicht absenkte und härter abstimmte. Der zweite Schritt war die Einführung des so genannten Elektronischen Stabilisierungsprogramms (ESP), das ursprünglich für die jüngste Generation von S-Klasse-Limousinen entwickelt worden war. Bei extremen Ausweichmanövern bremst das ESP die Räder automatisch ab, so dass das Auto nicht mehr übersteuert oder gar umkippt.

So weit die technischen Maßnahmen. Nun musste Mercedes versuchen, auch in der Öffentlichkeit das angekratzte Image wieder aufzupolieren. Denn die negativen Schlagzeilen hielten weiter an. Eine thüringische Zeitung führte den Elchtest sogar mit einem uralten Trabbi aus. Der Trabant ließ sich nicht umkippen, woraus man kühn folgerte, ein Trabbi sei sicherer als ein Mercedes-Benz. Bücher mit Elchwitzen erschienen, Presse und Öffentlichkeit blickten schadenfroh auf die Panne des arroganten Hauses Mercedes.

Schrempp suchte Rat bei einer rasch zusammengerufenen Expertenrunde, die am Abend des 9. November 1997 in seinem Haus zusammenkam. Zu dieser Runde gehörten Eckhard Cordes, Manfred Bischoff, Mike Taylor, der Chef der Bell-Pottinger-PR-Agentur, Konstantin Jacoby von der Werbeagentur Jacoby & Springer sowie Christoph Walther. Bei einem Salat mit Peperoni und Mozzarella saßen sie in Schrempps Wohnzimmer und erörterten verschiedene Optionen.

So wie Schrempp die Sache sah, gab es drei Möglichkeiten. Erstens konnte man weiterhin die Wagen modifizieren und hoffen, dass die Kunden einsehen würden, dass dies genügte, um das Problem aus der Welt zu schaffen.

Zweitens konnte man die Produktion einstellen und die bereits verkauften Wagen offiziell zurückrufen – eine drastische Maßnahme, die den Eindruck verstärkt hätte, dass Mercedes das Problem ernst nahm, aber der bisherigen Versicherung widersprochen hätte, dass die Autos im Grunde sicher seien.

Drittens war ein Kompromiss zwischen den beiden ersten Positionen denkbar: Man stoppte die Auslieferung weiterer Fahrzeuge, setzte die Produktion mit ESP (wenn auch auf niedrigerer Stufe) fort und bot den Kunden Anreize, ihre bereits ausgelieferten Wagen modifizieren zu lassen.

»Wir müssen dem Wettbewerb vorgreifen«, sagte Schrempp, »und etwas tun, was nicht erwartet wird. Selbst wenn der Wagen absolut in Ordnung ist, so wie er ist, müssen wir drastische Maßnahmen ergreifen. Wir müssen die Lufthoheit über die Stammtische zurückgewinnen.«

Am nächsten Tag berief Schrempp eine weitere Sitzung ein. Diesmal waren alle Mitglieder des Daimler-Vorstands anwesend, außerdem einige externe Fachleute, darunter Matthias Mosler von Goldman-Sachs, der stellvertretende Chefredakteur eines führenden deutschen Nachrichtenmagazins und der Leiter einer Mercedes-Niederlassung.

Es kam zu einer hitzigen Debatte, in deren Verlauf sich der Journalist und der Investmentbanker für eine groß angelegte Rückrufaktion aussprachen. Die Autoleute sprachen sich ebenso vehement dagegen aus. »Wenn wir den Wagen vom Markt nehmen, ist er so gut wie tot«, argumentierten sie. So etwas habe es in der Geschichte der Autoindustrie noch nie gegeben. »Vielleicht sind wir sowieso schon tot«, meinte ein anderer.

»Danke, meine Herren, das war sehr nützlich«, schloss Schrempp, nachdem er der Diskussion freien Lauf gelassen hatte. Die Berater zogen sich zurück und ließen die Vorstandsmitglieder allein.

Schrempp grübelte. »Ich muss den emotionalen Rückhalt meiner Kollegen gewinnen. Wenn sie nicht hinter einer Entscheidung stehen, steigen die Risiken.«

Ohne seine Karten aufzudecken, ging er um den Tisch und fragte jeden einzelnen Vorstand nach seiner Meinung. »Heute Vormittag haben wir all die Argumente gehört«, sagte er. »Was wäre nun die richtige Maßnahme?«

Die Vorstände sprachen sich einer nach dem anderen für Schrempps Lieblingsoption aus: einen dreimonatigen Lieferstopp und das Angebot an die bisherigen Käufer, ein Auto der C-Klasse als Ersatzwagen in Anspruch zu nehmen, während ihr Fahrzeug im Werk umgerüstet wurde.

»Mercedes-Benz ist durch sein Erbe verpflichtet, nur das Beste zu bauen«, erklärte Schrempp, als klar war, dass ein Konsens gefunden worden war.

Diese Entscheidung kostete das Unternehmen 600 Millionen DM, doch sie wahrte den Ruf der Marke. Die Haltung der Öffentlichkeit änderte sich langsam. Mercedes erfüllte das Versprechen, alle Probleme innerhalb von drei Monaten termingerecht zu beheben. Das Unternehmen schaltete Anzeigen, um sich für seine Fehler zu entschuldigen, und diese ungewohnte Demut brachte ihm breite Sympathie ein.

Schrempp konnte die Krise tatsächlich in eine Chance verwandeln. Nach drei Monaten waren alle Wagen der A-Klasse standardmäßig mit dem ESP ausgerüstet. Dies setzte Konkurrenten wie VW unter Druck, diese Technologie auch bei ihren Wagen dieser Klasse einzuführen – Mercedes-Benz hatte wieder einmal einen beträchtlichen Wettbewerbsvorteil.

Dennoch zeigte die Affäre mit der A-Klasse ganz deutlich die Gefahren des Vorstoßes in ein unteres Marktsegment – selbst wenn man Mercedes-Benz heißt. Man hat aus der Affäre gelernt und Lehren für ein weiteres Projekt im Kleinwagenbereich gezogen. Die Smart-Autos tragen konsequenterweise auch keinen Mercedes-Stern. Diese neumodischen kleinen Fahrzeuge, die in Verbindung mit dem Schweizer Unternehmer und Erfinder der Swatch-Uhren, Nicolas Hayek, entwickelt wurden und eher wie motorisierte Golfwagen aussehen, mögen durchaus die Zukunft des Stadtautos verkörpern, doch ob der Markt den Wagen letztendlich annehmen wird, muss sich noch zeigen. Bis jetzt hat der Smart seiner Muttergesellschaft jedenfalls viele Hunderte Millionen Mark an Entwicklungskosten verursacht.

*

Diese Vorstöße in untere Marktsegmente entsprangen dem Bestreben, das Absatzvolumen zu steigern – denn größere Unternehmen sind eher in der Lage, einen technologischen Vorsprung vor ihren Konkurrenten zu wahren. Je mehr Autos produziert werden, desto geringer ist zum Beispiel der Anteil der Entwicklungskosten für neue Technologien pro Fahrzeug. Diese neuen Technologien werden in der Regel an der Spitze der Produktpalette eingeführt und »sickern« dann auf das gesamte Produktspektrum des Unternehmens herab. So wird eine neue Lenkvorrichtung oder Bremstechnik zuerst in der S-Klasse eingeführt, dann in der E-Klasse, schließlich in der C-Klasse und so weiter. Bei Ford wird zum Beispiel eine neue Technologie zuerst bei Jaguar oder Aston Martin eingesetzt und dann auf das gesamte Markensortiment ausgedehnt, vom Lincoln über den Volvo bis zum kleinen Ford Fiesta.

Produktionsgiganten wie General Motors (mit fast acht Millionen Produktionseinheiten 1997), Toyota (mit mehr als fünf Millionen), Ford (mit etwa sieben Millionen) oder Volkswagen (mit über vier Millionen) verfügen dadurch bei ihren Zulieferern über einen immensen Verhandlungsspielraum, der letztlich zu erheblichen Kostenersparnissen und damit zu höheren Gewinnen und Renditen für die Aktionäre führt.

Laut Professor Garel Rhys von der Cardiff Business School beginnt die so genannte »comfort zone«, die »sorgenfreie Zone«, bei etwa zwei Millionen Produktionseinheiten. Erst ab dieser Größenordnung wirken sich in der Produktion und Finanzierung Vorteile aus. Unter dieser Schwelle ist der Komponentenlieferant aus Kostengründen gezwungen, die Technologie an mehr als einen Kunden zu verkaufen. Ein Unternehmen mit niedrigem Produktionsvolumen muss sich daher auf einen lähmenden Kampf einlassen, um wettbewerbsfähig zu bleiben.

Für das Unternehmen Mercedes-Benz, das traditionell als weltweiter Spitzenreiter der Automobiltechnologie galt, war die Wettbewerbssituation besonders akut. Fast in der gesamten Nachkriegsära hatte es in einem Umfeld operiert, in dem es sich durch Neuerungen wie Antiblockiersysteme, Airbag und elektrische Scheibenheber große Vorteile gegenüber seinen Konkurrenten verschaffte. Schließlich war es der beherrschende Akteur an der Spitze des Marktes und genoss so die Vorzüge eines Quasimonopols: Mercedes konnte einen hohen Preis für seine Produkte verlangen, ohne damit die Nachfrage zu dämpfen.

Seit Anfang der neunziger Jahre wurde die Automobiltechnologie aber zunehmend vereinheitlicht. Das Spitzensegment des Marktes war von der übrigen Branche nicht mehr hermetisch abgeriegelt. Neue Konkurrenten wie Toyota mit dem Lexus und VW mit der neu aufpolierten Marke Audi drängten in das Revier von Mercedes, und auch die 3er-Serie von BMW wurde immer stärker. Die Zeitspanne von technologischen Vorsprüngen verkürzte sich, und mit ihr die Möglichkeit, Spitzenpreise zu verlangen. Das gesamte Geschäftsmodell von Mercedes war bedroht.

Während Mercedes durch die Einführung der A-Klasse und des Smarts versuchte, durch interne Maßnahmen das Produktionsvolumen zu erhöhen, ging BMW extern in die Offensive. Der alte Konkurrent von Mercedes übernahm 1994 den britischen Autohersteller Rover. Doch statt die »comfort zone« zu erreichen, erlebte BMW ein

Debakel. Der Konzern musste Milliarden Pfund in die marode britische Tochter investieren, ohne einen Penny Profit zu erwirtschaften. Zu Beginn des Jahres 2000 beschlossen die Bayern schließlich, ganz auszusteigen. BMW verkaufte Rover an ein Midlands-Konsortium zum symbolischen Preis von zehn Pfund und beendete damit das verhängnisvolle Engagement.

Was BMW also mit einer Übernahme versuchte, wollte Mercedes durch den Vorstoß in untere Marktsegmente erreichen – aber es brachte nicht den durchschlagenden Erfolg. Die verschiedenen Studien, die Daimler und die diversen Berater 1997 durchführten, enthüllten das Dilemma, in dem das Unternehmen steckte. Mercedes war zwar auf zwanzig Prozent des Weltmarkts vertreten, doch die übrigen achtzig Prozent blieben dem Unternehmen im Grunde verschlossen. Damit entging ihm das starke Wachstum in gänzlich neuen Segmenten von Personenwagen, wie zum Beispiel den People Carriers. Die Präsenz im expansionsstarken Segment der Sports Utility Vehicles beschränkte sich nur auf die M-Klasse.

Für eine nichtamerikanische Firma war Mercedes auf dem nordamerikanischen Markt – dem weltweit größten Markt für Personenwagen – zwar relativ stark vertreten, doch außerhalb seiner Nische an der Marktspitze verfügte das Unternehmen nur über einen begrenzten Wachstumsspielraum. Auf dem asiatischen Markt war die Situation ähnlich.

Daimler-Benz musste in allen Sparten expandieren, auch auf dem Sektor der Nutzfahrzeuge. Der weltweit größte Hersteller von Nutzfahrzeugen dachte an Übernahmen; zu gegebener Zeit wollte man mit Nissan-Diesel, dem Nutzfahrzeugbereich des japanischen Automobilkonzerns, Gespräche aufnehmen.

Anfang Herbst 1997 setzten sich Schrempp und sein engster Kreis von Kollegen und Beratern zusammen, um die

Ergebnisse der Studien zu überdenken. Es war durchaus denkbar, dass Daimler-Benz weiterhin als unabhängiger Hersteller gehobener Fahrzeuge operierte. Dies hätte jedoch zwangsläufig Stagnation bedeutet. Die nackte Realität in einer Welt der offenen Kapitalmärkte sah jedoch so aus, dass sich Daimler den Luxus der Stagnation nicht leisten konnte. »Wir erkannten, dass wir nur bestehen konnten, wenn wir fusionierten oder einen starken Partner hatten«, erklärt Schrempp später.

Die Frage des Überlebens wurde noch relevanter und brisanter, als das Daimler-Team ein paar Monate später Gerüchte hörte, wonach Ford an Goldman-Sachs herangetreten war und Rat darüber einholen wollte, wie ein feindliches Übernahmeangebot an Daimler-Benz zu organisieren wäre. Die Experten von Goldman berieten die Firma Ford seit Jahren, doch dieses Mandat schlugen sie aus, denn im September waren sie von Daimler beauftragt worden, den Konzern in der Frage internationaler Übernahmen zu beraten. Diese Episode bestätigte die Logik hinter Schrempps Überlegungen. Obwohl der Aktienkurs seit Schrempps Amtsantritt deutlich gestiegen war, blieb Daimler-Benz angreifbar.

Paradoxerweise ließen genau die Maßnahmen, die den Anstieg des Aktienkurses verursacht hatten, das Unternehmen noch anfälliger für eine feindliche Übernahme werden. Denn solange AEG beziehungsweise Fokker noch zum Beteiligungspaket von Daimler gehörten, wirkten sie als Abschreckungsmittel für potenzielle Interessenten. Nachdem Schrempp nun die Verlustgeschäfte abgestoßen hatte, war das Unternehmen für andere umso attraktiver – und mit einem Kapitalwert von dreißig Milliarden US-Dollar für Giganten wie Toyota, General Motors oder Ford ein relativ leicht zu schluckender Happen. So lauteten nun einmal die Gesetze der internationalen Kapitalmärkte, denen zu folgen Schrempp nun einmal entschieden hatte.

Die große Minderheitsbeteiligung der Deutschen Bank, die damals 22 Prozent ausmachte, war eher ein Grund zur

Sorge als ein Trost. »Falls die Bank beschließen sollte, die Beteiligung zu verkaufen, würden wir direkt ins Portfolio eines anderen wandern«, meinte ein Daimler-Manager. »Darauf wollten wir uns überhaupt nicht einlassen.«

Daimler hatte die Wahl – in dem unvermeidlichen Konsolidierungsprozess die Initiative zu ergreifen oder aber passiv abzuwarten, was passierte. Entschied man sich für Letzteres, musste Daimler damit rechnen, wie Rolls-Royce oder Jaguar zu enden. Auch BMW konnte als abschreckendes Beispiel dienen; das Debakel mit Rover hatte nicht nur das Image der renommierten Marke angekratzt, sondern den Konzern selbst zu einem potenziellen Übernahmekandidaten werden lassen.

In Anbetracht der Persönlichkeit Jürgen Schrempps war klar, welcher Kurs eingeschlagen wurde: aktiv, offensiv und mit neuen Spielregeln.

Nun stellte sich nur noch die Frage: Mit wem sollte sich Daimler zusammenschließen und wie sollte man dabei vorgehen?

*

Die Konsolidierung in der Automobilindustrie erinnert an einen komplizierten Tanz des 18. Jahrhunderts. Jeder tanzt mit jedem ein paar Schritte, wohl wissend, dass der Tanz eine rituelle Vorbereitung für tiefere Bindungen sein kann. Nüchterner gesagt: Die Branche ist ein verworrenes Dickicht von Joint Ventures, Kooperationsverträgen, einseitigen und gegenseitigen Beteiligungen sowie informellen Allianzen. In der vergangenen Dekade führte Mercedes-Benz zu unterschiedlichen Zeitpunkten Gespräche mit Mitsubishi, General Motors, Renault, Nissan, Fiat, Ford und Chrysler. Chrysler wiederum verhandelte mit Fiat, Nissan, Renault, Hyundai, BMW, Volvo und Mitsubishi. Ähnliches gilt für andere Autofirmen. Sie sind ein koketter, wenn nicht sogar durch und durch promiskuitiver Verein.

Alle wissen, dass sie in einer gesättigten Branche operieren. Die Vereinigung mit anderen ist ein Weg zum Erfolg.

Doch wie bei den meisten menschlichen Beziehungen wird auch hier das Verhalten ebenso sehr durch emotionale Faktoren wie durch logische Aspekte bestimmt. Die Unternehmen würden am liebsten so lange wie möglich unabhängig bleiben. Ein Joint Venture, das hinter einer vollständigen Fusion zurückbleibt, ist eine Möglichkeit, den Unglückstag aufzuschieben. Normalerweise schlagen sich Unternehmen so lange allein durch, bis eine Rezession oder andere unvorhergesehene Schwierigkeiten sie zwingen, aus einer Position der Schwäche heraus einen Partner zu suchen. So waren alle Fusionen in der Autobranche in den vergangenen zehn Jahren Übernahmen von Schwachen durch Starke – das heißt, das Ganze glich weniger einem höfischen Tanz als einem Raubzug von Haien. Alle Akteure wollen mit den Haien schwimmen, doch keiner will als blutiger Fleischklumpen enden.

Die Fusion zwischen Daimler und Chrysler bedeutete also einen vollkommenen Bruch mit der Tradition. Zwei Unternehmen gingen aus einer Position der Stärke zusammen. Der Deal war gerade deswegen interessant, weil sich keine der beiden Seiten unter Druck fühlte, zu jenem Zeitpunkt in die Arme des anderen zu stürmen. All die gründlichen Analysen ergaben, dass Chrysler der geeignetste Partner für Daimler-Benz war. Geographisch gesehen war Mercedes dort stark, wo Chrysler schwach war. Chrysler verfügte gerade einmal über ein Prozent des europäischen Markts. In den Vereinigten Staaten dagegen verkaufte Chrysler 2,9 Millionen Fahrzeuge, verglichen mit 122 200 verkauften Autos von Mercedes.

Auch hinsichtlich der Produktpalette ergänzten sich die beiden Unternehmen ideal. Chrysler besaß eine beherrschende Position im rasch wachsenden Segment der Minivans und Sports Utility Vehicles auf dem amerikanischen Markt. Das Einzige, was sich direkt überlappte, waren der Jeep Grand Cherokee und die M-Klasse, doch die beiden Offroad-Fahrzeuge unterschieden sich genügend, um sich nicht gegenseitig Konkurrenz zu machen. Der Jeep ist seit langem ein traditionelles Offroad-Fahrzeug, während die M-Klasse eigentlich als Fahrzeug mit Offroad-Tauglichkeit konzipiert wurde.

Das Wachstum sollte dem Zugang zum Markt des jeweils anderen entspringen. Die Produkte sollten durch den gegenseitigen Austausch von technischem Know-how verbessert werden. Chrysler war bekannt dafür, innovative Fahrzeuge zu entwickeln und rasch und rentabel auf den Markt zu bringen. Dies bildete ein günstiges Gegengewicht zur Produktionskultur von Mercedes. Chrysler war auch geschickt und effizient beim Kauf von Komponenten und Bauteilen. Es waren erhebliche Synergien zu erwarten, wenn die beiden Unternehmen ihre gemeinsame Kaufkraft von siebzig Milliarden US-Dollar bündelten.

»Die Verbindung ist eine ideale Ergänzung«, kommentierte die mächtige Investmentbank Merrill Lynch, als die Fusion bekannt gegeben wurde. »Sie wird es jedem der beiden Unternehmen ermöglichen, seine langfristigen Ziele zu erreichen, und zwar ohne die Kosten und Risiken, die entstehen, wenn man ganz von vorn anfängt. Daimler-Chrysler tritt hiermit in den Wettstreit um einen Platz unter den drei Spitzenpositionen in einer Branche, in der für vier vielleicht gar nicht genügend Platz ist.«

Das fusionierte Unternehmen versprach nah an die Idealvorstellung heranzukommen, die Schrempp und seine Planungsstrategen entwickelt hatten. Es würde über eine ausgewogene Auswahl an Fahrzeugen in allen wichtigen Kategorien und Preisklassen und über ein erstklassiges Sortiment von Marken verfügen. Das Design und die technische Fertigkeit würden weltweit zur Spitzenklasse zählen. Und das Unternehmen wäre finanziell stark und extrem ertragreich.

Eine strategische Schwäche war indes nicht zu übersehen: Das vereinte Unternehmen würde weniger als zehn Prozent des attraktiven Marktes in Asien beherrschen.

Diesem Problem begegnete man im Jahre 2000, als DaimlerChrysler eine 34-prozentige Beteiligung an Mitsubishi Motors übernahm.

So gesehen erschien die Fusion der beiden Unternehmen simpel und einleuchtend. Zu diesem Urteil gelangten schließlich auch die Aktionäre beider Unternehmen, die in beiden Firmen vertretenen Gewerkschaften sowie die Politiker auf beiden Seiten des Atlantiks. Es überrascht nach wie vor, dass keiner der Experten innerhalb und außerhalb der Branche je über diese Verbindung spekulierte, bevor sie im Mai 1998 bekannt gegeben wurde.

Die Praxis sah allerdings ganz anders aus; es war alles andere als leicht, die beiden Partner gleichsam zum Altar zu führen. Daimler ließ den Blick schweifen und riskierte gern ein Auge, um sich keine Chance entgehen zu lassen, bevor der Partner der Wahl auftauchte. Schrempp hatte Gefallen an Honda gefunden, dem internationalsten der japanischen Autokonzerne. Er hatte Honda bereits in seiner Zeit in Südafrika bewundert, als Autos dieser Marke in den Mercedes-Werken gebaut wurden. Honda beherrscht 7,5 Prozent des amerikanischen Markts und hat sich erfolgreich als führender Autohersteller auf dem Massenmarkt etabliert. Eine Allianz zwischen Daimler und Honda hätte also einen Ausgleich für Daimlers mangelnde Präsenz in Asien geschaffen und gleichzeitig den Marktanteil in den Vereinigten Staaten erhöht. In Schrempps Lager war man der Meinung, dass die beiden Unternehmen aufgrund ihrer jeweiligen Kultur gut zusammenpassten, trotz der fundamentalen Schwierigkeiten, die eine Fusion mit einem japanischen Unternehmen bereiten würde. Erste Sondierungen bei einigen Investoren des japanischen Unternehmens ergaben jedoch, dass Honda kein Interesse zeigte.

»Man braucht zwei für einen Tango, und die anderen schlugen den Tanz aus«, kommentiert Schrempp.

Schrempps Sympathie für Honda wurde durch die Entscheidung, mit Chrysler zu fusionieren, nicht geschmälert.

Als der Daimler-Vorstand am 17. April 1998 schließlich über die Gespräche mit Chrysler unterrichtet wurde, legte Schrempp in einem Referat auch alle anderen möglichen Verbindungen dar. Kollegen bemerkten, wie er auf seiner Kopie der Ausführungen einen dicken Kreis um den Namen Honda malte.

Diverse Unternehmen wurden ins Auge gefasst und wieder fallen gelassen. General Motors wurde für zu groß und sperrig erachtet; in dieser Verbindung wäre Daimler zum untergeordneten Partner geworden. Toyota war zu teuer und zu japanisch und daher ungeeignet. BMW und Volkswagen schieden aus, weil eine Fusion mit einem der beiden inländischen Unternehmen aus Wettbewerbsgründen nicht genehmigt worden wäre; und selbst wenn, mussten die daraus resultierenden Stellenstreichungen ein politisches Debakel heraufbeschwören. Renault kam in Frage, aber da der französische Staat fast zur Hälfte an dem tief verschuldeten Unternehmen beteiligt war, schien eine Fusion unattraktiv. Peugeot, Fiat und Volvo wären interessiert gewesen, doch keiner dieser europäischen Champions hätte Daimler den Aufstieg in die sich herausbildende Superliga der globalen Autogiganten gesichert. Auch die Koreaner waren nicht abgeneigt, doch der koreanische Markt bildete die stärkste Konzentration an Überkapazität in der Welt. Nissan war eine Möglichkeit, die zu einem späteren Zeitpunkt ernsthaft geprüft wurde, doch wegen seiner immensen finanziellen Schwierigkeiten schied das japanische Unternehmen ebenfalls wieder aus.

Übrig blieb somit Ford, der Schöpfer des serienmäßig produzierten Automobils und ein bedeutendes Symbol der amerikanischen Kultur. Ford ließ seine Pläne für eine feindliche Übernahme fallen und näherte sich dem Daimler-Konzern später in entgegenkommender Weise. Daimler zeigte sich keineswegs abgeneigt und warf selbst während der Verhandlungen mit Chrysler flirtende Blicke auf Ford. Aber da die Nachfahren des Firmengründers das Aktienbuch beherrschten, war es eher unwahrscheinlich, eine

Fusion zu bewerkstelligen, bei der Daimler-Benz nicht auf den Beifahrersitz gedrängt wurde.

Chrysler war der Favorit. Gemeinsam versprachen Daimler und Chrysler die Dynamik des globalen Automobilmarktes zu verändern. Der zusammengeschlossene Konzern würde Toyota überspringen und zum drittgrößten Autohersteller der Welt nach General Motors und Ford avancieren. Er wäre fast doppelt so groß wie Volkswagen, der wichtigste europäische Konkurrent. Das fusionierte Unternehmen würde den Vorteil des ersten Zugs, »first mover advantage«, wie die Investmentbanker es nennen, genießen; da Daimler und Chrysler sich vor allen anderen zusammenschlossen, konnten sie aus einer Position der Stärke in die nächste Phase der Konsolidierung eintreten. Daimler-Chrysler versprach eines der größten und ertragreichsten Autounternehmen der Welt zu werden und eine Führungsposition in vielen der Marktsegmente einzunehmen, in denen es operiert: gehobene Personenwagen, Minivans, Offroad-Mobile und Nutzfahrzeuge. Mit einem Ausstoß von nahezu vier Millionen Fahrzeugen im Jahr konnte es Größenvorteile nutzen und zugleich seinen Status als spezialisierter Fahrzeughersteller beibehalten.

So jedenfalls sah es auf dem Papier aus. Es gab jedoch eine Crux: Die letzten Gespräche, welche die beiden Unternehmen geführt hatten, waren unheilvoll verlaufen. Ausgelöst durch Kerkorians Übernahmepläne waren 1995–96 Hunderte von Vermittlern auf beiden Seiten durch sieben Verhandlungsrunden gegangen, doch es war nichts dabei herausgekommen.

Man diskutierte damals die Möglichkeit einer gegenseitigen Beteiligung, bei der Chrysler Anteile an Daimler-Benz und Daimler umgekehrt Anteile an Chrysler gekauft hätte.

Die Beteiligung wäre ein nützliches Gegengewicht zu Kerkorians Anteilen gewesen und hätte den Beginn einer fruchtbaren Kooperation zwischen den beiden Unternehmen signalisiert. Kerkorians Pläne scheiterten jedoch schon nach wenigen Wochen, weil der Investor die Finanzierung seines Vorhabens nicht sichern konnte. Dies bedeutete zwar, dass Chrysler keinen »edlen Ritter« mehr nötig hatte, der das Unternehmen vor einer feindlichen Übernahme bewahrte, doch die beiden Seiten setzten ihre Gespräche fort. »Wir bewundern euch aufrichtig, ihr macht alles richtig«, gab Werner der Gegenseite zu verstehen. »Wir sollten die Möglichkeit sondieren, uns zusammenzutun.«

Die Gespräche bewegten sich daraufhin in eine andere Richtung. Mercedes und Chrysler tauschten ihre Meinungen über die Entwicklung der Automobilmärkte aus. Sie stellten fest, dass sie viele Ansichten teilten, vor allem die, dass das Wachstumspotenzial in Nordamerika und Europa begrenzt war. Weit aufregender waren dagegen die Möglichkeiten in den rasant wachsenden Volkswirtschaften in Asien, Südamerika und Afrika.

Mercedes hatte erkannt, dass langfristiges Wachstum in diesen Entwicklungsländern möglich war, dass das Unternehmen als Hersteller gehobener Fahrzeuge aber von dieser Gelegenheit ausgeschlossen blieb. Mercedes verfügte allerdings über ein Vertriebsnetz, über das die Produkte von Chrysler abgesetzt werden konnten. Es wurde beschlossen, auf dem europäischen und nordamerikanischen Markt den Status quo beizubehalten, aber in der restlichen Welt die Ressourcen zusammenzulegen. Damit tauchte die Möglichkeit auf, ein Gemeinschaftsunternehmen zu gründen, das die Herstellung und Vermarktung von Fahrzeugen in der ganzen Welt, außer Europa und Nordamerika, übernahm. Das neue Unternehmen, das zunächst den Codenamen Q-Star führte, sollte je zur Hälfte Eigentum beider Konzerne sein.

Man betraute einige Spitzenkräfte mit dem Projekt. Chrysler setzte Tom Gale und Jim Holden ein; für Mercedes wurden Jürgen Hubbert und Dieter Zetsche aktiv. Alle waren bald ungeheuer begeistert von Q-Star. Wenn ihr Enthusiasmus gelegentlich mit ihnen durchging, entwickelten sie Wachstumsprognosen, wonach das neue Konstrukt innerhalb weniger Jahre um so viel größer sein würde als seine Muttergesellschaften, dass es in der Lage wäre, beide aufzukaufen.

Am Ende war das geplante Gebilde weder Fisch noch Fleisch; es blieb weit hinter einer vollständigen Fusion zurück, war jedoch weit ehrgeiziger als ein Joint Venture. Hunderte von Personen wurden in die Verhandlungen einbezogen, und es folgte eine Runde nach der anderen. »Es war wie eine Parteiversammlung in der alten DDR«, so Eaton einige Zeit später. Wenn man endlich irgendeinen Erfolg erzielen wollte, musste man die Verhandlungsteams entschieden verkleinern.

Die Amerikaner wurmte es, dass die Gespräche nie auf höchster Ebene geführt wurden. »Meinen Sie nicht, Sie sollten Ihren CEO mit einbeziehen?«, wollten sie einmal von Helmut Werner wissen. Werner schien nicht unbedingt darauf erpicht, Schrempp zu integrieren. Da er für achtzig Prozent des Konzerngewinns spreche – so der Tenor seiner Reaktion –, könne er so ziemlich tun, was er wolle. Dies war jedoch, wie sich bald zeigen sollte, eine fatale Fehleinschätzung seiner Machtbefugnis.

Die beiden Seiten konnten sich nicht genau darüber einigen, wie Q-Star operieren sollte. Am 9. Oktober 1995 suchten Bob Eaton und Helmut Werner Schrempp in dessen Stuttgarter Büro auf und legten ihm ihre Pläne vor. Schrempp stellte eine Reihe von Fragen über die praktischen Aspekte des geplanten Vertrags: Wer sollte das Unternehmen managen? Wer sollte entscheiden, wohin die Investitionen fließen? Wie sollte das Marketing organisiert werden? Wie sollte man die Kosten zuweisen und die Gewinne aufteilen? Die Kardinalfrage lautete: Was würden sie tun, wenn das neue Unternehmen anfing, seine Produkte nach Europa und Nordamerika zu exportieren, wenn also die Tochter mit ihrer eigenen Mutter konkurrieren würde?

Für Schrempp lag es offen auf der Hand, dass diese Struktur nicht funktionieren würde. Damit war das Schicksal der Gespräche besiegelt.

Auf amerikanischer Seite hatte Jim Holden inzwischen den Auftrag, die verschiedenen Standorte aufzusuchen, an denen das Gemeinschaftsunternehmen wirksam werden sollte. In Lateinamerika war er entsetzt über die veralteten und kostenintensiven Lkw-Fabriken von Mercedes. Kein fairer Tausch, dachte er: Chrysler würde die Produkte beisteuern, die für diesen Markt interessant wären, und Mercedes würde ein unrentables Lkw-Geschäft einbringen, das beträchtliche Investitionen nötig hatte.

»Wir addieren damit nur die Nachteile beider Seiten«, berichtete er dem Chrysler-Board im Januar 1996. »Wir wollen uns überall in der Welt zusammentun, wo wir beide schwach sind. Im Übrigen funktionieren Joint Ventures so gut wie nie; wir würden uns nur unentwegt darüber streiten, wer das Geld verdient hat und welche Kosten wir uns gegenseitig berechnen sollten... Und Mercedes will sein Lkw-Geschäft einbringen, das seit zwanzig Jahren keine nennenswerten Investitionen erfahren hat. Das ist kein fairer Deal.«

Er reiste auch nach Indien, wo Mercedes Wagen der C- und der A-Klasse verkaufen wollte. Er tuckerte auf ausgefahrenen Straßen durch ganz Puna, auf der Suche nach den vermeintlichen Mittelschichtkunden. Seine Empfehlung zum Thema Indien klang noch drastischer: »Fliegt in zwanzig Jahren noch einmal über das Land. Wenn ihr Straßen seht, dann landet. Im Augenblick ist der Markt schlicht und einfach nicht vorhanden.«

Schließlich besuchte er noch Indonesien und Thailand und kam abschließend zu der Erkenntnis, dass es sinnlos wäre, den Deal weiterzuverfolgen.

An ein oder zwei Standorten in der Dritten Welt wäre es

sinnvoll für die beiden gewesen, sich zu verbinden. Doch wäre man in strategisch unbedeutenden Ländern wie Thailand unverbindliche Joint Ventures eingegangen, wäre man unter Umständen Gefahr gelaufen, die Beziehung zwischen den beiden Unternehmen in der Zukunft zu vergiften. »Heiraten und gleich richtig miteinander ins Bett«, lautete Holdens Rat. »Andernfalls hasst man sich am Ende bloß noch.«

Es herrschte beiderseitiges Einvernehmen, als die Gespräche eingestellt wurden. Ein paar Wochen später wurden die Deutschen von den Amerikanern darüber informiert, dass Chrysler ein anderweitiges Objekt der Begierde gefunden habe. Man war unmittelbar nach den Verhandlungen mit Mercedes-Benz ein Joint Venture mit BMW eingegangen, um im brasilianischen Curitiba eine neue Motorenfabrik zu bauen. Das neue Werk sollte Chrysler und Rover kleine Vier-Zylinder-Motoren liefern. Es lag nahe, den voreiligen Schluss zu ziehen, dass diese Übereinkunft den Auftakt zu einer engeren Bindung oder gar einer Fusion bilden könnte. Beide Parteien waren unabhängige, regionale Champions und schienen vom Aspekt der Unternehmenskultur und der Betriebsführung her gut zusammenzupassen.

In den ersten vier Monaten des Jahres 1998 bot diese Verbindung mit BMW eine gute Tarnung für Daimler und Chrysler, die in dieser Zeit ihre Verhandlungen wieder aufnahmen. Es wurde allgemein vermutet, dass Chrysler den Bayern insgeheim das Jawort gegeben habe. Dies war auch der Grund, weshalb Ford so ungezwungen auf Daimler-Benz zuging, denn auch da nahm man an, dass die Gespräche zwischen Daimler und Chrysler ein für alle Mal beendet seien.

Schrempp war sicher, dass die Auflösung von Mercedes als eigenständigem Unternehmen – ein Knackpunkt bei den gescheiterten Q-Star-Gesprächen – die neuerlichen Verhandlungen um einiges erleichtern würde. Dies bedeutete jedoch, dass er gleich zu Beginn der Verhandlungen beweisen musste, dass Daimler nicht mehr dasselbe Unternehmen war wie jenes, mit dem Chrysler ein paar Jahre zuvor zu tun hatte.

Schrempp holte sich Rat bei Jon Corzine von Goldman-Sachs. Der Banker erklärte ihm, dass geographische Faktoren, unterschiedliche Rechtsformen und Unternehmenskulturen, Persönlichkeitsprofile und Bilanzierungsgrundsätze einer Fusion enorme Hindernisse in den Weg stellten. Dennoch war Corzine der Meinung, dass eine Fusion möglich sei. Es sei aber sinnlos, das Ganze gegen den Willen des Chrysler-Managements zu betreiben, lautete sein Rat. Die feindliche Übernahme eines Unternehmens, dem der amerikanische Steuerzahler aus der Klemme geholfen hatte, sei zum Scheitern verurteilt. Es müsse auf jeden Fall eine freundliche Übernahme, eine Fusion sein.

»Wie soll ich dann also vorgehen?«, wollte Schrempp von Corzine wissen.

»Gehen Sie so vor, wie Sie auch sonst immer vorgehen«, erwiderte der ehrwürdige Seniorpartner von Goldman-Sachs. »Gehen Sie hin und reden Sie miteinander!«

9. Kapitel
STURM VON ALLEN SEITEN

Chrysler ist offen für Angebote

1. Oktober 1997

Bob Eaton, Chairman und CEO der Chrysler Corporation, spricht vor der Jahresversammlung des oberen Managements des Unternehmens in Auburn Hills. Zur Vorbereitung auf diese Zusammenkunft der Spitzenfunktionäre des Autokonzerns verteilt er Exemplare des Bestsellers *A Perfect Storm* von Sebastian Junger, in dem geschildert wird, wie vor der Küste von Massachusetts an drei Fronten ein Sturm aufzieht und ein Fischerboot kentern lässt. Durch die Hollywood-Verfilmung von Wolfgang Petersen wurde dieser Bestseller auch dem Kinopublikum ein Begriff.

»Sicher haben einige von Ihnen das Buch gelesen«, sagt Eaton. »Für diejenigen, die es nicht gelesen haben, nur so viel: Es ist die wahre Geschichte einiger Fischer, die an einem freundlichen Oktobernachmittag vor fünf Jahren zu den Grand Banks vor Neufundland aufbrachen. In dieselbe Gegend zog aber von Süden her der Hurrikan Grace ... und von Westen her eine Kaltfront, die sich über den Großen Seen gebildet hatte, ... und von der Arktis her ein Nordostwind. Alle drei stießen an ein und demselben Punkt über dem Ozean zusammen und bildeten einen Sturm, wie er vielleicht nur alle hundert Jahre entsteht.

Man erfährt einiges in dem Buch: Wenn ein zwanzig Meter langes Boot versucht, eine dreißig Meter hohe Welle zu überwinden, und es nicht schafft, dann rutscht es rück-

195

wärts den Wellenberg hinab und gerät außer Kontrolle, ... und stürzt mit dem Heck voraus in das Wellental, ... und dann bricht die Welle über das Boot und begräbt es unter Tonnen von Wasser. Es kann sein, dass das Boot wieder auftaucht, oder auch nicht.«

Auch über der Autoindustrie braue sich von allen Seiten ein Sturm zusammen, erklärt Eaton. Die erste Front sei die Überkapazität. Er sagt voraus, dass in vier Jahren der weltweiten Kapazität von 79 Millionen Stück ein Bedarf von nur 61 Millionen hinterherhinken würde.

Die zweite Front sei die Umwälzung im Vertrieb. »Erstmals in der hundertjährigen Geschichte dieser Branche zeichnen sich fundamentale Veränderungen in der Art und Weise ab, wie ein Pkw oder Lkw den Kunden erreicht. Eines ist klar: Die Fabrik und der Händler haben diesen Prozess ein Jahrhundert lang bestimmt. Wir haben Erfolg damit gehabt und davon profitiert. Aber jetzt taucht auf einmal das Internet auf... telefonische Bestelldienste, Autoverkauf im Superstore... Aktiengesellschaften kaufen die alten Tante-Emma-Läden auf... und wer weiß, was als Nächstes kommt?«

Eaton prophezeit, dass sich die Machtposition vom Autohersteller und von den Vertriebsnetzen zum Kunden verlagern werde.

»Zum ersten Mal wird der Kunde den Vertrieb beherrschen«, erklärt er. »Alles wird frei verfügbar sein. Der Kunde wird mit sämtlichen Informationen über das Fahrzeug und dessen Preis vertraut sein, bevor er beim Händler auftaucht. Er wird sich durch das, was er nicht weiß, nicht mehr einschüchtern lassen. Mit ein paar Tastenklicks auf der Computertastatur erfährt er alles, was der Verkäufer weiß.«

Der dritte Sturm, der sich zwar langsamer zusammenbraue, letztendlich aber umso gewaltiger zu werden drohe, resultiere aus den grundlegenden Veränderungen in der Automobiltechnologie. Wie alle anderen Autobauer investierte auch Chrysler massiv in neue Antriebssysteme.

Chrysler wies bereits Fortschritte in der Erforschung von Brennstoffzellen auf und stand kurz davor, eine Diesel-Elektro-Mischung zu enthüllen. Die Regierungen und die Gesellschaft insgesamt erzeugten einen immensen Druck, umweltfreundliche Autos zu entwickeln. Diesem Druck konnte sich keiner entziehen.

Früher oder später, vielleicht schon im Jahre 2005, drohten Verbrennungsmotoren veraltet und überholt zu sein. »Den Unternehmen fiel es noch nie so schwer, Investitionsentscheidungen zu fällen«, erklärt Eaton. »Wir bauen in Detroit zum Beispiel eine neue Sechs-Zylinder-Motoren-Fabrik, in der die Produktion 2002 anlaufen soll. Eine Motorenfabrik kostet heute bis zu einer Milliarde Dollar. Früher konnten wir davon ausgehen, dass dieser Motor fünfzehn bis zwanzig Jahre lang in Produktion und die Fabrik selbst ungefähr fünfzig Jahre lang in Betrieb bleibt.«

Heute konnte es dagegen passieren, dass der Verbrennungsmotor bereits Mitte des nächsten Jahrzehnts ausrangiert werden muss. Dann müsste man die neue Fabrik ausweiden, lange bevor sich die Investition überhaupt bezahlt gemacht habe.

Wie lautet nun die Moral von dieser Geschichte voller Gefahren für das gute alte Schiff Chrysler? Drohte es in den Stürmen herumgeschleudert und von den Wogen verschlungen zu werden? Oder würde ihm eine sichere Passage in ruhigere Gewässer gelingen?

Jungers Buch gibt dem Leser zu verstehen, dass es nur eine Möglichkeit gibt, einen Sturm von allen Seiten zu überstehen. »Man muss dem Ganzen fernbleiben!«, erklärt Eaton. »Man darf sich nicht an die Stelle im Meer wagen, an der die drei Stürme zusammentreffen. Man muss vorausdenken, die Warnungen beachten und einen anderen Standort wählen.«

Die Rede, die in den folgenden Monaten vor vielen verschiedenen Kreisen immer wieder neu aufgelegt wurde, löste unter den leitenden Führungskräften von Chrysler unterschiedliche Reaktionen aus. Einige sahen ganz über den Inhalt hinweg und zeigten sich lediglich erstaunt über Eatons Freigebigkeit. »Tolle Rede, aber wieso hast du vierhundert Leuten dieses Buch für 24 Dollar 95 geschenkt?!«, meinte ein Kollege. Ausgaben in dieser Größenordnung widersprachen dem peinlichen Kostenbewusstsein bei Chrysler.

Andere fanden die Prognose überzeugend, hielten aber Eatons Ton für defätistisch. In einer Zeit, in der die Umsätze und Gewinne bei Chrysler Rekordmarken erreichten, schien es unangebracht, dauernd von bevorstehenden Problemen zu reden. »Ich bin der Meinung, dass es immer irgendwo Gewitterwolken gibt«, meinte ein Direktor. »Man muss einfach sein Bestes geben. Für die Konkurrenten ist es genauso schwer wie für einen selbst. Man kann nur hoffen, dass sich die Wolken wieder verziehen.«

Die Geschichte von den drei Stürmen war der äußere Ausdruck einer intensiven Selbstanalyse bei Chrysler. Das Unternehmen war so erfolgreich wie noch nie, doch wie sollte es weitergehen? Im Oktober 1997 standen Eaton und seine Vorstände kurz vor einer Antwort. Sie trugen sich mit der Absicht zu fusionieren, ihre geschätzte Unabhängigkeit aufzugeben.

Eaton war zu der Erkenntnis gelangt, dass es Chrysler unmöglich gelingen würde, das zweite seiner beiden strategischen Ziele zu erreichen. Das erste Ziel hatte darin bestanden, bis 1996 zum führenden Autohersteller Nordamerikas aufzusteigen – es war erreicht worden. Als Nächstes hatte man sich vorgenommen, bis 2000 zum führenden Autounternehmen der Welt zu avancieren.

Der entscheidende Schwachpunkt bei diesem Vorhaben war die internationale Marktpräsenz von Chrysler. Kein CEO der Nachkriegszeit hatte das Problem der Expansion außerhalb Nordamerikas in den Griff bekommen. In der Vergangenheit hatte man stets gezögert, Kapital im Aufbau oder Kauf ausländischer Tochterunternehmen zu binden, aus Angst, eine Periode intensiver Investitionen im Ausland könne mit einer Rezession im Inland zusammenfallen. Der einzige nennenswerte Auslandsposten zu Beginn der achtziger Jahre war die Beteiligung an Mitsubishi, und selbst diese musste nach den Bestimmungen des Loan Guarantee Act wieder veräußert werden. In der düsteren Zeit von 1990–91 hatte man mit Fiat geflirtet, doch ein Deal wäre damals eine reine Übernahme des kränklichen amerikanischen Unternehmens an seinem Tiefpunkt gewesen, und so hatten sich Lutz und viele andere leitende Führungskräfte massiv dagegen ausgesprochen. Als Chrysler Anfang der neunziger Jahre wieder auf den Beinen war, bestand die einzige realistische Option darin, Chrysler-Fahrzeuge aus den Vereinigten Staaten auf Auslandsmärkte zu exportieren, was mit großem Erfolg gelang.

Zwischen 1993 und 1996 stiegen die Erlöse aus dem Absatz in Übersee von 1,5 Milliarden Dollar auf über fünf Milliarden Dollar, und die Zahl der verkauften Fahrzeuge erhöhte sich auf 225 000. Es war ein Gewinn bringendes Geschäft, doch 1997 stagnierte der Absatz auf einem Plateau. »Wir mussten uns fragen, ob wir so weitermachen konnten, oder ob wir eine umfassendere Vision brauchten«, erinnert sich Tom Gale, der Mitte der neunziger Jahre für den internationalen Geschäftsbereich verantwortlich war. »Wir erkannten, dass wir es alleine einfach nicht schaffen würden; es dauert ewig und erfordert viel höhere Investitionen, als wenn man es im Rahmen einer Kooperation versucht.«

Es gab noch eine weitere Überlegung. Kirk Kerkorians Übernahmeabsicht hatte tiefe psychologische Spuren hinterlassen. Gewiss, das Ansinnen war gescheitert; Kerkorian und Eaton hatten sich schließlich darauf geeinigt, dass der Investor seine Beteiligung nicht aufstocken und dass Chrysler seine Aktienrückkaufaktion verstärken würde. Ein Vertreter von Kerkorians Investmentfirma war dem Chrysler-Board beigetreten. Doch der gescheiterte Übernahmeversuch hatte Fragen aufgeworfen, auf die es noch immer keine Antworten gab. »Wir waren aufgewacht und hatten gemerkt, wir sind angreifbar, selbst wenn wir gesund sind«, gestand Jim Holden. »Wir erkannten: Wir sind nicht groß genug, um vor einer Übernahme oder vor einer Rezession sicher zu sein. Und es wurde uns bestätigt, dass wir uns nicht einmal darauf verlassen können, als Absicherung gegenüber schlechten Zeiten Kapital anzuhäufen. Wir erkannten, dass es uns viel leichter fiel, mit schwierigen Zeiten klarzukommen als mit Erfolg, was allerdings nicht überraschte, weil wir mit Letzterem so wenig praktische Erfahrung hatten.«

Kerkorians Präsenz im Aktienbuch diente als ständige Erinnerung an die Gefahren eines Alleingangs. Eine einzige Panne genügte, um das Unternehmen anfällig zu machen für einen feindlichen Übernahmeversuch. Wenn die Aktien wieder auf ihren früheren Stand zurückfielen, würden Kerkorian oder andere höchstwahrscheinlich ein neues Angebot einfädeln. Da Kerkorian bereits eine Beteiligung von 13,8 Prozent besaß, war Chrysler mehr als offen dafür, einen strategischen Partner zu finden.

Tom Gale fasst die Überlegungen, die Ende 1997 angestellt wurden, folgendermaßen zusammen: »Wenn man davon ausgeht, dass ein gewisses Maß an Konsolidierung im Laufe der Zeit unumgänglich ist, und wenn man davon ausgeht, dass es schwer sein wird, die Dinge langsam auf den Weg zu bringen, dann steht man vor der Frage: Wer ist der beste Partner? Wieso sollte man die Chance nicht ergreifen, wenn der bestmögliche auftaucht? Sollte man lieber abwarten und sich auf jemanden einlassen, der weniger attraktiv war?«

Dritter Teil

Verhandlungen und Flirts

10. Kapitel
EIN POKERSPIEL

Der erste Kontakt

Schrempp kam erstmals im September 1997 der Gedanke, dass Chrysler zu einer Kooperation bereit wäre. Er saß bei einem Diner anlässlich der Frankfurter Automobilausstellung zufällig neben Bob Lutz. Eine besonders langweilige Rede veranlasste die Gäste an Schrempps Tisch, kleine Gruppen zu bilden und sich in Gespräche zu vertiefen, um nicht einzunicken. Am einen Ende des Tisches unterhielt sich Wolfgang Reitzle von BMW mit Ferdinand Piëch von Volkswagen. Am anderen Ende begannen Schrempp und Lutz, ein paar Ideen durchzuspielen.

»Was ist eigentlich das letzte Mal schief gegangen?«, fragte Schrempp. Er spielte damit auf die Q-Star Gespräche an. Im April 1995 hatten beide Seiten den Plan gefasst, Chrysler North America und Mercedes-Benz Europa zwar als unabhängige Unternehmen zu erhalten, aber ein neues Jointventure für die internationale Vermarktung zu gründen. Obwohl hunderte von Personen rund acht Monate um die Details rangen, war es nicht gelungen, eine praktikable Strategie zu entwickeln.

»Es war nichts Halbes und nichts Ganzes«, sagte Lutz, seine Unzufriedenheit über die früheren Gespräche zum Ausdruck bringend. »Das Vorhaben war für ein Jointventure viel zu groß und zu komplex, und hinter einer Fusion wäre das Ganze weit zurückgeblieben.«

Er fuhr fort, dass das Projekt Q-Star riesige Mengen an

Ressourcen und Kapital verschlungen hätte. Beide Seiten hätten sich zu guter Letzt gewiss darüber gestritten, wer wofür zahlt, was bei einer klassischen Fusion wohl nicht der Fall gewesen wäre.

»Auch wenn wir damals kein ausgereiftes Konzept hatten, sollten die beiden Unternehmen doch grundsätzlich auf die eine oder andere Weise zusammenarbeiten«, entgegnete Schrempp. »Wenn wir uns darin einig sind, dass ein Jointventure nicht funktioniert, sollten wir vielleicht tatsächlich eine Fusion ins Auge fassen.«

»Wow!«, entfuhr es Lutz, verdutzt über die Wendung, die das Gespräch genommen hatte. »Sie haben Recht, das ist eigentlich die logische Konsequenz.«

»Warum treffen wir uns nicht und reden darüber?«

»Sie können ein solches Vorhaben nicht mit dem Vice-Chairman besprechen«, erwiderte Lutz. »Sie müssen mit dem CEO reden.«

»Sie sind doch der Boss, oder etwa nicht?«, sagte Schrempp halb im Scherz.

»Für das laufende Geschäft bin ich verantwortlich, aber wenn es um eine so wichtige Sache wie eine Fusion geht, müssen Sie mit Bob sprechen, dem anderen Bob, dem Jürgen Schrempp von Chrysler.«

Während Lutz nach Detroit zurückkehrte und den »anderen Bob«, Robert Eaton, über das Gespräch informierte, bat Schrempp am nächsten Tag seine Sekretärin, Eatons Büro anzurufen, um einen Termin zu vereinbaren. Der früheste Zeitpunkt, zu dem sich die beiden Männer treffen konnten, war Anfang Januar 1998, während des Automobilsalons in Detroit.

Eaton nahm die Neuigkeiten über die Fusionspläne nicht sonderlich ernst. Er dachte, Schrempp wolle die unverbindlichen Gespräche von 1995 wieder aufnehmen. »Wir waren damals ohne brauchbare Ergebnisse auseinander gegangen und ich verspürte eigentlich nicht den geringsten Wunsch, das Ganze noch einmal von vorn zu beginnen«, erinnert sich Eaton später.

Als das Datum des Treffens im Januar näher rückte, hatte Eaton den Grund der Verabredung bereits vergessen. »Der Termin stand in meinem Kalender. Ich dachte, es handele sich um einen Höflichkeitsbesuch; die Chefs anderer Autohersteller kommen während des Automobilsalons immer auf ein Schwätzchen vorbei, und dieses Treffen schien mir in die gleiche Kategorie zu fallen.«

Doch es sollte kein reiner Höflichkeitsbesuch werden. In den vergangenen drei Monaten hatten Eckhard Cordes, Rüdiger Grube und Alex Dibelius die Argumente, die für eine Fusion sprachen, detailliert herausgearbeitet. Sie hatten Diagramme und Grafiken zusammengestellt, die die zwingende Logik eines Deals untermauerten.

Schrempp nahm diese Unterlagen am 12. Januar zu seinem kurzen Treffen mit Bob Eaton mit. In Eatons Büro skizzierte der deutsche Vorstandsvorsitzende in prägnanten Sätzen den sich verschärfenden Wettbewerb in der Automobilindustrie.

»So sah die Branche vor zehn Jahren aus. Und so wird sie unseres Erachtens in zehn Jahren aussehen. Und aus diesen Gründen braucht Daimler-Benz einen Partner – und Chrysler ebenfalls, okay? Ich habe jede Menge Statistiken und dergleichen bei mir, die beweisen, dass Chrysler und Daimler-Benz hinsichtlich ihrer Marktanteile und in Bezug auf ihre Produktpalette erstklassig zusammenpassen.«

Die Ausführungen dauerten bis dahin nur drei Minuten. Schrempp entschuldigte sich für seinen überhasteten Vortrag. »Verzeihen Sie mir meine Unhöflichkeit, aber ich möchte ganz offen sein«, sagte er.

»Sie sind keineswegs unhöflich«, sagte Eaton lächelnd, während er Schrempp mit einem Wink aufforderte, fortzufahren. Obgleich der Amerikaner nicht erwartet hatte, dass das Gespräch diese Wendung nehmen würde, war er doch nicht im Geringsten verblüfft über das, was Schrempp zu sagen hatte. Er und Schrempp lagen offensichtlich auf derselben Wellenlänge.

»Wenn Sie dem, was ich gesagt habe, zustimmen, dann müssten Sie mir eigentlich auch darin zustimmen, dass wir Gespräche darüber beginnen sollten, wie wir unsere Unternehmen zusammenbringen können. Wenn Sie anderer Meinung sind, sollten wir unsere Zeit nicht länger vergeuden. Was sagen Sie dazu?«, fragte Schrempp unverblümt.

»Auch wir haben dies schon in Erwägung gezogen und Studien erstellt«, antwortete Eaton. »Ich denke, dass Sie Recht haben. Ich weiß zwar nicht, wann genau wir mit den Gesprächen beginnen können – ich muss zunächst noch ein paar Dinge abklären und ein paar Leute konsultieren –, aber ich verspreche Ihnen, dass ich in ein paar Wochen wieder mit Ihnen in Kontakt treten werde.«

Weder Eaton noch Schrempp gingen auf die Modalitäten eines Deals ein. »Die beiden Unternehmen zusammenbringen« – diese Formulierung war so konkret, wie sie es in diesem Stadium sein konnte, denn mit Begriffen wie »Übernahme« oder »Fusion« wäre eine ganze Pandorabüchse an vertrackten Fragen geöffnet worden. Es war besser, sich zum gegenwärtigen Zeitpunkt an diese vage Formulierung zu halten.

»Okay«, sagte Schrempp, »das wär's dann für den Moment. Vielen Dank für die Zeit, die Sie sich genommen haben.«

Eaton wollte den Deutschen nun auf eine Tasse Tee oder Kaffee einladen. Schrempp lehnte jedoch höflich ab – er befürchtete, unverbindliches Geplauder würde die Wirkung seiner Worte abschwächen.

Das war alles. Später wurde behauptet, dieses Treffen habe siebzehn Minuten gedauert, doch in Anbetracht der Tatsache, dass so wenig gesagt wurde, ist es unwahrscheinlich, dass es viel länger als zehn Minuten dauerte.

Schrempp händigte Eaton zum Abschluss noch die Dokumentation mit den Analysen aus und ging dann zurück zu seinem Wagen; der Chauffeur setzte ihn vor dem Restaurant Fox & Hounds ab, wo er ein Steak essen wollte. Beim Mittagessen sprachen er und Lydia Deininger darüber, dass das Ergebnis der Unterredung ermutigend sei. Eatons Reaktion hatte gezeigt, dass er bereits in eine ähnliche Richtung gedacht hatte. »Von diesem Moment an war ich mir sicher, dass der Deal zustande kommen würde«, sagt Deininger rückblickend. Aber man brauchte eine Alternative, auf die man im Fall des Scheiterns zurückgreifen konnte. Dies wollte Schrempp bei der nächsten Verabredung erörtern – eine halbe Fahrstunde südlich von Auburn Hills im Vorort Dearborn, dem Stammsitz der Ford Motor Corporation.

Gleich nach dem Mittagessen suchte Schrempp Alex Trotman auf, den CEO von Ford. Trotman wartete zusammen mit Jacques Nasser (der ihm bald als CEO nachfolgen sollte) im nahe gelegenen Westin Hotel auf Schrempp. Das Treffen ging auf ein früheres Gespräch zwischen den beiden Konzernchefs zurück. Einige Monate vorher war Trotman in Stuttgart gewesen, um einen Vertrag über die gemeinsame Entwicklung von Brennstoffzellen zu unterzeichnen. Bei einem Gespräch unter vier Augen hatte Trotman erklärt, dass die Branche vor einer raschen Konsolidierung stehe, und vorgeschlagen, Daimler und Ford sollten in Zukunft eng zusammenarbeiten. Im Anschluss an diese erste Begegnung hatten sie vereinbart, sich in Detroit ein weiteres Mal zu treffen.

»Ford muss etwas unternehmen«, sagte Trotman in aller Offenheit. »Wir können in unserer gegenwärtigen Form nicht überleben. Und wir könnten in vielen Bereichen zusammenarbeiten. Wir passen sehr gut zusammen, und die Konsolidierung in unserer Branche wird weitergehen. Wir müssen etwas tun.«

»Das ist eine großartige Idee«, antwortete Schrempp. »Wie sieht Ihr Konzept aus?«

»Wir haben noch kein Konzept erarbeitet«, antwortete Trotman. »Aber warum setzen wir nicht eine kleine Arbeitsgruppe ein, die alle Fragen erörtert?«

Sie einigten sich darauf, zwei Teams zu berufen, die die Sache weiterverfolgen sollten. Als Bob Eaton von Chrysler zehn Tage später wie zugesichert in Schrempps Büro anrief, musste Schrempp ihm eröffnen, dass ihre Verhandlungen nicht exklusiv seien. Tatsächlich wurden die Gespräche mit Ford, erst drei Wochen bevor der Chrysler-Deal schließlich offiziell bekannt gegeben wurde, abgebrochen.

*

Wenn Schrempp den genauen Charakter der geplanten Allianz mit Chrysler einstweilen offen ließ, so hatte er dafür gute Gründe. Noch nie hatte es etwas Vergleichbares gegeben. Eckhard Cordes hatte gemeinsam mit Alexander Dibelius von Goldman-Sachs fünfzig größere Fusionen aus der jüngsten Vergangenheit analysiert und war zu dem Schluss gelangt, dass eine transatlantische Fusion ein erhebliches Maß an unkonventionellem Denken erfordern würde. Sie waren sich einig, dass es am besten wäre, wenn sich beide Seiten zusammensetzten und eine gemeinsame Vorgehensweise erarbeiteten.

Schrempp versammelte ein Team aus seinen engsten Mitarbeitern und Beratern um sich. Eckhard Cordes, Vorstandsmitglied und verantwortlich für die Konzernentwicklung und -strategie, sollte die Verhandlungen leiten, wobei er des Öfteren gemäß einer wohl eingeübten Rollenverteilung als Widerpart zum »guten« Schrempp den »Bösewicht« geben sollte.

Cordes ist ein Mann, den Schrempp in den Jahren der Restrukturierung wegen seiner blitzschnellen intellektuellen Auffassungsgabe und seiner »Macher-Mentalität« schätzen lernte. Dabei könnte ihr persönlicher Stil kaum unterschiedlicher sein: Schrempp ist ein geselliger Typ, während Cordes ruhig und nachdenklich ist. Doch die Chemie zwischen beiden ist trotzdem ungewöhnlich gut, fußt auf gegenseitiger Achtung und einem gemeinsamen Sinn für Humor. Cordes ist Schrempps Mann für schwierige Fälle, ein echter Sparringpartner. Er besitzt genug Selbstbewusstsein und Intelligenz, um seinen Vorstandsvorsitzenden in einem breiten Themenspektrum aggressiv und beharrlich herauszufordern, selbst wenn er weiß, dass Schrempp anderer Ansicht ist. Er hasst es, sich wiederholen zu müssen, und geht im Allgemeinen davon aus, dass jeder seinem schnellen Gedankenfluss folgen könne. Manchmal macht er sich nicht einmal die Mühe, seine Sätze zu vollenden, sondern geht mit einem ungeduldigen »blah, blah, blah« zum nächsten Thema über.

Rüdiger Grube, ein weiteres Mitglied des Verhandlungsteams, meisterte schnell die enormen strukturellen und juristischen Herausforderungen, die eine Transaktion dieser Größenordnung aufwarf. Während der Gespräche und noch lange Zeit danach, als er für die Integration der beiden Unternehmen zuständig war, pflegte er zu Sitzungen einen Stapel von Folien mitzubringen. Bei jeder noch so unerwarteten Wendung, die die Gespräche nahmen, konnte er ein Schaubild vorführen, das zeigte, dass er die Frage bereits durchdacht und möglichen Punkten, die zur Diskussion standen, vorgreifen konnte. Sobald eine strukturelle Frage aufgeworfen wurde, tauchte Grube ein paar Stunden später mit einem ausgefeilten Dokument auf, in dem alle Varianten minuziös durchgespielt waren.

Er wurde in der Hauptverwaltung von Daimler als ein überaus höflicher Mann von enormer Tatkraft und als überzeugender Kommunikator geschätzt. Der ausgebildete Luftfahrtingenieur kam im Sommer 1996 mit einem riesigen Apple-Farbdrucker im Gepäck nach Stuttgart. Diese Maschine – und das zugehörige Modem – ist ein entscheidender Grund für seinen Erfolg als Topmanager. Über sie ist er nämlich direkt mit einer Dame in München verbunden, deren berufliche Tätigkeit darin besteht, die Folien für Grubes berühmte Vorträge zu produzieren. Sobald ein Entwurf von Grube eingeht, legt sie sofort los und arbeitet wenn nötig die Nacht durch. Ein paar Stunden später kommen die Folien in prächtigem Technicolor aus dem Drucker heraus.

Die anderen Eckpfeiler seines Erfolgs sind fanatischer Arbeitseifer und begrenztes Schlafbedürfnis. Er ist jeden Morgen um 8 Uhr im Büro und nicht vor 22 Uhr zu Hause. Für gewöhnlich verbringt er dann eine Stunde mit seiner Frau, bevor er sich in sein Arbeitszimmer zurückzieht, um bis etwa 2 Uhr nachts an Berichten und Korrespondenz zu arbeiten. Wenn er am Wochenende zu Hause ist, nimmt er sich den Samstag frei. Sonntags joggt er zehn Kilometer, bevor er sich wieder an die Arbeit macht. Diese kleinen Pausen gönnt er sich jedoch nur an den Wochenenden, die er zu Hause verbringt – 1999 waren das ganze neun von 52 Wochenenden. Sein verständlicher Wunsch, mehr Zeit mit seiner Familie zu verbringen, war einer der Gründe, weshalb er nach Abschluss der Integration der beiden Unternehmen seinen Rücktritt erklärte.

Das dritte Mitglied des Daimler-Kernteams ist ebenfalls ein Workaholic. Alexander Dibelius ist der Investment-banker, der aufgrund seiner Mitarbeit am DaimlerChrysler-Deal vom Managing Director zum Partner bei Goldman-Sachs befördert wurde. Er ist ein blitzgescheiter und resoluter Bayer, der vor seinem Einstieg ins Investment-banking schon zwei andere Berufe ausübte. Im Jahr 1979 legte er das Abitur als Jahrgangsbester in Bayern ab und beendete schon mit 23 Jahren das Studium der Medizin. Er promovierte summa cum laude, spezialisierte sich auf Transplantationschirurgie und arbeitete zwei Jahre lang als Chirurg an großen südafrikanischen Krankenhäusern, wo er eine erstaunliche Bandbreite an Operationen durch-führte, von Herz- und Lungentransplantationen bis zur chirurgischen Behandlung von Verbrennungen und Schuss-verletzungen.

Im Alter von 25 Jahren kehrte er nach Deutschland zu-rück, mit mehr Erfahrung als die meisten 35-jährigen deut-schen Chirurgen. Da er allerdings den Beruf des Arztes mittlerweile als zu reizlos empfand, entschloss er sich, zu McKinsey & Co. zu gehen. Donnerstags nahm er seinen letzten Blinddarm heraus und am folgenden Montag trat er seine neue Stelle bei der Unternehmensberatung an. Anders als viele wissenschaftlich hoch begabte Menschen ist Dibelius ausgesprochen geschäftstüchtig – schon als Student betrieb er einen Gebrauchtwagenhandel – und begriff schnell die komplexen Zusammenhänge der betrieblichen Finanzwirtschaft. Er stellte sich auch rasch von der Behandlung von Patienten auf die Bedienung von Klienten um, ohne im Engagement nachzulassen. Man erzählt sich, er sei gedanklich so sehr von den Anliegen seiner Klienten absorbiert worden, dass er sich nicht auf die banalen Aspekte des Alltagslebens konzentrieren konnte. Nach einem unverbürgten Gerücht soll er einmal so sehr in die Fallstudie eines Kunden versunken gewesen sein, dass er gegen die Mauer der McKinsey-Garage fuhr. Er wurde in nur viereinhalb Jahren zum Partner berufen, so schnell wie kaum ein anderer. Sechs Monate später wechselte er zu Goldman-Sachs, der ersten internationalen Investmentbank, die im unterentwickelten deutschen Markt Fuß zu fassen versuchte.

Der schmächtige Mann mit dem durchdringenden Blick und scharfen Verstand nimmt auf all seine Reisen eine große Aktentasche mit. Wie ein Quacksalber öffnet er sie bereitwillig, um seine Waren zur Schau zu stellen – allerdings ist das, was er verkauft, sehr viel abstrakter und wertvoller als jedes Heilwässerchen. In der Tasche befindet sich ein dicker Ordner, der auf jeder Seite Pläne für grenzüberschreitende Unternehmensstrukturen zeigt. Hier ist ein Diagramm, das eine einfache Fusion zwischen Gleichen abbildet, dort ist die Tochtergesellschaft in einer neuen Holdinggesellschaft aufgegangen oder in ein neues Unternehmen ausgegliedert worden. Hier finden sich Dutzende von Entwürfen für potenzielle Transaktionen, die sich relativ leicht auf dem Papier ausarbeiten lassen, deren praktische Umsetzung jedoch äußerst knifflig, zeitraubend und kostspielig ist. Wenn er Seite für Seite durch den Ordner führt, erkennt man an seiner Redseligkeit, dass er ein ungewöhnlicher Investmentbanker ist. Die meisten Banker sind schweigsam, als ob sie darauf warteten, dass ihre Klienten ihnen einen Wink geben, ehe sie ihre Meinung kundtun. Seine Gedanken dagegen sprudeln in einem Schwall von Worten und Konzepten aus ihm heraus. Cordes ist einer der wenigen, der in dieser Hinsicht mit ihm Schritt halten kann.

Das letzte Mitglied des Teams war Lydia Deininger, die Büroleiterin des Vorstandsvorsitzenden. Sie war für die Koordinierung von Schrempps zahllosen Geschäftsterminen verantwortlich und dafür, dass die Verhandlungen innerhalb von Daimler und nach außen hin geheim gehalten wurden. Kurz, sie war die Zeremonienmeisterin.

Seit vielen Jahren in Schrempps Diensten, war sie mit ihm von München nach Stuttgart gegangen, als er die Position eines Vorstandsvorsitzenden »im Wartestand« antrat. Mittlerweile ist sie seine feste Lebenspartnerin, und nachdem sich Schrempp 1998 nach 35-jähriger Ehe von seiner Frau Renate trennte, leben sie auch offiziell zusammen.

Dank ihrer starken Persönlichkeit hat Lydia innerhalb des Unternehmens eine einflussreiche Stellung inne. Sie gibt Schrempp Ratschläge, wie er auf einen bestimmten Vorschlag reagieren soll. Sie ist die Verschwiegenheit in Person, sodass viele Mitarbeiter sich ihr offen anvertrauen, in der Gewissheit, dass es niemandem hinterbracht wird. Umgekehrt achten die Mitarbeiter im gesamten Unternehmen sehr aufmerksam auf ihre Worte, um daraus Rückschlüsse auf die Meinung des Chefs zu ziehen. Sie gibt sich jede erdenkliche Mühe, ihre Position nicht zu missbrauchen, und sagt im persönlichen Gespräch, dass sie besonders hart arbeiten müsse, um zu beweisen, dass sie die Stelle ihrer Sachkompetenz und nicht ihrer persönlichen Beziehung zu Schrempp verdanke. Enge Freunde sagen, Lydia gebe Schrempp die emotionale und professionelle Stabilität, die es ihm erlaubt, den enormen Stress zu ertragen, den die Position des Vorstandsvorsitzenden von Daimler mit sich bringt.

Während der Verhandlungen erwies sie sich als wertvolles Gegengewicht zu den aggressiv auftrumpfenden männlichen Egos auf beiden Seiten, die zum Teil hart aneinander gerieten. Diese dunkle, fast sizilianisch anmutende Schönheit hat in mehreren heiklen Situationen während der Fusionsverhandlungen die Gemüter besänftigt und kann für sich in Anspruch nehmen, den Deal in letzter Sekunde noch gerettet zu haben.

Diese vier wahrten so lange strengstes Stillschweigen über die Verhandlungen, bis Ende Februar erstmals Juristen hinzugezogen wurden. Im März wurde der innerste Kreis um weitere Führungskräfte und externe Berater erweitert. Dies war eine bewusste Entscheidung, eine Lehre aus den früheren Verhandlungen mit Chrysler und der Verschmelzung des Unternehmens mit der Mercedes-Benz AG im April 1997. In beiden Fällen war der Handlungsspielraum von Schrempp stark eingeschränkt gewesen: Viele Personen waren vorab informiert, es gab Indiskretionen und die Presse berichtete über jeden seiner Schritte. Indem er diesmal sicherstellte, dass nur einige wenige Personen eingeweiht waren, blieb er völlig Herr des Verfahrens.

*

Doch zurück zu den Tagen nach dem ersten Treffen der Vorstandsvorsitzenden im Januar. Bob Eaton ließ sich Schrempps Vorschlag durch den Kopf gehen. Die Logik eines Zusammenschlusses war zwingend, man brauchte kein Genie zu sein, um dies zu erkennen. Er war auch überzeugt, dass der Zeitpunkt richtig war. In seiner Rede im Sommer 1997, in der er die Risiken der Automobilindustrie mit einem Sturm verglichen hatte, der von drei Seiten angreift, hatte er seine allgemeine Bereitschaft zu einem Deal bereits signalisiert. Es wäre weit besser, mit dem renommiertesten Autohersteller zusammenzugehen, als untätig zu warten, dass andere die Initiative ergriffen. Und es wäre, so meinte Eaton, eine Fusion von zwei starken Unternehmen, die als gleichberechtigte Partner zusammengehen würden.

Obgleich er einem Deal wohlwollend gegenüberstand, war er skeptisch, was die Erfolgsaussichten betraf. Knapp zwei Wochen lang diskutierte er mit seinen engsten Mitarbeitern. »Offen gestanden glaubte in diesem Stadium niemand, dass es tatsächlich zu einer Einigung kommen würde«, sagte Eaton später. Er bat Gary Valade, den Finanzvorstand von Chrysler, eine kursorische Analyse sämtlicher Optionen durchzuführen. »Wir schauten uns alle Unternehmen der Welt an«, erinnert er sich, »und Daimler-Benz erwies sich als die beste Partie, die wir machen konnten. Die Analyse bestätigte, dass wir uns im Hinblick auf Produkte und Märkte, Stärken und Schwächen ideal ergänzten.«

Trotz der Übereinstimmungen fürchtete Eaton eine Reihe von potenziellen Hindernissen, vor allem in Fragen der Struktur, Leitung und Kultur. Er erinnerte sich auch an die gescheiterten Gespräche mit Mercedes-Benz. Damals war Daimler ein ungeordnetes Konglomerat ohne klare Fokussierung gewesen. Er wusste, dass Schrempp in den dazwischenliegenden Jahren das Unternehmen umgekrempelt hatte, benötigte aber viel genauere Informationen über den gegenwärtigen Zustand des Konzerns. Zumindest würden die Verhandlungen diesmal auf der richtigen Ebene stattfinden – er würde mit seinem direkten Gegenüber bei Daimler-Benz verhandeln.

11. Kapitel
RIFFS UND UNTIEFEN

Die Verhandlungen kommen in Gang

Genf: Mittwoch, 11. Februar 1998

Ende Januar hatte Eaton Schrempp angerufen, um ihm mitzuteilen, dass Chrysler die Gespräche fortführen wolle. Sie verabredeten sich für den 11. Februar in Genf. Eaton kam in Begleitung von Gary Valade in die Schweiz, Schrempp hatte Cordes zu den Gesprächen gebeten. Alle vier waren müde, als sie sich in einem Privatzimmer des Hotels President Wilson am Ufer des Genfer Sees zusammensetzten. Schrempp und Cordes hatten tags zuvor mit den übrigen »Eingeweihten« zu Abend gegessen und bis in die frühen Morgenstunden Brainstorming betrieben. Sie hatten nur vier Stunden geschlafen. Eaton und Valade waren mit einem Privatjet direkt aus Detroit eingeflogen und hatten nach ihrer Ankunft so wenig Zeit, dass sich Eaton im Hotelzimmer des Piloten am Flughafen duschen musste, bevor er direkt zu dem Treffen mit den Deutschen eilte. Abgesehen von der Erschöpfung war allen vier Männern ein weiteres Gefühl gemeinsam: Neugierde. Wohin würde all das führen?

In diesem Stadium wurden reine Sondierungsgespräche geführt. Der Zweck der Unterredungen bestand darin, herauszufinden, ob man die Gespräche überhaupt fortsetzen sollte.

»Sehen Sie«, begann Eaton, »wir haben die Sache geprüft und halten es für eine interessante Gelegenheit. Doch Sie werden verstehen, dass wir mehr über Ihre Strategie wissen müssen, bevor wir richtig einsteigen.«

Schrempp und Cordes erläuterten kurz, dass Daimler-Benz seit der letzten Gesprächsrunde zwischen Führungskräften von Mercedes und Chrysler tief greifend umgestaltet worden war. Valade und Eaton sprachen dann ihrerseits über die Erneuerung von Chrysler. Es war ein freier und offener Meinungsaustausch, und man gelangte rasch zu dem Schluss, dass die beiden Unternehmen einen Zusammenschluss wagen sollten. Sie einigten sich darauf, schnellstmöglich vorzugehen – ohne dabei die Modalitäten festzulegen –, und beraumten eine dreitägige Verhandlungsrunde für die folgende Woche in New York an. Eaton und Schrempp wollten nicht daran teilnehmen und übertrugen Valade beziehungsweise Cordes die Leitung der nächsten Gesprächsrunde. Sie würden jeweils einen weiteren Mitarbeiter und einen Investmentbanker mitbringen. Nach zwei Tagen sollten dann externe Rechtsberater dazustoßen.

Und so wurde es nach einer Unterredung von weniger als einer Stunde plötzlich ernst mit dem »Projekt Gamma«. Dieser neutrale Deckname war für beide Seiten annehmbar – anders als der Arbeitstitel, der bis dahin von den Deutschen und Goldman-Sachs benutzt worden war. Sie hatten die ursprüngliche Studie »Projekt Blitz« genannt, ein Wort, das sicher negative Assoziationen wachriefe, würde es zur Bezeichnung einer Fusion zwischen einem deutschen und einem amerikanischen Unternehmen benutzt werden. Auch für die beiden Konzerne mussten Decknamen gefunden werden. Von nun an sprachen die Eingeweihten von Cleveland (Chrysler) und Denver (Daimler-Benz).

Am Nachmittag, als die Amerikaner über den Atlantik zurückflogen, setzte sich Schrempp mit Cordes und Dibelius zusammen. Sie freuten sich, dass sie schon so weit gekommen waren, sahen aber auch eine Reihe von Schwierigkeiten voraus. Es gab zahlreiche Punkte, an denen die Transaktion scheitern könnte, mochten die Gründe für einen Zusammenschluss auch noch so zwingend sein. Wenn diese kritischen Punkte nicht in angemessener Weise, in der richtigen Reihenfolge und mit der gebührenden Berücksichtigung von Emotionen, aber auch pekuniärer Interessen gelöst würden, könnte der Deal jederzeit kippen.

Der erste kritische Punkt betraf die Chemie zwischen den beiden Männern an der Spitze und die Abgrenzung ihrer jeweiligen Führungsaufgaben: Wenn die beiden Konzernlenker nicht miteinander auskämen, wäre das Projekt gestorben. Eaton und Schrempp sollten sich ja nicht nur gut miteinander vertragen, sie müssten auch präzise festlegen, ob und wie sie sich die Aufgaben an der Spitze eines fusionierten Konzerns teilen wollten.

Die zweite Schwierigkeit bezog sich auf einen teils emotionalen, teils rechtlichen Aspekt: Wo sollte das Unternehmen seinen Sitz haben? Sollte es ein deutsches oder ein amerikanisches Unternehmen sein? Oder wäre es besser, sich auf ein neutrales Land zu einigen, wie etwa die Niederlande, was während der Verhandlungen tatsächlich kurz in Erwägung gezogen wurde?

Unabhängig davon, wo das Unternehmen letztlich seinen Sitz hätte, müssten Schrempp und sein Team auch die Riffs und Untiefen des deutschen Arbeitsrechts umschiffen. Entsprechend dem deutschen Mitbestimmungsgesetz sitzen Vertreter der Arbeitnehmer im Aufsichtsrat von Daimler. Dies gab ihnen zwar nicht die Macht, den Deal zu blockieren, aber sie konnten die Transaktion zumindest erschweren, wenn sie nicht dahinterstanden. Also mussten die Arbeitnehmer irgendwie von der Notwendigkeit eines Zusammenschlusses überzeugt werden, auch wenn sie, wie praktisch alle Mitarbeiter von Daimler, bis zum letzten Moment im Ungewissen gelassen würden.

Es gab in diesem Zusammenhang noch ein anderes Problem: Wenn das neue Unternehmen eine deutsche Aktiengesellschaft und keine US-amerikanische Corporation sein sollte, musste das Mitbestimmungsrecht auf die Arbeitnehmer von Chrysler ausgedehnt werden. Wie würden die Anteilseigner von Chrysler darauf reagieren?

Darüber hinaus musste eine Fülle weiterer Fragen gelöst werden. Wie sollte der Zusammenschluss konkret vollzogen werden? Sollte ein Unternehmen das andere übernehmen, oder sollte es eine echte Fusion sein? In letzterem Fall stellte sich die Frage, zu welchen Bedingungen die Aktien der beiden Unternehmen umgetauscht werden sollten. An welcher Börse und in welcher Währung sollten die neuen Aktien notiert werden?

Und schließlich gab es da noch einen besonders kritischen Punkt, an dem sich Meinungsverschiedenheiten hinsichtlich Macht, Verfügungsgewalt und patriotischen Stolzes leicht entzünden könnten: der Name des neuen Unternehmens.

Die Kunst des Verhandelns bestand nun vor allem darin, den richtigen Zeitpunkt zu wählen, zu wissen, wann man einen Aspekt in den Vordergrund stellt und wann man ihn ausklammert, um ein anderes Problem zu lösen. Das Daimler-Lager entschied in meisterhafter Weise alle wichtigen Streitfragen in der richtigen Reihenfolge für sich. Auch die Amerikaner bekamen das, was sie wollten, sodass es zu weit ginge, zu behaupten, sie seien überlistet worden. Aber sie wurden zweifellos geschickt ausmanövriert.

*

Das deutsche Team ging auseinander. Schrempp kehrte zurück nach Stuttgart, Dibelius begab sich nach Frankfurt, um sich auf die Gesprächsrunde in New York vorzubereiten, Cordes flog nach London. Tags darauf wollte er zusammen mit Jürgen Hubbert und Dieter Zetsche zweitägige Gespräche mit Vertretern von Ford führen. Es war jenes Folgetreffen, das Schrempp und Alex Trotman bei ihrer Begegnung in Detroit im Januar vereinbart hatten.

Es gab keine formelle Tagesordnung für dieses Treffen. Die Deutschen erwarteten einen allgemeinen Gedankenaustausch über die Lage in der Automobilindustrie. Hubbert hatte ein Papier vorbereitet, in dem er seine Sicht der künftigen Entwicklung der weltweiten Automobilindustrie zusammenfasste. Nach Einschätzung des Pkw-Vorstands von Daimler waren Toyota, General Motors, Ford und vermutlich auch Volkswagen die Hersteller, die aus eigener Kraft überleben konnten. Daher waren die deutschen Automanager neugierig darauf, weshalb Ford so interessiert an einer Zusammenarbeit war. Bei den meisten übrigen Autofirmen gab es große Fragezeichen. Auch Daimler-Benz würde die Flurbereinigung auf Dauer nicht in völliger Unabhängigkeit überstehen.

Der erste Tag verging, ohne dass die Deutschen eine Antwort auf ihre Frage erhielten. Das Ford-Team, das vom Technikvorstand Richard Perry-Jones geleitet wurde, legte seine Sicht der Branche dar. Es war die übliche Konsolidierungsgeschichte, und beide Seiten stellten hocherfreut fest, dass sie sich über das wahrscheinliche Zukunftsszenario einig waren.

Am zweiten Tag wurden die Gespräche dann sehr viel konkreter. »Wir waren völlig überrascht, als uns die Vertreter von Ford ganz offen ihre Gründe dafür darlegten, weshalb sie aktiv werden wollten«, erinnert sich Dieter Zetsche. »Sie sagten uns, dass sie ihres Erachtens für die künftige Schlacht nicht stark genug wären.«

»Was uns fehlt ist eine Marke in der Oberklasse«, sagte Perry-Jones. »Dort wird in Zukunft die Musik spielen.«

»Moment mal«, fielen ihm die Deutschen ins Wort, »was ist mit Jaguar?«

»Das Problem ist, dass Jaguar eine Luxusmarke ist, keine Oberklassenmarke«, entgegneten die Amerikaner. »Daher sind die Wachstumsaussichten von Jaguar begrenzt. Wir brauchen einen Partner, und Sie wären für uns der ideale.«

Dann sagten sie etwas, das Cordes beinahe die Sprache verschlagen hätte. »Sehen Sie«, sagte Perry-Jones, »wir haben eine Analyse gemacht und festgestellt, dass Sie der ideale Partner für uns sind. Für Sie wäre der ideale Partner allerdings Chrysler. Natürlich wissen wir, dass Sie schon 1995 mit Chrysler Gespräche geführt haben. Die sind allerdings gescheitert. Warum gehen wir also nicht zusammen?«

Cordes verzog keine Miene. Er war erleichtert, als sich Perry-Jones wieder strukturellen Fragen zuwandte.

»Wenn Sie sich also unserer Logik anschließen, wird die Frage der Corporate Governance von zentraler Bedeutung«, fuhr das Ford-Team fort. »Wir möchten nicht übernommen werden, und wir können uns vorstellen, dass Sie Ihrerseits nicht von uns übernommen werden wollen.«

Alles sprach für eine Fusion von Gleichen, doch die Sache hatte einen Haken. Mitglieder der Familie Ford besaßen eine besondere Klasse von Aktien, die den Nachfahren von Henry Ford vierzig Prozent der Stimmrechte gaben. Dies könnte sich als ein entscheidendes Hindernis erweisen, doch das Ford-Team erklärte sich bereit, nach einer Lösung zu suchen. Das Treffen endete mit der Zusage der Ford-Vertreter, sich bald wieder mit weiteren Vorschlägen zu melden.

Dieses Gespräch hatte Cordes die Augen geöffnet. Es bestätigte die zwingende strategische Logik der Gespräche mit Chrysler. Natürlich nicht nur deswegen, weil Ford ebenfalls festgestellt hatte, dass Chrysler der beste Partner für Daimler war, sondern auch weil Ford auf der Suche nach einem Partner war. In allen Szenarios, die Daimler entworfen hatte, war man immer davon ausgegangen, dass dieser mächtige Konzern, der zweitgrößte US-Autohersteller, allein überleben konnte.

»Dies war die endgültige Bestätigung dafür, dass wir etwas tun mussten«, erinnert sich Cordes.

*

New York:

Anfang der folgenden Woche flog Cordes mit Grube und Alex Dibelius zur nächsten Gesprächsrunde mit Chrysler nach New York. Zunächst war eine zweistündige Unterredung mit Jon S. Corzine, damals Seniorpartner bei Goldman-Sachs, geplant. Corzine trat später mit einem geschätzten Vermögen von 200 Millionen Dollar in den Ruhestand und kandidiert gegenwärtig als Senator für den Bundesstaat New Jersey. Corzine, ein freundlicher älterer Herr verschaffte Goldman-Sachs eine beherrschende Stellung auf dem heiß umkämpften globalen Investmentbanking-Markt. Er hatte bereits kurz nach Schrempps Ernennung zum Vorstandsvorsitzenden von Daimler enge Kontakte zu ihm geknüpft.

In den düsteren Tagen der Jahre 1995–96, als Schrempp in Deutschland wenig Freunde hatte, war Corzine ein willkommener Verbündeter und Ratgeber. Damals trug auch er mit dazu bei, dass Schrempp die richtigen Maßnahmen ergriff, um Daimlers Ertragskraft nachhaltig zu stärken und sich den Respekt der internationalen Kapitalmärkte zu verschaffen. Ende 1997, als die Restrukturierung von Daimler praktisch abgeschlossen war, hatte Schrempp den Banker gefragt, wie er am besten an Chrysler herankäme, und Corzine hatte ihm geraten, er solle unter keinen Umständen eine feindliche Übernahme erwägen. Schrempp hatte damals tatsächlich mit diesem Gedanken gespielt, war dann jedoch davon überzeugt worden, dass eine Übernahme die Mitarbeiter und Kunden von Chrysler befremden würde, ganz zu schweigen von den Politikern in Washington und Michigan, die die Sanierung von Chrysler mit Steuergeldern finanziert hatten.

»Das war ein guter Rat«, sagte Schrempp, lange nachdem die Fusion unter Dach und Fach war. »Ich kam zu dem Schluss, dass wir uns niemals an einem wirklich feindlichen Übernahmeversuch beteiligen sollten, nicht in der

Branche, in der wir tätig sind. Es war schwierig genug, diese beiden Unternehmen zusammenzubringen, selbst bei einer Fusion von Gleichen. Stellen Sie sich vor, wie schwierig es erst gewesen wäre, wenn wir obendrein auf massive Ablehnung gestoßen wären.«

Ein Deal sei nur mit Unterstützung der Unternehmensleitung möglich, so Corzine. Sobald Eaton und sein Team das Projekt befürworteten, könnten die übrigen Betroffenen – Politiker, Gewerkschaften, Mitarbeiter und Kunden – dafür gewonnen werden. Andernfalls würde es zu einer heftigen Gegenreaktion kommen, die eine Transaktion unmöglich machen würde.

Als die Unternehmen nun ernsthafte Verhandlungen aufnahmen, wiederholte Corzine diesen Rat: die Gegenseite nicht allzu sehr unter Druck setzen und sich so kooperativ wie möglich zeigen. Es sollte zur Leitmaxime des Daimler-Teams werden, alles daranzusetzen, die Unternehmensleitung von Chrysler auf seine Seite zu ziehen. Schon beim ersten Treffen verwandte das Daimler-Team gezielt den Terminus »Fusion von Gleichen«, um die Basis des Zusammengehens zu bezeichnen. Dies erwies sich als ein brillanter Schachzug, bis der Deal öffentlich bekannt gegeben wurde, doch danach sollte dieses Etikett beiden Seiten noch viel Ungemach bereiten.

Im Anschluss an das Gespräch mit Corzine trafen sich die Deutschen um 11 Uhr morgens in der Zentrale von Goldman-Sachs mit ihren Kollegen von Chrysler. Cordes zeigte sich konziliant und gab sich jede erdenkliche Mühe, die Amerikaner zu hofieren. Er musste sie davon überzeugen, dass Daimler sich seit den letzten Gesprächen grundlegend verändert hatte. Die Amerikaner waren noch immer verstimmt darüber, dass sie 1995 monatelang mit den Deutschen verhandelt hatten, ohne konkrete Ergebnisse zu erzielen. Diesmal würden sie nur weitermachen, wenn sie fest davon überzeugt wären, dass es eine echte Chance gäbe, unter akzeptablen Bedingungen zu einer Einigung zu kommen.

»Wir konzentrieren uns auf Pkws und Lkws«, erklärte Cordes. Er ging kurz auf alle Geschäftsbereiche von Daimler ein und erläuterte im Einzelnen, wie sich die strategische und operative Ausrichtung des Konzerns seit 1995 verändert hatte.

»Ich wollte unbedingt klarstellen, dass wir den Autosektor wieder erfolgreich zu unserem Kerngeschäft gemacht hatten«, sagte Cordes später. »Ich musste sie davon überzeugen, dass wir das Unternehmen reorganisiert und die Strukturen vereinfacht hatten, indem wir Mercedes seit 1997 nicht länger als eigenständiges Unternehmen führten. Ich wollte deutlich machen, dass wir einen völlig neuen Führungsstil praktizierten.«

Cordes machte seine Sache gut. Nach dem Mittagessen begaben sich beide Teams in die Zentrale von Credit Suisse First Boston. Dort sprachen sie zwanglos darüber, wie die Führungspositionen in einem fusionierten Unternehmen aufgeteilt werden sollten. Das Abendessen nahmen sie im Hinterzimmer eines nahe gelegenen Restaurants ein – sie verstummten jedes Mal, wenn der Ober kam. Es galt höchste Geheimhaltungsstufe, da sich die Zahl der »eingeweihten« Personen noch immer auf etwa ein Dutzend belief.

Die Verhandlungsführer vereinbarten, am nächsten Tag erneut zusammenzukommen. Wie es seine Art war, ließ Rüdiger Grube aus den skizzenhaften Diagrammen, die während des Treffens angefertigt wurden, noch spät in der Nacht eine Reihe makelloser Folien herstellen. Er verteilte sie beim Treffen am nächsten Morgen. Die Amerikaner lernten zum ersten Mal Grubes Sorgfalt kennen und waren beeindruckt.

Am Ende des zweiten Tages gab es auf beiden Seiten einen klaren Konsens: Es war sinnvoll, die Gespräche fortzusetzen. Die ins Auge gefasste Transaktion war nicht nur ein Hirngespinst der Strategieabteilung oder eine Laune ehrgeiziger Unternehmensleiter. Beide Seiten waren sich einig, dass sich ihre Unternehmen hervorragend ergänzten. Es gab kaum Überlappungen zwischen den Produkten der Autohersteller und eine weitgehend komplementäre Markenstruktur. Was die Marktpräsenz betraf, war Chrysler dort stark, wo Daimler-Benz unterrepräsentiert war, und umgekehrt. Daimler räumte ein, dass man in den Vereinigten Staaten expandieren müsse, während Chrysler zugab, in Europa nur schwach und in den rasch wachsenden Märkten Asiens so gut wie gar nicht vertreten zu sein. Wenn man die Produkte von Chrysler mit Daimlers globalem Vertriebsnetz verbinden würde, ergäbe sich ein Absatzschub, den keines der beiden Unternehmen allein zuwege brächte.

Sowohl Daimler als auch Chrysler würden von den jeweiligen Stärken des anderen profitieren. Cordes und sein Team erkannten, dass Mercedes das Know-how von Chrysler als kostengünstigem Hersteller sehr gut brauchen könnte. Zudem war das US-Unternehmen Weltmeister, was das Beschaffungsmanagement und die Markteinführung neuer Produkte betraf. Dies würde die unübertroffene technische Expertise von Mercedes-Benz hervorragend ergänzen.

In strategischer Hinsicht nahm sich alles so simpel aus, wie es die Planer von Daimler vorausgesehen hatten. Sehr viel vertrackter waren demgegenüber die strukturellen Fragen: In welcher Form sollte die Fusion vollzogen werden? Was war die optimale bilanztechnische Behandlung eines Zusammenschlusses zweier Unternehmen von beiden Seiten des Atlantiks? Welche Art von Aktie würde daraus hervorgehen, und an welchen Börsen sollte sie gehandelt werden? Würde Daimler zusätzlich zu seinem Aktienpaket noch Bargeld aufbieten müssen, um den Deal unter Dach und Fach zu bringen? Wie könnte man die Fusion so gestalten, dass für keinen der Beteiligten Steuern anfielen?

»Eine Transaktion so über die Bühne zu bringen, dass keinerlei Steuern anfallen, ist unter normalen Umständen

Edzard Reuter, von 1987–1995 Vorstandsvorsitzender der Daimler-Benz AG.

Alfred Herrhausen, von 1988 bis zu seinem Tod 1989 Vorstandssprecher der Deutschen Bank sowie Aufsichtsratsvorsitzender der Daimler-Benz AG.

Lee Iacocca, von 1979–1993 Chairman und CEO der Chrysler Corporation.
© Econ Ullstein List Verlag GmbH & Co. KG

Jürgen Schrempp,
von 1995–1998 Vorstands-
vorsitzender der Daimler-
Benz AG. Nach der Fusion
Ko-Chairman der Daimler-
Chrysler AG, seit 2000
alleiniger Konzernchef.
© Eberl/action press

Hilmar Kopper, als Auf-
sichtsratsvorsitzender der
Deutschen Bank und der
Daimler-Benz AG maßgeb-
lich an der Fusion beteiligt.

Chrysler Chairman Robert Eaton (links) und President Robert Lutz posieren vor dem
Chrysler Prowler.

London, 7. Mai 1998: Jürgen Schrempp und Robert Eaton studieren ein letztes Mal die Fusionsvereinbarungen …

… dann ist der Deal perfekt.

Auburn Hills, 17. Juni 1998: Gegenseitiges Kennenlernen. Schrempp und Eaton vor dem neuen Chrysler 300 M.

Detroit, 18. Juni 1998: Gemeinsamer Rundgang der Konzernchefs durch die Werkhallen von Chryler.

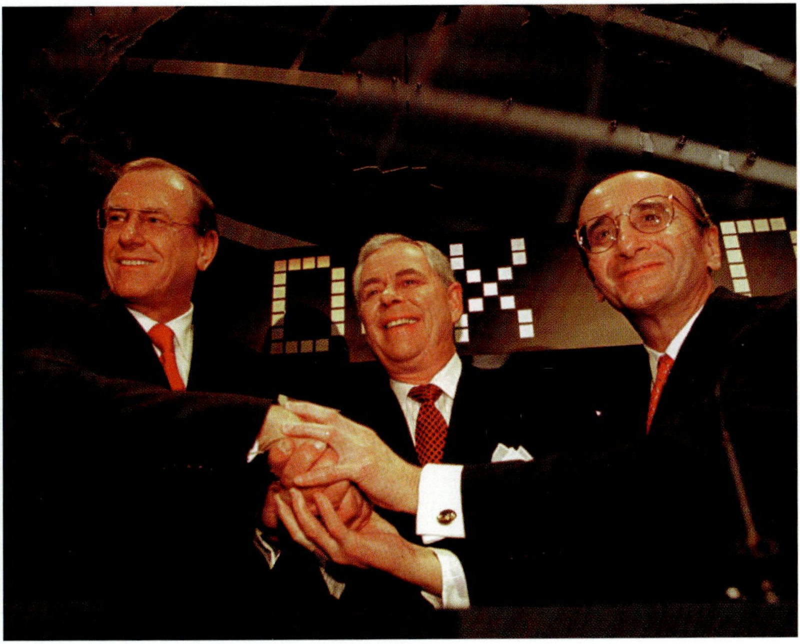

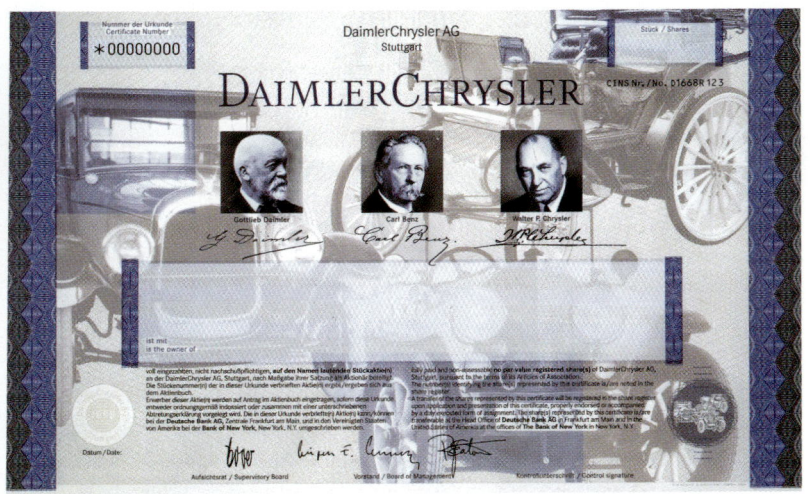

New York, 17. November 1998: Kurz vor dem Börsenstart.
Von links nach rechts: *Jürgen Schrempp, Robert Eaton und Richard Grasso, Chairman der New Yorker Börse.*

Nummer der Urkunde
Certificate Number
*00000000

DaimlerChrysler AG
Stuttgart

Stück / Shares

DAIMLERCHRYSLER

CINS Nr./No. D1668R 123

Gottlieb Daimler
Carl Benz
Walter P. Chrysler

ist mit
is the owner of

voll eingezahlten, nicht nachschußpflichtigen, **auf den Namen lautenden Stückaktie(n)** an der DaimlerChrysler AG, Stuttgart, nach Maßgabe ihrer Satzung als Aktionär beteiligt. Die Stückenummer(n) der in dieser Urkunde verbrieften Aktie(n) ergibt/ergeben sich aus dem Aktienbuch.
Erwerber dieser Aktie(n) werden auf Antrag im Aktienbuch eingetragen, sofern diese Urkunde entweder ordnungsgemäß indossiert oder zusammen mit einer unterschriebenen Abtretungserklärung vorgelegt wird. Die in dieser Urkunde verbriefte(n) Aktie(n) kann/können bei der **Deutsche Bank AG**, Zentrale Frankfurt am Main, und in den Vereinigten Staaten von Amerika bei der **Bank of New York**, New York, N.Y. umgeschrieben werden.

fully paid and non-assessable **no par value registered share(s)** of DaimlerChrysler AG, Stuttgart, pursuant to the terms of its Articles of Association.
The number(s) identifying the share(s) represented by this certificate is/are noted in the share register.
A transfer of the shares represented by this certificate will be registered in the share register upon application and presentation of this certificate, properly endorsed or accompanied by a duly executed form of assignment. The share(s) represented by this certificate is/are transferable at the Head Office of **Deutsche Bank AG** in Frankfurt am Main and in the United States of America at the offices of **The Bank of New York** in New York, N.Y.

Datum / Date:

Aufsichtsrat / Supervisory Board
Vorstand / Board of Management
Kontrollunterschrift / Control signature

Die Aktie mit den Porträts der Firmengründer Gottlieb Daimler, Karl Benz und Walter P. Chrysler.

Winning Teams

Von links nach rechts: *Eckhard Cordes, Rüdiger Grube, Lydia Deininger und Jürgen Schrempp, Mai 1998 in New York.*

Von links nach rechts: *Karl-Heinz Zimmermann, Jürgen Schrempp, Lydia Deininger, David Coulthard, Jürgen Hubbert und Norbert Haug beim Formel-1-Rennen in Monte Carlo, Mai 2000.*

Schrempp bei US-Präsident Bill Clinton im Rahmen des »Transatlantic Business Dialogue«, 18. Mai 1998.

Von links nach rechts: *Treffen des International Advisory Board. Jürgen Schrempp, Katsuhiko Kawasoe, Präsident von Mitsubishi Motors, und der ehemalige US-Präsident George Bush, Juli 2000.*

19. April 2000: Jürgen Schrempp spricht auf der DaimlerChrysler-Aktionärs-versammlung in Berlin.

Jürgen Schrempp und Bundeskanzler Schröder anlässlich der Konferenz »Modernes Regieren im 21. Jahrhundert« am 3. Juni 2000 in Berlin.

ein äußerst schwieriges Unterfangen«, erklärt Mike Schell, Partner der Daimler-Berater von Skadden, Arps, Slate, Meagher & Flom. »Mit ›normal‹ meine ich, dass nicht erschwerend eine grenzüberschreitende Dimension ins Spiel kommt. Hier hatten wir es mit zwei Rechtssystemen, zwei Börsen, zwei Unternehmenskulturen, zwei Stilen der Corporate Governance und zwei Rechnungslegungssystemen zu tun. Man kann die Schwierigkeiten und Komplikationen, die bei dieser Fusion auftraten, gar nicht hoch genug einschätzen.«

Am dritten und vierten Tag wurde der Kreis der Eingeweihten um Rechtsanwälte erweitert, die erste, vorläufige Antworten auf all diese Fragen geben sollten. Daimler wurde von Skadden, Arps, Slate, Meagher & Flom sowie Shearman & Sterling vertreten, während Chrysler von Debevoise & Plimpton und Cleary, Gottlieb, Steen & Hamilton repräsentiert wurde.

Wie nicht anders zu erwarten, führte die Anwesenheit der Juristen dazu, dass die Dinge noch komplizierter wurden. Es gab eine Menge wechselseitiger Missverständnisse, als die Deutschen die Grundzüge der Mitbestimmung darlegten, ein Konzept, das den Amerikanern völlig fremd ist. Das Chrysler-Team war im Grunde der Meinung, dass das deutsche Recht höchst kompliziert und für eine grenzüberschreitende Transaktion schlecht gerüstet sei, und reagierte skeptisch, als Cordes und Grube die Vorteile der gesetzlichen Vertretung der Arbeitnehmer im Aufsichtsrat erläuterten. Umgekehrt hielten die Deutschen die Auffassung der Amerikaner, alles könne nach US-amerikanischen Grundsätzen viel besser geregelt werden, insgeheim für unglaublich borniert.

Täglich schlossen Eckhard Cordes, Rüdiger Grube und Alexander Dibelius, wenn sie zwischen den Treffen gemeinsam im Aufzug fuhren, neue Wetten auf die Erfolgsaussichten einer Einigung ab. Nach der Sitzung am Dienstag lag die optimistischste Schätzung noch bei siebzig Prozent. Nachdem sie aber den Ausführungen der

Juristen gelauscht hatten, waren die Erfolgschancen auf deutlich unter fünfzig Prozent gesunken.

*

Der Zeitpunkt für das nächste Treffen wurde vom Genfer Automobilsalon diktiert, der die gleichzeitige Anwesenheit von Eaton, Valade, Schrempp und Cordes in der Schweiz unverfänglich erscheinen ließ. Es war sehr unwahrscheinlich, dass Konkurrenten zufällig Wind von den Verhandlungen bekommen würden. Zum ersten Mal traf sich das Verhandlungsteam in der Öffentlichkeit – in dem fast menschenleeren Speisesaal des Hotels Beau Rivage am Genfer See.

Auf der Tagesordnung standen mehrere Schlüsselfragen – unter anderem der Sitz des Unternehmens und die Besetzung der obersten Führungsposition.

Die Brisanz dieser letzten Frage war durch jüngste Meldungen noch deutlicher geworden. Einige Tage nach den Treffen in New York hatte Dibelius Schrempp auf einen Artikel auf der Titelseite der *Financial Times* aufmerksam gemacht, in dem geschildert wurde, wie die geplante Fusion von Glaxo Wellcome und SmithKline Beecham in letzter Minute gescheitert war. Der Grund dafür war, dass sich die CEOs der beiden Pharmaunternehmen nicht darüber verständigen konnten, wie sie die Führungsverantwortung im neuen Konzern teilen sollten. Am Ende war die Fusion, für die zwingende branchenspezifische und finanzielle Gründe sprachen, nach monatelangen Vorbereitungen an einer personellen Frage gescheitert.

Aus dieser Episode ließ sich für die Verhandlungen zwischen Daimler und Chrysler eine Lehre ziehen: Je eher die Frage, wer den neuen Konzern lenken sollte, beantwortet würde, umso besser. Schrempp hatte das Thema ursprünglich mit Eaton unter vier Augen besprechen wollen.

Doch da die Stimmung unter den vier Männern gelöst und freundlich war, beschloss er spontan, die Frage in Anwesenheit von Cordes und Valade anzuschneiden.

»Bob, wir müssen jetzt darüber sprechen, wer das Unternehmen leiten soll.«

»Auch ich habe schon darüber nachgedacht«, antwortete Eaton. »Mir schweben noch drei, vier oder fünf weitere Jahre vor.«

Eaton wollte die Position des Chairman übernehmen, Schrempp sollte sein Stellvertreter werden.

»Nach einer Weile übernehmen Sie dann allein das Ruder«, erklärte Eaton. »Ich trete ab, Sie folgen mir nach.«

»Bob«, sagte Schrempp, »ich bin so fest vom Sinn dieses Deals überzeugt, dass ich damit kein Problem habe. Wenn Sie der Chairman sein wollen, schön, dann werde ich eben ausscheiden.«

Es war typisch für die Verhandlungstaktik von Schrempp – er bot an, seine Karriere für eine Sache zu opfern, die viel bedeutsamer war als sein persönliches Fortkommen. Er hatte dies schon früher, in mehreren entscheidenden Momenten während seines Aufstiegs an die Spitze von Daimler-Benz, getan. Cordes bezweifelte nicht im Geringsten, dass Schrempp auch tatsächlich meinte, was er sagte: Er würde seinen Hut nehmen, wenn dies der Preis für den Deal wäre. Eaton reagierte jedoch so, wie es Schrempp erwartet hatte – er machte ein ähnliches Angebot. Selbstverständlich, so Eaton, würde auch er zurücktreten, wenn dies einer Einigung förderlich wäre.

»Okay«, sagte Schrempp, der Gefallen an der anstehenden Aufgabe zu finden begann. »Jetzt sind wir einen Schritt vorangekommen. Wir beide wären bereit, zurückzutreten, weil uns unsere Unternehmen und unsere Arbeit so viel bedeuten. Das ist toll!«

Eaton ließ sich von Schrempps Begeisterung mitreißen.

»Ausgezeichnet«, sagte Schrempp, »aber wir brauchen die Unterstützung unser beider Aufsichtsräte. Ich vermute, dass wir ein großes Problem hätten, wenn ich ausscheiden würde, und wenn Sie zurücktreten, hätten wir ebenfalls ein Problem. Deshalb schlage ich vor, dass wir uns die Führung teilen.«

Schrempp fragte Eaton, wie alt er sei. Er war 58. Der 53-jährige Schrempp würde voraussichtlich länger im Unternehmen bleiben. Daher konkretisierte er seinen Vorschlag: »Wir wissen beide, dass es auf lange Sicht nicht funktionieren kann, zwei Chairmen zu haben. Daher müssen wir jetzt festlegen, wie lange wir diese Doppelspitze bilden wollen.«

Eaton nickte beifällig. Schrempp fuhr fort: »Bob, Sie wissen, dass ich für Ihre Leute ein Unbekannter bin. Vielleicht fürchten sie einen Deutschen mit meinem Ruf und würden erbitterten Widerstand leisten. Meine Leute werden Sie vielleicht mögen, weil Sie, im Gegensatz zu mir, ein Gentleman sind. Aber Sie sind für sie ebenfalls ein unbeschriebenes Blatt.«

»Kurz und gut, beide Seiten dürften den Wunsch haben, dass ihre Chefs eine Zeit lang an Bord bleiben.« Schrempp kam nun zum springenden Punkt seines Vorschlags: Sie würden der Öffentlichkeit von Anfang an mitteilen, dass sie nur eine gewisse Zeit eine Doppelspitze bilden wollten. Danach würde Eaton zurücktreten.

Die heikle Frage war nun, wie lange dieser Zeitraum sein sollte. Schrempp schlug zwei Jahre vor. Eaton lächelte breit: »Okay, Jürgen, wir sind uns einig.«

Daraufhin beschlossen die vier, zum Mittagessen zu gehen. An den Fenstern sitzend, die einen herrlichen Ausblick auf den Genfer See gewährten, waren sie alle in bester Stimmung: Der brisanteste Punkt von allen war angesprochen und gelöst worden. Sie waren so aufgeräumt, dass Eaton einen taktischen Fehler beging: Ihm rutschte heraus, dass er möglicherweise schon vor dem vereinbarten Zeitpunkt seinen Posten zur Verfügung stellen wolle, sofern alles glatt liefe.

Einige Wochen später teilte Eaton Schrempp mit, das Board von Chrysler habe der vereinbarten dreijährigen Doppelbesetzung der Führungsspitze zugestimmt. Schrempp war leicht irritiert, dass aus den vereinbarten zwei nun drei Jahre geworden waren. Doch im Grunde kümmerte ihn das wenig. Denn in Lausanne hatte Schrempp erkannt, dass er am Steuer sitzen würde – egal, ob es einen Kochairman gab oder nicht.

*

Nachdem die vier Männer die Frage der Führungsspitze zu ihrer Zufriedenheit gelöst hatten, wandten sie sich weiteren Problemen zu.

Erstens: der Firmensitz. Sollte der fusionierte Konzern seinen Sitz in Deutschland, den Vereinigten Staaten oder in einem neutralen Drittland wie den Niederlanden, Luxemburg oder Großbritannien haben?

Zweitens: ein gemeinsamer Geschäftsplan, der die erheblichen Synergien, die aus der Fusion resultieren würden, quantifizieren sollte.

Drittens: eine Kapitalstruktur, die den Interessen der Aktionäre beider Unternehmen gerecht würde.

Viertens: die Zusammensetzung des Boards. Wer würde die Spitzenpositionen bekommen?

Und *fünftens:* der neue Name.

Beide Seiten waren übereinstimmend der Ansicht, dass diese Punkte echte Stolpersteine seien. Ohne eine rasche Einigung in diesen Fragen würde der Deal platzen. »Wenn wir das nicht bis Ende März klären können, sollten wir die Sache abblasen«, sagte Eaton. Schrempp und Cordes stimmten dem zu: Je schneller alle offenen Fragen abgehakt würden, umso besser.

Sie beschlossen, die Berechnung der Synergien auf den spätestmöglichen Zeitpunkt zu verschieben, da es hierfür erforderlich war, den Kreis der Eingeweihten auf die Bereichsvorstände auszudehnen. Beide Seiten wussten, dass das Risiko des Scheiterns umso höher war, je mehr Personen über das Vorhaben Bescheid wussten. Indiskretionen waren eine potenzielle Bedrohung. Wenn die Presse Wind von den Verhandlungen bekäme, hätte man keinerlei Möglichkeit, die Schlagzeilen zu beeinflussen, und beide Unternehmen würden unter enormen Druck geraten. Ohne eine sorgfältig koordinierte Kommunikationskampagne könnten die Kapitalmärkte zu der negativen Schlussfolgerung gelangen, dass sowohl Daimler-Benz als auch Chrysler als unabhängige Unternehmen nicht länger überleben könnten. Beide Unternehmen wären unversehens »im Spiel« und müssten mit feindlichen Übernahmeversuchen Dritter rechnen. Das Risiko war für Chrysler größer, da seine Marktkapitalisierung geringer war und das Unternehmen daher leichter geschluckt werden konnte. Doch auch Daimler konnte sich ohne seine Verlustbringer AEG und Fokker, die jeden potenziellen Übernahmeinteressenten abgeschreckt hätten, nicht mehr in Sicherheit wiegen.

Es gab noch ein weiteres Argument gegen die Erweiterung des magischen Kreises: Je mehr Personen einbezogen wurden, umso stärker würden persönliche Interessen Einzelner in den Vordergrund treten. Eine Fusion geht zwangsläufig mit einer Umverteilung von Macht und Verantwortlichkeiten einher. Wenn man zu viele Personen zu früh einbezieht, kann das Gerangel um die begehrtesten Posten die Verhandlungen erheblich belasten und sogar zum Scheitern bringen.

Eingedenk dieser Überlegungen erachteten es die vier als zu riskant, die Chefs der Fahrzeugsparten bereits zu diesem Zeitpunkt mit einzubeziehen – erst Ende April trafen Hubbert und Zetsche mit ihren Kollegen von Chrysler zusammen. Bis dahin wurde das Thema ausgeklammert.

Alle Personen, die in die Verhandlungen eingeweiht wurden, mussten sich nun schriftlich verpflichten, absolutes Stillschweigen zu wahren, und den Betreffenden wurden schwerwiegende Konsequenzen für den Fall angedroht, dass irgendwelche Informationen an die Öffentlichkeit dringen sollten. Der Verschwiegenheitskodex wurde minuziös befolgt, sodass selbst Gattinnen und Sekretärinnen erst in den allerletzten Verhandlungstagen im Einzelnen wussten, was im Gange war.

Die Unterredung in Lausanne ging in einer optimistischen Stimmung zu Ende. Die Männer waren sich einig, dass die Erfolgschancen für den Deal bei fünfzig Prozent lagen. Doch wenn man die selbst gesetzte Frist Ende März einhalten wollte, musste man sich noch gewaltig ins Zeug legen.

*

Schrempp war in der festen Überzeugung nach Lausanne gekommen, dass das fusionierte Unternehmen eine deutsche AG sein müsse.

Der entscheidende Punkt war der, dass Deutschlands größtes Unternehmen unter keinen Umständen seinen Sitz ins Ausland verlegen konnte, selbst wenn finanzielle Gründe dafür sprechen mochten. Daimler-Benz war viel zu sehr Teil des deutschen Gesellschaftsgefüges, als dass es in ein amerikanisches, niederländisches oder britisches Unternehmen verwandelt werden könnte. Die Gewerkschaften, die Politiker, der Aufsichtsrat, die Verbraucher, alle wären dagegen. Kurz, diese Idee hatte keine Chance, er würde sie in Deutschland niemals durchsetzen können.

Allerdings deckte Schrempp in der Schweiz seine Karten nicht auf. Als Eaton ihn fragte, was er von den Alternativen halte, zuckte Schrempp mit den Schultern und sagte: »Ich will, dass wir uns einigen.« Es machte keinen Sinn, diesen Punkt zu behandeln, bevor die Juristen nicht ihre Empfehlungen abgegeben hatten. Dennoch beruhigte ihn das, was Eaton bei diesem Treffen noch dazu sagte.

»Die AG selbst ist kein wirklicher Knackpunkt, ich bin sicher, dass wir damit leben könnten«, so der CEO von Chrysler. »Das Problem sehe ich eher darin, dass deutsche Aktien für amerikanische und asiatische Anleger nicht besonders attraktiv sein dürften.«

Diese Bemerkung gab den Deutschen einen willkommenen Einblick in die Verhandlungsposition der Amerikaner: Ihr vordringliches Interesse bestand offenbar darin, das Bestmögliche für die Aktionäre herauszuholen und darüber hinaus einen möglichst aufnahmefähigen und liquiden Markt für DaimlerChrysler-Aktien sicherzustellen. Dies, soweit stimmte auch Schrempp mit Eaton überein, sei die beste Garantie für eine optimale Bewertung des fusionierten Unternehmens.

Eatons Sorgen waren, wie sich zeigen sollte, berechtigt. Nach Abschluss des Deals wurden die Aktien von DaimlerChrysler aus dem Standard & Poors-Index der 500 größten Unternehmen herausgenommen, und zwar gerade weil es sich nun um ein deutsches Unternehmen handelte. Die Tatsache, dass der neue Konzern über die Hälfte seines Umsatzes in den Vereinigten Staaten erwirtschaftet und dass dieser ein Prozent des US-Bruttoinlandsproduktes ausmacht, wurde von den Managern des S & P-Index als irrelevant erachtet.

Dieser Index ist eine wichtige Referenzgröße für institutionelle Anleger in Nordamerika, die vielfach kraft rechtlicher Vorschriften nur in solche Unternehmen investieren dürfen, die in offiziellen Indizes wie dem S & P 500 enthalten sind. Wie Eaton befürchtet hatte, führte das Herausnehmen aus dem Index dazu, dass amerikanische Großaktionäre scharenweise ihre Aktien verkauften. Ein Jahr nach Abschluss des Deals war der Anteil der DaimlerChrysler-Aktien, der sich im Besitz von US-Anlegern befand, von 44 Prozent zum Zeitpunkt der Fusion auf 25 Prozent gefallen, während der deutsche Anteil von vierzig auf sechzig Prozent gestiegen war.

Rein betriebswirtschaftlich betrachtet, war die Rechtsform einer deutschen AG tatsächlich die sinnvollste Konstruktion. Dies lag an den Steuern: Diese sind bei komplexen Fusionen und Übernahmen immer ein Schreckgespenst, bei grenzüberschreitenden Transaktionen aber sind sie eine Quelle geradezu alptraumhafter Schwierigkeiten. Geht ein amerikanisches Unternehmen eine grenzüberschreitende Fusion mit einem anderen Unternehmen ein, fallen keine Steuern an, sofern bestimmte Voraussetzungen erfüllt sind. Im vorliegenden Fall wäre entscheidend, dass die früheren Aktionäre von Chrysler am Ende weniger als fünfzig Prozent der Aktien des neuen Unternehmens hielten. Dies ließe sich nach Ansicht der Investmentbanker einigermaßen leicht bewerkstelligen.

Fusioniert dagegen ein deutscher Konzern mit einem ausländischen Unternehmen müssen dessen Aktionäre die vom Unternehmen gebildeten so genannten stillen Reserven versteuern. Stille Reserven sind ein kurioses Merkmal deutscher Bilanzen; sie haben den Nimbus des Mysteriösen, da es sich um erhebliche Beträge handeln kann, die nirgends ausgewiesen sind. Heutzutage findet man sie immer seltener, da die meisten deutschen Großunternehmen mittlerweile die amerikanischen Rechnungslegungsgrundsätze (US-GAAP) übernommen haben. Nach den US-amerikanischen Vorschriften sind Unternehmen dazu verpflichtet, die Öffentlichkeit möglichst umfassend und wahrheitsgetreu über ihre Finanzlage zu informieren, da man davon ausgeht, dass Aktionäre diese Informationen heranziehen, um Unternehmen zu vergleichen und um sachlich fundierte Anlageentscheidungen zu treffen.

Die altmodische deutsche Rechnungslegung hatte andere Prioritäten, vor allem den Gläubigerschutz. Das Leitprinzip war der vorsichtige Wertansatz, und die Unternehmen wurden dazu ermuntert, einbehaltene Gewinne anzuhäufen, statt sie an die Anteilseigner auszuschütten. Die Größenordnung dieser einbehaltenen Gewinne wurde nicht bekannt gegeben, mit der Folge, dass die veröffentlichten Bilanzen den Wert der Vermögensgegenstände deutscher Unternehmen zu niedrig ansetzten. Ganz grob vereinfachend könnte man sagen – erinnern wir uns, dass die Wirtschaftsjuristen von vier führenden Anwaltssozietäten fast einen Monat lang brauchten, um die Sache auszuknobeln –, dass die grenzüberschreitende Transaktion eines deutschen Unternehmens zur Folge hat, dass sämtliche Vermögenszuwächse, die möglicherweise über

Jahrzehnte im Unternehmen verdeckt angehäuft wurden, offen gelegt werden müssen. Der Wertzuwachs, der als Differenzbetrag zwischen dem heutigen Wert der Aktiva und ihrem Wertansatz beim erstmaligen Ausweis in der Bilanz errechnet wird, ist steuerpflichtig.

Im Fall von Daimler-Benz kamen die Berater nach überschlägigen Berechnungen für das Jahr 1998 zu dem Schluss, dass bei einer grenzüberschreitenden Fusion Steuerzahlungen in Höhe von etwa fünfzehn Milliarden Mark anfallen würden. Eine steuerliche Belastung in dieser Größenordnung sollte, darin waren sich beide Seiten einig, unter allen Umständen vermieden werden. Sie hätte die ganze Arithmetik des Deals zerstört.

Die Amerikaner räumten bei einem weiteren Treffen, das am 18. und 19. März in London stattfand, unumwunden ein, dass aus diesen Gründen eine deutsche AG nach rein betriebswirtschaftlichen Gesichtspunkten die sinnvollste Rechtsform sei. Zunächst hatten sie eigentlich eine niederländische NV favorisiert, da ein neutrales Drittland auch den Eindruck verstärkt hätte, dass es sich bei dem Deal um eine echte Fusion handelt. Aber da machten die Deutschen nicht mit. Ungeachtet der rhetorischen Formel von der »Fusion von Gleichen« sah es immer mehr danach aus, als würde ein amerikanisches Unternehmen schlicht von einem deutschen übernommen.

Besorgt um das negative Echo in der Öffentlichkeit, änderte das Chrysler-Team seine Verhandlungsstrategie. Es forderte einen höheren Preis für die Chrysler-Aktien als Gegenleistung für die Verlegung des Firmensitzes nach Deutschland. »Die Höhe der Prämie hängt davon ab, ob das neue Unternehmen eine AG oder eine niederländische NV werden soll«, lautete die unmissverständliche Botschaft. »Wenn es eine AG werden soll, zahlt ihr mehr.«

In diesem Augenblick traten die Verhandlungen in ein neues Stadium. Eine Einigung war in greifbare Nähe gerückt – die Frage war nur: Zu welchem Preis?

12. Kapitel
RELATIVE WERTE

Die Gespräche machen Fortschritte

The Dorchester Hotel, London:
Donnerstag, 9. April 1998

Es war vermutlich der nervenaufreibendste Moment in Eckhard Cordes' beruflicher Laufbahn. Zusammen mit etwa fünfzehn Bankern und Juristen saß er in einem großen Konferenzzimmer im Londoner Dorchester Hotel. Cordes, der im ganzen letzten Monat nicht viel Schlaf gehabt hatte, war übermüdet und erschöpft. Seine Leute fielen reihenweise aus: Ein Investmentbanker hatte ununterbrochen fünfzig Stunden lang gearbeitet; er kam mit wankenden Schritten zu einer Besprechung mit Cordes und bat, sich endlich schlafen legen zu dürfen. Scharen von Beratern hatten rund um die Uhr gearbeitet, um eine Grundsatzvereinbarung über die technischen Einzelheiten zu erreichen: die Rechtsform des fusionierten Unternehmens und das so genannte »Umtauschverhältnis«.

Cordes war überzeugt, dass der Kurs, zu dem Chrysler-Aktien in die neuen DaimlerChrysler-Aktien umgetauscht würden, mittlerweile zur Zufriedenheit beider Verhandlungsteams festgelegt worden sei. Es bedürfe nur noch, der Form halber, eines Vier-Augen-Gesprächs unter den Konzernlenkern. Also hatte man Schrempp und Eaton in einen kleinen Raum geführt, wo sie, so hoffte Cordes, ein paar Höflichkeiten austauschen und die Formel absegnen würden, an der so viele Leute in den vergangenen Wochen geschuftet hatten.

235

Eine halbe Stunde verging, dann eine Stunde, dann eine weitere halbe Stunde – die Unruhe wuchs. Die Unruhe schlug in Panik um, als die beiden Chefs einen Taschenrechner verlangten. Es war nicht vorgesehen, dass sich Eaton und Schrempp mit Details befassen sollten – wenn sie erst einmal begonnen hatten, an den Umtauschverhältnissen herumzumäkeln, war der ganze Deal in Gefahr. Außerdem gab Anlass zur Sorge, dass Schrempp alles andere als ein Finanzexperte war: Wie sollte er die Einzelheiten dieser hochkomplizierten Vereinbarung verstehen?

*

»Jürgen, wir haben ein Problem!« Die Atmosphäre in dem kleinen Zimmer war angespannt. Eaton bestand auf einem Preis von nicht weniger als 57,50 Dollar pro Aktie – was einem Wert von 37,1 Milliarden Dollar für das gesamte Unternehmen entsprach. Der Aktienpreis hatte für ihn eine hohe emotionale Bedeutung: Die Deutschen wussten, dass dieser Betrag dem Wert des feindlichen Übernahmeangebots von Kirk Kerkorian, dem milliardenschweren Finanzmagnaten entsprach. Eaton hatte über Jahre hinweg die Angriffe Kerkorians abgewehrt und fühlte sich nun moralisch verpflichtet, bei einem Deal mit Daimler zumindest denselben Preis herauszuholen.

Schrempp war vor dem Gespräch mit Eaton von Cordes und Dibelius instruiert worden. »Umtauschverhältnisse interessieren mich nicht, ich will einen Deal«, hatte Schrempp ungehalten gesagt. »Ich möchte nur wissen, wie viel Spielraum ihr mir geben könnt, wie weit ich nach oben gehen kann, ohne einen schlechten Deal zu machen.«

Sie hatten ihm ein kleines Blatt Papier überreicht, auf dem die Parameter der Verhandlungsposition von Daimler-Benz niedergelegt waren. Der Standpunkt war klar: Daimler könnte – bei einem günstigen Kurs – eine Prämie von dreißig Prozent auf die Chrysler-Aktie zahlen, aber nicht mehr. Als erstes Angebot hatte Schrempp daher eine Prämie von 25 Prozent vorgeschlagen.

»Bestehen Sie darauf?«, fragte Eaton.

»Es ist ein faires Angebot«, erwiderte Schrempp.

»Ich kann das nicht durchsetzen, ich krieg das nicht durch das Board«, antwortete Eaton. Er stand auf und goss sich ein Glas Weißwein ein. »Es ist ein ausgezeichneter Deal, aber das kann ich einfach nicht bringen.«

Nach einem Moment des Schweigens bat Eaton Schrempp um einen Füller. Er begann, wild auf einer Papierserviette herumzurechnen. Schrempp blickte irritiert auf die Summen. »Addieren Sie, subtrahieren Sie, oder was zum Teufel machen Sie da?«, fragte er. »Wenn Sie addieren, sind diese Zahlen jedenfalls falsch.« Zu diesem Zeitpunkt ließen sie sich einen Taschenrechner bringen.

Eaton und Schrempp berieten sich insgesamt drei Stunden lang. Sie leerten zuerst eine Flasche Weißwein, dann eine Flasche Rotwein. Als Schrempp und Eaton endlich mit breitem Grinsen in den Hauptkonferenzsaal zurückkamen, atmeten über ein Dutzend Banker und Anwälte, die dort ausgeharrt hatten, erleichtert auf: Der Deal war offensichtlich noch nicht gestorben.

Eaton erläuterte seinen Leuten, dass sie sich auf den Preis von 57,50 Dollar je Aktie geeinigt hätten, während Schrempp Cordes und Dibelius erzählte, sie hätten sich auf eine Prämie von 28 Prozent verständigt. Die beiden blickten sich verwundert an: Sie wussten, dass es mathematisch unmöglich war, ausgehend von dieser Prämie auf einen Angebotspreis von 57,50 Dollar zu kommen. Wenn man 28 Prozent zum Schlusskurs dieses Tages von 43,50 Dollar addierte, erhielt man lediglich 55,68 Dollar, was für die Amerikaner im Grunde nicht annehmbar war. Die Chefs hatten es also doch vermasselt!

Doch ehe sie ihre Bedenken äußern konnten, war Schrempp bereits mit Lydia Deininger in das chinesische Restaurant des Dorchester enteilt. »Sag mir mal, was eigentlich für diesen Deal spricht?«, bat er Lydia. Er war in aufgeräumter Stimmung und wiederholte spielerisch die Argumente dafür und dagegen. Er freute sich darauf, seinen Aufsichtsratsvorsitzenden erstmals detailliert über die Transaktion zu informieren, vielleicht schon am Wochenende. Auch war es an der Zeit, die übrigen Mitglieder des Daimler-Vorstands in den Deal einzuweihen.

Seine gute Laune erhielt einen abrupten Dämpfer, als Dibelius und Cordes an seinem Tisch erschienen. »Es gibt ein Problem, ein echtes Problem«, sagten sie aufgeregt: Die Zahlen gingen nicht auf. »Du hast Eaton missverstanden«, sagte Dibelius. »Wir müssen zurückgehen und das Missverständnis ausräumen.«

Schrempp fuhr sie verärgert an: »Ich bin in dieses Treffen gegangen und habe mich exakt an das gehalten, was ihr mir gesagt habt, und jetzt wollt ihr mir weismachen, dass ich einen Fehler gemacht habe. Ich möchte kein Wort mehr darüber hören, sondern in Ruhe mein Essen genießen.«

Niedergeschlagen zogen sich Dibelius und Cordes in den großen Sitzungssaal zurück. Gemeinsam mit ihren Kollegen von Chrysler speisten auch sie chinesisch – allerdings war es ein bescheidener Imbiss im Vergleich zur Haute Cuisine, die Schrempp goutierte. Nach einigem Hin und Her kamen sie zu dem Schluss, dass die Differenz zwischen beiden Seiten so gering war, dass man die Mogelei riskieren konnte, ohne dass der Deal doch noch kippte. Sie beschlossen, die Aktienkurse vierzehn Tage lang zu beobachten, in der Hoffnung einen Tag zu finden, an dem beide Bedingungen – sowohl Eatons 57,50 Dollar als auch Schrempps 28 Prozent – erfüllt wären.

Dibelius und Cordes überbrachten Schrempp die frohe Botschaft, als dieser gerade die Hotelbar verlassen wollte, um zu Bett zu gehen. »Jürgen, du wirst es nicht glauben«, sagte Cordes voller Überschwang. »Die Sache läuft, die Vereinbarung steht . . . lass uns darauf anstoßen.«

»Ihr seid ja verrückt«, erwiderte Schrempp. »Ich habe nichts gegen einen weiteren Drink, aber wie seid ihr eigentlich auf die Idee gekommen, dass wir uns nicht geeinigt hätten?« Sie gingen zurück zur Bar, und Schrempp spendierte eine Runde Whiskey sour.

Zur großen Erleichterung von Cordes und Dibelius bewegten sich die Aktienkurse am 15. April tatsächlich in geeigneter Weise aufeinander zu, sodass sich sogar ein Aktienkurs von 58,72 Dollar bei einer Prämie von 28 Prozent ergab. Daimler würde die Summe von 37,9 Milliarden Dollar in Form von Aktien bezahlen.

*

»Können Sie mir erklären, wofür die Prämie ist?«, fragte ein Berater von Chrysler ungefähr zu dieser Zeit seinen Verhandlungspartner von Goldman-Sachs. Er arbeitete erst seit kurzem an dem Projekt und wollte über den Grund für die Prämie, auf die sich Schrempp und Eaton verständigt hatten, aufgeklärt werden.

»Junge, die gibt's, weil wir euch übernehmen«, lautete die unfreundliche Antwort.

Dies war ein ungewöhnlicher Verstoß gegen die Etikette. Noch lange nach dem erfolgreichen Abschluss der Fusionsverhandlungen hielten beide Seiten an der offiziellen Sprachregelung fest, wonach die Transaktion ein »merger of equals« und keine Übernahme war. Doch jeder, der sich die finanzielle Mechanik der Transaktion genauer ansah, hätte ohne weiteres erkennen können, dass eine Seite gleicher war als die andere.

Bei einer Fusion im strengen Sinne würde man nicht über eine Prämie verhandeln. Es käme zu einem einfachen Zusammenschluss der beiden Unternehmen auf der Grundlage ihres relativen Börsenwertes. Wenn, um ein hypothetisches Beispiel zu nehmen, der Börsenwert von Daimler sechzig und der von Chrysler vierzig betragen würde, dann würden die Chrysler-Aktionäre vierzig Prozent an dem fusionierten Unternehmen halten und die Daimler-Aktionäre sechzig Prozent.

Natürlich war die Rechnung in Wirklichkeit nicht ganz so einfach. Die Daimler-Aktien wurden sehr viel höher bewertet als die Chrysler-Aktien. Als der Zusammenschluss im Mai 1998 bekannt gegeben wurde, wurden die Aktien des deutschen Unternehmens mit dem 26fachen des erwarteten Gewinns je Aktie gehandelt. Das Kurs-Gewinn-Verhältnis für Chrysler dagegen betrug nur 8,2. Dies führte zu einer interessanten Schieflage. Die Zahlen, die am 5. Mai, zwei Tage vor Bekanntgabe des Deals, dem Board von Chrysler vorgelegt wurden, zeigten, dass der Konzern mit 37 Milliarden Dollar bewertet wurde, während es Daimler an der Börse auf 53 Milliarden Dollar brachte. Gleichzeitig wurde aber damit gerechnet, dass Chrysler 1999 einen Gewinn nach Steuern von 3,3 Milliarden Dollar ausweisen würde, gegenüber nur 2,9 Milliarden Dollar bei Daimler-Benz. Obgleich Chrysler höhere Gewinne erwirtschaftete als Daimler, war seine Marktkapitalisierung nur halb so hoch wie die des deutschen Unternehmens.

Weshalb bewertete die Börse Daimler so viel höher als Chrysler? Das lag unter anderem daran, dass Anleger die Folgen eines weiteren Nachfragerückgangs am US-Markt fürchteten. Sie hatten erlebt, was Anfang der neunziger Jahre mit Chrysler geschehen war, und sie waren überzeugt, dass es wieder passieren würde. Die Ertragslage von Chrysler würde von Absatzeinbrüchen wieder besonders stark in Mitleidenschaft gezogen werden. Um die drohenden Verluste auszugleichen, müsste der angesparte Bargeldbestand angetastet werden, da die laufenden Ausgaben des Unternehmens nicht durch entsprechende Gewinne gedeckt wären. Nach besonders pessimistischen Analysen waren die Aktien im Grunde genommen sogar überbewertet, da die Ertragssituation vermutlich schon sehr bald umschlagen würde.

Dagegen wurden die Aussichten von Daimler besonders positiv eingeschätzt. Ein wichtiger Faktor war dabei Jürgen Schrempp, dem es gelungen war, die Ertragskraft des Konzerns nachhaltig zu steigern. Zudem verdiente Daimler als Hersteller von Luxusautos per se eine entsprechende Höherbewertung. Des Weiteren hatte die historische Erfahrung gezeigt, dass die europäischen Automobilhersteller das Auf und Ab des Konjunkturzyklus sehr viel besser bewältigten als ihre US-amerikanischen Wettbewerber. Auch Ford und GM waren deutlich niedriger bewertet als die europäischen Automobilhersteller, doch höher als Chrysler, weil sie starke Standbeine im Ausland hatten und so den erwarteten Nachfragerückgang im US-Markt auffangen konnten. Chrysler war dagegen ein rein nordamerikanischer »Player« und galt daher als besonders krisenanfällig.

Bob Eaton und sein Team sahen das natürlich ganz anders. Es ärgerte den CEO des ertragsstärksten Automobilherstellers der Welt, dass Chrysler eines der schlechtesten Ratings in der gesamten Branche hatte. Wie viele Unternehmenslenker war er überzeugt davon, dass die Aktie seines Unternehmens von inkompetenten Analysten viel zu schlecht beurteilt wurde. Zu einer Zeit, in der die Aktien von Technologieunternehmen immer spektakulärere Bewertungsniveaus erreichten, obwohl viele dieser Firmen noch keine Gewinne erwirtschafteten – und möglicherweise nie schwarze Zahlen schreiben werden –, kann man die Enttäuschung des CEO dieses Unternehmens der »Old Economy« durchaus verstehen. Die Argumente, die das Chrysler-Team bei den Verhandlungen über eine Prämie vorbrachte, waren nicht zuletzt Ausdruck dieser Enttäuschung.

»Sie waren überbewertet und wir waren unterbewertet«, sagte Eaton später über die inkongruente Bewertung. »Aus diesem Grund wollten wir eine Prämie.«

Von Anfang März bis Anfang April hielt das Chrysler-Team an seiner Argumentation fest. Daimler-Benz, so meinten sie, solle einen Preisaufschlag zahlen, weil die Analysten der Wall Street die Ertragskraft von Chrysler und seine Position als ein spezialisierter Pkw- und Lkw-Hersteller nicht angemessen berücksichtigt hätten. »Wir sind nicht Ford oder GM«, sagten sie. »Wir sind stark bei Pick-up-Trucks und Sports Utility Vehicles und wir sind überhaupt nicht im Massensektor aktiv.«

Die Deutschen erklärten sich bereit, eine Prämie zu bezahlen, aber nicht weil sie der Meinung waren, dass Chrysler unterbewertet sei. Sie bezahlten den Preis, um am Steuer zu sitzen.

*

Die Grundzüge der Fusionsvereinbarung waren damit weitgehend geklärt. Daimler würde den Chrysler-Aktionären keine Barabfindung zahlen. Im März hatten die Deutschen ihre Bereitschaft signalisiert, maximal die Hälfte des Transaktionswertes in bar zu bezahlen, aber Chrysler hatte die Offerte abgelehnt. Es sollte eine Transaktion rein auf der Basis eines Aktientauschs sein, die darauf abzielte, den Gewinn der verschmolzenen Unternehmen zu maximieren.

Man hoffte, dass die Märkte aufgrund der Wachstumsaussichten und des Synergiepotenzials des fusionierten Unternehmens positiv reagieren würden. Dies würde dem Unternehmen eine höhere Börsenbewertung einbringen, als wenn man einfach den Mittelwert der Marktkapitalisierung der beiden unabhängigen Unternehmen bilden würde.

Daimlers Bewertungsaufschlag würde zwar infolge des Zusammenschlusses mit dem niedrig bewerteten Partner Chrysler verwässert, doch erwartete man, dass das neue Rating trotzdem über dem Mittelwert der beiden Einzelunternehmen liegen würde. Ein Mittelwert entspräche einem Kurs-Gewinn-Verhältnis (KGV) von weniger als dreizehn – die Aktien des neuen Unternehmens, da war man zuversichtlich, würden zu einem KGV von vierzehn gehandelt werden.

Um den Deal auf eine noch solidere finanzielle Basis zu stellen, setzten beide Seiten alles daran, die Transaktion nach der so genannten »Pooling-of-Interests«-Methode abzuwickeln. Falls die beiden Unternehmen die Securities & Exchange Commission, die US-Börsenaufsichtsbehörde in Washington, davon überzeugen konnten, dass sie eine echte Fusion von Gleichen vollziehen würden, konnten sie die Aktiva und Passiva in ihren jeweiligen Bilanzen einfach addieren beziehungsweise »poolen«, ohne dass ein Goodwill (Firmenwert) entstand.

Der Goodwill ist jene Zahl, die Bilanzbuchhalter verwenden, um die Lücke zu schließen, wenn ein Unternehmen ein anderes zu einem Preis kauft, der über dem Buchwert von dessen Aktiva liegt. In der heutigen Geschäftswelt spielt der Goodwill eine große Rolle, da die immateriellen Vermögenswerte eines Unternehmens (Patente, Knowhow, Verfahrensabläufe, Software, Marken und so weiter) mindestens ebenso wichtig sind wie die materiellen Vermögenswerte, also etwa technische Anlagen.

Das Problematische am Goodwill (zumindest nach den US-amerikanischen Bilanzierungsregeln) besteht darin, dass er in der Bilanz nicht einfach als Lückenfüller zwischen dem gezahlten Preis für die Aktiva und ihrem angenommenen tatsächlichen Wert auftauchen darf. Vielmehr muss er über einen scheinbar willkürlichen Zeitraum von zwanzig oder vierzig Jahren gegen die erwarteten Gewinne abgeschrieben werden. Dies bedeutet, dass die Gewinne über eine Zeitspanne von zwanzig oder vierzig Jahren alljährlich um ein Zwanzigstel beziehungsweise ein Vierzigstel des Gesamtbetrags des errechneten Goodwills vermindert werden.

Man könnte den Goodwill durchaus als einen rein bilanztechnischen Korrekturposten betrachten und weitgehend ignorieren. Man befrage die Wirtschaftsprüfer, Juristen, Manager und Banker, die an der Zusammenführung von Daimler und Chrysler beteiligt waren, und die meisten würden vermutlich zugeben, dass der Goodwill nichts mit der tatsächlichen Substanz der Leistungsfähigkeit und den Ertragsaussichten eines Unternehmens zu tun hat und daher eigentlich vernachlässigt werden könnte. Allerdings trauen die meisten Unternehmensleitungen den Investoren am Aktienmarkt im Allgemeinen nicht zu, diesen Aspekt zu erkennen. Sie befürchten, dass ihre Aktien im Vergleich zu Konkurrenzunternehmen, die keine hohen Goodwill-Abschreibungen vornehmen müssen, unangemessen benachteiligt würden.

Im vorliegenden Fall sah die Sache so aus, dass bei einer Fusion von Daimler und Chrysler ein Goodwill von sage und schreibe 27 Milliarden Dollar in der neuen Bilanz hätte ausgewiesen werden müssen. Ohne ein »Pooling of Interests« hätte dies über die nächsten zwanzig Jahre den Gewinn jährlich mit 1,4 Milliarden Dollar belastet. Man war sich einig, dass dies den Aktienkurs drücken würde. Für 1999 ging man von einer Gewinnminderung von zwei Dollar (von sieben auf fünf Dollar) pro Aktie aus. Das Ausweisen eines Goodwills sollte also unter allen Umständen vermieden werden.

Doch der Weg zu diesem Ziel war äußerst kompliziert. Es ging dabei um nichts Geringeres als die endgültige Rechtsform der Transaktion. Die Juristen und Banker hatten mittlerweile herausgearbeitet, dass bei einer klassischen Dreiecksfusion die Poolingmethode nicht anwendbar wäre. Eine solche liegt vor, wenn man ein neues Unternehmen gründet und die beiden alten Unternehmen darin aufgehen lässt: Die Aktionäre der alten Unternehmen werden so automatisch zu Anteilseignern des neuen Unternehmens.

Diese Dreiecksstruktur käme aufgrund eines fundamentalen Unterschieds zwischen dem deutschen und dem US-amerikanischen Gesellschaftsrecht nicht in Frage. Wenn das neue Unternehmen nach dem oben skizzierten Verfahren über fünfzig Prozent von Chrysler erworben hätte, wäre alles unter Dach und Fach, denn dadurch erlangte das neue Unternehmen das Recht, die Minderheitsaktionäre durch ein »Squeeze-Out« (Ausschluss) genanntes Verfahren abzufinden. Dies hört sich unschön an, hat aber die erfreuliche Folge, dass enttäuschte Minderheitsaktionäre nicht ständig mit einer Klage drohen beziehungsweise der neuen Unternehmensleitung generell das Leben schwer machen können, indem sie an Aktien des alten Unternehmens festhalten.

Nach deutschem Recht liegen die Dinge komplizierter. Es ist pure Ironie, dass ausgerechnet ein Land mit einer unterentwickelten Aktienkultur ein drakonisches Regelwerk zum Schutz der Interessen jener Minderheitsaktionäre besitzt, die nach Abschluss einer Übernahme ihre Aktien nicht herausrücken wollen. Das deutsche Recht lässt praktisch keine Zwangsabfindung von Aktionären zu. Jeder enttäuschte Minderheitsaktionär hat das Recht, die von der Unternehmensleitung gebilligten Bedingungen in einem so genannten Spruchstellenverfahren anzugreifen. Das hat zur Folge, dass ein deutsches Gericht noch Monate, ja sogar Jahre nach Abschluss einer Transaktion eine Änderung der finanziellen Bedingungen der Vereinbarung anordnen kann. Es kann Unternehmen auferlegen, dem unzufriedenen Minderheitsaktionär einen Ausgleich zu zahlen. Dies kann eine potenziell massive und unvorhersehbare nachträgliche Korrektur der sorgfältig ausgehandelten ursprünglichen Bedingungen zur Folge haben.

Die amerikanische Börsenaufsichtsbehörde würde dagegen nur dann ein »Pooling of Interests« zulassen, wenn die beiden Unternehmen in einer Art und Weise zusammengehen würden, in der alle Aktionäre gleich behandelt würden. Das Spruchstellenverfahren barg das erhebliche Risiko, dass einige Aktionäre eines Tages möglicherweise mehr Geld zugesprochen bekämen als andere. Im Fall einer derartigen Ungleichbehandlung würde die Transaktion nicht als Fusion, sondern als Übernahme klassifiziert. Und dann wäre ein »Pooling of Interests« unzulässig, mit der Folge, dass über die nächsten zwanzig Jahre jährlich eine Goodwill-Abschreibung von 1,4 Milliarden Dollar auf den Ertrag fällig wäre.

Es gab nur eine Möglichkeit, dieses Problem zu umgehen – man musste mindestens 75 Prozent der Daimler-Aktionäre dazu bringen, für die Fusion zu stimmen. Dies würde das Risiko eines Spruchstellenverfahrens beseitigen, war aber nur schwer zu realisieren.

Angenommen, alles ginge wie geplant über die Bühne, dann würde das Unternehmen eine neue Art von Aktie ausgeben, die so genannte Globale Aktie. Diese würde hauptsächlich an den Börsen in Frankfurt und New York gehandelt, aber auch an siebzehn weiteren Börsen rund um die Welt. Es wäre das erste Mal, dass die Aktien eines deutschen Unternehmens frei austauschbar am Heimatmarkt und in New York, wo der größte Kapitalmarkt der Welt ansässig war, gehandelt werden könnten. Die einzelnen Zertifikate sollten zweisprachig – deutsch und englisch – abgefasst sein.

Mit der gesamten Konstruktion betrat man Neuland. Nichts dergleichen war je zuvor getan worden. Bis Anfang Mai feilten beide Seiten zwar noch weiter an den Details, doch Schrempp und Eaton wussten, was sie angesichts dieser Argumentation ihren jeweiligen Aufsichtsräten und Aktionären zu sagen hatten.

*

Unterdessen hatten Hubbert, Zetsche und Cordes vergeblich auf ein Anschlusstreffen nach der Gesprächsrunde mit Ford im Januar gewartet. Die Ford-Vertreter waren damals so enthusiastisch gewesen und jetzt ließen sie nichts mehr von sich hören.

Anfang April rief Trotman Schrempp an und bat ihn um eine dringende Unterredung. Am 20. April besuchte er den Deutschen in Stuttgart und überbrachte einige nicht gänzlich überraschende Neuigkeiten. Die beiden Unternehmen könnten unmöglich fusionieren, erklärte er, da die Ford-Familie ihre vierzig Prozent der Stimmrechte im Unternehmen behalten wollte. Wenn sie einer Fusion zustimmte, würde sie die Kontrolle über das Familienunternehmen verlieren.

An der Alternative – einer Übernahme Daimlers durch Ford – war Schrempp nicht interessiert. So wandte sich das Gespräch dem zu, was jedes Unternehmen als Nächstes tun würde.

Trotman zog mehrere Vorlagen hervor. Die erste enthielt eine Liste idealer Fusionspartner für Ford, die von Daimler-Benz angeführt wurde – und Chrysler an zweiter Stelle führte.

»Die Wettbewerbsbehörden würden niemals einem Übernahmeangebot von Ford für Chrysler zustimmen«, sagte Trotman wehmütig.

Er wandte sich der zweiten Vorlage zu, die sich mit der Automobilbranche aus der Sicht von Daimler befasste. Die Liste der Fusionspartner wurde von Chrysler angeführt. Dies bestätigte Schrempps strategische Überlegungen. Es war verlockend, etwas durchblicken zu lassen.

»Was würden Sie denn tun, wenn wir an Chrysler herantreten würden?«, fragte Schrempp schelmisch.

»Öffentlich würde ich es begrüßen«, sagte Trotman. »Hinter den Kulissen würde ich nach Washington gehen und gewaltig Stunk machen. Ich würde für Schlagzeilen sorgen, wie man sie seit dem Zweiten Weltkrieg nicht mehr über Deutschland gelesen hat.«

Schrempp hielt sich für einen guten Freund von Trotman. Doch er wusste, dass der Deal platzen würde, wenn er ihm verriete, was er eigentlich im Schilde führte. Also biss er sich auf die Zunge. »Ich kam mir damals richtig schlecht vor«, räumte er später ein.

Das nächste Gespräch zwischen Schrempp und Trotman fand am Morgen des 6. Mai statt. Zwar sollte die Fusion erst am nächsten Tag offiziell angekündigt werden, doch die Nachricht war bereits auf der Titelseite des *Wall Street Journal* erschienen. Es war ein sehr kurzes, frostiges Telefonat – und es dauerte einige Zeit, bis Trotman und Schrempp auch nur wieder annähernd freundschaftlich miteinander verkehrten.

13. Kapitel
DIE REIHEN SCHLIESSEN SICH

Auf der Suche nach einer Einigung

Frankfurt: Samstag, 18. April 1998

Hilmar Kopper, der Aufsichtsratsvorsitzende von Daimler, hat viel mit Schrempp gemeinsam. Wie Schrempp ist er ein Verfechter des Leistungsprinzips, ein Mann, der allein aufgrund seiner Verdienste ganz nach oben gekommen ist. Er begann seine Karriere als Lehrling bei der Deutschen Bank und brachte es dort bis zum Vorstandssprecher, später übernahm er den Aufsichtsratsvorsitz.

Als sich Schrempp auf den Weg zu Kopper machte, um ihn über die Details der Fusionsvereinbarung zu unterrichten, wusste er, dass dies keine gewöhnliche Unterredung werden würde. Er hatte einige Monate vorher informell mit Kopper darüber gesprochen und ihn während der Verhandlungen grob auf dem Laufenden gehalten. Daher war der Banker zumindest über die Transaktion als solche im Bilde. Allerdings musste er noch die vorgeschlagene Konstruktion eingehend prüfen. Schrempp wusste, heute würde Geschichte gemacht werden. Entweder würde Kopper Einwände vorbringen, was die Erfolgsaussichten des historischen Deals erheblich verringern würde, oder er würde alles absegnen und so die Fusion einem erfolgreichen Abschluss einen großen Schritt näher bringen.

Man hatte sich am Samstag um 16 Uhr in Koppers Villa in Kronberg verabredet, einem eleganten Vorort von Frankfurt. Schrempp und Cordes wurden an den Leibwächtern vorbeigeführt, die Koppers privates Refugium bewachten.

Nachdem sie im Wohnzimmer Platz genommen hatten, schilderte Schrempp die Grundzüge des Deals. Wie es seine Art ist, sprach er nur ein paar Minuten.

»Hilmar«, sagte er, »wir kommen sehr gut mit dem Projekt voran. Daher ist es an der Zeit, dass du genau über das Bescheid weißt, was wir tun. Wir möchten wissen, ob du es befürwortest.«

Schrempp ging kurz auf die branchenspezifischen Gründe ein, die zwingend für eine Fusion sprachen, und übergab dann den Stab an Cordes.

Cordes und Kopper vertieften sich sofort in die Einzelheiten der Vereinbarung und erörterten das Umtauschverhältnis und die Rechtsform. Schrempp nahm sich derweil Kaffee und Kuchen.

Kopper stellte eine knifflige Frage nach der anderen – er war skeptisch: Schrempp und Cordes spürten, dass dem Bankchef zwar die Idee gefiel, dass er aber Zweifel an ihrer praktischen Umsetzbarkeit hatte. Cordes beantwortete geduldig eine Frage nach der anderen und je mehr sich Kopper die Tragweite des Deals erschloss, umso begeisterter war er. Schließlich erklärte Kopper, das Vorhaben sei »absolut fabelhaft« und ging in seinen Weinkeller, um drei Flaschen seines besten Weins zu holen. Er entkorkte den 1975er Château Lafite und ließ die Flasche dann zum Atmen auf der Anrichte stehen. Nach einem angemessenen Zeitraum tranken die Männer den edlen Tropfen.

»Hilmar«, sagte Schrempp, als sich der Nachmittag dem Ende zuneigte, »bitte denk daran, dass wir mit dir in deiner Eigenschaft als Aufsichtsratsvorsitzender von Daimler-Benz und nicht als Chef der Deutschen Bank gesprochen haben.«

»Nun«, sagte Kopper, »ich muss einige meiner Kollegen einweihen. Ihr habt doch sicher nichts dagegen, mir eines eurer Dossiers zu überlassen, damit ich meinen Leuten zeigen kann, was ihr vorhabt?«

»Doch«, erwiderte Schrempp unverblümt. »Wenn ich das täte, würde sich die Sache in wenigen Minuten in der ganzen Deutschen Bank herumsprechen. Ich kann dir die Unterlagen nicht geben.«

Der Bankier war enttäuscht, aber Schrempp blieb hart. Es war schön und gut, Kopper als Freund und Vorsitzenden des Aufsichtsrats von Daimler zu informieren, aber nicht in seiner Eigenschaft als Vertreter des größten Aktionärs von Daimler. Am Ende gab Kopper ihm Recht und versprach, die neuen Informationen für sich zu behalten.

Nach diesem Gespräch trafen sich Schrempp und Cordes mit Dibelius und Grube im Restaurant Gallo Nero im Frankfurter Westend. Sie berichteten, dass Kopper mit allem einverstanden sei. Damit war eine weitere wesentliche Voraussetzung für den Deal erfüllt. Es war nun langsam an der Zeit, den Vorstand von Daimler zu informieren.

*

Stuttgart: Sonntag, 19. April 1998

Für den nächsten Tag war eine Sondersitzung des Vorstands anberaumt worden. Im Sitzungssaal in Möhringen teilten sich Schrempp und Cordes, wie gewöhnlich, die Rollen. Schrempp skizzierte die Grundzüge, während Cordes die Einzelheiten ansprach, wobei er in gewohntem Tempo von einer Folie zur nächsten sprang. Alle Mitglieder des Vorstands waren überrascht. Hubbert und Zetsche, die Chefs der beiden Fahrzeugsparten, waren im März kurz darüber unterrichtet worden, dass Schrempp Gespräche mit Chrysler begonnen hatte, aber sie ahnten nicht im Geringsten, wie weit die Verhandlungen schon gediehen waren. Sie waren wie alle anderen erstaunt, dass der Deal so kurz vor dem Abschluss stand.

»Das ist großartig, das ist toll, das ist genau das, was wir brauchen«, ließ Hubbert am Ende der Ausführungen begeistert verlauten. Der Chef der Pkw-Sparte hatte das Gefühl, seine Gebete seien endlich erhört worden. Jahrelang hatten er und Zetsche Schrempp gedrängt, etwas zu unternehmen, um die Zukunft von Mercedes langfristig zu sichern, und nun schien Schrempp entschlossen, ihren Wunsch zu erfüllen.

Die übrigen Vorstände reagierten seltsam verhalten. »Es ist eine interessante Idee«, so Manfred Gentz, der Finanzvorstand. Doch er bezweifelte, dass die komplexe Konstruktion, die Schrempp und Cordes skizziert hatten, praktisch umsetzbar sei. Er überredete die übrigen Vorstände dazu, weiteren juristischen Rat einzuholen, bevor man den Deal absegnete.

Unter vier Augen sagte Gentz später zu Schrempp, dass die Transaktion seines Erachtens nicht durchführbar sei. Sie erscheine ihm als zu kompliziert, und zudem habe man nicht genügend Zeit, um die notwendige Zustimmung von allen Beteiligten einzuholen. Um das Risiko eines Fehlschlags so gering wie möglich zu halten, schlug er vor, den Zeitplan zu verändern. Schrempp lehnte kategorisch ab.

*

New York / Washington:
Montag und Dienstag, 20.–21. April 1998

Am nächsten Tag reisten Schrempp und Cordes in die Vereinigten Staaten. Cordes flog weiter nach Washington, wo er und Gary Valade eine wichtige Unterredung mit Vertretern der SEC hatten, während Schrempp sich mit Eaton in New York zum Abendessen traf.

Zum ersten Mal sprachen sie detailliert über die Verteilung der Vorstandsposten zwischen den beiden Unternehmen. Eaton machte zunächst den Vorschlag, die Positionen sollten jeweils doppelt mit Vorstandsmitgliedern von beiden Seiten besetzt werden. Schrempp war mit diesem Vorschlag nicht besonders glücklich. Statt sich sofort in Einzelheiten zu verlieren, beschlossen sie, sich am nächsten Morgen in Schrempps Suite im Hotel Four Seasons erneut zu treffen.

Bevor Schrempp zu Bett ging, telefonierte er mit Rüdiger Grube, der sich ebenfalls in New York aufhielt, und unterrichtete ihn über das Gespräch mit Eaton. Grube wusste, was dem Konzernchef fehlte, und begann sogleich mit der Ausarbeitung einiger Diagramme. Am nächsten Morgen verfügte Schrempp über eine komplette Serie von Folien, die zeigten, wie die Führungsstruktur des Unternehmens aussehen könnte.

Schrempp war auch anderweitig gerüstet. Er brachte ein Flipchart mit, das er von jeher als ein unschätzbares Hilfsmittel bei Verhandlungen ansah, und er hatte seine Clara dabei – das unverzichtbare IBM-Notebook. In diesem schmalen Computer sind sämtliche strategischen und Finanzpläne von Daimler-Benz sowie Organisationsschaubilder gespeichert. Über das Internet hat man damit auch Zugriff auf Daimlers »Kommandozentrale«, eine zentrale Datenbank mit Informationen über jeden Aspekt des Unternehmens und seiner Märkte.

Eaton wiederholte seinen Vorschlag vom vergangenen Tag und zeigte Schrempp seine Skizze des neuen Vorstands.

Schrempp, insgeheim entsetzt über Eatons Plan, die Spitzenpositionen je hälftig zu besetzen, schaltete seine Clara an und zeigte Eaton seinen Entwurf der Führungsstruktur – damit war Eaton wiederum nicht einverstanden. Er war der Meinung, die deutsche Seite würde in diesem Modell zu stark dominieren.

Es war an der Zeit, auf die Grundlagen zurückzukommen. Schrempp begann, die Organisationsstruktur auf dem Flipchart zu skizzieren. Ganz oben schrieb er in ein Kästchen die Namen der beiden Kovorstandsvorsitzenden. So viel war unstrittig. Darunter zeichnete er eine Reihe leerer Kästchen nach der anderen. Es konnte losgehen.

»Ich muss meine Leute behalten, die nichts mit dem Fahrzeuggeschäft zu tun haben, das müssen Sie mir zugestehen«, sagte Schrempp. Es war für ihn selbstverständlich, dass der Daimler-Bereich Luft- und Raumfahrt

(DASA) und die Service-Tochter debis im Vorstand vertreten sein mussten.

Eaton hatte Verständnis und nickte beifällig. Schrempp schrieb die Namen von Klaus Mangold und Manfred Bischoff auf das Flipchart.

»Und Sie werden wohl auch nicht bestreiten, dass meine Pkw- und Lkw-Vorstände mit von der Partie sein müssen«, sagte Schrempp, die Namen von Jürgen Hubbert (Mercedes-Benz-Pkws), Dieter Zetsche (Pkw-Vertrieb und -Marketing) und Kurt Lauk (Nutzfahrzeuge) einzeichnend.

»Jetzt kommen wir zu Forschung und Entwicklung.« Schrempp befand sich hier in einer starken Position. Er wusste, dass das F&E-Budget von Daimler das von Chrysler bei weitem in den Schatten stellte, war doch allgemein bekannt, dass die Entwicklungsaufwendungen von Chrysler für neue Produkte deutlich unter denen seiner Wettbewerber lagen.

»Das sind meine F&E-Zahlen«, sagte Schrempp, während er auf die Tastatur seiner Clara hämmerte, um einen Vergleich zwischen den beiden Unternehmen abzurufen. »Zeigen Sie mir die Ihren, wenn Sie möchten.«

Eaton hatte die Zahlen nicht parat und Schrempp fuhr fort: »Stimmen Sie mir zu, dass Sie praktisch keine F&E betreiben?«

»Nun, wir haben ein wenig, aber das bleibt natürlich weit hinter Ihrem F&E-Aufwand zurück«, räumte Eaton ein. Schrempp schrieb den Namen von Klaus-Dieter Vöhringer ins Schaubild.

Bis jetzt standen sieben Deutsche einem Amerikaner gegenüber. Es war an der Zeit, einige Führungskräfte von Chrysler hinzuzufügen. Schrempp und Eaton knieten sich vor das am Boden ausgebreitete Schaubild. Beide hatten dicke Textmarker in der Hand, mit denen sie neue Namen in den Chart einsetzten, andere wieder strichen.

Eingetragen wurde der Fertigungschef von Chrysler, ausgetragen ein Ingenieur von Daimler ... und so weiter, bis sie fast alle Vorstandsmitglieder ausgewählt hatten. Die Positionen, die sie noch nicht besetzt hatten, waren die wichtigsten von allen – die des Finanzvorstands und des Vorstands Weltweite Beschaffung. Manfred Gentz von Daimler und Gary Valade von Chrysler waren für diese Positionen beide erste Wahl.

»Der Finanzvorstand ist, wie Sie wissen, eine ziemlich wichtige Person«, sagte Schrempp. »Aber vermutlich genauso wichtig oder sogar noch wichtiger ist die Person, die das große Geld ausgibt, der Vorstand Beschaffung, der für siebzig Milliarden Dollar pro Jahr einkauft.«

»Werden wir eigentlich eine zentrale Beschaffungsfunktion haben oder eine dezentrale?«, fragte Eaton, der gern wissen wollte, wie viel Macht in den Händen dieses Vorstands konzentriert wäre.

»Es wird eine zentrale Funktion sein«, sagte Schrempp, »und ich bin der Meinung, dass ein Amerikaner dafür verantwortlich sein sollte, da ihr euch hervorragend auf diese Aufgabe versteht. Meinen Sie also nicht auch, dass Ihr Mann, Gary Valade, für die siebzig Milliarden Dollar zuständig sein sollte, während unser Mann, Manfred Gentz, die Position des Finanzvorstands übernehmen sollte?«

»Jürgen, lassen Sie mich darüber nachdenken«, sagte Eaton. Er war felsenfest davon ausgegangen, dass Valade Finanzvorstand des neuen Unternehmens werden würde. Seines Erachtens war eine Position, bei der es ebenso um die effiziente Kommunikation mit Investoren wie darum ging, die finanziellen Fäden in der Hand zu halten, einem Amerikaner geradezu auf den Leib geschrieben.

»Bob, wir haben keine Zeit mehr, darüber nachzudenken, wir müssen die Entscheidung jetzt treffen«, sagte Schrempp. »Ich schlage vor, wir machen eine Pause, und Sie fragen Gary einfach, ob er mit diesem Vorschlag einverstanden ist.«

Eaton ging hinunter in die Empfangshalle des Hotels, telefonierte mit Valade und kam zwanzig Minuten später zurück. »Okay, einverstanden«, sagte er.

Sie mussten jetzt nur noch eine Frage lösen: Welchen Ehrentitel sollte Tom Stallkamp, gegenwärtig President der Chrysler Corporation, erhalten? Der Titel verriet Stallkamps herausragende Stellung bei Chrysler: Er war Eatons designierter Nachfolger. Die neue Führungsstruktur sah vor, dass Stallkamp zusammen mit Jürgen Hubbert den Pkw-Bereich leiten sollte. Er sollte überdies die Gesamtverantwortung für die Integration der beiden Unternehmen tragen. Zusätzlich zu diesen Kompetenzen wollte Stallkamp den Titel »President« behalten. Schrempp erklärte, dass deutsche Unternehmen diesen Titel nicht kennen, es im Grunde also sinnlos wäre, ihn zum President des neuen Unternehmens zu ernennen. Schließlich verständigten sich Eaton und er darauf, dass Stallkamp President der US-Tochtergesellschaft der fusionierten DaimlerChrysler Corporation werden könne, ein feiner Unterschied zur Position eines President des Gesamtkonzerns. Seine neue Position würde ihn mit Jürgen Hubbert gleichstellen, dem Leiter des Markenportfolios von Mercedes-Benz. Obgleich es damals noch nicht offensichtlich war, war dies rückblickend der erste Hinweis darauf, dass Stallkamps Stern im Sinken war.

Am Ende ihrer Unterredung hatten sich Eaton und Schrempp darüber verständigt, wer welche Zuständigkeiten erhalten sollte. Das Ergebnis war ein recht aufgeblähter Vorstand mit insgesamt siebzehn Mitgliedern. Das einzige Vorstandsmitglied, das seine Position nicht behielt, war Dennis Pawley, der ohnehin Ende 1999 in den Ruhestand treten wollte. Es war eine sperrige Führungsstruktur, das offenkundige Produkt eines Kompromisses. Das Ausputzen kam später.

Im neuen Vorstand des Unternehmens hatten die Deutschen eine beherrschende Stellung inne. Vormalige Topmanager von Daimler waren den Exdirectors von Chrysler zehn zu sieben überlegen.

Es gab noch einen letzten offenen Punkt: Sie mussten ein

Datum für die öffentliche Bekanntgabe festsetzen. Beide waren der Meinung, dass ein Datum Mitte Mai anvisiert werden könnte. Sie einigten sich auf den 15. Mai.

*

Einen Tag nachdem Schrempp und Eaton die Zusammensetzung des neuen Vorstands festgezurrt hatten, trafen sich Cordes und Valade mit Vertretern der SEC in Washington. Zweck dieser Unterredung war, das Fusionsprojekt vorzustellen und die Genehmigung der Aufsichtsbehörde für das »Pooling of Interests« zu erwirken, das sich so nachhaltig auf die Finanzergebnisse des fusionierten Unternehmens auswirken würde.

Die Diskussion drehte sich um die Folgen des gefürchteten deutschen Spruchstellenverfahrens. Wenn eine erhebliche Zahl deutscher Aktionäre aufgrund einer Klage gegen die Fusion eine zusätzliche Barabfindung zugesprochen bekäme, würde die SEC die Transaktion als Übernahme und nicht als Zusammenschluss klassifizieren. Und bei einer Übernahme ist ein Pooling nicht zulässig. Cordes und Valade legten ihre Argumente dar. Die Vertreter der SEC versprachen, sich binnen einer Woche wieder mit ihnen in Verbindung zu setzen.

*

Stuttgart: Samstag, 25. April 1998

»Herr Kopper, natürlich bin ich für die Fusion, aber der Zeitplan ist sehr wichtig. Ich bin nicht sicher, ob wir das schaffen können.«

Manfred Gentz saß bei einem Abendessen im Anschluss an eine Tagung des Internationalen Beraterkreises von Daimler neben Hilmar Kopper, der in seiner Eigenschaft als Aufsichtsratsvorsitzender an diesem Treffen teilnahm.

»Was wollen Sie damit sagen?«, fragte Kopper, der zwar die größte Hochachtung vor dem Finanzvorstand von Daimler-Benz hatte, aber auch nicht im Geringsten daran zweifelte, dass man sich über Gentz' Bedenken hinwegsetzen musste.

»Sehen Sie, wir haben weniger als drei Wochen, müssen wir die Sache in so kurzer Zeit über die Bühne bringen?«

»Ich verrate Ihnen etwas«, erwiderte Kopper, »genau das werden wir tun.« In einer Situation wie dieser sei es unbedingt erforderlich, alle Beteiligten unter erheblichen Zeitdruck zu setzen. »Denn wenn etwas durchsickert, ist der Deal geplatzt.«

Später kamen Schrempp und Kopper überein, dass der Termin sogar noch vorgezogen werden sollte – vom 15. auf den 6. Mai.

*

London: Montag und Dienstag, 27.–28. April 1998

Die Chefs der Fahrzeugdivisionen beider Unternehmen hatten sich noch immer nicht persönlich getroffen, um über den Zusammenschluss zu sprechen. Die Verhandlungen waren bislang allein von den Unternehmensleitern und ihren Finanz- und Strategievorständen geführt worden, denen eine wachsende Zahl von Wirtschaftsprüfern, Juristen und Bankern zur Seite stand. Schließlich, zehn Tage vor der öffentlichen Ankündigung des Deals, trafen sich die Technikvorstände in London, um einen gemeinsamen Geschäftsplan zu erarbeiten.

Das zweitägige Treffen war von entscheidender Bedeutung, denn bislang hatten beide Verhandlungsteams eine Menge als selbstverständlich vorausgesetzt. So basierten ihre Vorstellungen über die konkreten Kosteneinsparungen und technischen Synergien eher auf Mutmaßungen als auf Fakten. Die finanzielle Zweckmäßigkeit des Deals hing davon ab, dass es den Technikern nun gelang, bei ihren Gesamtkosten auch de facto ein Einsparpotenzial von mehreren Milliarden Dollar nachzuweisen.

»Wir führten Dutzende von Bewertungen durch«, erinnert sich Cordes, »und bei allen setzten wir einfach diesen oder jenen Synergiebetrag an. Wir sagten uns, dass wir vorläufig mit diesem Betrag rechnen würden um ihn zur gegebenen Zeit von den Geschäftsbereichen bestätigen zu lassen. Wenn uns die Techniker gesagt hätten: ›Das bringt uns nichts, wir können das nicht herausholen‹, dann wäre der Deal gekippt – er wäre, finanziell gesehen, nicht sinnvoll gewesen.«

Jede Seite entsandte ein Team von sieben Personen. Der deutschen Delegation gehörten auch Cordes, Zetsche und Hubbert an. Die Amerikaner waren unter anderem durch Tom Stallkamp, Tom Gale (Leiter Entwicklung) und Thomas Sidlik (Beschaffungswesen) vertreten.

Zum Glück erwies sich das Treffen als enorm produktiv. Die beiden Teams brüteten Dutzende von Konzepten zur Kosteneinsparung und Zusammenlegung von Ressourcen aus. Die mit Abstand größten Einsparungen ließen sich durch den gemeinsamen Einkauf von Werkstoffen und Fahrzeugkomponenten erzielen. Chrysler gab jährlich dreißig Milliarden Dollar für Einzelkostenmaterial aus, angefangen von Stahl bis hin zu elektronischen Bauelementen, während sich Daimlers Aufwendungen nur auf knapp unter dreizehn Milliarden Dollar beliefen. Addiert man die Aufwendungen beider Unternehmen und senkt die Kosten um bescheidene ein Prozent, könnten die fusionierten Unternehmen allein im ersten Jahr 430 Millionen Dollar sparen.

Und dies war erst der Anfang. Man könnte 150 bis 180 Millionen Dollar einsparen, wenn die populäre M-Klasse von Mercedes in einem Chrysler-Werk produziert würde. Man könnte 20 000 Chrysler-Lkws über das Daimler-Vertriebsnetz in Lateinamerika und in anderen Entwicklungsländern absetzen und so 55 Millionen Dollar sparen. Die Fertigungskosten könnten um mehrere zehn Millionen Dollar verringert werden, wenn Dieselmotoren von Daimler in Geländefahrzeuge von Chrysler eingebaut würden.

Nochmals derselbe Betrag ließe sich durch eine Zusammenlegung der Entwicklungsprogramme für Brennstoffzellen und Elektrofahrzeuge einsparen und so weiter und so fort.

Die Techniker rechneten mit kurzfristigen Einsparungen von insgesamt 1,4 Milliarden Dollar. Nach 1999, dem ersten vollständigen Jahr nach der Fusion, würden die Kosteneinsparungen noch viel höher ausfallen. Auf lange Sicht, so errechneten sie, könnten die beiden Unternehmen ihre Gesamtkosten um jährlich drei Milliarden Dollar senken. Diese Zahlen stellten Cordes mehr als zufrieden. Man brauchte sie nur in die Finanzmodelle einzusetzen, und die Logik des Deals war einmal mehr klar ersichtlich.

*

Washington / Detroit, Frankfurt / Stuttgart:
Mittwoch und Donnerstag, 29.–30. April 1998

Schlechte Neuigkeiten aus Washington. Wie versprochen gab die Securities & Exchange Commission binnen einer Woche nach der Unterredung mit Cordes und Valade ihre Entscheidung bekannt. Trotz der vehement vorgetragenen Argumente der beiden Unternehmensvertreter lehnte die SEC die Denver-Cleveland-Logik ab. Sie würden ein Pooling nur dann zulassen, wenn mindestens neunzig Prozent der deutschen Aktionäre das Angebot zum Umtausch ihrer Aktien in die Aktien des neuen Unternehmens annehmen würden.

Dies war eine außerordentlich hohe Schwelle, besonders, wenn man bedenkt, dass deutsche Aktien überwiegend Inhaberaktien sind, deren Eigentümer sich nur schwer ausfindig machen lassen. Die Neuigkeiten wurden sofort in einer Konferenzschaltung zwischen Schrempp, Eaton, Cordes und Valade erörtert. Ließ das den Deal platzen? Würden sie das ganze Projekt neu planen müssen – zumal Daimlers vorsichtige Rechtsberater und Finanzmanager ohnehin nach wie vor größte Zweifel hegten, ob die

Transaktion wie geplant über die Bühne gehen konnte. »Ihr schafft das«, beruhigte Eaton die Deutschen.

Die Verhandlungsteams beschlossen, an der vereinbarten Konstruktion festzuhalten. Für den nächsten Tag war in Frankfurt eine inoffizielle Sitzung des Vorstands von Daimler-Benz anberaumt worden. Bei dieser Sitzung sollten »rechtliche Probleme« erörtert werden. Einige externe Rechtsberater wollten ihr sachverständiges Urteil über die geplante Struktur der Transaktion abgeben. Die juristischen Analysen könnten sich ohnehin zu einem echten Stolperstein entwickeln – und die Entscheidung der SEC machte die Sitzung am nächsten Tag noch spannungsgeladener. Sie fand im Hotel Kempinski unweit des Frankfurter Flughafens statt. Die meisten Mitglieder des Daimler-Vorstands nahmen daran teil, ebenso mehr als ein Dutzend Juristen von Daimler und der Deutschen Bank sowie diverse Berater. Als Sondergast war Michael Hoffman-Becking geladen, der Doyen der deutschen Fachanwälte für Gesellschaftsrecht.

Schrempp blieb dem Treffen fern und wies auch Goldman-Sachs an, keinen Mitarbeiter zu entsenden. Zum einen wollte er nicht, dass man ihm später vorhielt, er habe das Ergebnis in seinem Sinne beeinflusst, zum anderen hatte Schrempp wenig übrig für die formalrechtlichen Details, über die so heftig debattiert wurde. »Er hatte umso weniger Nerven dafür, als sämtliche juristischen Probleme als Hindernisse für das umfassendere Ziel geltend gemacht wurden«, bemerkte ein enger Mitarbeiter.

Cordes nahm teil, hielt sich jedoch weitgehend bedeckt. Mit wachsendem Missfallen sah er, wie das Treffen zu einem Schlagabtausch zwischen den Juristen ihres eigenen Lagers ausartete. Die optimistische »Wir packen es«-Einstellung, die die Verhandlungen bisher bestimmt hatte, lief Gefahr, von Pedanterie erstickt zu werden. »Es war furchtbar«, erinnert sich Cordes. »Nie mehr wieder!«

Die Juristen gingen auseinander, ohne sich auf eine endgültige Beurteilung geeinigt zu haben.

»Es gibt so viele komplizierte Fragen, dass wir nicht einmal die Zeit hatten, alle Alternativen zu erwägen«, klagte Gentz nach dem Treffen gegenüber Schrempp.

»Es erstaunt mich nicht, dass der Deal kompliziert ist«, antwortete Schrempp. »Wir sollten uns bei der Sondersitzung des Vorstands am Sonntag die Zeit nehmen, sämtliche Probleme anzusprechen. Und keine Nervosität. Sag deinen Leuten, sie sollen ihre Hausaufgaben gründlicher machen.«

14. Kapitel
WAS AN EINEM NAMEN HÄNGT

*Wie der Deal in letzter Minute beinahe
noch gescheitert wäre*

Stuttgart: Sonntag, 3. Mai 1998

Es ist einer der Nachteile des Jobs: Man muss durch die Welt reisen und an gesellschaftlichen Ereignissen teilnehmen, während zu Hause viel Wichtigeres zu erledigen wäre. Am ersten Wochenende im Mai 1998 musste der gesamte Vorstand von Daimler-Benz einem Konzert der Berliner Philharmoniker in Stockholm beiwohnen, das Daimler sponserte.

Schrempp verabscheut solch förmliche Anlässe. Er hasst nichts mehr, als sich in einen Smoking zwängen und Smalltalk mit Unternehmern und Bankiers machen zu müssen. Diesmal war er noch frustrierter als sonst. Es standen wichtige Entscheidungen an, und Schrempp wollte unbedingt im Zentrum des Geschehens weilen – statt in Stockholm Höflichkeiten auszutauschen. Am nächsten Morgen flog er sofort nach Stuttgart zurück, um an der Sondersitzung des Vorstands von Daimler-Benz teilzunehmen.

An jenem Sonntag waren keine Sekretärinnen anwesend, und die Vorstandsmitglieder mussten einfache Tätigkeiten, die sie oftmals seit Jahrzehnten nicht mehr ausgeführt hatten, selbst verrichten. Ein Vorstand schaffte es, den Fotokopierer zu ruinieren, einem anderen wären beinahe die Finger in einem Reisswolf zerschreddert worden. Wieder ein anderer hatte Mühe, sich von den Overheadfolien zu befreien, die sich statisch aufgeladen hatten und hartnäckig an seiner Kleidung hafteten.

Die meisten Vorstände trugen Freizeitkleidung, doch trotz aller Zwanglosigkeit war es eine Sitzung von entscheidender Bedeutung. Sie fand im offiziellen Vorstandszimmer im ersten Stock des »Hochhauses« statt, wobei Andy Warhols riesiges Bild mit zahlreichen bunten Mercedes 300 SL über den Beratungen wachte.

»Sagen Sie mir: Wenn wir den Prozess um ein oder zwei Monate verschieben würden, wären Sie dann schlauer? Könnten Sie dann eine genauere Einschätzung abgeben als heute?« Schrempp saß ruhig am oberen Ende des Sitzungszimmertischs. Seine Frage richtete sich an Michael Hoffman-Becking von Hengeler, Müller & Weitzel-Wirtz und Georg Thoma von Shearman & Sterling, zwei externe Experten, die zu dieser entscheidenden Vorstandssitzung eingeladen worden waren.

»Nein«, antworteten die Rechtsanwälte nacheinander. Auch sie betraten mit dem Deal völliges Neuland. Eckhard Cordes schwieg, Manfred Bischoff bekundete seine Unterstützung, Kurt Lauk machte sich Notizen, Manfred Gentz blickte skeptisch. Man wandte sich den Details zu.

Es gab im Grunde zwei Alternativen. Erstens, eine direkte Fusion von Daimler mit Chrysler. Die zweite Option, die Schrempp befürwortete, erforderte die Gründung eines neuen Unternehmens, das dann ein Angebot zum Kauf sämtlicher Daimler-Aktien machen würde. Sobald das neue Unternehmen die alten Daimler-Aktien erworben hätte, würde es mit Chrysler fusionieren. Letztere Vorgehensweise würde wahrscheinlich die Risiken eines Spruchstellenverfahrens minimieren, mit dem enttäuschte Aktionäre eine zusätzliche Abfindung erwirken könnten.

»Nicht so schnell«, unterbrach Schrempp die langen Ausführungen eines Juristen über das Für und Wider der verschiedenen rechtlichen Konstruktionen. »Sagen Sie uns, wie hoch das Risiko ist und ob es sich vermeiden lässt. Was würden Sie an meiner Stelle tun? Würden Sie das Risiko eingehen oder nicht? Antworten Sie mir mit Ja oder Nein.«

Es war eine echte Meisterleistung. »Es gelang ihm, einige unglaublich verwickelte Fragen aufzudröseln«, erinnert sich Christoph Walther. »Er führte alles auf eine Reihe von Ja-Nein-Fragen und -Antworten zurück.«

Kurz nach Mittag notierte Rüdiger Grube, dass der Vorstand die Fusionsvereinbarung formell gebilligt habe. Schrempp verließ die Sitzung vorzeitig um über London mit der Concorde nach New York zu fliegen. Während er auf dem Weg zum Flughafen war, wurden noch weitere Punkte erörtert. Es gab zwei Fragen von grundsätzlicher Bedeutung. Die erste bezog sich auf den Rechtscharakter des Fusionsvertrags – bislang waren sich beide Seiten einig gewesen, dass der Vertrag gemäß dem Recht des US-Bundesstaates Delaware abgefasst werden sollte. Wäre es nicht doch zweckmäßiger, ihn nach deutschem Recht auszugestalten? Die zweite Frage betraf die Zustimmung des Aufsichtsrats. Der Vorstand hatte den Deal gebilligt, doch die Sitzung des Aufsichtsrats musste – unter Einhaltung der Fristen – erst noch anberaumt werden. Die Amerikaner wollten verständlicherweise aber schon jetzt die Zusicherung, dass der Aufsichtsrat dem Deal zustimmen würde. Der Vorstand war nicht befugt, für den Aufsichtsrat zu sprechen. Daher gab es, rein formaljuristisch gesehen, keine Garantie für eine Zustimmung des Aufsichtsrats – und das war für die Mitglieder des Boards von Chrysler ein Problem. Eaton hatte klargestellt, dass die Direktoren von Chrysler der Fusion erst dann zustimmen würden, wenn der Aufsichtsrat von Daimler dasselbe getan hatte.

Wichtige Zeit ging verloren, Zeit, in der genügend Missverständnisse auftreten konnten, die den Deal gefährdeten.

Nach Ende der Vorstandssitzung wurde Siegfried Schwung, einer der Daimler-Juristen, damit beauftragt, Chrysler über die Hauptpunkte dessen, was der Vorstand vereinbart hatte, zu unterrichten. Der Jurist setzte ein sechs Punkte umfassendes Memo für Bill O'Brien auf, den

Leiter der Rechtsabteilung von Chrysler. Schwung übermittelte die Botschaft am Telefon in schroffem Ton. Er gab
seinem Gesprächspartner zu verstehen, dass die Deutschen
über die Struktur der Transaktion neu verhandeln wollten.
Daimler weigere sich unter anderem, dem Aktienoptions-
plan zuzustimmen, den das Chrysler-Team forderte, und
wollte einen Vertrag nach deutschem Recht. Die weiteren
Punkte betrafen die Zustimmung des Daimler-Aufsichtsrats, Steuerfragen und Aktienoptionen für Mitarbeiter.

Die Nachricht erreichte die Vereinigten Staaten, während Schrempp nichts ahnend in der Concorde saß, und
schlug wie eine Bombe ein. O'Brien und Eaton waren
empört über die Neuigkeiten, aber auch über die herrische
Sprache, in der sie formuliert waren. Es hatte den An-
schein, als wollten die Deutschen den Deal plötzlich nicht
mehr.

»Jeder dieser Punkte lässt den Deal platzen, wir sind mit
keinem davon einverstanden«, kam die prompte Antwort.
»Wenn Herr Schrempp Herrn Eaton nicht unmittelbar
nach seiner Ankunft in New York anruft, wird Herr Eaton
morgen nicht in der Stadt sein.«

Mit anderen Worten, der Deal würde gerade in dem
Moment abgeblasen, in dem Eaton und Schrempp ein letztes Mal zusammenkommen wollten, um alles unter Dach
und Fach zu bringen.

*

Später am Abend traf Schrempp im St. Regis Hotel in Manhattan ein, wo er eine Verabredung zum Abendessen mit
Jon Corzine von Goldman-Sachs hatte. Als Schrempp vor
dem Restaurant Primavera in der West 48th Street eintraf,
hielt ein zweiter Wagen unmittelbar hinter seinem. Darin
saßen Eckhard Cordes und Alex Dibelius. Schrempp war
erstaunt, als er sah, dass die beiden Männer aus dem
Wagen sprangen und auf ihn zuliefen. Aus ihren Rufen und
Gesten ging zweifelsfrei hervor, dass etwas Gravierendes
vorgefallen sein musste. »Der Deal ist geplatzt, der Deal ist

geplatzt«, riefen sie. Sie sagten Schrempp, er solle so schnell wie möglich Bob Eaton anrufen.

Die verschiedenen Punkte, die Schwung übermittelt habe, seien schlecht bei Chrysler angekommen. Aus den Schilderungen von Cordes und Dibelius ging klar hervor, dass Eaton äußerst verärgert war.

Schrempp bestand darauf, erst mal in aller Ruhe italienisch zu speisen, bevor er mit Eaton sprechen würde. Während der 45 Minuten, die er brauchte, um seine Spaghetti Pomodore zu verzehren, wuchs die Nervosität der übrigen Personen, die mit ihm am Tisch saßen. Hinter dieser scheinbaren Unbekümmertheit Schrempps steckte eine Strategie – Schrempp wollte Eaton genügend Zeit geben, um sich wieder zu beruhigen.

Schließlich bat er Lydia herauszufinden, ob es ein Privatzimmer gebe, von dem aus er Eaton anrufen könne. Er ging mit Lydia in das Büro des Geschäftsführers. Dort herrschte ein furchtbares Durcheinander, überall lagen Papiere herum, und Schrempp musste sich auf den Schreibtisch des Geschäftsführers setzen, da es nur einen Stuhl gab, auf dem Lydia Platz nahm, um Notizen zu machen.

»Hi Bob, wie geht es Ihnen?«, begann Schrempp.

»Nicht besonders gut«, sagte Eaton säuerlich.

»Was ist los?«

»Warum sagen Sie mir nicht klipp und klar, dass der Deal gestorben ist, sondern verstecken sich hinter diesen Vorwänden?«, forderte Eaton.

»Wovon, zum Teufel, sprechen Sie eigentlich?«, entgegnete Schrempp. »Schauen Sie, ich hatte einen langen Tag, ich habe einen weiten Flug hinter mir, ich habe köstliche Spaghetti gegessen und exquisiten Rotwein getrunken, und ich freue mich darauf, Sie morgen zu treffen. Weshalb besprechen wir die Punkte nicht kurz am Telefon?« Eaton ließ sich am Ende erweichen, und so gingen sie ein Thema nach dem anderen durch, während Lydia eifrig Notizen machte.

»Okay, wir haben keine Probleme mehr«, sagte Eaton

verdutzt nach nur zehn Minuten. Sie hatten alle Punkte, die so viel Wirbel verursacht hatten, klären können. Schrempp hatte sogar zugestanden, dass dem Fusionsvertrag wie geplant das Recht des US-Bundesstaates Delaware und nicht das deutsche Recht zugrunde gelegt werden sollte. Und über die Frage der Zustimmung des Aufsichtsrats wollten sie am nächsten Morgen reden.

»Dieser verrückte Jurist«, ereiferte sich Eaton. »Alle Juristen sind verrückt«, meinte Schrempp zustimmend.

*

Es waren nur noch drei Arbeitstage bis zum vorgesehenen Termin für die öffentliche Bekanntgabe des Deals, und einige Fragen mussten noch beantwortet werden. Das emotionsgeladenste Problem war der Firmenname.

»Wie wollen wir es mit dem Namen halten?«, fragte Schrempp, als er Eaton am nächsten Tag traf. Schrempp wusste, dass die Amerikaner das Unternehmen Chrysler-Daimler nennen wollten. Einer der Berater von Chrysler hatte einmal einen Konzeptentwurf auf den Boden fallen lassen. Ein scharfsichtiger Daimler-Mitarbeiter hatte den Namen im Dokument erspäht und die Information an Schrempp weitergegeben.

»Nun, ich dachte, wir hätten uns schon über den Namen geeinigt«, antwortete Eaton. »Das Unternehmen soll Chrysler-Daimler-Benz heißen.«

»Nein, nein«, protestierte Schrempp.

»Das war unsere Abmachung.«

»Nein, das kann ich nicht tun, lassen Sie uns das Unternehmen Daimler-Benz-Chrysler nennen.«

»Sie wissen, dass dies für mich unmöglich ist, ich habe bereits genug gegeben, ausgeschlossen«, versetzte Eaton.

»Und Sie wissen, dass mein Aufsichtsrat mir keinen Namen genehmigen wird, der mit Chrysler anfängt«, sagte Schrempp. »Wie wäre es mit Daimler-Chrysler-Benz?«

Eaton wiegelte ab, dies entspreche nicht ihrer Vereinbarung.

»Okay, schön«, sagte Schrempp. »Ich werde etwas aufgeben, an dem mir sehr viel liegt. Wie Sie wissen, hat unser Unternehmen zwei Gründer. Der eine war Gottlieb Daimler aus Stuttgart in Schwaben, der andere Karl Benz aus Mannheim in Baden, wo ich herkomme. Ich biete Ihnen Daimler-Chrysler an.«

»Nein, tut mir Leid, es muss Chrysler-Daimler-Benz sein.«

»Das kann ich nicht akzeptieren, es muss Daimler-Chrysler sein. Denken Sie darüber nach.«

»Überlegen Sie sich Chrysler-Daimler-Benz«, sagte Eaton.

»Okay, ich denke, wir haben hier einen Dissens«, sagte Schrempp. »Ich kann jetzt nicht länger darüber sprechen, ich muss zum Flughafen.« Es macht wenig Sinn, die Debatte fortzusetzen, sagte sich Schrempp. Die beiden Männer würden lediglich immer unversöhnlicher an ihren Standpunkten festhalten, wenn sie den Disput fortführen würden. Es würde immer schwieriger, einen Kompromiss zu finden, ohne dass einer von ihnen sein Gesicht verlöre. Der Streitpunkt blieb also zunächst ungelöst.

Das zweite Problem, das die beiden an jenem Morgen lösen wollten, waren die Bedenken Chryslers, den Deal ohne formelle Zustimmung des Aufsichtsrats von Daimler-Benz abzusegnen.

»Dies ist eine wichtige Sache«, sagte Bob Eaton, »es bedeutet, dass die öffentliche Ankündigung nicht am 7. Mai stattfinden kann, weil mein Board of Directors die Transaktion nicht genehmigen kann, solange sie von Ihrer Seite noch nicht endgültig abgesegnet ist.«

»Bob, ich schwöre es Ihnen, es wird klappen«, versicherte Schrempp inständig und ergriff Eatons Hand. »Vertrauen Sie mir, vertrauen Sie mir einfach.«

Schrempp war überzeugt davon, dass er die notwendige Zustimmung erreichen konnte. Das Problem war, dass man nach deutschem Recht eine formelle Tagung des Aufsichtsrats mindestens eine Woche im Voraus ankündigen musste. Schrempp konnte den Aufsichtsrat unmöglich, wie geplant, für den 7. Mai einberufen. Damit war der Termin der Bekanntgabe eigentlich vom Tisch.

Man musste aber nicht nur alle zwanzig Mitglieder des Aufsichtsrats förmlich über den Termin in Kenntnis setzen, sondern ihnen auch eine detaillierte Tagesordnung vorlegen. Dies war ein weiteres Problem. Allein die Tagesordnung zu verschicken hätte eine Gefahr für den Deal bedeutet, da einer der zwanzig Aufsichtsräte die Neuigkeit gewiss an die Presse weitergeben würde.

»Jürgen«, sagte Eaton, »ich vertraue Ihnen, aber Ihr Wort allein genügt nicht. Die Juristen bestehen darauf.«

Schrempp sah ein, dass er den Deal nicht perfekt machen konnte. Einen Augenblick lang sah er keinen Ausweg. Frustriert wandte er sich an Hilmar Kopper in Frankfurt.

»Hilmar, wir haben ein Problem«, begann Schrempp und erklärte den Sachverhalt.

Kopper dachte einen Augenblick nach und hatte dann eine zündende Idee.

Er wollte eine Sondersitzung des Daimler-Aufsichtsrats für den kommenden Mittwoch einberufen, den Tag vor der öffentlichen Bekanntgabe des Deals. Er würde die Einladungen auf der Stelle verschicken, ohne den Anlass mitzuteilen, die Aufsichtsräte kämen sicher schon aus purer Neugierde. Formalrechtlich würde es sich um eine Sitzung zum Zweck der Unterrichtung handeln, in der allerdings keine formellen Beschlüsse gefasst werden dürften. Um dieses Problem zu umgehen, so Kopper, würde er am Ende der Sitzung stellvertretend für mindestens zehn Stimmberechtigte eine verbindliche Aussage treffen. Er würde sich schriftliche Zusicherungen von allen Vertretern der Anteilseigner im Aufsichtsrat verschaffen und sich verbindlich zusagen lassen, dass sie bei der Aufsichtsratssitzung, bei der formell über den Fusionsvertrag abgestimmt werden sollte, dafür stimmen würden. Diese Sitzung würde nach Ablauf des gesetzlich vorgeschriebenen Zeitraums stattfinden.

Zu den zehn Stimmen von der Aktionärsseite des Aufsichtsrats käme seine ausschlaggebende Stimme als Aufsichtsratsvorsitzender. Er war sich ziemlich sicher, dass er gemeinsam mit Schrempp zumindest einen der Arbeitnehmervertreter – Manfred Göbels, der die leitenden Mitarbeiter im Aufsichtsrat vertrat und der für gewöhnlich mit den Aktionärsvertretern stimmte – überzeugen konnte. Wenn er, Kopper, all dies für die Juristen von Chrysler schriftlich niederlegen würde, dürfte dem Deal eigentlich nichts mehr im Wege stehen.

Eaton konsultierte seine Rechtsberater und ließ die Antwort übermitteln, sie seien mit Koppers Lösungsvorschlag einverstanden.

*

Frankfurt: Dienstag, 5. Mai 1998

Schrempp hatte am späten Abend die Concorde nach London genommen und war von dort weiter nach Deutschland geflogen. In Mannheim wollte er Karl Feuerstein besuchen. Feuerstein, lange Zeit ein kämpferischer Vertreter der Arbeitnehmer im Aufsichtsrat von Daimler, befand sich wegen einer Krebserkrankung in stationärer Behandlung. Schrempp bat die Frau des Gewerkschaftsführers um Verzeihung, bevor er diesem die Grundzüge des Deals in der gebotenen Kürze darlegte.

Schrempp musste den Befürchtungen der Gewerkschaften Rechnung tragen und erklärte Feuerstein, die Fusion würde keine Stellen vernichten, sondern neue Arbeitsplätze schaffen. Das fusionierte Unternehmen würde eine deutsche Aktiengesellschaft sein, die Mitbestimmung der Arbeitnehmer sollte auf die amerikanischen Mitarbeiter erweitert werden. Es sei, so Schrempp, ein Sieg jener Werte, für die Feuerstein sein ganzes Leben lang gekämpft habe.

Feuerstein gab seine Zustimmung und erklärte sich einverstanden, bei der bevorstehenden Aufsichtsratssitzung für den Deal zu stimmen.

Schrempp war in nachdenklicher Stimmung, als er von Mannheim nach Frankfurt gefahren wurde. Zwar war das Problem der Aufsichtsratssitzung vom Tisch, doch die Namensfrage war noch immer ungelöst. Und er war eigentlich nicht bereit, weiter darüber zu verhandeln. Seiner Meinung nach war er der anderen Seite bereits weit genug entgegengekommen, indem er angeboten hatte, den traditionsreichen Namen Benz, der nicht nur ihm viel bedeutete, fallen zu lassen.

Er aß mit Lydia in einem japanischen Restaurant im Hotel Arabella in der Frankfurter Innenstadt zu Abend. Sein Handy läutete – es war Eaton. Der Chef von Chrysler sagte ihm, dass er und die übrigen Mitglieder seines Boards dem Namen DaimlerChrysler nicht zustimmen würden.

Zum ersten Mal während der gesamten Verhandlungen zeigte sich Schrempp absolut kompromisslos. »Okay, wenn Sie dem nicht zustimmen können, dann lassen Sie uns ein paar schöne Tage auf Hawaii verbringen«, sagte er.

»Was?«, erwiderte Eaton perplex.

»Ja, der Deal ist geplatzt«, entgegnete Schrempp. »Das Projekt ist gestorben, ich bin nicht damit einverstanden.«

»Das können Sie nicht machen!«

»Doch, glauben Sie mir, die Sache ist gestorben«, wiederholte der Deutsche. »Aber wir sind gute Freunde, lassen Sie uns also nach Hawaii fliegen.«

»Okay, schön«, resignierte Eaton, »dann ist der Deal wohl geplatzt, ich krieg das nicht durch mein Board.«

Damit war das Gespräch zu Ende. Schrempps Tapanyaki wurden vor ihm auf einer heißen Platte zubereitet. Ein paar Minuten später – er stand gerade im Begriff, mit dem Essen zu beginnen – klingelte das Handy erneut. Es war Cordes.

Cordes sagte, er habe mit Gary Valade, Bob Eatons Finanzvorstand, gesprochen. »Eine Einigung ist zum Greifen nahe«, erklärte er. »Wenn wir ihnen ein achtes Vorstandsmitglied zugestehen, sind sie bereit, dem Namen DaimlerChrysler zuzustimmen.« Bis dahin hatte die Abmachung gelautet, dass Daimler-Benz zehn und Chrysler sieben Vorstandsmitglieder stellen würden.

»Sag das noch mal, sag das noch mal«, eiferte sich Schrempp mit wachsendem Zorn. »Fordern sie einen zusätzlichen Vorstandsposten, oder fragen sie uns dazu nach unserer Meinung?«

»Jürgen, was spielt das für eine Rolle«, sagte ein zunehmend verärgerter Cordes. »Wenn wir ihnen den Vorstandsposten geben und du damit einverstanden bist, haben wir den Namen und der Deal ist perfekt.«

»Geh zu ihnen und sag ihnen: Nur über meine Leiche«, brüllte Schrempp ins Telefon.

Cordes riss der Geduldsfaden. »Ich mach jetzt gar nichts mehr«, schrie er zurück. »Mach deine Deals in Zukunft doch selbst!« Wütend warf Cordes sein Handy auf den Boden. Die Verbindung brach ab.

»Was hat er denn gesagt?«, fragte Lydia.

»Ach! Ich lass mich doch nicht erpressen. Sie zählen Äpfel mit Birnen zusammen. Der Name hat nichts mit dem Vorstand zu tun. Ich sehe nicht ein, weshalb ich das eine gegen das andere tauschen soll.«

»Und was machen wir jetzt?«, fragte sie.

»Wir bestellen uns noch etwas Rindfleisch und Wein und genießen das Essen.« Schrempp orderte noch ein wenig Sake.

Kurz darauf verließ Lydia unter dem Vorwand, die Toilette aufzusuchen, das Restaurant. Sie rief Rüdiger Grube an. »Ihr wisst doch, wie Schrempp ist«, sagte sie, »wenn man ihm so kommt, erreicht man gar nichts. Weshalb schlagt ihr der anderen Seite nicht vor, dass sie morgen um einen zusätzlichen Vorstandsposten bitten. Bringt es nicht mit der Namensfrage in Verbindung, bringt sie einfach dazu, morgen ihre Bitte vorzutragen, und ich bin sicher, dass es keine Probleme geben wird. Beharrt nicht darauf, ihr kennt doch Jürgen.«

Grube übermittelte den Ratschlag an Valade.

Später am Abend wurde Schrempp eine Nachricht von Christoph Walther übermittelt. »Die Katze ist aus dem Sack«, sagte er. »Es sieht so aus, als ob die Story in der morgigen Ausgabe des *Wall Street Journal* erscheinen wird.«

15. Kapitel
DIE BEKANNTGABE

Die letzten beiden Tage

Während Jürgen Schrempp nach Mannheim fuhr, um Karl Feuerstein im Krankenhaus zu besuchen, legte Steve Lipin letzte Hand an einen Artikel, der – als er am nächsten Tag auf der Titelseite des *Wall Street Journal* erschien – einer der bedeutendsten wirtschaftlichen Exklusivberichte des Jahrzehnts sein sollte.

Lipin, der 35-jährige Redakteur, der für die Kolumne »Heard on the Street« des *WSJ* verantwortlich war, war davon überzeugt, dass seine Story nun endlich Hand und Fuß hatte. Er war seit Mitte der vergangenen Woche Gerüchten über eine Mammutfusion zweier Industrieunternehmen nachgegangen. Noch vor dem Wochenende hatte er die Namen der beiden Unternehmen herausgefunden. Er war, wie er später einräumte, »völlig verblüfft« über die Größenordnung der Transaktion, der er auf die Spur gekommen war. Aber aufgrund seiner Kenntnisse über die Automobilindustrie und über Daimler-Benz als das amerikanischste von allen europäischen Unternehmen hielt er die Gerüchte für absolut glaubwürdig.

Er wollte den Artikel eigentlich auf der Stelle bringen, doch dann kamen ihm Meldungen über Meinungsverschiedenheiten zu Ohren. Daher hielt er den Artikel zurück – ein Beitrag über einen erfolgreichen Deal würde sehr viel mehr Furore machen als ein Bericht über Gespräche, die vielleicht in letzter Minute noch abgebrochen wurden. Den Montag verbrachte er damit, den Artikel auf den aktuellsten Stand zu bringen, indem er mit bewährten Kontaktpersonen sprach. Dienstags teilten ihm seine Informanten mit, der Abschluss des Deals stehe kurz bevor. Wie kurz, das wusste Lipin dagegen nicht.

»Die Verhandlungen wurden mindestens einmal abgebrochen, und es ist nicht sicher, ob doch noch eine Einigung erzielt werden wird«, schrieb er. »Allerdings haben die beiden Unternehmen bei ihren Gesprächen erhebliche Fortschritte gemacht, und der Moment der Entscheidung scheint nahe bevorzustehen.«

Rückblickend betrachtet, war es ein exzellent recherchierter und genau zum richtigen Zeitpunkt erschienener Beitrag. Er wurde am Tag vor der öffentlichen Bekanntgabe des Deals publiziert; die Zahlen stimmten, die zwingende ökonomische Logik wurde eingehend dargelegt, und es wurden die richtigen Fragen gestellt. Wäre es eher eine Übernahme als eine Fusion? Wie würden die beiden Partner mit den unterschiedlichen Unternehmenskulturen zurechtkommen? Kurz, es war genau der Bericht, den jeder Leser, der sich auch nur entfernt für die Transaktion interessierte, am folgenden Tag lesen musste. Es war der Artikel, der am Mittwoch tonangebend war für die Berichterstattung von Tausenden überraschter und vergleichsweise schlecht informierter Journalisten rund um den Globus.

Eine Frage ist bis heute unbeantwortet: Wer sprach mit Lipin? Könnte es Gershon Kekst gewesen sein, der legendäre New Yorker PR-Guru, der damals für Chrysler arbeitete? War es Steve Koch von Credit Suisse First Boston? Oder Alex Dibelius von Goldman-Sachs, oder gar Christoph Walther, der Leiter Unternehmenskommunikation von Daimler? Oder war Kirk Kerkorian der Zuträger? Weder Lipin noch irgendjemand sonst, der an der Transaktion beteiligt war, hat dies bislang enthüllt.

Wurden dem Autor gezielt Informationen zugespielt? Ein Reporter wie Lipin reagiert äußerst verärgert auf die Verdächtigung, er sei manipuliert worden. Integre Journalisten betrachten ihren Beruf als die hohe Kunst, Informationen aus einer Vielzahl von Quellen zu beziehen und dieses Rohmaterial anschließend zu wahrheitsgetreuen Artikeln zu verarbeiten. Andererseits sehen PR-Agenturen, Investmentbanker, Wirtschaftsjuristen und Unternehmenslenker in der Presse ein Instrument der Unternehmensstrategie. Journalisten sind dazu da, dass man sie benutzt, sei es auch in der höflichsten Weise. Letztlich ist die Presse ein Medium, durch das sich Informationen in einer Weise verbreiten lassen, die den Unternehmenszielen förderlich ist.

Aus der Sicht von Daimler und Chrysler war der Erscheinungstermin des Artikels natürlich alles andere als perfekt. Es gab eine Lücke von vierundzwanzig Stunden zwischen der Veröffentlichung im *WSJ* am Mittwoch und der Presseankündigung, die für Donnerstagmorgen vorgesehen war. Während dieser Zeit konnten die Unternehmen die Presse nur dadurch beeinflussen, dass sie eine vorformulierte Erklärung veröffentlichten, die bestätigte, dass sie Gespräche miteinander führten.

*

Frankfurt / London: Mittwoch, 6. Mai 1998

Bob Eaton kam am Flughafen Frankfurt an. Er war von Detroit abgeflogen und wollte in Frankfurt einen Zwischenaufenthalt einlegen, bevor er zur feierlichen Unterzeichnung des Fusionsvertrages nach London weiterreiste.

Er duschte sich schnell in seinem Hotelzimmer und suchte dann die eisblaue doppeltürmige Hauptverwaltung der Deutschen Bank auf. Eaton wurde durch den Sondereingang für Gäste des Vorstands geführt, bevor er den Aufzug zum Büro von Hilmar Kopper im 29. Stock nahm. Dort warteten auch Schrempp und Kopper.

Bevor sie zu einem Frühstück mit Wurst und Rührei Platz nahmen, gingen Eaton und Schrempp zum Fenster. Während sie den Ausblick auf die Hügellandschaft des Taunus in der Ferne und das Frankfurter Geschäftsviertel im Vordergrund genossen, bat Eaton Schrempp um einen zusätzlichen Vorstandsposten:

»Jürgen, kann ich einen Augenblick mit Ihnen sprechen«, begann Eaton.

»Haben Sie schon die Zigarren gekauft?«, fragte Schrempp lächelnd.

»Können Sie mir einen Gefallen tun, es wird uns bei der Lösung des Problems helfen.«

»Ich weiß nicht, wovon Sie reden«, sagte Schrempp hinterlistig.

»Wir hätten gern einen weiteren Vorstandsposten«, bat Eaton, »nur für eine kurze Zeit, bis wir ein paar Dinge geklärt haben.«

Statt einer Antwort zog Schrempp das Logo des neuen Unternehmens aus seiner Aktentasche und überreichte es Eaton. Das Logo war noch in der Nacht von Rüdiger Grube und Christoph Walther angefertigt worden. Es war makellos und zeigte den Schriftzug »DaimlerChrysler Aktiengesellschaft«. Die Buchstaben waren blau auf grauem Hintergrund – die Unternehmensfarben von Daimler-Benz.

»Ist es nicht schön?«, fragte Schrempp. Ohne mit der Wimper zu zucken, bekundete Eaton seine Bewunderung für die elegante grafische Gestaltung.

Der Deal war perfekt. Kurze Zeit später wurde Dennis Pawley, das einzige Vorstandsmitglied, das seinen Posten hatte räumen müssen, wieder eingesetzt.

Alle drei Männer waren in aufgeräumter Stimmung, standen sie doch im Begriff, Wirtschaftsgeschichte zu schreiben. Sie mussten nur noch zwei formaljuristische Einzelheiten erledigen. Kopper musste im Namen von mindestens zehn stimmberechtigten Mitgliedern des Aufsichtsrats der

Transaktion verbindlich zustimmen. Und auch in seiner Funktion als Vorstandssprecher der Deutschen Bank musste er den Deal offiziell absegnen. Nur wenn die Bank mit ihrer Beteiligung von 24,4 Prozent an Daimler-Benz die Transaktion billigte, konnte der Deal vollzogen werden.

Kopper versicherte Eaton, dass er beide Bedingungen erfüllen werde. Schrempp erklärte sich bereit, die beiden Schriftstücke mitzubringen, wenn er abends zur Unterzeichnungszeremonie nach London kam. Eaton konnte beruhigt nach London weiterfliegen.

Kopper und Schrempp begaben sich in einem Privatflugzeug nach Stuttgart, wo die außerordentliche Aufsichtsratssitzung um 17 Uhr beginnen sollte. Wie Kopper vorhergesagt hatte, erwies sich die geheimnisvolle Einladung zu einer überraschenden Aufsichtsratssitzung als starkes Lockmittel. Die meisten Aufsichtsratsmitglieder hatten ihre Teilnahme zugesagt. Allerdings waren vier Vertreter der Aktionärsseite im Aufsichtsrat nicht erschienen. Kopper war jedoch auf diese Stimmen angewiesen, um Chrysler die notwendigen Zusicherungen zu geben.

Der Erfolg des gesamten Deals hing nun davon ab, ob die vier abwesenden Aufsichtsratsmitglieder ausfindig gemacht werden konnten. Lydia Deininger arrangierte zwei Privatzimmer, von denen aus sie ihre »Notrufe« machen wollte. »Wir gehen folgendermaßen vor«, sagte Kopper zu Schrempp, »ich werde das Thema anschneiden und du verkaufst es ihnen dann.«

Lydia war es tatsächlich gelungen, die abwesenden Aufsichtsratsmitglieder nacheinander aufzuspüren. Sie übergab den Hörer an Kopper.

»Es ist bedauerlich, dass Sie heute Nachmittag nicht kommen können«, begann er. »Wir werden ein wichtiges Vorhaben besprechen, und ich brauche Ihre Hilfe.«

Nur einer der vier hatte Lipins Artikel gelesen beziehungsweise die Neuigkeit gehört. Nun war Schrempp an der Reihe und erklärte kurz, worum es ging.

»Das hört sich toll an, absolut großartig«, sagte einer und erklärte sich sofort bereit, die Schriftstücke zu unterzeichnen, die Koppers Büro verschickt hatte – eine in Deutsch und Englisch abgefasste verbindliche Zusicherung, bei der nächsten offiziellen Aufsichtsratssitzung für die Transaktion zu stimmen.

Nachdem die vier Stimmen gesichert waren, ließ Schrempp Manfred Göbels in sein Zimmer rufen. Innerhalb der eigentümlichen Leitungs- und Aufsichtsstruktur, die Daimler-Benz als deutscher Aktiengesellschaft eignete, saß Göbels an einer wichtigen Schaltstelle. Als Vertreter der leitenden Mitarbeiter im Aufsichtsrat von Daimler-Benz wird er formell zu den zehn Aufsichtsräten gezählt, die die Arbeitnehmer des Betriebs vertreten. Doch als Manager stimmt er in der Regel mit den Aktionärsvertretern. Seine Stimme wurde heute gebraucht, wenn Kopper nicht gezwungen sein sollte, seine – bei Stimmgleichheit – ausschlaggebende Stimme als Aufsichtsratsvorsitzender in die Waagschale zu werfen.

»Herr Kollege, nehmen Sie bitte Platz«, sagte Schrempp. »In exakt fünf Minuten wird Sie Rüdiger Grube ausführlich über das, was im Gange ist, unterrichten.«

»Unmittelbar danach brauche ich Ihre Unterschrift unter diese Schriftstücke. Sie bestätigen dadurch, dass Sie befürworten, was ich Ihnen gleich eröffnen werde.«

»Einverstanden«, sagte Göbels, überrascht von Schrempps offenkundiger Eile.

»Schön, also wir fusionieren mit Chrysler.«

Der perplexe Göbels begann Fragen zu stellen.

»Ich hab jetzt keine Zeit, Ihre Fragen zu beantworten, Sie können gleich Rüdiger Grube alle Fragen stellen, die Sie wollen«, fiel ihm Schrempp ins Wort. »Vertrauen Sie mir?«

»Selbstverständlich!«

»Hab ich Sie jemals belogen?«

»Nein.« Nachdem er von Rüdiger Grube in die Details des Vorhabens eingeweiht worden war, unterschrieb Göbels auf der gepunkteten Linie.

Jürgen Schrempp brachte die Schriftstücke zu Hilmar Kopper, der anschließend einen Brief unterzeichnete, der besagte, dass elf Mitglieder des Aufsichtsrats bei dessen nächster formeller Sitzung für den DaimlerChrysler-Deal stimmen würden.

Schrempp steckte diesen Brief ein und fuhr zum Flughafen. Zusammen mit Lydia flog er zum Luton-Airport, wo er um 21 Uhr landete. Sie wurden abgeholt und zum Dorchester Hotel gefahren, wo Schrempp von Eaton in einem Zimmer voller Mitarbeiter und Berater erwartet wurde. Nachdem sie bis zur Schließung der New Yorker Börse gewartet hatten, unterzeichneten sie kurz vor Mitternacht den Fusionsvertrag.

Beide Teams gingen hinunter in die Bar, um auf den Deal anzustoßen. Alle waren bester Laune, aber beide Seiten vermischten sich kaum. Die Deutschen standen am einen Ende der Bar, die Amerikaner am anderen.

*

London: Donnerstag, 7. Mai 1998

Um 7.30 Uhr unterrichteten die beiden Unternehmen die maßgeblichen Börsen und Aufsichtsbehörden über ihre Fusionspläne. Die offizielle Presseverlautbarung folgte eine halbe Stunde später.

Kurz nach dem Frühstück riefen Eaton und Schrempp ein Dutzend Politiker und Industriekapitäne an. Anschließend telefonierten sie mit einer ähnlichen Zahl von Journalisten, wobei sie mit den Nachrichtenagenturen wie Reuters, dpa und Bloomberg anfingen, bevor sie mit jenen Tageszeitungen weitermachten, die international und in den nationalen Schlüsselmärkten Deutschland und USA tonangebend waren. Als Erstes meldeten sie sich bei der *Financial Times* (wo Schrempp mit dem Automobilkorrespondenten und mit einem Reporter der einflussreichen »Lex Column« sprach), beim *Wall Street Journal,* bei der *Bildzeitung*, bei der *Frankfurter Allgemeinen Zei-*

tung, beim *Handelsblatt* und schließlich bei der *Stuttgarter Zeitung.*

Man hatte sich größte Mühe gegeben, die Eckpunkte des Deals so prägnant wie möglich zu umreißen. Ausgehend von einer Reihe von Stichpunkten, die Christoph Walther vorbereitet hatte, stellten sie fünf Kernbotschaften heraus. Das Manuskript lautete folgendermaßen:

Dies ist ein großartiger Deal, weil die Transaktion
- zwei der ertragsstärksten Automobilhersteller der Welt zusammenführt;
- zwei Unternehmen zusammenbringt, die sich aufgrund ihrer führenden Stellung auf ihren jeweiligen Märkten perfekt ergänzen;
- DaimlerChrysler eine führende Position in der Automobilbranche verschafft;
- DaimlerChrysler optimal positioniert, um neue Chancen zu nutzen
- nicht zu einem Stellenabbau führt.

Für den Zusammenschluss sprechen überragende betriebswirtschaftliche Gründe, weil
- zwei starke Unternehmen fusionieren, um zu expandieren, nicht um zu rationalisieren;
- er das beste Portfolio von Weltklassemarken in der Branche hervorbringt;
- er die technologische Stärke, die Vertriebs- und Finanzkraft beider Unternehmen bündelt;
- er durch gemeinsame Entwicklung, Fertigung, Beschaffung und Nutzung von technologischem Know-how Vorteile bringt.

DaimlerChrysler wird ein Erfolg, weil
- ein herausragendes Führungsteam mit eindrucksvoller Leistungsbilanz zusammenarbeiten wird;
- sich beide Partner einer Kultur der Wertschöpfung durch Innovation, Qualität und Kundenzufriedenheit

verpflichtet fühlen und der Ertragsstärke hohe Priorität beimessen.

Das neue Unternehmen wird echte Werte schaffen durch
- Innovation,
- globales Wachstum,
- Schaffung von Arbeitsplätzen,
- gesellschaftliche Verantwortung.

DaimlerChrysler – ein führender globaler Automobilkonzern im Dienste seiner
- Aktionäre durch die Steigerung des Unternehmenswerts;
- Kunden durch führende Marken mit ausgezeichnetem Potenzial;
- Mitarbeiter durch neue Wachstumschancen auf dem Weltmarkt.

Die Aussagen waren einfach, ja sogar grob vereinfachend. Paradoxerweise war dies eben darauf zurückzuführen, dass die erfolgreiche Präsentation des Deals eine gewaltige Herausforderung war. Man musste unbedingt die Arbeitnehmer und Gewerkschaften beider Seiten für das Vorhaben gewinnen – daher auch die Hervorhebung von Arbeitsplätzen und Wachstum. Gleichzeitig sollten die Finanzmärkte überzeugt werden. Deshalb musste der Hinweis auf die Schaffung von Arbeitsplätzen mit der Betonung der ausgezeichneten langfristigen Perspektiven für den Shareholder-Value verbunden werden.

Zudem musste der Deal in einen Mantel des Einvernehmens gehüllt werden. Jedes Gerede über Gewinner und Verlierer, über eine Übernahme statt einer Fusion konnte eine starke emotionale Gegenreaktion auslösen – vor allem in den Vereinigten Staaten, wo Chrysler auf so spektakuläre Weise mit Steuergeldern gerettet worden war. Daher die beharrliche Beteuerung, dass eine »Fusion von Gleichen« geglückt sei.

Diese Botschaften wurden zunächst bei der Londoner Pressekonferenz, die um 14 Uhr stattfand, deutlich herausgestellt. Dann ein weiteres Mal, als Schrempp und Eaton eine Reihe von Interviews für US-amerikanische Fernsehsender gaben. Und dann nochmals am Nachmittag bei einer Konferenzschaltung mit amerikanischen Journalisten. Die Presseverlautbarung wurde an Tausende von Zeitungen, Nachrichtendienste, Rundfunk- und Fernsehsender rund um den Globus verschickt.

Die Kernaussagen wurden auch in einem Schreiben zusammengefasst, das noch am selben Tag an 2000 einflussreiche Wissenschaftler, Berater und Analysten verschickt wurde. Sämtliche Mitarbeiter erhielten einen von Eaton und Schrempp unterzeichneten Brief. Die wesentlichen Punkte des Deals wurden auf den Intranet- und Internetsites der Unternehmen bekannt gegeben. Die Mitarbeiter konnten sich auch aufgezeichnete Fernsehinterviews mit Schrempp und Eaton ansehen. Diese waren Montagnachmittag im New Yorker Hotel Four Seasons aufgenommen worden, mit dem kleinen Unterschied, dass Eaton auf dem amerikanischen Video länger sprach, während Schrempp auf dem deutschen Video länger zu Wort kam.

Die Kommunikationsmaschinerie lief auf Hochtouren. Man wollte gleichsam eine Spirale von positiven Nachrichten anstoßen. Die Presse sollte ermuntert werden, wohlwollende Artikel über die Fusion zu schreiben. Die entsprechenden Schlagzeilen würden dann Gewerkschaften, Mitarbeiter, Kunden, Aktionäre, Aufsichtsbehörden und die Finanzwelt im Allgemeinen beeinflussen. Wenn Journalisten am Freitag und übers Wochenende ihre Anschlussbeiträge schrieben, würden sie sich an genau diese Gruppen wenden, um Meinungen und Analysen einzuholen. Sie würden die eigenen Stellungnahmen des Unternehmens aufgreifen und dadurch die anfänglich positive Reaktion auf die Transaktion weiter verstärken.

Der Deal wurde also bewusst an einem Donnerstag bekannt gegeben, um diesen Prozess zu erleichtern. Die Reporter hatten relativ wenig Zeit, um mit möglicherweise skeptischen Dritten in Kontakt zu treten. Am Donnerstag wären sie zu beschäftigt, um über die Fakten zu berichten, sodass der Freitag der einzige volle Arbeitstag der Woche war, an dem sie eine ausgewogene Bewertung des Deals zusammenstellen könnten. In der Zwischenzeit würde sich DaimlerChrysler selbst mit Meinungsbildnern in Verbindung setzen. Die Hoffnung war, dass diese zu dem Zeitpunkt, an dem Reporter Kontakt zu ihnen aufnehmen würden, die offizielle Hymne nachsingen würden.

»Wir bemühten uns, schneller zu sein als die Presse«, erklärt Christoph Walther rückblickend.

Doch nicht alles verlief nach Plan. Eine Empfangsdame bei Daimler-Benz wurde von einem Journalisten der *Frankfurter Allgemeinen Zeitung* gefragt, was sie von dem neuen amerikanischen Partner halte. Sie antwortete, dass sie einmal einen Chrysler-Wagen besessen habe, der jedoch binnen eines Jahres durchgerostet sei. Die Mitarbeiter von Chrysler in Auburn Hills schienen sich vor allem für die Höhe des Rabatts zu interessieren, den sie auf Mercedes-Wagen erhielten. Insgesamt aber waren kritische Reaktionen die große Ausnahme.

»Die anfängliche Presseberichterstattung über den Deal entsprach dem Enthusiasmus, mit dem die Unternehmen die Transaktion bekannt gaben und präsentierten«, hieß es in einer Studie über die ersten vier Tage nach Ankündigung der Fusion (angefertigt von Kekst & Co.). »Alle betroffenen Gruppen unterstützten das Konzept und wiederholten überwiegend die Vorteile und die Begründung, die das Unternehmen in Presseverlautbarungen, Pressekonferenzen und Interviews dargelegt hatte. Viele der Themen und Schlagwörter, die das Unternehmen gezielt streute, tauchten wiederholt in der Presse auf: perfekte Ergänzung, Produkte und Marken von Weltklasse, hervorragend positioniert für globales Wachstum, erhebliche Kosteneinsparungen, keine Entlassungen oder Betriebsstilllegungen, erheblicher Shareholder-Value, größte Fusion zwischen Industrieunternehmen.«

Allerdings gab es einen Unterschied zwischen der faktenbezogenen Berichterstattung, die eher positiv war, und Leitartikeln sowie wertenden Stellungnahmen, die skeptischer waren. In kluger Voraussicht identifizierten führende Kommentatoren kulturelle Unterschiede als ein potenzielles Hindernis für den Erfolg der Transaktion, wobei viele Artikel vor allem die Unterschiede zwischen dem amerikanischen und dem deutschen Führungsstil herausstellten. Die komplexe finanzielle Mechanik der Transaktion wurde dagegen kaum beleuchtet.

»Chrysler produzierte Panzer für General Patton, und Mercedes produzierte Rüstungsgüter für Adolf Hitler. Wie erklären Sie diesen Deal Ihren Montagearbeitern?«, fragte ein Reporter von CNBC am Tag nach der Bekanntgabe Bob Eaton.

Eaton antwortete, die globale Verflechtung sei heute sehr viel größer und das Land und die Unternehmen hätten »diese Frage« hinter sich gelassen. Abgesehen von einigen wenigen Artikeln, war dies damals auch schon das Äußerste an antideutschen Ressentiments.

*

Ein paar Wochen nach der öffentlichen Bekanntgabe sprach Schrempp mit Rolf Breuer von der Deutschen Bank.

»Weißt du, Jürgen, ich bin dir gegenüber im Vorteil«, sagte Breuer.

»Wie meinst du das?«, fragte Schrempp neugierig.

Breuer ging auf die gegensätzliche Reaktion von Presse und Öffentlichkeit auf die Übernahme der altehrwürdigen US-Investmentbank Bankers Trust durch die Deutsche Bank einerseits und auf die Fusion von Daimler und Chrysler andererseits ein.

»Die Sache ist die, dass nur sehr wenige Leute der Meinung sind, dass ich einen guten Deal gemacht habe«, fuhr Breuer fort. »Wenn ich daher das Projekt auch nur einigermaßen gut über die Bühne bringe, wird man sagen, ich sei sehr erfolgreich gewesen. Du dagegen wirst selbst dann, wenn du bei der Fusion ausgezeichnete Arbeit leistest, alle enttäuschen..., weil jeder davon überzeugt ist, dass du eine absolut brillante Transaktion durchgezogen hast.«

Breuer hatte Recht. Die Pressekampagne seit dem Tag der Bekanntgabe erzeugte außerordentlich hohe Erwartungen. Beide Seiten schufen damit die Voraussetzungen für spätere Enttäuschungen – aber dieser Werberummel hatte einen gewichtigen Grund. Der Fusionsvertrag war ja nur dann gültig, wenn die Aktionäre beider Seiten zustimmten. Dabei genügte bei Daimler nicht die Zustimmung einer Mehrheit der Anteilseigner, vielmehr mussten neunzig Prozent dem Zusammenschluss zustimmen, wenn der Deal wie geplant – also mit einem Pooling of Interests – in Kraft treten sollte. Bei 800 000 Daimler-Einzelaktionären war dies keineswegs eine ausgemachte Sache, und die Börsenvorschriften machten das Unterfangen noch schwieriger.

Nachdem die Transaktion öffentlich bekannt gegeben worden war, durfte keines der beiden Unternehmen irgendwelche weiteren Informationen über die finanziellen oder branchenspezifischen Gründe des Deals veröffentlichen, bis der Prozess des Aktienumtauschs begonnen hatte. Doch er sollte erst im September anfangen. Daher musste die Öffentlichkeitsarbeit eine Woge der günstigen Berichterstattung auslösen, die den Deal über einen Zeitraum von mehreren Monaten tragen sollte. Es war unter den gegebenen Umständen natürlich besser, zu viel des Guten zu tun, als einen warnenden Ton anzuschlagen. Denn das hätte die Stimmung gegen die Fusion umschlagen lassen können.

*

Die Sorgen wegen des Umtauschprozesses erwiesen sich im Nachhinein als unbegründet. Daimler unternahm gemeinsam mit der Deutschen Bank enorme logistische Anstrengungen, um jeden einzelnen Aktionär ausfindig zu machen. Die Bank richtete in 21 Daimler-Werken Sonderstellen ein, wo Mitarbeiter ihre Aktien umtauschen konnten. Es wurde eine große Werbekampagne gestartet, die sich die positiven Schlagzeilen zu Eigen machte und so glaubwürdig die Vorzüge der Fusion pries und auf die Sonderkonditionen aufmerksam machte, auf die deutsche Aktionäre Anspruch hätten, falls die Schwelle von neunzig Prozent erreicht werden sollte. Manfred Gentz und Eckhard Cordes traten im Fernsehen auf und verblüfften die Zuschauer mit ihren Ausführungen über die verzwickte Transaktionsstruktur. Umtauschangebote und Goodwill-Bilanzierung sind normalerweise keine Themen für die Hauptsendezeit, doch die Öffentlichkeit nahm die Informationen interessiert an.

Bei der außerordentlichen Hauptversammlung, die am 18. September stattfand, berichtete Hilmar Kopper, dass 99,89 Prozent der Daimler-Aktionäre für die Transaktion gestimmt hätten. Etwa 13 300 Anteilseigner nahmen direkt an dieser Marathonsitzung in der Hanns-Martin-Schleyer-Halle in Stuttgart teil.

»Heute haben wir die Chance, ein neues Kapitel der Wirtschaftsgeschichte zu schreiben«, eröffnete Schrempp die Hauptversammlung, »aus einer Position der Stärke heraus, aus eigenem Entschluss und mit einem Partner unserer Wahl.«

Die Sitzung ging schließlich um 23.10 Uhr zu Ende, nachdem Kopper, Schrempp und alle übrigen Mitglieder von Vorstand und Aufsichtsrat dreizehneinhalb Stunden Rede und Antwort gestanden hatten. Die Aktionäre hatten unter anderem Anstoß daran genommen, dass die offizielle Sprache des neuen Unternehmens Englisch sein sollte. Dies sei eine eklatante Diskriminierung und führe zu einer allmählichen Aushöhlung der deutschen Kultur, so der

Vorwurf der Kritiker. Am Ende war auch dieser Punkt akzeptiert – vielleicht hat am Ende das reichhaltige Büffet mit deutschen Gerichten zu der Einsicht beigetragen, dass gewisse Aspekte der deutschen Kultur ungeachtet der Sprachenfrage nicht vom Untergang bedroht waren.

Die zeitgleich stattfindende Versammlung der Chrysler-Aktionäre war eine ganz andere Sache. Im Du Pont Hotel in Wilmington, Delaware, erschienen ganze 140 Aktionäre, um Chryslers Ende als eigenständiges Unternehmen mitzuerleben, und die Veranstaltung dauerte nicht länger als zwei Stunden. Das Ergebnis war jedoch ebenso befriedigend: Bob Eaton konnte berichten, dass 97,5 Prozent der Chrysler-Aktionäre für den Deal gestimmt hatten. »Sie werden Miteigentümer des stärksten Automobilkonzerns der Welt«, bedankte sich Eaton bei seinen Aktionären, »mit einer Bilanz und einer Produktpalette, die beispiellos sind.«

Die Umtauschfrist war zum Zeitpunkt der beiden Hauptversammlungen noch nicht abgelaufen. Am 26. Oktober hatten schließlich 97 Prozent der Anteilseigner ihre Aktien gegen neue DaimlerChrysler-Aktien getauscht. Die Fusion war damit vollzogen.

Am 17. November, nur 200 Arbeitstage nachdem Schrempp erstmals die Idee einer Fusion gegenüber Bob Eaton zur Sprache gebracht hatte, wurde aus beiden Unternehmen eines. Schrempp und Eaton flogen in getrennten Privatflugzeugen nach New York, während eine Schar europäischer Journalisten in einer gecharterten Boeing 777 von Frankfurt nach New York flogen. An der Wall Street reihten sich die Empfangszelte und Produkte des neuen Unternehmens dicht an dicht – ein Hubschrauber, eine Gruppe von Sportwagen, Jeeps und ein schwerer Lkw. Um 9 Uhr morgens standen Eaton und Schrempp gemäß dem altehrwürdigen Ritual auf dem Balkon über dem Parkett der New York Stock Exchange und betätigten die Glocke, um die Eröffnung des Handels mit der neuen Aktie (mit der zugewiesenen Abkürzung: DCX) an siebzehn Börsen der Welt anzukündigen. Sie setzten sich auf dem Börsenparkett in nachgebaute Fronthälften zweier Fahrzeugtypen (eines Jeep Grand Cherokee und eines Mercedes der E-Klasse) und hupten.

An 800 verschiedenen Standorten rund um den Globus feierten die Mitarbeiter der neuen DaimlerChrysler ebenfalls. Jeder erhielt ein Glückwunschschreiben der beiden Vorstandsvorsitzenden, ein Poster, das sämtliche Produkte des neuen Unternehmens zeigte und eine Swatch-Uhr. Daimler bestellte 460 000 dieser Uhren, um sicherzustellen, dass sowohl Vollzeit- als auch Teilzeitkräfte eine Uhr bekamen. Auch die neuen Visitenkarten von DaimlerChrysler waren schon fertig und in einem unglaublichen logistischen Kraftakt war es den beiden Unternehmen tatsächlich gelungen, sämtliche Firmenzeichen an Hunderten von Standorten in der ganzen Welt gegen das neue Logo auszutauschen.

Die Mitarbeiter konnten die Feier in New York live auf dem neu eingerichteten DaimlerChrysler-Fernsehkanal verfolgen. In Untertürkheim spielte eine amerikanische Country-Band, Kantinen von Detroit bis Tuscaloosa in den Vereinigten Staaten servierten Wiener Schnitzel und Spätzle sowie Kaffee einer speziellen »Fusionsmischung«, während in Sindelfingen und Untertürkheim erstmals Donuts, Cookies und Muffins auf der Speisekarte standen. Am Ende dieses Abends war die Geburt des neuen Unternehmens – mit einem Aufwand von insgesamt 45 Millionen Dollar – in gebührender Weise gefeiert worden.

In den wichtigsten Tageszeitungen und Magazinen der Welt wurde für vier Wochen eine Werbekampagne geschaltet, die große Aufmerksamkeit erregte. Der Altmeister der Fotografie, Richard Avedon, porträtierte das Herzstück des neuen Konzerns – die Menschen, die dort arbeiten.

Unter den vielen Glückwunschschreiben, mit denen Schrempps Büro überschwemmt wurde, ragte eines besonders heraus. »Eine außerordentliche unternehmerische Leistung und der Beginn eines globalen Abenteuers von enormer Tragweite«, so lautete das Urteil von Arthur Levitt, dem Chairman der Securities & Exchange Commission, über den Deal.

Levitt sollte Recht behalten – das Abenteuer hatte gerade erst begonnen.

VIERTER TEIL

GEGENSEITIGES KENNENLERNEN

16. Kapitel
KULTURSCHOCK

Erste Schritte auf dem Weg zur Integration

Sommer 1998

Anfang Juli 1998 lud Bob Eaton den gesamten Vorstand von Daimler nach Auburn Hills ein, jenen Vorort von Detroit, in dem die Hauptverwaltung von Chrysler ansässig ist. Es war das erste einer Reihe von Treffen, die die Topmanager beider Seiten einander näher bringen sollten. Sie konnten offiziell zwar erst im November mit der Integration der beiden Unternehmen beginnen, doch wenn sie bereits im Vorfeld so viele Probleme wie möglich ausräumten, hätten sie einen Vorsprung, sobald der Deal unter Dach und Fach war. Und außerdem würde man sich besser kennen lernen.

Nach einer förmlichen Begrüßung im 15. Stock wurden die Deutschen zur nahe gelegenen Versuchsstrecke gebracht und erhielten die Gelegenheit, die gesamte Modellpalette von Chrysler zu testen. Gegen Abend fuhr man in das noble Townsend Hotel in Birmingham, einem schicken Vorort von Detroit. Um 18.30 Uhr begann das Menü mit fünf Gängen, bei dem eine fröhliche Stimmung herrschte. Die Deutschen dachten, es sei ein gutes Vorzeichen für die Fusion, als Eaton aufstand, um eine Rede zu halten. Er sprach drei Minuten lang und dankte seinen neuen deutschen Kollegen dafür, dass sie den weiten Weg auf sich genommen hatten. Dann verließen er und die übrigen Mitglieder des Chrysler-Teams ohne weitere Umstände den Raum und gingen nach Hause zu ihren Familien. Es war 20.15 Uhr.

Die Deutschen waren enttäuscht – der Abend war noch jung und die Amerikaner hatten sie sitzen lassen. Schrempp bat Manfred Bischoff, den Chef der Luft- und Raumfahrttochter DASA, in den Weinkeller zu gehen und etwas zu trinken aufzutreiben. Der ausgewiesene Weinkenner Bischoff fand heraus, dass das Hotel nur eine Flasche von jedem Jahrgang auf seiner Weinliste führte. So beschloss man, den Abend für eine ausgiebige Weinprobe zu nutzen. Schrempp lud die ganze Gesellschaft in seine Präsidentensuite ein, und sie probierten die einzelnen Flaschen bis Mitternacht, wobei Bischoff jedes Mal sein sachkundiges Urteil abgab.

Schrempp beschloss nach diesem Abend spontan, den Charakter des für zwei Wochen später angesetzten Gegenbesuchs in Stuttgart zu verändern. Ursprünglich sollte es sich um ein förmliches Geschäftstreffen handeln, doch auf Schrempps Initiative hin wurde das emotionale Erlebnismoment stärker in den Vordergrund gerückt. »Wir mussten ihnen beweisen, dass wir keine Bürohengste sind«, sagte er später.

So brachten sie die Amerikaner zwei Wochen später zur Teststrecke nach Untertürkheim und gaben ihnen die Gelegenheit, Mercedes-Pkws und -Lkws Probe zu fahren. Gentz steuerte einen Bus und fuhr mit Eaton um die Wette, der am Steuer eines Freightliner HGV saß. Eaton konnte auch eine Spritztour in dem F200-Konzeptwagen machen, einer Rennversion des CLK.

Ursprünglich hatte man geplant, die Manager in einer Kolonne der neuesten S-Klasse-Mercedes zum Abendessen zu chauffieren. Doch Hubbert machte den Vorschlag, alle in einen Bus zu setzen. Es sollte keine gewöhnliche Fahrt werden. Statt die Abzweigung zu nehmen, blieb der Bus auf der Strecke und beschleunigte, während er sich einer Steilkurve näherte. Er erreichte eine Spitzengeschwindigkeit von 137 km/h, als er in die Kurve hineinfuhr. Der Fahrer nahm plötzlich seine Hände vom Lenkrad. Hubbert schüttelte sich vor Lachen, als er die schreckensbleichen

Mienen der anderen Passagiere sah. Eaton und sein Team waren wirklich beeindruckt.

Das Abendessen sollten sie in der klassischen KFZ-Werkstatt des Mercedes-Museums am Stadtrand von Stuttgart einnehmen. Es ist ein Raum, dem für Autoliebhaber wie Eaton und Schrempp ein geradezu mystischer Nimbus anhaftet. Gleich nach der Ankunft nahm Eaton in einem alten Mercedes SLR aus den 50er Jahren Platz. Er wurde durch die Sammlung klassischer Modelle gefahren. Eaton und Schrempp ließen sich in dem dreirädrigen Originalfahrzeug, das Carl Benz gebaut hatte, fotografieren. Die achtzehn Vorstandsmitglieder plus ein Dutzend hochrangiger Führungskräfte dinierten inmitten dieser Ikonen der Automobilgeschichte.

»Dreimal in der Geschichte sind sich Chrysler und Daimler nahe gekommen«, erklärte Schrempp in seiner Ansprache. Er enthüllte eine Reihe historischer Kuriositäten, wie die des ersten »Kontakts« zwischen Daimler und Chrysler: 1927 kaufte Hermann Josef Abs, der künftige Vorstandsvorsitzende der Deutschen Bank und Aufsichtsratsvorsitzende von Daimler-Benz, sein erstes Auto – ein Chrysler-Kabrio. In den fünfziger Jahren fanden weitere informelle Kontakte statt, dann erneut im Jahr 1969, als die beiden Unternehmen über eine Reihe möglicher Jointventures sprachen. Und dann gab es natürlich noch die gescheiterten Q-Star-Gespräche 1995–96.

»Jetzt endlich«, sagte Schrempp, »haben wir den geeigneten Augenblick gefunden, um die Welt gemeinsam zu erobern.«

Die Beschwörung ihres gemeinsamen Erbes sorgte für eine entspannte Atmosphäre. Gary Valade erzählte von Chryslers Einstieg bei Gulfstream und der anschließenden Restrukturierung des Unternehmens. Die Deutschen konnten sich mit bestimmten Elementen des Berichts durchaus identifizieren und nahmen betrübt zur Kenntnis, dass es Chrysler gelungen war, Gulfstream mit Gewinn zu veräußern, während sie aus dem Fokker-Engagement nicht ohne Blessuren herausgekommen waren. Dieter Zetsche sprach über seine Zeit als Chef von Freightliner in den Vereinigten Staaten, und Andreas Renschler schilderte seine Erfahrungen in Tuscaloosa, Alabama, wo er eine Fabrik für die Fertigung der M-Klasse von Mercedes aufgebaut hatte. Eaton erzählte über sein Leben in der Schweiz und in Deutschland, wo er als Europa-Chef von General Motors tätig gewesen war. Man überbot sich gegenseitig mit scherzhaften Äußerungen, doch als die Leibwächter irgendwann nach Mitternacht Hamburger, Pommes frites und Milkshakes von McDonald's brachten, war erneut kein Amerikaner mehr da.

Am nächsten Tag besichtigten sie die Motorenfabrik in Bad Cannstatt und das Werk in Sindelfingen und beschlossen den Ausflug mit einem Besuch im Bierhaus West, einer typisch schwäbischen Kneipe. Amerikaner und Deutsche saßen dicht gedrängt auf langen Bänken, während sie örtliche Spezialitäten wie Maultaschen verspeisten und Bier und Wein tranken. Eaton und Stallkamp, die früher gehen mussten, freuten sich sehr über ihre Abschiedsgeschenke, ein paar ferngesteuerte Modellautos. Sie ließen die SLK-Roadster auf dem Fußboden der Kneipe umherfahren. Am Ende des Abends verfolgten die beiden Führungsteams gemeinsam den Fußball-Weltcup im Fernsehen. Das Eis hatte zu tauen begonnen.

Die dritte dieser sorgfältig vorbereiteten Tagungen fand in dem luxuriösen Landhotel Greenbrier in West Virginia statt. In diesem großen ehemaligen Herrenhaus im Kolonialstil, das von tiefen Wäldern, Golfplätzen, Reitwegen und Bergen umsäumt wird, befand sich viele Jahre lang der Geheimbunker, in dem die Mitglieder des US-Kongresses und des US-Senats im Fall eines nuklearen Angriffs Zuflucht gesucht hätten. Den Automanagern bereitete es großes Vergnügen, das Tunnelsystem unter dem Hotel zu erkunden. Sie besichtigten auch die behelfsmäßige Start- und Landebahn des Hotels – eine ziemlich große Rollbahn, die für die eilige Anreise von Kongressabgeordneten, Senatoren und ihren Mitarbeitern angelegt worden war –, auf der Manfred Bischoff vier Privatjets (zwei Gulfstream-Typen, einen Lear Jet und eine Challenger) zur Ansicht hatte aufstellen lassen. Sie inspizierten die beiden Gulfstream-Modelle, bevor sie über die Anschaffung der Firmenjets des neuen Unternehmens entschieden.

Während dieser Tage Ende August wurde auch ernsthaft mit der anstehenden Arbeit begonnen. Auf der Tagesordnung standen heikle Fragen: Wie würde man die verschiedenen Führungszuständigkeiten zwischen den Vorstandsmitgliedern abgrenzen? Wie sollte der Integrationsprozess in Angriff genommen werden? Welche kulturellen Friktionen müsste man entschärfen? Was müsste getan werden, um den Erfolg der Fusion sicherzustellen?

»Wir müssen stets daran denken, dass die Interessen des Unternehmens absoluten Vorrang haben«, bekräftigte Schrempp, als er die Sitzung eröffnete. »Bei allen Entscheidungen, die wir heute treffen, sollte das Wohl des Unternehmens und nicht unsere persönlichen Pläne ausschlaggebend sein.«

Die Deutschen wurden hellhörig. Immer wenn Schrempp über das Wohl des Unternehmens spricht und gemahnt, persönliche Pläne müssten dahinter zurückstehen, kann man davon ausgehen, dass Einzelne darum gebeten werden, dem übergeordneten Wohl zuliebe Opfer zu bringen. Und so war es auch diesmal, als Rüdiger Grube ein Organigramm vorführte, das die Namen der achtzehn Vorstandsmitglieder in getrennten Kästchen zeigte. Ansonsten war das Schaubild noch leer. Es war an der Zeit, in möglichst höflicher Weise um die gut dotierten Stellen zu schachern. Die erste Entscheidung: Die Finanz-Controller, die bislang direkt den einzelnen Sparten zugeordnet waren, würden künftig dem Verantwortungsbereich von Gentz unterstehen. Die Zuständigkeit für die Informationstechnologie wurde von Tropitzsch auf Cordes übertragen. Die Verantwortlichkeit für das Personal wurde zwischen Tropitzsch und Kathy

Oswald, der Personalchefin von Chrysler, aufgeteilt, was dem Deutschen sehr missfiel. Während der Besprechung verließ Grube den Sitzungssaal immer wieder für kurze Zeit, um die Folien auf den neuesten Stand der Diskussion zu bringen. Schließlich waren keine weiteren Veränderungen mehr erforderlich, die Struktur stand fest – Schrempp hatte sich in allen Punkten durchgesetzt.

Bei einer anderen Zusammenkunft wurde deutlich, was die neuen Partner voneinander hielten. »Es ist undenkbar, dass ein Chrysler-Modell in einem Werk von Mercedes-Benz gebaut wird«, sagte ein Spitzenmanager von Daimler-Benz. »Und solange ich für die Marke Mercedes-Benz die Verantwortung trage, wird auch kein Mercedes in einem Chrysler-Werk gebaut.«

»Es ist unklug, etwas auszuschließen, falls es im Interesse des Unternehmens ist«, entgegnete Eckhard Cordes diplomatisch.

Die brüske Äußerung war bezeichnend für die abschätzige Einstellung der Deutschen gegenüber der Technik von Chrysler. »Es lief nach dem Motto: ›Wir sind Mercedes und ihr seid Dodge, wir stehen hier oben und ihr seid da unten‹«, so Jim Holden von Chrysler. Das schaffte böses Blut, weil die Amerikaner natürlich überzeugt davon waren, dass sie ebenso gute, wenn nicht bessere Ingenieure waren als ihre Kollegen in Stuttgart. Ihr Schwerpunkt lag nun einmal seit jeher auf der Massenproduktion und nicht auf der Fertigung von Luxusfahrzeugen. Während bei Fahrzeugen von Mercedes-Benz auch individuelle Wünsche von Einzelkunden berücksichtigt werden, produziert Chrysler Zehntausende identischer Fahrzeuge. Das machte sie nicht zu besseren oder schlechteren Ingenieuren – ihr Ansatz war einfach ein anderer. Zumindest war dies die Meinung von Holden.

»Wenn man versucht, sich im Wettbewerb über den Preis durchzusetzen, muss man Kompromisse eingehen«, so Holden später. »Mercedes lehnt dies entschieden ab, weil Kompromisse nicht zum Markenimage passen. Wir haben uns auf den Massenmarkt ausgerichtet, das heißt, wir treffen für unsere Kunden die Entscheidungen hinsichtlich Wert und Machart.«

Holden stand insbesondere der A-Klasse sehr kritisch gegenüber. Chrysler hätte das Fahrzeug in anderer Weise gebaut und darauf geachtet, die Kosten niedrig zu halten. Holden fand es verwunderlich, dass der Antriebsstrang und das Motorsystem eigens für nur ein Produkt entwickelt worden waren – undenkbar für die Amerikaner.

*

»Die meisten Fusionen sind ein Fehlschlag.« Dies war die unmissverständliche Botschaft von nicht weniger als drei Referaten, die im Verlauf dieser Klausurtagung in Greenbrier gehalten wurden. Dr. Michael Hammer, der Verfasser des einflussreichen Buchs *Business Reengineering – Die Radikalkur für das Unternehmen* wies ebenso auf diesen Punkt hin wie ein Team von PricewaterhouseCoopers. »Die Transaktionskosten werden nur in 23 Prozent aller Fusionen und Übernahmen binnen zehn Jahren wieder hereingeholt«, erklärten die PwC-Berater zum allgemeinen Unbehagen. »In fast sechzig Prozent der grenzüberschreitenden Transaktionen erwirtschaftet die übernehmende Gesellschaft ihre Kapitalkosten nicht.«

Rüdiger Grube griff dieses Thema in seinem Vortrag am Morgen des letzten Tages ebenfalls auf. Er erklärte, das Strategieteam von Daimler habe hundert Fusionen aus jüngster Vergangenheit analysiert. Davon hätten siebzig Prozent die selbst gesteckten Ziele nicht erreicht. »Sie waren kein Fehlschlag an sich«, sagte er, »sie haben einfach die Erwartungen nicht erfüllt.« Nur ganze dreißig Prozent verliefen erfolgreich. Was hatten diese Unternehmen richtig gemacht?

Das erste Kriterium für eine erfolgreiche Fusion war, wie die Studie zeigte, eine fundierte strategische Logik. Was DaimlerChrysler anging, bestanden in diesem Punkt keinerlei Zweifel. Erstaunlicherweise waren die anderen Probleme, die so viele der Anwesenden in den letzten Monaten beschäftigt hatten – erfolgreiche Verhandlungsführung, bestmöglicher Finanzierungsplan, optimaler Preis – für den langfristigen Erfolg des Zusammenschlusses nicht so entscheidend wie das, was noch vor ihnen lag: die Integration der beiden Unternehmen.

Grube erläuterte zusammen mit Barry Price, seinem Kollegen von Chrysler, einige allgemeine Leitsätze für eine erfolgreiche Post-Merger Integration (PMI):

- Beibehaltung des operativen Geschäfts während der Übergangsphase – die mit einem Zusammenschluss verbundenen Zerstreuungen sollten die ursprünglichen Motive der Fusion nicht in Vergessenheit geraten lassen.

- Schaffung einer »Win-Win«-Situation – bei einer Fusion zwischen Gleichen sollten beide Partner von einer erfolgreichen Integration profitieren.

- Tempo, Tempo und nochmals Tempo! Dies war von nun an Grubes Leitspruch. Je schneller man vorankommt, umso höher war die Erfolgswahrscheinlichkeit.

- Konzentration auf die »Werthebel« – das heißt auf jene Faktoren, die man identifizieren und steuern kann und die in kürzestmöglicher Zeit zu einer maximalen Steigerung des Unternehmenswerts (Shareholder-Value) führen. Man sollte sich dabei nicht von Nebensächlichkeiten beirren lassen!

- Entwicklung einer ausgeprägten Kultur persönlicher Verantwortlichkeit – die Betroffenen sollten zugleich Beteiligte sein. Mitglieder des Daimler-Vorstands und Executive Vice Presidents von Chrysler sollten für den Erfolg oder Misserfolg von PMI-Projekten unmittelbar verantwortlich sein.

- Der PMI-Prozess ist eine vorübergehende Phase, die nicht länger als zwei Jahre dauern sollte.

Jeder Manager, der an der Umsetzung der Integration mitwirkte, sollte sich anschließend durch seine Unterschrift unter ein vorgefertigtes Schriftstück zu diesen sechs Kernprinzipien bekennen.

Nachdem die übergeordneten Leitlinien umrissen waren, stellte sich die Frage, wie die Integration praktisch umgesetzt werden sollte. Von nun an wurden Grubes Folien in dem Maße komplizierter, wie er die Feinheiten des Prozesses erläuterte, der vor ihnen lag. Es gebe insgesamt 98 allgemeine Themen, mit denen sie sich befassen müssten – 29 davon waren von den Vorstandsgremien der beiden Unternehmen identifiziert worden, während die übrigen 69 im Zuge der immer engeren Kontakte auf nachgeordneten Hierarchieebenen aufgedeckt worden waren. Diese Themen wurden in vierzehn Blöcke unterteilt – Kategorien, in denen alle Einzelprojekte gebündelt werden sollten. Dazu gehörten: Produktentwicklung (Technik), Massenproduktion (Fertigung), Weltvertrieb und -marketing, Beschaffungswesen, globale Produkt- und Markenstrategie, Personal, Kommunikation, Informationstechnologie und so weiter.

Unter Themenblock B (Fertigung) fand man detailliertere Punkte wie etwa die Ausweitung der Produktionskapazität für die M-Klasse und die Optimierung der Produktivität. Unter Themenblock C (Vertrieb & Marketing) fielen Pläne zur Errichtung eines gemeinsamen Vertriebsnetzes für Thailand und zur Vermarktung eines Pick-up-Trucks in Südamerika.

Eine Ebene tiefer standen dann die einzelnen Projekte. Dies waren die konkreten Aufgaben, die ausgeführt werden mussten, um die Synergien auf der höchsten Ebene zu realisieren. Als der PMI-Prozess Ende November voll im Gange war, gab es 1232 Projekte. In Greenbrier sprachen Grube und Price nur 27 davon an.

»Nummer eins« war der Plan, Überkapazitäten in der Jeep-Fabrik von Chrysler im österreichischen Graz zu nutzen, um die starke Nachfrage nach der M-Klasse von Mercedes zu befriedigen. Grube erläuterte, dass das Projekt zwischen 1999 und 2001 durch die Entwicklung eines gemeinsamen Verfahrens zur Fertigung von Karosserien sowie zur Lackierung und Montage von Komponenten Einsparungen in Höhe von 150 Millionen Dollar bringen könnte. (Aus Rücksichtnahme auf Puristen wie Zetsche, die jedes Risiko auf Kundenseite ausschließen wollten, sollten die Schlüsselelemente Fertigung und Montage allerdings weiterhin getrennt gehalten werden.) Die zur Umsetzung des Projekts erforderlichen Maßnahmen waren bereits detailliert herausgearbeitet worden: die Höhe der Investitionen, die nötig waren, um die Kosteneinsparungen zu realisieren; ein detaillierter Zeitplan, der Meilensteine auf dem Weg zum Abschluss markierte; die Namen der Vorstandsmitglieder, die für das Projekt verantwortlich waren (Jürgen Hubbert und Dennis Pawley) und eine Berechnung der Erfolgswahrscheinlichkeit.

Bei den vielen Projekten mussten eindeutige Prioritäten gesetzt werden. In den folgenden Wochen erarbeiteten Grube und Price die Kriterien, nach denen entschieden wurde, in welcher Reihenfolge die Projekte in Angriff genommen werden sollten. Oberste Priorität hatten natürlich jene Projekte, die sich merklich auf die Gewinne des fusionierten Unternehmens auswirken würden. Darüber hinaus diejenigen, von denen ein starkes Signal für die Öffentlichkeit ausgehen würde, dass die Fusion planmäßig verlief. Und auch jene »Schnellschüsse«, bei denen mit einem raschen Erfolg zu rechnen war. Schrempp empfahl, lieber pragmatisch als perfektionistisch vorzugehen. Besser heute eine zu achtzig Prozent richtige Antwort haben als Monate damit verbringen, eine hundertprozentige Lösung zu finden.

Zur rechten Zeit entwickelte der Planungsvirtuose auch eine echte Konzern-Kommandozentrale, ein Zentrum zur Unternehmenssteuerung, von dem aus er und Schrempp den Fortgang einzelner Projekte genau überwachen konnten. Sämtliche Informationen über jedes Einzelprojekt wurden in einem Zentralrechner gespeichert. Der Status jedes Projekts wurde farbkodiert wiedergegeben: Jene, die mit Sicherheit ihre Vorgaben erreichen würden, waren grün, jene, die ihre Vorgaben wahrscheinlich erreichten, waren gelb, und jene Projekte, die dahinter zurückblieben, waren rot markiert. Sobald der Integrationsprozess offiziell eingeleitet war, erhielten die Manager, die für die roten Projekte verantwortlich waren, regelmäßig unangenehme E-Mails von Schrempp persönlich.

Die Kommandozentrale hatte zwei wichtige Effekte: Sie wies einzelnen Vorstandsmitgliedern die unmittelbare persönliche Verantwortung für den termingerechten Abschluss von Projekten zu. Und sie erzeugte einen gesunden Wettbewerb zwischen den Vorstandsmitgliedern, die dazu motiviert wurden, die Erwartungen zu übertreffen und Terminversäumnisse sowie unangenehme E-Mails des Vorsitzenden zu vermeiden.

Schon lange vor dem 17. November (dem »Tag eins«, an dem die Fusion formell in Kraft trat) hatten Grube und seine Mitarbeiter alle Punkte abgehakt. »Es gab keine einzige unerledigte Frage«, sagte er später. Alles war kategorisiert, kodiert und auf einer Seite zusammengefasst worden, auf der man auf einen Blick die wichtigsten Themen, die verantwortlichen Manager und die Fristen ablesen konnte. Per Mausklick konnte man auf hintereinander angeordneten Ebenen, die Detailinformationen zu jedem Projekt enthielten, zugreifen.

Kurz vor dem 17. November trafen sich die fünfzig Spitzenführungskräfte, die für die Durchführung der Fusion verantwortlich waren, im Konferenzzentrum Lämmerbuckel vor den Toren Stuttgarts. Schrempp überreichte jedem Mitglied des Integrationsteams eine Hälfte eines DaimlerChrysler-Aktienzertifikats. Die andere Hälfte würden sie erst nach Abschluss der Integration erhalten.

*

In einer Blockhütte in den Allegheny Mountains wollten Bob Eaton und Jürgen Schrempp den letzten strittigen Punkt auf der Tagesordnung klären. Das Abendessen war zu Ende, die Atmosphäre gelöst, aber es war Zeit, sich wieder geschäftlichen Dingen zuzuwenden. »Kommen Sie, Bob«, sagte Schrempp, einen Stuhl zu sich herziehend. »Ich muss etwas mit Ihnen besprechen.«

Im Raum trat tiefe Stille ein. Die verschiedenen Vorstandsmitglieder von Daimler und Chrysler, die in den letzten sechs Monaten Tag und Nacht an dem Deal gearbeitet haben, möchten das neueste Tauziehen zwischen den beiden Unternehmenslenkern miterleben.

Auf dem Tisch lag ein Vorschlag für ein Aktienzertifikat, das die Fotos verschiedener historischer Persönlichkeiten, die mit den beiden Unternehmen in Verbindung stehen, tragen soll. Die Daimler-Seite sollte nur durch eine Person vertreten werden: Gottlieb Daimler.

Die Amerikaner fordern zwei Bilder, eines von Walter P. Chrysler, dem legendären Erfinder, der dem Unternehmen in den zwanziger Jahren des vergangenen Jahrhunderts seinen Namen gab. Das andere sollte von den Dodge-Brüdern sein, zum Andenken an Horace und John Dodge, die Gründer des Automobilherstellers Dodge, den Walter Chrysler 1928 aufkaufte.

»Der Name von Carl Benz muss unbedingt drauf sein«, forderte Schrempp. Wie bereits erwähnt, stammte Daimler aus Stuttgart und Benz aus Mannheim. Beide Städte liegen in Baden-Württemberg, aber sie sind in vielerlei Hinsicht so unterschiedlich wie New Jersey und Georgia oder Kalifornien und Wisconsin. Baden und Schwaben, die erst seit 1952 verbunden sind, als das Bundesland Baden-Württemberg geschaffen wurde, haben markante, unverwechselbare Identitäten. Schrempp, der aus der hübschen mittelalterlichen Stadt Freiburg im Südwesten stammt, ist ein urtypischer Badener.

»Ich habe meinem Vater versprochen, stets mein badisches Erbe zu bewahren«, sagte Schrempp zu Eaton, der ihm gegenübersaß. Sein geliebter Vater war im letzten Jahr gestorben. »Den Karli muss ich doch draufhaben!«

»Nein«, entgegnete Eaton barsch.

»Na, komm schon, Bob, gib dir einen Ruck«, warf Gary Valade ein, Eatons immer auf Ausgleich bedachter Finanzvorstand und Chefunterhändler während der Fusionsgespräche. Schrempp erinnerte Eaton daran, dass er schon einmal auf Benz verzichtet hatte – beim Gerangel um den neuen Firmennamen. Und das war mehr als nur eine reine Formsache gewesen.

»Wie Sie wissen, hab ich ein schönes Auto«, sagte Schrempp, »eine perfekte Nachbildung des allerersten Fahrzeugs von Carl Benz.«

Eaton, dem es im Sommer großes Vergnügen bereitet hatte, eine Spritztour in einer Nachbildung des bahnbrechenden Dreiradfahrzeugs zu machen, ahnte, worauf Schrempp hinauswollte.

»Hier ist mein Vorschlag«, fuhr Schrempp fort, »Sie bekommen das Auto für Ihr Museum [das Walter P. Chrysler Museum, das Eaton bei der Hauptverwaltung in Auburn Hills hatte bauen lassen], ich bekomme das Bild von Benz.«

Der Amerikaner zögerte einen Augenblick. »Okay, Jürgen«, sagte er schließlich, »wir sind uns einig.« Die Gebrüder Dodge wurden, wie vereinbart, weggelassen, und Benz nahm neben Walter P. Chrysler und Gottlieb Daimler seinen Platz auf dem Zertifikat ein.

»Wo wir schon mal dabei sind, Chairman«, warf ein Spaßvogel ein, der spürte, dass Eaton in versöhnlicher Stimmung war, »könnten wir doch auch gleich über unsere Gehälter sprechen!«

*

Kurz nachdem die Fusionsvereinbarung in Kraft getreten war, saß Schrempp in seinem Büro in Auburn Hills mit

Eckhard Cordes, Rüdiger Grube und Bill O'Brien, dem Leiter der Rechtsabteilung von Chrysler, zusammen. Er war gewillt, sich über gewisse Elemente der Kultur von Chrysler hinwegzusetzen. Es wäre für ihn untragbar, wenn etwa die Vorschriften, die Rauchen und Alkoholkonsum am Arbeitsplatz untersagen, rigoros und ausnahmslos befolgt werden müssten. Als eine seiner ersten Amtshandlungen hatte er eine Bar in sein Büro einbauen lassen.

Auch was den Humor angeht, gibt es Unterschiede zwischen beiden Kulturen. O'Brien erklärte Schrempp, dass der Humor in Auburn Hills nicht zum Lachen sei. Was eine Person witzig finde, empfinde die andere als tödliche Beleidigung. Es gebe Beschäftigte, die wegen ihrer Späße sogar entlassen worden seien. Da sei es besser, von vornherein auf Humor zu verzichten, riet er.

»Moment mal«, sagte Schrempp. »Können wir nicht wenigstens ein paar Witze ausprobieren, um zu sehen, wie die Reaktion ausfallen könnte? Sie können je nach dem Schweregrad des Regelverstoßes, den ich mir zuschulden kommen lasse, eine Geldbuße gegen mich verhängen.«

»Okay«, antwortete O'Brien.

»Ich werde mit etwas Harmlosem beginnen.« Schrempps Witz drehte sich um eine Lotterie in Kalkutta, einen berühmten indischen Politiker und ein T-Shirt.

Die Pointe kam, die Deutschen lachten, O'Brien schwieg.

»Wie viel muss ich zahlen?«, fragte Schrempp.

»Nichts«, sagte der Jurist.

»Bestens!« Schrempp dachte bereits an den nächsten Witz.

»Von wegen«, feixte O'Brien, »Sie müssen nichts zahlen, weil Sie entlassen sind.«

*

Was ist eine Kultur anderes als ein Konglomerat früherer Erfahrungen, die sich in Wertvorstellungen niederschlagen und im Verhalten Einzelner manifestieren?

Dies ist die Definition von Kultur, die Professor Hammer in einer der Sitzungen in Greenbrier vortrug. Kultur, so sagte er, sei in Systeme eingebaut und werde durch die Art und Weise, wie eine Organisation ihre Mitarbeiter ausbildet, beurteilt und entlohnt, an andere weitergegeben. Kultur manifestiere sich auch gerade in so schwer messbaren Größen wie Risikobereitschaft, Motivation und Individualität. Es sei gefährlich, die Kultur einfach zu ignorieren, warnte Hammer. Es sei äußerst mühsam, Menschen Verhaltens- und Arbeitsweisen abzuverlangen, die im Widerspruch zu ihren Werten und Glaubenssätzen stünden. Auch die großartigsten Konzepte würden nur dann befolgt, wenn die Mitarbeiter von ihrem Sinn und Zweck überzeugt seien, mahnte er.

Grubes Entwürfe für den PMI-Prozess konzentrierten sich auf harte Fakten, die »weicheren« Elemente, also etwa kulturelle Probleme, wurden hingegen weitgehend ausgespart. Es gab das vage Gefühl, dass kulturelle Schranken existierten, aber keinen systematischen Versuch, den Mitarbeitern zu helfen, diese zu überwinden. Gab es formelle interkulturelle Schulungsmaßnahmen, wurden sie meist mit Geringschätzung betrachtet.

»Man sagte uns, dass Amerikaner wie Pfirsiche seien«, erinnert sich ein deutscher Teilnehmer eines solchen Kurses, »außen weich und innen hart. Die Deutschen dagegen sollten Kokosnüssen gleichen: harte Schale und weicher Kern.«

Eine Zeit lang versuchten die Führungskräfte von Chrysler, bei jeder Begegnung mit den Deutschen ihre Interessen knallhart durchzusetzen. Die Deutschen, die unglaublich kompromissbereit sein können, wenn sie wollen, waren perplex über diese plötzliche Aggressivität.

Dies war nur eine von vielen gegenseitigen Irritationen. Wie gesagt, die Deutschen hatten wenig Verständnis für die Weigerung der Amerikaner, nach Feierabend mit ihren Kollegen bis spät in die Nacht zusammenzusitzen. Mit der Zeit wuchs sich dies zu einer tieferen Enttäuschung über die Geschäftskultur im Mittleren Westen aus. Viele Deutsche gingen von der naiven Annahme aus, alle Amerikaner seien wie die feurigen, draufgängerischen New Yorker, die sie von früheren Begegnungen kannten oder während der monatelangen Verhandlungen kennen gelernt hatten. Die Wirklichkeit sah anders aus. Nach der Fusion stellten sie fest, dass viele Chrysler-Manager gar keinen Pass hatten. (Aus geschäftlichen Gründen war dies nicht nötig gewesen, weil Chrysler 95 Prozent seines Umsatzes in den Vereinigten Staaten erwirtschaftete.) Sie flogen nur ungern zu Geschäftsterminen nach Europa. Es bestand keine Aussicht, die Day-One-Feierlichkeiten auf ein Wochenende zu verlegen – die Amerikaner lehnten das rundheraus ab. Es war für sie schlicht nicht vorstellbar, einen Tag des Wochenendes opfern zu müssen, damit sie rechtzeitig zu Sitzungen am Montag in Europa waren. Einige empfanden den Transatlantikflug als so anstrengend, dass sie jedes Mal, wenn sie nach Europa flogen, drei Tage Urlaub beanspruchten. Die Deutschen hatten den Eindruck, dass ihre amerikanischen Kollegen immer Punkt 17 Uhr nach Hause gingen. Auch Berufs- und Privatleben wurden strikt voneinander getrennt. Die Deutschen waren enttäuscht darüber, dass sie nie von den Amerikanern nach Hause eingeladen wurden, dass kaum private Kontakte zustande kamen.

Spontane Sympathiebezeugungen für Kollegen wurden missbilligt, wie Grube am eigenen Leib erleben musste. Einmal verabschiedete er sich von einem Kollegen, mit dem er mehrere Monate eng zusammengearbeitet hatte. Sie waren Freunde geworden. Nachdem Grube am Detroit International Airport aus dem Taxi gestiegen war, ging er auf die andere Seite, um seinen Freund zum Abschied zu umarmen. Der Manager von Chrysler wich entsetzt zurück. Besorgt um sich blickend, ob irgendein Bekannter sie gesehen hatte, erklärte er Grube, es sei strengstens verboten, Kollegen zu berühren. Eine solche Handlung stelle, gleich ob es sich um einen Mann oder eine Frau handele, einen schweren Verstoß gegen kulturelle Normen dar.

Ein anderes Mal berührte ein deutscher Topmanager die Schulter einer Sekretärin in Auburn Hills. Er bat sie höflich, einige Fotokopien anzufertigen. Sie meldete ihn bei Kathy Oswald, der Personalchefin von Chrysler, wegen sexueller Belästigung.

Bei einer anderen Gelegenheit brachte eine hilfsbereite Führungskraft zwei Stühle in einen Raum, in dem anschließend eine Besprechung stattfinden sollte. Er hatte sich verzählt – die dritte Sitzgelegenheit fehlte. Die betroffene Dame, eine Afroamerikanerin, fühlte sich durch die Tatsache brüskiert, dass man ihren Stuhl vergessen hatte. Sie beschwerte sich bei ihrem Vorgesetzten, sie sei aufgrund ihrer Rassenzugehörigkeit diskriminiert worden.

Für die Deutschen waren diese Empfindlichkeiten Ausdruck einer maßlos übertriebenen Political Correctness.

Es gab auch auf anderen Ebenen weitere Enttäuschungen für die Daimler-Mitarbeiter. Sie hatten viel über Chryslers Kultur der Eigenverantwortung gelesen und gehört, und nun mussten sie zu ihrem Erstaunen feststellen, dass Auburn Hills hierarchischer organisiert war als Stuttgart-Möhringen. In Auburn Hills befinden sich vier Speisesäle, einer für jede Führungsebene. Bei Daimler hatte man dergleichen schon 1995–96 abgeschafft.

In anderen Dingen erwiesen sich die Amerikaner als fortschrittlicher. Zwar hatten sie eine komplexere Hierarchie, doch waren sie bei der Kommunikation am Arbeitsplatz weitaus zwangloser als die Deutschen. Bereits auf der Tagung in Greenbrier vereinbarten beide Seiten, etwas von dieser Ungezwungenheit in die neue Unternehmenskultur aufzunehmen. Sie einigten sich darauf, künftig auf Visitenkarten keine akademischen Titel mehr zu erwähnen – eine schwere Enttäuschung für Personen wie Professor Hubbert, die stolz auf ihre akademischen Weihen waren. Sie beschlossen auch, sich gegenseitig mit den Vornamen anzureden, was bislang für die meisten deutschen Kollegen undenkbar gewesen war. Diese Regel gilt allerdings nur, wenn englisch gesprochen wird, so dass sich alle erdenklichen amüsanten Ungereimtheiten ergeben. Dieselben Personen, die sich gegenseitig mit »Eckhard« und »Christoph« anreden, kehren sofort zum förmlichen »Herr Cordes« beziehungsweise »Dr. Walther« zurück, wenn sie dasselbe Gespräch auf Deutsch fortsetzen.

Ein anderes Problem zwischen Daimler und Chrysler betraf die Vergütung. Die Bezüge amerikanischer Führungskräfte lagen ein Vielfaches über denen ihrer deutschen Kollegen, die gleichrangige Positionen in Stuttgart bekleideten. So verdienten die zehn Mitglieder des Vorstandes von Daimler-Benz in dem Jahr vor der Fusion insgesamt zwanzig Millionen Mark. Bob Eaton allein erhielt 9,8 Millionen Dollar, die sich aus Grundgehalt, Erfolgsprämie und Aktienoptionen zusammensetzten. Bob Lutz' Gesamtbezüge beliefen sich auf fast sechzehn Millionen Dollar. Die fünf obersten Führungskräfte von Chrysler verdienten im Jahr 1997 insgesamt etwa 35 Millionen Dollar.

Diese Zahlen wurden noch von den Auszahlungen in den Schatten gestellt, die fällig wurden, als der Deal unter Dach und Fach war. Die Direktoren des Chrysler-Boards sowie zahlreiche andere Topmanager des amerikanischen Unternehmens kassierten gewaltige Summen. Es wurde nie öffentlich bekannt gegeben, wie viel Geld sie infolge der Ausübung ihrer Aktienbezugsrechte vereinnahmten. »Nördlich von hundert Millionen Dollar«, sagen Insider. Die Führungskräfte von Daimler-Benz konnten sich keines entsprechenden Geldsegens erfreuen. Bob Eaton soll 1998 im Zuge der Fusion siebzig Millionen Dollar verdient haben, während sich Schrempps Gesamtvergütung »nur« auf 2,3 Millionen Euro belief.

Nicht nur die Höhe der Bezüge, sondern auch die grundverschiedenen Einstellungen zur Vergütung von Führungskräften bereiteten Probleme. Eaton, Holden und Gale betonten, dass ihnen gemäß den Bestimmungen ihrer bestehenden Optionsverträge der größte Teil des Geldes zustand. Die Fusion löste eine Klausel über die »Änderung der Beherrschungsverhältnisse« in ihren Arbeitsverträgen aus, sodass sie früher als vorgesehen Kasse machen konnten. Der Betrag blieb gleich, nur der Zeitpunkt änderte sich. Was war schon gegen diese hohen Summen einzuwenden? Die Chrysler-Manager waren fest davon überzeugt, dass sie sie verdienten – und im Übrigen sei es doch das erklärte Ziel jeder Unternehmensführung, Geld für seine Aktionäre zu verdienen.

»Ihr Europäer habt ein echtes Problem damit«, sagte Bob Eaton. Eine Ursache für den Erfolg der nordamerikanischen Volkswirtschaft in den letzten zehn Jahren sei die breite Streuung von erfolgsbezogenen Vergütungskomponenten. »Gut, es gab auch einige Erfolgsgeschichten in Europa, eine Hand voll von Unternehmen, die in den letzten Jahren gegründet wurden und heute an der Börse Milliarden von Dollar wert sind«, so Eaton, das Beispiel der deutschen Softwareschmiede SAP anführend. »Aber in den Vereinigten Staaten gibt es buchstäblich Hunderte neu gegründeter Unternehmen, die in kürzester Zeit Milliarden von Dollar wert waren.«

Schrempp war einer der ersten deutschen Unternehmensführer, der die Motivationskraft von Aktienoptionsplänen erkannte und 1996 einen wegweisenden Plan einführte. Nach der Fusion bemühte man sich intensiv darum, gleiche Rahmenbedingungen für die Führungskräfte von Chrysler und Daimler zu schaffen. Der Vergütungsausschuss des neuen Konzerns fand heraus, dass nachrangige Führungspersonen in Deutschland zwar besser bezahlt wurden als ihre amerikanischen Kollegen, doch für höhere Führungsebenen galt das Gegenteil. Die Bezüge der deutschen Vorstandsmitglieder und der Manager auf den nachfolgenden drei Führungsebenen waren erheblich geringer als die ihrer gleichrangigen Kollegen in Auburn Hills. Man einigte sich darauf, die Vergütung einer geringen Zahl von deutschen Topmanagern – etwa fünfzig mit internationaler Verantwortlichkeit – allmählich auf US-amerikanisches Niveau anzuheben. Bei einer größeren Gruppe von etwa 3000 deutschen Managern sollte eine wachsende Komponente ihrer Gesamtbezüge an die Gesamtrentabilität und den Aktienkurs des Unternehmens gekoppelt werden. Der Sinkflug des Kurses der DaimlerChrysler-Aktie im Jahr 1999 bedeutete allerdings, dass die Optionspakete, die seit dem Zusammenschluss ausgegeben wurden, erst noch »ins Geld« kommen müssen.

Obgleich die Vergütungsstrukturen – wenn auch nicht die Summen – mittlerweile angeglichen wurden, bleibt ein grundlegender Unterschied zwischen der deutschen und der amerikanischen Geschäftskultur. Die Deutschen unterliegen einer höheren Steuerbelastung und waren in der Vergangenheit längst nicht so mobil. Ein Arbeitsplatz bei Daimler-Benz war eine Lebensstellung – heute, im Zeitalter der Globalisierung musste sich dies ändern.

Viele amerikanische Führungskräfte gelangten zu der Überzeugung, dass die hauptsächliche Motivation der deutschen Manager weniger Geld, sondern Machtstreben sei. Nicht so sehr, weil sie die Welt beherrschen wollten (obgleich dies eindeutig ein Faktor hinter dem DaimlerChrysler-Deal war), sondern in dem Sinne, dass sie ihren Willen durchsetzen und ein Ziel erreichen wollten. Zweifellos genießt Schrempp die Macht, Ereignisse zu beeinflussen und die Zukunft der Automobilindustrie mitzugestalten. Aber als er gefragt wurde, ob es ihm nichts ausmache, dass seine Bezüge im Vergleich zu denen seines Kovorstandsvorsitzenden deutlich geringer seien, tat er die Frage mit der Bemerkung ab, er lebe nicht gerade am Existenzminimum.

*

Selbstverständlich hatten auch die Amerikaner einiges an ihren neuen Partnern auszusetzen. So nahmen sie etwa Anstoß an der deutschen Bürokratie. Ursache dafür war die Neigung der Deutschen, jede Sitzung minuziös zu dokumentieren. Ein Beschluss ist nur dann ein Beschluss, wenn er zu Protokoll genommen und abgezeichnet worden ist, vorzugsweise durch zwei Unterschriften am Ende des besagten Protokolls. Die Amerikaner dagegen sahen die Dinge viel lockerer. Topmanager von Chrysler waren es gewohnt, sich schnell, unbürokratisch und effizient untereinander abzustimmen. Es war nicht nötig, in jeder Phase der Gespräche Sitzungsprotokolle anzufertigen, ja selbst der Beschluss, auf den man sich schließlich nach einer Reihe von Besprechungen einigte, musste nicht protokolliert werden.

Im Verlauf des Jahres 1999 hatten ehemalige Führungskräfte von Chrysler das Gefühl, sich völlig im Netz dieser ihnen fremden Memokultur zu verstricken. Dachten sie, sie hätten einen Beschluss gefasst, mussten sie feststellen, dass dies nicht der Fall war, weil sie diesen nicht ordnungsgemäß dokumentiert hatten. Oder es traf am Tag nach einer Sitzung zu einem heiklen Thema ein Memo ein, aus dem hervorging, dass sie einen Beschluss gefasst hatten, ohne sich dessen bewusst zu sein. Oder aber sie hatten eine heftige Kontroverse mit ihren deutschen Kollegen, überzeugten diese schließlich von ihrem Standpunkt und mussten dann, wie Jim Holden sagt, feststellen, dass »die Entscheidung zu der Zeit, als die Dokumente zurückkamen, wieder genau dem entsprach, was irgendein Ausschuss in Stuttgart ursprünglich wollte«.

In der Anfangszeit der Fusion habe der deutsche Bürokratismus vielfältige Formen angenommen, so Holden. »Wir waren frustriert über diese umständlichen Förmlichkeiten, die uns von der richtigen Arbeit abhielten.« Manchmal waren die Resultate ärgerlich, wie etwa während des Planungsprozesses, als die Deutschen auf detaillierten Produktionsquoten bis zum Jahr 2010 bestanden. »Viel zu weit in der Zukunft, also völlig irrelevant«, war die Meinung der Amerikaner. Oder schlicht grotesk, etwa als Holden eine deutsche Studie über den nordamerikanischen Automobilmarkt erhielt, die zunächst eine akribische Bestandsaufnahme der Gesamtlänge der Hochdruckpipelines für Erdgas in Nordamerika, der Fläche der Straßeninfrastruktur in Quadratmetern, des Volumens der Erdöl- und Erdgasproduktion... und so weiter enthielt. Diese weit ausholende Studie ließ sich nach Ansicht Holdens auf folgende triviale Kernaussage reduzieren: »Dies ist ein riesiger Automarkt, wir sollten dabei sein.«

Mitte des Jahres 2000 hatte man sich auf einen Kompromiss geeinigt: Sitzungen werden protokolliert, aber nicht mehr so detailliert wie früher. Und während der Sitzungen geben die Deutschen explizit zu verstehen, wann ein Beschluss ansteht, damit den Amerikanern bewusst wird, dass die Beratungen einen kritischen Punkt erreicht haben. Dies war die »on the job«-Entwicklung einer neuen Unternehmenskultur.

Im April 1999 lasen die familienliebenden Midwesterner voller Entsetzen, dass Schrempps Ehe nach 35 Jahren in die Brüche gegangen war. »Merger over marriage« (Fusion über Ehe) lautete eine typische Schlagzeile.

»Ich erkannte, dass mir die Herausforderungen der bevorstehenden Aufgabe wichtiger waren als alles andere«, wurde Schrempp zitiert. »Meine Frau ist ein großartiger Mensch, aber unsere Lebensziele entwickelten sich zusehends auseinander. Sie wollte, dass ich anfange kürzer zu treten. Ich wollte die Fusion mit Chrysler. Irgendwann kam dann einfach der Zeitpunkt, an dem es nicht länger möglich war, meine Arbeit mit ihren Erwartungen in Einklang zu bringen.« (*Automotive News,* 26. April 1999)

Die Nuancen dessen, was Schrempp der deutschen Boulevardzeitung *Bild* gesagt hatte, gingen in der Übersetzung verloren. Die Art der Berichterstattung über die Trennung in der US-Presse vermittelte den Eindruck, er sei ein gefühlskalter Macher, dem es nur um den Deal gegangen sei. Was sollte man schon von einem Mann halten, der seine ganze Kraft einem erfolgreichen Merger widmete!

17. Kapitel
ZEIGEN, WER DER
HERR IM HAUS IST

Die Deutschen übernehmen das Ruder

Frankfurt: Freitag, 24. September 1999

Die abgedunkelte Großraumhalle füllt sich langsam mit mächtigen Geschäftsleuten, die aus der ganzen Welt zu DaimlerChryslers erster Global Suppliers Conference eingeflogen waren. DaimlerChrysler beabsichtigt, im Verlauf des nächsten Jahres Güter im Wert von 72 Milliarden Dollar bei den Zulieferern, die in der Halle versammelt sind, zu bestellen. Mochten auf manche der Angereisten auch unangenehme Nachrichten warten, so schlugen doch nur wenige die Einladung aus, denn hier würden Schrempp und Gary Valade über die Zukunft des Unternehmens sprechen.

Popmusik hämmert aus gigantischen Lautsprechern. Drei riesige Leinwände ragen über der Bühne empor; sie zeigen Bilder von DaimlerChrysler – Flugzeuge, Züge, Autos und Menschen. An der Basis dieses Amphitheaters steht Jürgen Schrempp. Wenn man ihn so sah, wie er einen Gast nach dem anderen lächelnd und freundlich nickend begrüßte, erhielt man den Eindruck, dass ihn keinerlei Sorgen bedrückten.

In Wirklichkeit war es, wie er einige Minuten später einräumt, als er das Podium besteigt, um eine Rede zu halten, ein Tag äußerst folgenschwerer Beschlüsse. Denn am selben Nachmittag hatte der Aufsichtsrat einer Neuordnung des Vorstandes zugestimmt, nach der die Gesamtzahl der Vorstände von siebzehn auf vierzehn verringert werden sollte. Nach wochenlangen fieberhaften Spekulationen in der Presse auf beiden Seiten des Atlantiks wusste man jetzt endlich, welche Köpfe gerollt waren. Zu den Opfern der Restrukturierung zählt auch Tom Stallkamp, der zum Zeitpunkt der Fusion eigentlich als potenzieller Nachfolger Schrempps gehandelt worden war und den viele der Anwesenden kannten und schätzten. Die Deutschen zeigten, wer das Sagen hat.

»Wir hatten nie die Absicht, einen Beliebtheitswettbewerb zu gewinnen«, so Schrempp. »Wir hatten uns vorgenommen, den großartigsten Automobilkonzern der Welt zusammenzuschmieden.«

*

Die Verwirklichung dieses ehrgeizigen Ziels gleicht einem Prozess mit zwei Geschwindigkeiten. Es ist fast so, als ob zwei separate Fusionen gleichzeitig vollzogen würden. Die eine findet in den Herzen und Köpfen der Mitarbeiter statt und kommt nur langsam voran. »Die mentale Integration der Mitarbeiter wird zehn Jahre dauern«, sagte Schrempp einem Reporter des *Harvard Business Review* etwa zur gleichen Zeit, als Stallkamp vor die Tür gesetzt wurde. Die zweite Fusion findet auf der Ebene der 1242 Einzelprojekte statt, die Rüdiger Grube und sein Team identifiziert haben. Sie kommt sehr viel schneller voran, und ihr Erfolg lässt sich an objektiven Fakten, an konkreten Kosteneinsparungen, an eingehaltenen oder überschrittenen Terminen ablesen.

Das ganze Jahr 1999 hindurch erhielt der Vorstand in vierzehntägigen Abständen Lageberichte über den Fortgang der PMI. Monat für Monat wurden die Erfolge in einem Dokument zusammengestellt, das im gesamten Unternehmen in Umlauf gebracht beziehungsweise über den neuen firmeneigenen Fernsehsender ausgestrahlt wurde. Grube und Price wurden zu Botschaftern der Post-Merger-Integration und versprachen, jeden der weltweit 196 Produktionsstandorte des fusionierten Unternehmens im

Verlauf des Jahres zweimal zu besuchen. Aufgrund dieser Zusicherung verbrachte Grube im Jahr 1999 nur fünf Wochenenden zu Hause.

Anfang Dezember hielt Grube sein letztes Referat zum Thema PMI vor Managern und Technikern des riesigen Werkes Sindelfingen bei Stuttgart, in dem 30 000 Mitarbeiter Pkws der Mercedes-Benz A-, E- und S-Klasse zusammenbauen. Im Konferenzsaal hatten sich etwa hundert Führungskräfte eingefunden, um Grubes Vortrag zu hören. In einem kurzen, flotten Referat skizzierte Grube die mittlerweile allseits bekannten Gründe für die Fusion, bevor er ausführlich auf eine Reihe von Beispielen erfolgreich abgeschlossener Integrationsprozesse einging.

Er erläuterte, dass Dieselmotoren von Mercedes-Benz zukünftig in Jeep Grand Cherokees eingebaut werden. Dass die US-Fabriken von Chrysler ein besonderes Pulverlackierungsverfahren übernommen haben, das im A-Klasse-Werk in Rastatt entwickelt wurde, was zu Kosteneinsparungen in Höhe von mehreren zehn Millionen Dollar führte. Dass die beiden Unternehmen herausgefunden haben, dass sie sechzig verschiedene Reisebüros benutzten; diese waren auf zwei reduziert worden, was jährliche Einsparungen von 45 Millionen Dollar erbrachte. Dass Mercedes-Benz Chryslers weltweit führende Produktentwicklungstechnologie übernommen und dadurch die Vorlaufzeiten um drei Monate verkürzt habe – von der verkürzten Entwicklungszeit werden der neue Mercedes-Benz Roadster und das Nachfolgemodell der A-Klasse profitieren. Dass die fusionierten Unternehmen ihren Einkauf von Autotelefonen zusammengelegt haben. Dass sie eine Corporate University für leitende Mitarbeiter gegründet haben. Dass sie das erste globale Geschäftsfernseh-Leitungsnetz der Welt aufgebaut haben, das über 420 000 Mitarbeiter an mehr als 460 Standorten in vierzig Ländern erreicht.

Hätte Grube genügend Zeit gehabt, hätte er noch Hunderte von Beispielen für abgeschlossene Projekte herunterrasseln können. Doch er beschränkte sich auf die besten

Storys. Mit leuchtenden Augen und messianischem Tonfall legte er dar, diese Post-Merger Integration habe einen neuen Standard für Unternehmen gesetzt, die fusionierten beziehungsweise Fusionen erwögen. Führungskräfte von 400 Unternehmen hätten Möhringen besucht, um mehr über den Integrationsprozess zu erfahren. Sogar Rolf Breuer, der Vorstandssprecher der Deutschen Bank, habe Interesse gezeigt. Im Zuge der Übernahme von Bankers Trust durch die Deutsche Bank im Juni habe dieser ihn und Eckhard Cordes nach Frankfurt eingeladen, um mehr über das PMI-Modell zu hören. Der Vortrag habe vier Stunden gedauert und dazu geführt, dass Breuer die Integration von BT nach dem Vorbild der DaimlerChrysler-Fusion gestalten wolle.

Ende des Jahres seien 96 Prozent der laufenden Projekte abgeschlossen, verkündete Grube. Die Aufgabe, die verbleibenden Synergien zu realisieren, werde dem Linienmanagement übertragen. Die Kosteneinsparungen in Höhe von 1,4 Milliarden Dollar, die zum Zeitpunkt der Fusion angekündigt worden waren, seien gesichert. Die PMI werde nach 272 Arbeitstagen beendet sein – weit früher als geplant. Und, so sagte Grube stolz, dies alles sei ohne Unterstützung durch Unternehmensberater erreicht worden. Berater wurden nur eingesetzt, um bei der Lösung spezifischer technischer Probleme bei Projekten der dritten Ebene und darunter zu helfen. Sie wurden nicht zur Erarbeitung der Strategie beziehungsweise der Koordinierung des Gesamtplans herangezogen.

Grubes letzte Äußerung an jenem Tag betraf seine eigene Zukunft. Er sagte den Managern in Sindelfingen, dass er DaimlerChrysler am Jahresende verlassen werde. Er übernehme die Geschäftsführung der Häussler Holding, einer in Stuttgart ansässigen Kapitalanlagegesellschaft in Privathand. Zu gegebener Zeit werde er ein großes Aktienpaket dieser Gesellschaft erhalten. Er werde nun das tun, was er schon immer habe tun wollen – selbst unternehmerisch tätig sein. Schrempp wollte ihn nicht verlieren, gab ihm jedoch seinen Segen, als Grube erklärte, er wolle Unternehmer werden. Unter dem Beifall der versammelten Ingenieure sagte er, er freue sich auch darauf, endlich mehr Zeit mit seiner Familie verbringen zu können.

*

Einige wenige Spitzenführungskräfte haben dem Unternehmen DaimlerChrysler den Rücken gekehrt. Eine Hand voll schied bereits im Zuge der Fusion aus, darunter mehrere Mitglieder jenes Führungsteams, das Chrysler Ende der achtziger, Anfang der neunziger Jahre erfolgreich wieder auf die Beine geholfen hatte.

Bob Lutz verließ das zu diesem Zeitpunkt noch eigenständige Unternehmen Chrysler, wie geplant, am 1. Juli 1998. François Castaing trat am 1. Januar 1998 als Executive Vice President zurück (stand dem Unternehmen jedoch zwei weitere Jahre als technischer Berater zur Seite), und Dennis Pawley schied Ende Januar 1999 aus. Diese drei gingen freiwillig; ihr Entschluss und der Zeitpunkt ihres Rückzugs standen in keinem Zusammenhang mit dem Merger.

Barry Price, Grubes Partner bei Chrysler während des PMI-Prozesses, nahm seinen Hut nach dem erzwungenen Abgang von Tom Stallkamp. Stallkamp wurde von der *Financial Times* als »einer der größten Neuerer seiner Generation in der Automobilbranche« bezeichnet. (*FT* vom 25. September 1999). Er machte Karriere im Funktionsbereich Beschaffung, der traditionell bei einem Automobilhersteller wenig Glanz hat, aber unter seiner Verantwortung die Wettbewerbsfähigkeit von Chrysler nachhaltig stärkte. Ende der achtziger Jahre, Anfang der neunziger Jahre erkannte er, dass man die Philosophie von Plattformteams auf die Beziehungen des Unternehmens zu externen Zulieferern erweitern konnte. Castaing und Pawley hatten eine neue Kultur der Zusammenarbeit innerhalb des Unternehmens hervorgebracht, indem sie die künstlichen Trennlinien zwischen Produktion, Marketing, Entwicklung und anderen Ressorts beseitigten. Stallkamp ergriff die Gelegenheit, um die Barrieren zwischen Chrysler und den Zulieferern niederzureißen.

Er führte als Erster das so genannte »Extended Enterprise«-System ein: Chrysler arbeitete fortan eng mit Herstellern von Komponenten und Systemen zusammen, um seine Kosten zu senken. Der Erfolg dieses Systems beruhte auf Vertrauen und beiderseitigem Nutzen. Der Zulieferer durfte einen Teil der eingesparten Kosten behalten, während Chrysler keine Ressourcen mehr vergeudete. Das Ergebnis: Chryslers Beschaffungskosten waren die niedrigsten in der ganzen Branche. Man schätzt, dass Stallkamp dem Unternehmen 1997 – seinem letzten Jahr als Leiter des Beschaffungswesens – Kosten in Höhe von 1,2 Milliarden Dollar erspart hat und weitere 2,1 Milliarden Dollar 1998, dem Jahr der Fusion.

In Anerkennung seines Beitrags zur Sanierung von Chrysler wurde er als Nachfolger von Bob Lutz zum President des Unternehmens berufen – eine Beförderung, die Bob Eatons Absicht anzeigte, ihn zu seinem Nachfolger als CEO aufzubauen. Er trat diese Position am 1. Januar 1998 an, war also erst zwei Wochen und zwei Tage im Amt, als die Gespräche mit Daimler-Benz aufgenommen wurden. Obwohl er bei den Verhandlungen keine zentrale Rolle spielte, war er so begeistert von dem Deal, dass er sogar nach Stuttgart umgezogen wäre, um den Erfolg sicherzustellen. Nachdem der Deal perfekt war, wurde ihm die Gesamtverantwortung für die Integration der Fahrzeugdivisionen beider Unternehmen übertragen. In den ersten Tagen nach Inkrafttreten des Fusionsvertrags sagte Eaton, dass Schrempps Nachfolger als Vorstandsvorsitzender vermutlich einmal von der Chrysler-Seite kommen würde. Wenn er dabei eine konkrete Person im Auge hatte, so konnte es nur Stallkamp sein.

Die Achtung vor den Leistungen Stallkamps erstreckte sich weit über Auburn Hills hinaus. Auch Analysten und

Investoren an der Wall Street hielten große Stücke auf ihn. Im Juli 1999 veranstaltete Daimler für US-amerikanische Finanzkreise eine Pressekonferenz, auf der die Halbjahreszahlen bekannt gegeben wurden. Die Aussagen waren verschwommen, die Zahlen entsprachen nicht den Erwartungen der Analysten und der Aktienkurs gab deutlich nach. In der folgenden Woche brach Stallkamp zu einem Ein-Mann-Feldzug auf, um das Vertrauen in die Merger-Story und die Glaubwürdigkeit des Unternehmens bei der Wall Street wiederherzustellen.

Vor allem die Investoren nahmen die Nachricht von seinem Ausscheiden mit Betroffenheit auf. Am 24. September, dem Tag der Bekanntgabe, notierte die Aktie bei Börsenschluss mit 68,38 Dollar, ein drastischer Kursverlust gegenüber ihrem einstigen Januarhoch von 108,63 Dollar und nahe bei ihrem Tiefststand nach der Fusion. »Es ist hirnrissig«, sagte John Casesa, der einflussreiche Automobilanalyst beim Investmenthaus Merrill Lynch. »Sie brauchen eine erfahrene, versierte Führungskraft, die das nordamerikanische Autogeschäft leitet. Er ist einer der angesehensten Topmanager der Automobilindustrie in Nordamerika, wenn nicht in der ganzen Welt.« Diese heftige Kritik ist typisch für die Reaktionen in der US-amerikanischen Öffentlichkeit. Der Rausschmiss löste allenthalben Kopfschütteln und Unverständnis aus. Stallkamps Abgang, der in der nationalen und internationalen Presse schon Wochen zuvor kolportiert worden war, markierte den vorläufigen Tiefpunkt – zumindest der »mentalen« Fusion.

Das Ausscheiden Stallkamps ging Hand in Hand mit einer Umstrukturierung des aufgeblähten Vorstands und einer umfassenden Neuordnung der Geschäftsbereiche des Unternehmens. Auch zwei deutsche Vorstandsmitglieder wurden zur gleichen Zeit wie Stallkamp zum Rücktritt gezwungen (Kurt Lauk, der Chef der Lkw-Sparte, und Heiner Tropitzsch, der Personalvorstand), doch die Deutschen beherrschten auch den modifizierten Vorstand.

Mit Ausnahme von Eaton, der sein Amt etwas früher zur Verfügung stellte, als allgemein erwartet worden war, waren nur noch vier amerikanische Vorstandsmitglieder unter den verbliebenen zwölf Vorständen (Jim Holden, Gary Valade, Tom Sidlik und Tom Gale). Gravierend war außerdem, dass Chrysler auf den Status einer Sparte innerhalb des Konzerns zurückgestuft wurde. Chrysler war nicht mehr ebenbürtiger Partner von Daimler-Benz, sondern stand jetzt auf einer Stufe mit Mercedes-Benz und der Lkw-Sparte.

Es war der Augenblick, in dem die Phrase von einer »Fusion von Gleichen« der Realpolitik wich. Die Deutschen übernahmen das Ruder und hissten ihre Flagge.

War dies eine Überraschung? Gewiss nicht. Die Deutschen waren von dem Moment an, als die beiden Unternehmen Verhandlungen aufnahmen, der dominierende Part. Daimler-Benz war das größere der beiden Unternehmen, das deutlich finanzkräftigere, und es war stolzer Inhaber der prestigereichsten Marke in der Automobilindustrie. Zwar hätte Daimler-Benz auf mittlere Sicht mit strategischen Schwächen kämpfen müssen, aber für welchen Autohersteller galt dies nicht? Sie steckten die Amerikaner bei den Verhandlungen in die Tasche und bekamen eine deutsche AG. Sie erklärten sich bereit, eine Prämie für die Chrysler-Aktien zu bezahlen, ein offenkundiges, wenn auch vielfach übersehenes Indiz dafür, dass das deutsche Unternehmen der stärkere Partner war. Vom ersten Tag an wurde Eatons Autorität als »primus inter pares« nicht nur durch die Stärke der Persönlichkeit Schrempps untergraben, sondern auch durch seine Ankündigung, dass er vorzeitig zurücktreten werde. Dies schuf zwar Klarheit in der Führungsfrage, ohne die kein Deal zustande gekommen wäre, aber es unterstrich auch seine schwächere Position gegenüber Schrempp.

Eaton ist kein tatkräftig zupackender Manager vom Schlage Lutz'. Er zeichnete sich durch die Fähigkeit aus, den Haufen selbstherrlicher Solisten, den er vorfand, als er 1992 zu Chrysler kam, zu einem starken, kooperativen Team zusammenzuschweißen. Er entwickelte gemeinsam mit dem Team eine bestimmte Kultur und verbreitete sie im gesamten Unternehmen. Er setzte den ewigen Qualitätsproblemen von Chrysler ein Ende. Es gelang ihm, eine skeptische Wall Street von der Wiedergeburt des Unternehmens zu überzeugen. Durch Kerkorians ständige Angriffe unter Druck gesetzt, wurde ihm die Notwendigkeit, Shareholder-Value zu schaffen, immer dringlicher bewusst. Durch den Deal mit Daimler-Benz gelang ihm eine spektakuläre Steigerung des Unternehmenswerts. Zugleich befreite er Chrysler aus dem endlosen Zyklus von Boom und drohendem Bankrott.

Eatons Erfolg als Unternehmenslenker war jedoch ganz wesentlich von den Mitgliedern seines Führungsteams abhängig. Lutz legte im Januar 1997 – ein ganzes Jahr bevor Stallkamp seine Nachfolge antrat – sein Amt als President von Chrysler nieder. Andere, die zur Wiedergeburt von Chrysler beigetragen hatten, wie etwa Castaing und Pawley, standen ebenfalls kurz vor dem Ende ihrer Karriere bei dem Unternehmen. Dieses schwierige Erbe trat nun Stallkamp an.

Er bemühte sich kaum darum, eine Führungsmannschaft um sich aufzubauen, und hatte kaum eine Chance, sich zu bewähren. Zwei Wochen nachdem er das Amt des President angetreten hatte, nahm Chrysler Verhandlungen auf, die das Ende seiner Unabhängigkeit besiegeln sollten. Nachdem die Fusion über die Bühne gegangen war, verwandelte sich Stallkamps Posten, der bis dahin in einer wohl definierten Führungsaufgabe bestanden hatte, in einen Alptraum für jeden Manager. Eaton interessierte sich immer weniger für das laufende Geschäft, während Schrempp sich bewusst von Detroit fern hielt. Stallkamp saß zwischen den Stühlen.

Schrempp wollte im Grunde, dass die Amerikaner bei Chrysler weiterhin die Zügel in Händen hielten. Er hatte seine eigenen Erfahrungen in Südafrika noch in lebhafter Erinnerung und erwartete, dass die Chrysler-Manager alles daransetzen würden, um ihre Unabhängigkeit zu wahren, so wie er es getan hatte, als er die südafrikanische Tochtergesellschaft von Daimler-Benz geleitet hatte. Er wollte einen gesunden Antagonismus zwischen Nordamerika und Deutschland. Es verwunderte ihn, dass Auburn Hills nicht härter darum kämpfte, sein Schicksal selbst in die Hand zu nehmen.

»Tom, Sie sind der Boss [in Auburn Hills]«, pflegte Schrempp zu Stallkamp zu sagen. »Aber weshalb lese ich in den [Detroiter] Zeitungen, dass die Mitarbeiter von Chrysler beunruhigt seien?«

»Weil Sie zu selten hierher kommen«, war Stallkamps Standardantwort.

»Aber Tom, Sie wollen doch nicht den Eindruck von Führungsschwäche erwecken. Sie brauchen mich nicht. Jürgen Hubbert [Chef von Mercedes-Benz] würde nie sagen, er hätte ein Problem, weil ich zu selten komme. Tatsächlich ist es ihm mehr als lieb, wenn ich mich nicht blicken lasse, es sei denn, es gibt ein wirklich gravierendes Problem.«

»Regeln Sie die Probleme mit Eaton im Büro nebenan«, lautete Schrempps Rat. Doch die Chemie zwischen Eaton und Stallkamp hatte sich inmitten der Revierkämpfe, die sich mit quasi naturgesetzlicher Zwangsläufigkeit nach einer Fusion ereignen, zunehmend verschlechtert. Im Sommer 1999 stattete Eaton Stallkamp einen Besuch ab, während dieser Urlaub in North Michigan machte. Eaton war von dem jungen, ehrgeizigen Holden, der bereits enttäuscht darüber gewesen war, dass er zugunsten von Stallkamp als President übergangen worden war, ein Ultimatum gestellt worden. Holden hatte gesagt: »Er oder ich.« Eaton entschied sich für Holden und bat Stallkamp, sich über seine berufliche Zukunft Gedanken zu machen. »Vielleicht liegt sie nicht bei Chrysler«, sagte Eaton.

Einige Wochen später besuchte Stallkamp Schrempp in

Stuttgart. Sie aßen zusammen zu Mittag. Schrempp sagte unverblümt, er heiße Eatons Entscheidung gut, nicht aber die Art und Weise, wie sie übermittelt worden sei. Stallkamp war zum Vice-Chairman der DaimlerChrysler Corporation befördert worden und bat darum, bis zum Ende des Jahres bleiben zu dürfen, obgleich seine Karriere bei Chrysler im Sommer zu Ende gegangen war. Dies war Eatons Methode, mit der Situation umzugehen. Schrempp hielt schließlich den Kopf für eine Entscheidung hin, die im Nachbarbüro von Stallkamp getroffen worden war – im fünfzehnten Stock der Hauptverwaltung in Auburn Hills, nicht im elften Stock in Stuttgart-Möhringen.

*

»Jürgen, so geht das nicht.« Jim Holden berichtete Schrempp, dass er in einen Kampf mit der Bürokratie von Mercedes-Benz verwickelt worden sei. Bei diesem Hickhack ging es um die Konzernverrechnung, ein Verfahren, um Kosten und Erträge von einem Geschäftsbereich auf einen anderen zu übertragen, wobei nur unnötig Energien vergeudet wurden. Sie hat keinerlei Auswirkungen auf den Gesamterfolg des Unternehmens, lässt jedoch einen Geschäftsbereich besser dastehen als den anderen. Holden wollte die Unterstützung Schrempps gewinnen, um die Sache durchzuboxen.

»Sie haben Recht«, sagte Schrempp, nachdem er sich die Fakten angehört hatte. »Sie müssen gegen die Konzernverrechnung ankämpfen.«

Also beschloss Holden, es mit seinen Stuttgarter Gegenspielern aufzunehmen. Nach einem mehrmonatigen »konstruktiven Konflikt«, wie es Schrempp nennen würde, hatte sich Holden durchgesetzt.

»Wir dürfen nicht zimperlich sein«, sagt Holden später über die Lehre, die er aus seinen Erfahrungen gezogen hatte. »Wir verbrachten die ganze Zeit [1998–99] damit, uns nett gegenüber den angeheirateten Verwandten zu benehmen. Es ist eine Frage des Stils. Amerikaner versuchen im

Allgemeinen Kontroversen aus dem Weg zu gehen, Deutsche dagegen haben keine Probleme damit... Rückblickend lässt sich sagen, dass wir von zahllosen kleinen Streitpunkten erstickt wurden. Sie schienen es nicht wert zu sein, darüber einen Konflikt anzuzetteln, alle versuchten nett zueinander zu sein. Ich habe später herausgefunden, dass ›nein‹ oder ›scher dich zum Teufel‹ eine ausgezeichnete Antwort ist. Wir können nicht einfach klein beigeben, weil ein Team aus Deutschland einfliegt und sagt: ›Ihr macht das jetzt so‹... Wir brauchen Kontroversen, das ist die einzige Möglichkeit, um die beste Praxis herauszufinden.«

Holden ist ein fixer Typ: Er erfasst Sachverhalte sehr schnell und handelt prompt. Er nimmt, wenn nötig, kein Blatt vor den Mund, wie schon Anfang 1996, als er den Abbruch der Q-Star-Gespräche mit Mercedes-Benz empfahl. Aber er versteht es auch, wortgewandt zu überzeugen – einen Großteil seiner bewegten beruflichen Laufbahn verbrachte er im Vertriebs- und Marketingbereich. Dies sind einige der Fähigkeiten, die Schrempp und Eaton bei ihrer Suche nach einer exzellenten Führungsperson für Auburn Hills zu schätzen lernten.

Wenngleich es Holden, was sein Charisma anlangt, nicht mit Bob Lutz aufnehmen kann, ist er doch aus demselben Holz geschnitzt. Auch er ist ein Autofan reinsten Wassers. Zusammen mit seinen beiden Söhnen rekonstruierte er einen 1957er Ford Thunderbird (»der beste in ganz Michigan«, sagt er stolz). Er besitzt den sechsten Viper GTS, der je gebaut wurde, »das beste 440-6-Pack-Barracuda-Kabriolett auf der Welt«, einen 440 Charger/RT und ein 1965er Cadillac-Kabriolett... sowie drei weitere klassische Autos, mit denen er an Wochenenden durch die Stadt kutschiert. Hinzu kommt noch ein halbes Dutzend Firmenwagen.

Vor Holden liegen große Herausforderungen. Er ist heute für den ertragsstärksten Geschäftsbereich von DaimlerChrysler zuständig. Zusammen mit Gale, Hubbert und Zetsche gehört er dem Automotive Council an, das produktive Synergien zwischen den drei Fahrzeugsparten freisetzen soll.

Abgesehen von der Einhaltung der Sollvorgaben, abgesehen auch von der Herausforderung, den Anteil von Chrysler am US-amerikanischen Pkw- und Lkw-Markt zu vergrößern, besteht seine schwierigste Aufgabe darin, die darniederliegende Arbeitsmoral der Belegschaft von Chrysler zu erneuern. »Eine Zeit lang war Chrysler nicht mehr Chrysler«, sagt er, auf die Jahre 1998–99 zurückblickend. Nach dem Abgang von Eaton lastet jetzt ein Großteil der Verantwortung für den langfristigen Erfolg des Merger auf seinen Schultern.

*

Februar 2000

Gefragt, ob er den »Verkauf« an Daimler-Benz bereue, zögert Bob Eaton mit der Antwort. Er sitzt mit offenem Hemdkragen bequem in seinem tiefen Ledersessel und stützt seine Füße an einem Glastisch ab: Eaton ist entspannt, ein Mensch mit einem reinen Gewissen. Er wird sein Amt am 1. April niederlegen. Der Ruhestand lockt, und er wird behaglich sein: Er wird in diesem Monat sechzig, ist also noch relativ jung und bei guter Gesundheit. Er hat auch einen schönen Batzen Geld in der Tasche. (Wie viele Millionen, verrät er nicht. »Alle Summen, die genannt werden, liegen um einen Faktor von hundert Prozent daneben«, sagt er neckisch.) Er lässt seinen Blick über die Chrysler-Gebäude in Auburn Hills schweifen – den größten Bürokomplex der Welt nach dem Pentagon –, bevor er antwortet.

»Wir haben zweifelsohne das Richtige getan«, sagt er, worauf er kurz die Argumente für den Deal darlegt. Er verweist auf die unbestreitbare Tatsache, dass sich der Kurs der Chrysler-Aktie während seiner Amtszeit vervielfacht hat. »Es wäre so, wie wenn die DaimlerChrysler-Aktie von heute 75 Dollar auf 600 Dollar steigen würde. Ich habe Jürgen gesagt, dass er darauf hinarbeiten soll«, sagt er lächelnd. »Ich meine sogar, er sollte dafür sorgen, dass die Aktie irgendwann 800 Dollar wert ist.«

Dies ist nicht mehr meine Sache, scheint er sagen zu wollen. Er wird seine Zeit damit verbringen, Golf zu spielen, auf die Jagd zu gehen oder mit einem seiner Autos zu fahren.

Plötzlich wirkt er weniger versonnen. Eine Sache würde er heute anders machen. Er würde die Transaktion nicht mehr als »Fusion von Gleichen« verkaufen. »Das war ein schwerer Fehler«, sagt er betont langsam. »Es führte sofort dazu, dass genauestens verfolgt wurde, wer mehr Punkte gesammelt hatte. Wir boten auf diese Weise unnötig viel Angriffsfläche. Es wäre viel besser gewesen, wenn wir den Deal von Anfang an als eine Fusion zweier sehr starker – aber nicht gleicher – Unternehmen verkauft hätten.«

Dies hätte zumindest den Vorzug gehabt, der Wahrheit zu entsprechen.

FÜNFTER TEIL

SCHLUSSFOLGERUNGEN

18. Kapitel
ENDSPIEL

Auf der Suche nach neuen Partnern

Tokio / Stuttgart:
Dienstag und Mittwoch, 9.–10. März 1999

Zum vierten Mal binnen eines Monats flog Schrempp zu einer eintägigen Stippvisite nach Japan. Der Flug im Firmenjet dauerte zwölf Stunden, anschließend ging es zum Hotel im Stadtzentrum von Tokio, wo er kurz duschte, bevor er sich zu einer Unterredung begab, die nicht länger als anderthalb Stunden dauerte.

Schrempp kam als Überbringer schlechter Nachrichten. Während des Fluges sprach er mit Alex Dibelius und Eckhard Cordes über die Botschaft, die er Yoshikazu Hanawa, dem President von Nissan Motor, mitteilen würde.

Danach blieb gerade noch genug Zeit für einen Teller Tapanyaki, bevor der Rückflug nach Stuttgart anstand.

Am Tag zuvor hatte in Lausanne eine lange Sitzung des Vorstands stattgefunden. Sie war mit Präsentationen von Teams aus Marketing-, Finanz- und Technikexperten eingeleitet worden, die ausführlich auf das Für und Wider einer Verbindung mit dem japanischen Unternehmen, dem fünftgrößten Autohersteller der Welt, eingingen. Anschließend schickte Schrempp die Fachleute aus dem Raum und bat die einzelnen Vorstandsmitglieder, ihre Meinung zu äußern. Nur zwei Vorstände sprachen sich für einen Deal aus. Einer der Teilnehmer brachte die Stimmung unter den Sitzungsteilnehmern auf den Punkt, als er sagte: »Es ist eine großartige Chance zum falschen Zeitpunkt.«

Vor der Sitzung standen Schrempp und Cordes einem Deal mit Nissan noch wohlwollend gegenüber. Die Fusion mit Chrysler, die vor kaum vier Monaten vollzogen worden war, hatte eine Reihe bedeutender strategischer Fragen offen gelassen. Die Präsenz von DaimlerChrysler in Asien war noch immer viel zu schwach: Die Region steuerte nur ganze vier Prozent zum Konzernumsatz bei. Ideal wären 25 Prozent, entsprechend dem Anteil Asiens an der Weltwirtschaft. Dies würde das angemessene Gegengewicht zur starken Präsenz des Unternehmens in Amerika und Europa liefern.

Eine weitere Herausforderung war die schwache Position des Konzerns im Kleinwagensegment. Die Strategen von Daimler und Chrysler waren sich einig, dass dieser Bereich zukünftig sehr viel stärker wachsen würde als der Gesamtmarkt. In den meisten Industriestaaten dürfte das Standard-Autogeschäft kaum mehr als zwei bis drei Prozent jährlich zulegen. In den Entwicklungsländern und insbesondere in Asien war das Wachstumspotenzial dagegen sehr viel größer. Aber die breite Masse von Kunden würde Kleinwagen nachfragen, keine schweren Jeeps oder luxuriöse S-Klasse-Mercedes, die weiterhin einer zahlungskräftigen Klientel vorbehalten blieben. Und auch in den Industriestaaten würde der anhaltende Druck, die Abgasemissionen und den Benzinverbrauch zu reduzieren, die Nachfrage nach Kleinwagen ankurbeln.

Schrempp wusste – auch wenn er es damals nie öffentlich zugegeben hätte –, dass der Smart und die A-Klasse mit ihren begrenzten Kapazitäten allein dieser Aufgabe nicht gewachsen wären. Auch war es zweifelhaft, ob den Kleinwagen von Chrysler jemals der Durchbruch auf dem europäischen Markt gelingen würde. Und aus ersten Vorkalkulationen ging hervor, dass die frisch fusionierten Unternehmen über zehn Milliarden Dollar aufwenden müssten, um ein neues Kleinwagenprogramm von Grund auf aufzubauen – eine gewaltige Investition ohne Erfolgsgarantie.

Ein Deal mit Nissan würde diese Probleme auf einen Streich lösen: Er würde DaimlerChrysler den Zugang zur Kleinwagentechnologie und einen zwanzigprozentigen Anteil am asiatischen Markt verschaffen. Die Verlockung für Schrempp, die Chance zu ergreifen, war nahezu unwiderstehlich.

Die Tage, an denen die japanische Automobilindustrie ihre weltweiten Wettbewerber das Fürchten gelehrt hatte, waren lange vorüber. Nissan war hoch verschuldet und stand vor jener radikalen Umstrukturierung, die Schrempp in den Jahren 1995–96 bei Daimler durchgeführt hatte. Dazu kam die allgemeine Rezession in Asien – ein »Fenster der Gelegenheit« hatte sich geöffnet, das sofort zuschlagen würde, wenn dem Unternehmen aus eigener Kraft der Turn-around gelänge oder wenn sich die Wirtschaft wieder erholte. Außerdem führte Nissan auch Gespräche mit Renault. Wenn DaimlerChrysler sich nicht mit Nissan einigen würde, dann kämen höchstwahrscheinlich die Franzosen zum Zug. Dies bedeutete also: jetzt oder nie.

Auf der anderen Seite war Schrempp bewusst, dass es äußerst riskant war, so bald nach dem Zusammenschluss mit Chrysler bei Nissan einzusteigen. Die Topmanager hatten alle Hände voll zu tun, Daimler und Chrysler zusammenzuführen. Auch war das Führungskräftepotenzial fast ausgeschöpft: Woher sollte er das Team von vierzig bis fünfzig Spitzenführungskräften nehmen, das benötigt würde, um Nissan wieder auf Vordermann zu bringen?

Schrempp hatte deutlich das Risiko vor Augen, dass Nissan zu einem zweiten Fokker-Desaster werden könnte – allerdings diesmal in einer ganz anderen Größenordnung.

Vor der Vorstandssitzung hatte Schrempp mit dem Gedanken gespielt, die Fusion durchzuboxen. Dann ließ er sich von denjenigen beraten, die zur Vorsicht gemahnten.

Nachdem er alle Vorstandsmitglieder um ihre Meinung gebeten hatte, gelangte er zu der Überzeugung, dass die Risiken eines Deals größer waren als die Risiken eines Verzichts.

Dies war, knapp resümiert, der Tenor seiner kurzen und im Grunde unerwarteten Botschaft an Hanawa-san. Die Japaner hatten nicht damit gerechnet, dass Schrempp den weiten Weg nach Tokio auf sich nehmen würde, um die Gespräche abzubrechen. Vielmehr waren sie davon ausgegangen, dass er einige kleinere Korrekturen an dem Vertrag vorschlagen würde, den sie praktisch schon abschließend beraten hatten. Schrempp nahm kein Blatt vor den Mund; er erklärte, der Entschluss, die Verhandlungen abzubrechen, sei auf DaimlerChryslers eigene Herausforderungen zurückzuführen und dürfe nicht als Kränkung von Nissan missverstanden werden. Hanawa-san war sichtlich erschüttert. Einer der anwesenden japanischen Manager brach in Tränen aus. Andere waren so perplex, dass sie eine Zeit lang kein Wort Englisch herausbrachten. Schließlich ging Hanawa-san zu Schrempp und ergriff seine Hände. »Sie sind mit dieser Sache in einer Weise umgegangen, die mir hohen Respekt abnötigt«, sagte der Präsident von Nissan.

Es war eine aufreibende Unterredung. »Zum ersten Mal in meinem Leben«, sagte Cordes zu Schrempp im Hinausgehen, »brauche ich einen Whiskey.«

Die nächste Gelegenheit für DaimlerChrysler kam ein Jahr später. Sie lieferte Schrempp den bestmöglichen Ersatz für das enttäuschende Ergebnis der Gespräche mit Nissan.

*

New York: Montag, 7. Februar 2000

»Schrempp-san«, sagte Herr Katsuhiko Kawasoe, der Chef von Mitsubishi Motors. »Ich weiß, dass ich mich in Acht nehmen muss, denn Sie stehen im Ruf, so überwältigend zu sein.«

Schrempp lächelte. In »überwältigend« schwingt Vorsicht, aber auch Respekt mit.

»Kawasoe-san, darf ich ganz offen zu Ihnen sein?«, fragte Schrempp. »Wenn Sie an gemeinsamen Projekten mit uns interessiert sind, dann verweise ich Sie an Jürgen Hubbert und Jim Holden, dafür sind sie zuständig. Wenn Sie wollen, dass wir eine dauerhafte Verbindung eingehen, dann bin ich der richtige Ansprechpartner. Allerdings brauche ich mindestens 34 Prozent.«

Kawasoe-san musste lächeln. Er war zwar an einem Deal interessiert, wollte den Deutschen aber nicht mehr als zwanzig Prozent abtreten. Das Tauziehen begann. Die folgenden Verhandlungen wurden von Cordes und Sato-san, seinem Amtskollegen bei Mitsubishi, geführt.

Schrempp und Kawasoe-san trafen sich nur noch ein weiteres Mal vor der endgültigen Vereinbarung, und zwar im Hotel Beau Rivage in Lausanne. Die Unterredung fand während des Genfer Automobilsalons statt, fast auf den Tag genau zwei Jahre nachdem sich Eaton und Schrempp im selben Hotel getroffen und sich über die Führungsstruktur der neuen DaimlerChrysler AG verständigt hatten. Für Schrempp, der wie damals ein Flipchart bei sich trug, ist dies vertrautes Terrain.

Ende März traten Schrempp und Kawasoe-san gemeinsam bei Pressekonferenzen auf, die an zwei aufeinander folgenden Tagen in Frankfurt und Tokio abgehalten wurden. Sie gaben bekannt, dass sie eine Transaktion im Wert von 2,1 Milliarden Euro abgeschlossen hatten. DaimlerChrysler bekam genau das, was seine Vertreter wollten – eine 34-prozentige Beteiligung und die Führungskontrolle. Mitsubishi ist einer der führenden Kleinwagenhersteller der Welt. Fortan wird Asien ein Viertel zum Umsatz des deutsch-amerikanischen Konzerns beisteuern.

*

Für DaimlerChrysler war der Mitsubishi-Deal noch nicht das letzte Steinchen in einem strategischen Puzzle. Im Juli 2000 gelang es DaimlerChrysler mit einer zehnprozentigen Beteiligung an Hyundai eine Allianz mit einem der stärksten koreanischen Hersteller einzugehen. Mit einem Jointventure und einer Option auf weitere Anteile ist damit auch eine starke Position auf dem zweitgrößten asiatischen Markt gesichert. Für die Automobilindustrie war es eine von einer ganzen Welle von Transaktionen, die durch die Fusion von Daimler und Chrysler ausgelöst wurden. Schrempp formulierte es in einer Rede vor amerikanischen Unternehmensleitern im April 2000 folgendermaßen: »Die Winde der Globalisierung und des Wettbewerbsvorteils wehten durch den Baum, und über die Hälfte der Äpfel fiel zu Boden.«

Der erste Apfel, der fiel, war Volvo Cars. Kurz nachdem der DaimlerChrysler-Deal bekannt gegeben worden war, hatte der Vorstandsvorsitzende des schwedischen Unternehmens Analysten und Investoren zu einer Konferenz geladen, auf der er fast eine Stunde lang darlegte, weshalb die Großfusion von Daimler und Chrysler das globale Umfeld in der Automobilindustrie nicht verändern würde. Es gebe absolut keinen Grund dafür, dass Volvo kein unabhängiges Unternehmen bleiben sollte, hatte Leif Johansson behauptet – nicht den geringsten Grund. Er sollte bald eines Besseren belehrt werden. Innerhalb von sechs Monaten wurde die Pkw-Sparte von AB Volvo für 6,45 Milliarden Dollar an die Ford Motor Company verkauft. Ford verleibte sich auf diese Weise den Hersteller von Oberklassewagen ein, den das Unternehmen schon mit Daimler-Benz hatte erwerben wollen.

Der zweite Apfel war Nissan. Zwei Wochen nach Schrempps Tagesreise nach Tokio zahlte Renault 5,4 Milliarden Dollar für eine 38-prozentige Beteiligung an Nissan. Das französische Unternehmen entsandte einen seiner bewährten Turn-around-Manager nach Japan. Carlos Ghosn, der den Spitznamen »Monsieur le cost cutter« trägt, begann mit einer radikalen Restrukturierung. Andere japanische Automobilbauer, darunter auch Mitsubishi, folgten diesem Beispiel.

Der dritte Coup gelang im März 2000, als General Motors und die Fiat Automobil St. ein strategisches Bündnis im Wert von 2,4 Milliarden Dollar schmiedeten. Der Chairman von General Motors, Jack Smith, sagte damals ausdrücklich, die Transaktion sei eine direkte Reaktion auf die Fusion von Daimler und Chrysler. Die Unternehmen vereinbarten, wechselseitige Beteiligungen zu erwerben und eine Reihe von Jointventures zu gründen. Obgleich beide Seiten betonen, dass sie ihre Unabhängigkeit behalten werden, ist unschwer zu erkennen, dass diese Vereinbarung den Anfang vom Ausstieg der Agnelli-Familie aus dem Automobilgeschäft darstellt.

Im selben Monat, in dem DaimlerChrysler seine 34-prozentige Beteiligung an Mitsubishi erwarb, beendete BMW sein desaströses sechsjähriges Engagement bei Rover. Der Verkauf von Rover Cars für nominelle zehn britische Pfund und die Veräußerung von Land Rover war ein demütigender und kostspieliger Rückschlag für den bayerischen Autokonzern. Dies sorgte für eine gewisse Schadenfreude bei den Technikern und Strategen in Untertürkheim und Möhringen. Mitte der neunziger Jahre hatte BMW die Entscheidung von Mercedes-Benz, mit der A-Klasse ins untere Marktsegment einzusteigen, offen kritisiert. BMW wollte mit Hilfe der eigenständigen Marke Rover in die unteren Marktbereiche eindringen, um so die Exklusivität der Marke BMW zu bewahren.

Diese Strategie war jämmerlich gescheitert; heute plant das BMW-Management die Fertigung einer 2er-Serie – eine erbärmliche Kehrtwendung. Trotz der gegenteiligen Beteuerungen der Unternehmensleitung und der Familie

Quandt, die eine Mehrheitsbeteiligung an BMW hält, bedeutet das katastrophale Rover-Engagement vermutlich auch den Anfang vom Ende der Unabhängigkeit des Konzerns. Langfristig dürfte BMW nicht in der Lage sein, ohne eine deutliche Ausweitung seines Produktionsvolumens seine Marktstellung und seinen technologischen Vorsprung zu halten.

Hätten Daimler-Benz und die Chrysler Corporation nicht zu der Zeit fusioniert, zu der sie es taten, würden hinter ihrer Zukunft wahrscheinlich die gleichen Fragezeichen stehen, mit denen heute BMW und Fiat versehen sind. Beide Unternehmen wären »im Spiel« oder vielleicht sogar schon feindlichen Übernahmen zum Opfer gefallen. So haben sie ihren Wettbewerbern ein Schnippchen geschlagen und alle unter Druck gesetzt, es ihnen gleichzutun.

19. Kapitel
ZWÖLF GRUNDREGELN FÜR GRENZÜBERSCHREITENDE FUSIONEN

Einige Lektionen aus der DaimlerChrysler-Fusion

Die strategischen Gründe für die DaimlerChrysler-Fusion wurden durch die Schritte, welche die Wettbewerber der beiden Autohersteller im Verlauf von zwei Jahren nach dem Deal unternahmen, nachträglich bestätigt.

Aber *strategische Zweckmäßigkeit allein genügt nicht.* Das ist die erste eindeutige Lektion, die sich aus der Fusion ableiten lässt. Um sicherzustellen, dass eine Transaktion erfolgreich abgeschlossen wird, muss die Strategie als etwas Selbstverständliches betrachtet werden. Es treten so viele andere Belastungen und Spannungen auf, wenn zwei große Unternehmen zusammengehen, dass *das Scheitern vorprogrammiert ist, wenn die Strategie nicht stimmt.*

Zweitens muss man zunächst das eigene Haus in Ordnung bringen. *Operative Stärke ist eine Voraussetzung für eine erfolgreich ausgeführte Fusion.* Daimler-Benz war 1995 noch nicht fit genug für einen Zusammenschluss mit Chrysler. Erst nach einer dreijährigen Restrukturierung war Daimler bereit, sich auf Chrysler einzulassen. Und ebenso war DaimlerChrysler im März 1999, so kurz nach der Fusion, noch nicht reif dafür, sich bei Nissan einzukaufen. Was die Eingriffe anlangt, die erforderlich sind, um ein Unternehmen auf Kurs zu bringen, so fallen sie dem Unternehmensleiter sehr viel leichter, wenn er weiß, worauf er hinauswill. Vielleicht kann er seine Vision nur mit einer

Hand voll bewährter Kollegen teilen, aber es wird ihm die Kraft geben, unpopuläre Dinge zu tun.

Die dritte Lektion: Mag eine Transaktion strategisch auch noch so sinnvoll sein, entscheidend ist, *dass die Topmanager einander vertrauen.* Eaton und Schrempp sind grundverschiedene Persönlichkeitstypen, aber sie vertrauten einander. Die Unterschiede in Temperament und Werdegang trugen mit dazu bei, ihre Beziehung zu festigen und ihre Leistungsfähigkeit als Team zu verbessern. Häufige und direkte Kontakte zwischen den beiden Männern an der Spitze halfen, die vielen heiklen Probleme, die während der Verhandlungen auftraten, zu entschärfen. Wenn die Vertrauensbasis fehlt, spielt es keine Rolle, wie viel versprechend ein großer Deal zwischen zwei Unternehmen aussieht, er wird misslingen – man denke nur an die persönlichen Zerwürfnisse, die dazu führten, dass Glaxo Wellcome und SmithKline Beecham ihren ersten Anlauf zu einer Fusion abbrachen. Erst als zwei neue CEOs angetreten waren, konnte die Transaktion erfolgreich über die Bühne gehen.

Die vierte Lektion: *Die schwierigen Streitfragen sollten in den Verhandlungen so früh wie möglich aus dem Weg geräumt werden.* Schrempp und Eaton verständigten sich sehr schnell über die Struktur der Transaktion, die Einführung der ersten weltweiten Namensaktie, die Rechtsform und den Standort der Hauptverwaltung. Ganz wichtig: Sie einigten sich auch darüber, wie sie die Führungspositionen des Unternehmens aufteilen wollten. Indem sie eine Zeit lang gemeinsam am Steuer blieben, stellten sie sicher, dass die Aufsichtsräte beider Unternehmen mit der Transaktion einverstanden waren. Um dies zu erreichen, waren Schrempp und Eaton bereit, ihre Jobs aufs Spiel zu setzen.

Schrempp formuliert die fünfte Lektion folgendermaßen: »*Man lasse niemals zu, dass die Interessen Einzelner einer Fusion im Weg stehen, die wirtschaftlich sinnvoll ist.*« Natürlich wurden nicht alle heiklen Fragen in den ersten Phasen der Verhandlungen gelöst. Der Firmenname wurde bis zur letzten Minute ausgespart. Wäre der Name bei den Gesprächen allzu früh in den Vordergrund getreten, wäre der Deal vielleicht tot gewesen. Daher muss man in solchen Fällen den rechten Augenblick abpassen, bevor man die Lösung des Problems durchsetzt. Hier sieht man den Willen Schrempps, eine Ja-oder-Nein-Entscheidung zu erzwingen. Bei etwas so Wichtigem wie dem Firmennamen gibt es ein klares Entweder-Oder. Schrempp wusste, was er wollte, und bluffte nicht. Er war bereit, den Deal aufs Spiel zu setzen, um das zu bekommen. Er vermutete zutreffend, dass die andere Seite bereits zu viel Zeit, Geld und Energie investiert hatte, als dass sie die Verhandlungen an einer emotionalen Frage scheitern lassen würde.

Entsprechend lautet die sechste Lektion: *Bei wichtigen Fragen sollte man eine Ja-oder-Nein-Entscheidung erzwingen. Doch bevor man dies tut, sollte man sicherstellen, dass man im Vorteil ist.*

Die siebte Lektion: *Die Hausaufgaben machen.* Schrempp nahm die Gespräche mit Chrysler erst nach gründlichen Vorbereitungen auf. Durch das ganze Jahr 1997 hindurch wägte er sorgfältig alle Optionen ab, um Daimler-Benz wieder auf den Pfad des profitablen Wachstums zu bringen. Dies führte zu der Entscheidung, das Unternehmen auf den Automobilsektor zu fokussieren und eine spektakuläre Transaktion anzustreben. Erst wenn die Vorbereitungen abgeschlossen sind, sollte man an einen potenziellen Partner herantreten.

Die achte Lektion: *Den Deal zügig durchziehen.* »Auch wenn die Leute mehr Zeit wollen, muss man es in kürzerer Zeit deichseln«, sagt Schrempp. »Es ist besser, eine Entscheidung zu treffen und 80 Prozent richtig zu liegen, als Zeit damit zu vergeuden, den nächsten Schritt 100-prozentig richtig zu machen. Bei einer Fusion kommt es – wie bei den meisten Geschäften – auf Tempo an, und es gibt nur eine Priorität: Pragmatismus geht über Perfektionismus.« Tempo ist nach der Fusion noch wichtiger als im Vorfeld. Schrempp weist darauf hin, dass das Integrationsprogramm in nur einem Jahr abgeschlossen wurde, der Hälfte des Zeitrahmens, den sich die beiden Unternehmen ursprünglich gesetzt hatten. Eine zügige Integration der beiden Unternehmen erfordert Kompromisse. Nicht alle werden mit den getroffenen Entscheidungen und den zu ergreifenden Maßnahmen glücklich sein.

Es gibt eine Fülle von Beispielen für grenzüberschreitende Fusionen und Übernahmen, die aufgrund des »tödlichen Wunsches nach Harmonie«, wie Schrempp es nennt, langsam scheitern. Dazu gehören die Akquisition von American Motors durch Renault und der Kauf von Rover durch BMW. Nach Schrempps Überzeugung macht es keinen Sinn, zu zaudern: Schwierige Fragen müssen zügig formuliert und erledigt werden.

Die neunte Lektion lautet demnach: *Man sollte Unterschiede in Führungsstil und Kultur tolerieren und sogar fördern, aus »konstruktiven Konflikten« Nutzen ziehen und Spannungen in den Griff bekommen.* Diese Überlegung liegt der Entscheidung zugrunde, Chrysler zu einem Geschäftsbereich der DaimlerChrysler Group zu machen. Obgleich viele amerikanische Führungskräfte diesen Schritt ursprünglich als eine Art Unterwerfung erlebten, war er eigentlich als Befreiung gedacht. »Ich bin zwar für eine straffe Führung, aber ich möchte auch starke Sparten«, erklärt Schrempp. »Sie sind verantwortlich für die Steuerung von Marken wie etwa Jeep oder Mercedes-Benz weltweit. Die Chefs der Fahrzeugsparten kommen im Automotive Council zusammen, und sie bereiten für den Vorstand die Beschlussvorlagen vor, die die operative Geschäftstätigkeit betreffen – etwa wie wir die M-Klasse im Verhältnis zum Jeep Grand Cherokee positionieren sollen, welche Motoren wir entwickeln... und so weiter... Als Vorstandsvorsitzender fühle ich mich den Leitern der Geschäftsbereiche nicht übergeordnet. Ich stehe in der Mitte. Ich bin gelernter Ingenieur und ich weiß alles über Zentrifugalkräfte. Ich möchte, dass die Geschäftsbereiche stark sind. Allerdings neigen sie dazu, zu stark zu werden und sich von der Mitte zu entfernen. Meine Aufgabe besteht darin, sie nicht abdriften zu lassen, sie zusammenzuhalten. Ich möchte, dass sie unternehmerische Eigeninitiative entfalten, aber gleichzeitig will ich sicherstellen, dass sie letztlich einen Beitrag zum Wohl des Gesamtkonzerns leisten ... Wenn es mir also gelingt, in der Mitte zu bleiben und die Kraft aufzubringen, sie festzuhalten«, sagt Schrempp mit ausgestrecktem Arm und geballter Faust, »wobei ich als Hüter der Konzerninteressen ständig der Zugkraft der Bereichsvorstände, die die Belange ihrer Ressorts vertreten, Widerstand entgegensetzen muss ..., dann haben wir die optimale Struktur.«

Die zehnte Lektion: *Das Verhandlungsteam sollte klein sein.* Der Deal wurde von einer Hand voll firmeninterner Topmanager, Strategen und Planer sowie einem ausgewählten Team externer Berater ausgearbeitet. Der Grund: Die Gespräche sollten möglichst geheim gehalten werden. Schrempp wusste aus schmerzlicher Erfahrung, dass die Erfolgsaussichten einer Fusion mit der Zahl der Eingeweihten abnehmen. »Es funktioniert nicht, wenn selbst die Mitarbeiter an der Basis wissen, was vor sich geht, und man in den Zeitungen Tag für Tag liest, was man als Nächstes tun wird«, sagt Schrempp mit Blick auf die unglücklichen Umstände, unter denen seinerzeit die Fusion zwischen Mercedes-Benz und der Muttergesellschaft stattfand.

Die Notwendigkeit der Geheimhaltung bedeutet natürlich, dass man nicht schon im Vorfeld einer Transaktion offenes Einvernehmen darüber herstellen kann. Schrempp meint dazu: »Wir hätten dann den Konsens – sowie die Vertraulichkeit – bis in die Schlussphase durchhalten müssen. Dies hätte die Dinge enorm erschwert.« Allerdings gab es einen breiten inneren Konsens zugunsten eines Deals, auch wenn die konkreten Einzelheiten erst später erörtert wurden. Die strategische Notwendigkeit einer Fusion und die Zweckmäßigkeit eines Deals mit Chrysler konnten als selbstverständlich betrachtet werden. Dies war das Ergebnis sorgfältiger Vorbereitungen während der Jahre 1997 und 1998. Der Vorstand von Daimler-Benz wusste, dass er etwas unternehmen musste, um die selbst gesetzten Wachstumsziele zu erreichen. Zudem wussten die Chefs der Fahrzeugbereiche – insbesondere Jürgen Hubbert und Dieter Zetsche – aufgrund ihrer Erfahrungen in den Jahren 1995/96, dass sie mit Chrysler ins Geschäft kommen konnten. Das Fundament war gelegt worden.

Schrempps Geheimhaltungsmethode bei der Anbahnung großer Transaktionen hat bei Daimler gut funktioniert – der Deal, aus dem die European Aeronautics, Defence and Space Group (EADS) hervorging, wurde auf die gleiche Weise eingefädelt.

Aber solche Gespräche sind nicht immer von Erfolg gekrönt, wie das Scheitern der Fusion zwischen Deutscher Bank und Dresdner Bank zeigt. In diesem Fall war der Verhandlungsstil stark von dem Beispiel der DaimlerChrysler-Transaktion geprägt. Eine Hand voll Topmanager beider Unternehmen arbeiteten die allgemeinen Grundzüge eines Fusionsvertrages aus. Es gab zwar gewichtige strategische Gründe für ein Zusammengehen der beiden Banken, doch innerhalb der beiden Organisationen bestand kein grundlegender Konsens. Zumindest eine Schlüsselfrage wurde nicht behandelt, nämlich das Schicksal von Dresdner Kleinwort Benson, dem Bereich Investmentbanking. Die beiden Seiten hatten sich nicht darüber verständigt, ob sie Dresdner Kleinwort Benson verkaufen oder in das neue Unternehmen integrieren wollten. Um genauer zu sein: Während sich die beiden Vorstandssprecher auf einen Aktionsplan geeinigt hatten, fanden sie erst nach Ankündigung der Transaktion heraus, dass kein hinreichendes Einvernehmen bestand, um diesen Plan in die Tat umzusetzen. Daher kam es zu einem inneren Kräftemessen, und die Gespräche wurden abgebrochen. Die Fusion von Deutscher Bank und Dresdner Bank scheiterte, weil die beiden Männer an der Spitze ihre Hausaufgaben nicht sorgfältig genug gemacht hatten.

Sobald die Transaktion perfekt ist, sollte der Integra-

tionsprozess von eigenen Mitarbeitern gesteuert werden –
dies ist die elfte Lektion aus dem DaimlerChrysler-Deal.
Während der Verhandlungen erhöhte der Einsatz sach-
kundiger externer Berater die Erfolgsaussichten. Danach
waren allein Rüdiger Grube und sein Counterpart Barry
Price mit ihren Teams für die Umsetzung der Integration
verantwortlich. Externe Berater sollten nie zur Formulierung der Strategie herangezogen werden – dies ist die Aufgabe des Unternehmensleiters. Schrempp konsultierte
Berater, um Informationen zu sammeln, aber er ließ sich
von ihnen nicht sagen, was er tun soll.

Die zwölfte Lektion: *Wer eine globale Führungsposition
in seiner Branche anstrebt, muss sich an die Regeln der
internationalen Kapitalmärkte halten.* Für ein deutsches
Unternehmen ist dies besonders schwierig – es muss Neuland betreten. Letztlich ist, wie Schrempp erkannte, nur
ein ertragsstarkes Unternehmen auch ein soziales Unternehmen. Dies ist eine Lektion, die, wie wir im nächsten
Kapitel sehen werden, viele andere deutsche Unternehmen
von Schrempp gelernt haben.

20. Kapitel
DIE DEUTSCHLAND AG
ZERSCHLAGEN

Deutsche Unternehmen auf dem Weg ins 21. Jahrhundert

Als Vorstandsvorsitzender von Daimler-Benz und später von DaimlerChrysler hat Jürgen Schrempp ein Unternehmen, das drei Milliarden Dollar Verlust erwirtschaftete, in einen ertragsstarken Konzern mit einem Gewinn von elf Milliarden Dollar verwandelt. Die Marktkapitalisierung des Unternehmens stieg von 17,6 Milliarden Euro im Mai 1995 auf nahezu 65 Milliarden Euro. Aus dem vormaligen Sammelsurium schlecht geführter Geschäftsbereiche wurde wieder ein fokussierter Automobilkonzern. Schrempp verwandelte eine Situation strategischer Schwäche in eine Position der Stärke – und das zeigt seine exzellente Führungskompetenz. Hätte Schrempp nicht in groben Zügen gewusst, was er wollte, und sich nicht über kritische Stimmen hinweggesetzt, dann hätte sich Daimler-Benz zu Beginn des 21. Jahrhunderts den Grenzen seines Wachstums genähert. So aber hat Daimler seine eigene Zukunft und die der gesamten Automobilindustrie von Grund auf verändert.

Diese Erfolgsgeschichte kündet von der Erneuerung der deutschen Wirtschaft im Zeitalter der Globalisierung. Man kann die Veränderungen in der deutschen Industrie und der Finanzbranche seit Mitte der neunziger Jahre in ihrer Tragweite nicht hoch genug einschätzen. Ein Unternehmen nach dem anderen, ein Sektor nach dem anderen hat die Sprache des Shareholder-Values übernommen.

Eine neue Generation deutscher Wirtschaftskapitäne hat sich der Kostensenkung verschrieben, visiert ehrgeizige Rentabilitätsziele an und hat begonnen, ertragsschwache Tochtergesellschaften abzustoßen. Die beiden großen Versorgungsunternehmen RWE und VEBA (heute E.ON) gehörten zu den Ersten, ebenso Hoechst, das traditionsreiche Chemieunternehmen, das mit der französischen Rhône-Poulenc zum neuen Life-Science-Konzern Aventis verschmolz und seine Hauptverwaltung nach Straßburg verlegte.

Selbst die lautstärksten Kritiker Schrempps haben sich der neuen Linie angeschlossen. Siemens, das lange Zeit dem Shareholder-Value-Denken ablehnend gegenüberstand, hat ein tief greifendes Restrukturierungsprogramm eingeleitet. Der Konzern hat nicht zu den Kerngeschäftsfeldern gehörende Bereiche veräußert, seinen Bereich Halbleiter an die Börse gebracht, der stark verringerten Zahl von Konzernsparten ambitionierte Finanzziele gesetzt und sogar die amerikanischen Rechnungslegungsgrundsätze übernommen. Die Rhetorik, mit der all diese Maßnahmen verkauft werden, weist eine verblüffende Ähnlichkeit mit der des Daimler-Chefs aus den Jahren 1995–96 auf.

Doch Unternehmen, die nach dem Shareholder-Value-Credo leben, gehen mitunter auch daran zugrunde. Mannesmann steigerte seinen Unternehmenswert um viele zehn Milliarden DM, indem es sich von einem Stahlrohrhersteller in einen Mobiltelefongiganten verwandelte. Dann fiel das Unternehmen einer feindlichen Übernahme durch den britischen Wettbewerber Vodafone Airtouch zum Opfer – eine der ersten unfreiwilligen Änderungen des Machtgefüges in der deutschen Wirtschaftsgeschichte mit einer enormen Signalwirkung. »[Es bedeutet] ›Auf Wiedersehen Deutschland AG‹«, sagte Deutsche-Bank-Chef Rolf Breuer dem *Wall Street Journal* (Ausgabe vom 28./29. Januar 2000), »wir treten jetzt voll in den internationalen Wettbewerb ein.«

Die Börse boomt, die Zahl der Unternehmen, die an die Börse gehen wollen, ist explosionsartig gestiegen. Der Neue Markt, ein neues Handelssegment für junge, innovative Kleinunternehmen, das vage nach dem Vorbild der US-amerikanischen NASDAQ-Börse gestaltet wurde, verzeichnete im Jahr 1999 eine Verdreifachung seiner Kapitalisierung auf 112 Milliarden DM. Immer mehr Privatpersonen investieren ihr Geld in Aktien. Bis dato hatten sie ihre Ersparnisse in relativ risikoarme Staatsanleihen gesteckt. In Deutschland hat sich eine lebendige Aktienkultur herausgebildet.

Makroökonomisch gesehen, sind diese Veränderungen eindeutig positiv für Deutschland. Die Finanzmärkte sind Herz und Lungen einer Volkswirtschaft. Viele Jahrzehnte lang waren diese Organe im Verhältnis zum übrigen Körper unterentwickelt. Europas stärkste Volkswirtschaft beraubte sich selbst des »Sauerstoffkapitals«. Das Geflecht von Überkreuzbeteiligungen – für das die historisch engen Bande zwischen Deutscher Bank und Daimler-Benz ein typisches Beispiel sind – hat die freie Blutzirkulation weiter eingeschränkt. Die Banken beherrschten faktisch die deutsche Industrie. Um mit einem Bild zu sprechen: Die Deutschland AG war gesundheitlich stark angeschlagen, obwohl sie sich wohl fühlte. Da war es leicht, sich selbstzufrieden zurückzulehnen. Der Patient hätte ohne eine Reihe tief greifender Veränderungen, die sozusagen außerhalb der Mauern des Krankenhauses stattfanden, noch ein paar Jahre dahinsiechen können. Die Wirtschaftswissenschaftler sprechen hier von so genannten exogenen Faktoren, die sich der Kontrolle des Patienten entziehen.

Der erste Schock war die Beseitigung von Schranken für die internationale Kapitalmobilität. Kapital, das früher weitgehend unproduktiv innerhalb nationaler Grenzen verblieb, war plötzlich in der Lage, auf der Suche nach dem annehmlichsten Heim rund um den Globus zu strömen. Neue Technologien beschleunigten den Informationsfluss und damit auch den rastlosen Umlauf von Kapital.

Der zweite Schock war die deutsche Wiedervereinigung. Sie verlief nicht wie geplant. Statt blühende Landschaften hervorzubringen, riss die Wiedervereinigung Deutschland in die schwerste Rezession seit dem Krieg (1992–93) und nahm Kapital aus dem Markt. Der Leistungsbilanzüberschuss Deutschlands schlug in ein Defizit um. Die Folge: Der Vorrat an billigem Geld, den die Banken traditionsgemäß der Industrie zur Verfügung stellten, wurde langsam aufgezehrt. Die Unternehmen mussten ihren Kapitalbedarf auf den internationalen Märkten decken. Dabei stellten sie fest, dass sie in harter Konkurrenz mit ihren internationalen Mitbewerbern standen. Sie mussten die Sprache dieser Investoren sprechen. Und sie mussten tun, was jene Investoren wollten.

Der dritte Schock kam später, im Jahr 1995. Die deutsche Wirtschaft wurde an drei Fronten bestürmt. Die Schuldenkrise in Mexiko destabilisierte das internationale Finanzsystem und behinderte Exporte in die Entwicklungsländer. Die D-Mark stieg 1994–95 um achtzehn Prozent gegenüber dem Dollar und bestrafte so die deutsche Exportwirtschaft. Zugleich setzte die IG Metall einen unverantwortlich hohen Lohnabschluss durch.

Schrempp war praktisch der einzige deutsche Industriekapitän, der daraus Konsequenzen zog. Er war damals noch bei der DASA tätig, die als Luft- und Raumfahrtunternehmen unter der starken D-Mark besonders zu leiden hatte. Bischoff und Schrempp beschlossen: Wir können den Wechselkurs nicht als Entschuldigung heranziehen, wir können angesichts dieser Herausforderungen nicht tatenlos herumstehen. Daher setzten sie das Dolores-Programm durch. Das Wort heißt im Spanischen so viel wie »Schmerzen«; für Schrempp stand es für »*d*ollar-*l*ow-*res-cue*«-Programm. Ein Programm des Kostensenkens und der Effizienzsteigerung, das auch vor harten Maßnahmen wie zum Beispiel Werkschließungen nicht Halt machte.

Damals, in den letzten Tagen der Ära Reuter, war Daimler-Benz zu einer Maschine für die Fehlleitung von Kapital geworden. Seine gravierenden Ertragsprobleme symbolisierten die allgemeine Misere der deutschen Wirtschaft.

Doch dann wurde Daimler-Benz trotz der fast einmütigen Verurteilung durch die anderen deutschen Wirtschaftsführer zum ersten deutschen Unternehmen, das sich Zugang zu den internationalen Finanzmärkten verschaffte. Dies ist das Verdienst von Gerhard Liener, dem damaligen Finanzvorstand von Daimler, der dies im Jahr 1993 erreichte. Vermutlich ahnten weder er noch die übrigen Daimler-Vorstände, welche revolutionären Folgen dies für das Unternehmen und für Deutschland haben würde.

Es blieb Schrempp überlassen, den eingeschlagenen Weg konsequent zu Ende zu gehen. Nach Dolores kam »Stop the Bleeding«, das Programm zur Beendigung Verlust bringender Geschäftsaktivitäten. Die Restrukturierung sanierte die Finanzen von Daimler und erneuerte seine Ertragskraft. Die Phase dieser defensiven Umstrukturierung war mit harten Einschnitten verbunden. Doch in gewisser Hinsicht war dies die leichtere Variante. Eine offensive Restrukturierung ist heikler.

Was tut man, nachdem man die Verschwendung von Ressourcen beseitigt, Kosten gesenkt und die Produktivität wiederhergestellt hat? Wie fördert man zweistelliges Wachstum in einem gesättigten Markt? Die Antwort lautet: Man macht einen Schritt über die Grenzen Deutschlands und die eingefahrenen Denkweisen hinaus. Man ergreift Maßnahmen, um auf internationaler Ebene wettbewerbsfähig zu werden.

Für Daimler bedeutete dies, den Deal mit Chrysler zu schließen. Andere Unternehmen zogen nach: Die Übernahme von Bankers Trust durch die Deutsche Bank ist ein Beispiel, oder auch die Akquisition von Random House durch Bertelsmann beziehungsweise der Kauf von Orange durch Mannesmann. Selbst die Deutsche Börse mischt mit und möchte mit der London Stock Exchange zur iX-Börse »fusionieren«, um den europäischen Aktienhandel zu dominieren.

Deutschland beginnt auf der Weltbühne mit neuem Selbstbewusstsein aufzutreten.

Im Inland beginnen sich die großen Banken und Versicherungsgesellschaften für den internationalen Wettbewerb zu rüsten. Die Schaffung einer einheitlichen europäischen Währung hat zusammen mit einer weit reichenden Deregulierung den Druck auf den deutschen Banken- und Finanzsektor erhöht. Die geplante Fusion zwischen Deutscher Bank und Dresdner Bank im Wert von 31 Milliarden Euro mag nicht als das beste Beispiel für diesen Trend erscheinen, da sie in einem peinlichen Misserfolg endete. Dennoch wurde auch diese Transaktion von der Logik der Globalisierung und den Erfordernissen der internationalen Kapitalmärkte angetrieben. Sie war von der Allianz AG abgesegnet worden, dem großen Münchner Versicherer, der zu einem wichtigen Schrittmacher des Wandels in Deutschland geworden ist. Aus dem inländischen Bankgeschäft aussteigen und das Kapital dort einsetzen, wo man auf globaler Ebene am wettbewerbsfähigsten ist – so lautete die Devise. Die Logik war zwingend, nur mit der Umsetzung haperte es.

Selbst die deutsche Regierung hat geholfen. Sie hat Gesetze auf den Weg gebracht, die die Effizienz der Kapitalmärkte verbessern sollen. Sie hat im Rahmen ihrer Steuerreform die Veräußerung der Industriebeteiligungen von Banken und Versicherungsgesellschaften steuerfrei gestellt. Dies wird dazu führen, dass die Wälle der alten Festung Deutschland Risse bekommen und einstürzen werden. Kapital in Höhe von vielen Milliarden Mark wird freigesetzt werden. Die deutsche Wirtschaft – und in deren Gefolge auch die europäische Wirtschaft insgesamt – wird dadurch weiter an Schwungkraft gewinnen.

Die Moral der Geschichte für Deutschland? Der alte Konsens im Hinblick auf die soziale Marktwirtschaft ist zerbrochen. Kapital ist König, der angelsächsische Kapitalismus hat gesiegt. Und dies zum Wohle Deutschlands – denn nur ein ertragsstarkes Unternehmen kann ein soziales Unternehmen sein, wie Schrempp sagen würde. Und dementsprechend kann nur eine leistungsstarke Volkswirtschaft eine soziale Volkswirtschaft sein.

Das Problem liegt freilich darin – und dies gilt in gleicher Weise für die übrigen kontinentaleuropäischen Staaten –, dass sich die Lage erst verschlechtern muss, bevor sie sich verbessern kann. Die Arbeitslosigkeit in Deutschland erreichte Anfang 1998 die höchste Quote seit der Weimarer Republik in den zwanziger Jahren. Und im Zuge der Restrukturierungen werden weitere Arbeitsplätze verloren gehen, bevor neue Arbeitsplätze in jenen Sektoren geschaffen werden, die von der Umschichtung von Kapital in profitable Geschäftsfelder profitieren. Der Übergang erfordert eine starke politische Führung – ob die gegenwärtige Regierung dies leisten kann, wird sich erweisen.

Die Vereinigten Staaten dienen dabei als Vorbild. Anfang der neunziger Jahre durchliefen amerikanische Unternehmen eine Phase der defensiven Umstrukturierung. Die Firmen strichen Stellen und bemühten sich, ihre Kapitalrenditen nachhaltig zu steigern. »Die Wirtschaft expandierte, während die Arbeitslosigkeit stagnierte, sodass sich das Phänomen des ›jobless growth‹ [Wachstum ohne Schaffung von Arbeitsplätzen] einstellte«, kommentiert Thomas Mayer, Chef-Volkswirt bei Goldman-Sachs in Frankfurt. Im Jahr 1992 beispielsweise wuchs das US-amerikanische Bruttoinlandsprodukt um 2,7 Prozent, während der Beschäftigungsgrad nur um 0,7 Prozent zulegte. Mitte der neunziger Jahre setzten die Unternehmen dann aggressiv auf profitables Wachstum. Die US-Wirtschaft verwandelte sich in eine »Jobmaschine«: Von 1993 bis 1998 wuchs sie jährlich um drei Prozent, während der Beschäftigungsgrad im Schnitt um fast zwei Prozent zunahm.

Das ist das kapitalistische Nirwana: Gleichzeitige Zunahme des volkswirtschaftlichen Vermögens und der Zahl der Stellen. Niedrige Inflation. Ständige Produktivitätssteigerungen durch neue Technologien und flexible Arbeitsmärkte. Florierende Kapitalmärkte, die Risikobereitschaft und Innovationen fördern, die ihrerseits weitere Stellen und Vermögenszuwächse erzeugen. Ein Großteil des Wachstums ist der »New Economy« des Silicon Valley zu verdanken, aber auch die Erholung von Unternehmen der »Old Economy« spielte eine Rolle.

In Deutschland wie in den meisten anderen europäischen Ländern beugt man sich nur widerwillig der Logik des »Neuen Paradigmas« der amerikanischen Wirtschaft. Großunternehmen haben die Lektionen der Globalisierung mittlerweile gelernt, aber mächtige Interessengruppen wie etwa die IG Metall denken nicht daran, sich diesen neuen Spielregeln widerstandslos zu fügen. Bundeskanzler Gerhard Schröder und seine Regierung können es sich auch nicht leisten, die Wirtschaft allzu unverhohlen auf Kosten der Arbeitnehmer zu unterstützen. Doch das Bündnis zwischen Kapital und Arbeit, das durch die Mitbestimmungsgesetze institutionalisiert wurde, ist inzwischen zu einem schweren Handikap geworden.

Auf makroökonomischer Ebene nützt das Festhalten an kollektiven Tarifverhandlungen für ganze Wirtschaftszweige einzig und allein den Gewerkschaften. Es zwingt deutsche Unternehmen dazu, Kapital in Länder zu exportieren, in denen die Arbeitskosten niedriger sind. Siemens beispielsweise erhöhte die Zahl der Mitarbeiter im Ausland von 108 000 auf 162 000 innerhalb von zehn Jahren (seit 1984/85 eine Steigerung um fünfzig Prozent), während die Zahl der Beschäftigten in Deutschland um zwölf Prozent zurückging. Im selben Zeitraum hat Volkswagen zehn Prozent seiner inländischen Stellen abgebaut und gleichzeitig die Zahl seiner ausländischen Mitarbeiter um 24 Prozent erhöht. Das Gleiche gilt für andere Großunternehmen wie Bosch, Bayer, BASF, Hoechst, Thyssen und natürlich Daimler-Benz.

Nehmen wir ein weiteres Beispiel: Die Fusion von Daimler und Chrysler kam nicht wegen, sondern trotz der Arbeitnehmervertreter im Aufsichtsrat zustande. Um global wettbewerbsfähig zu bleiben, müssen sich deutsche Unternehmen gegen ihre Arbeitnehmervertreter durchsetzen.

Deutsche Aufsichtsräte, in denen zehn Arbeitnehmervertreter zehn Vertretern der Kapitaleigner gegenübersitzen, sind schwerfällig und bürokratisch. Der Entscheidungsfindungsprozess ist zäh und langwierig. Ob es ihnen gelingt, Wert zu schaffen, hängt entscheidend von den Beziehungen zwischen drei Personen ab: dem Vorsitzenden des Aufsichtsrats, dem Vorsitzenden des Vorstands und dem ranghöchsten Arbeitnehmervertreter.

Wenn die persönliche Chemie nicht stimmt, wie es zwischen Hilmar Kopper und Edzard Reuter der Fall war, kann dies zur Lähmung führen: Notwendige Reformen werden aufgeschoben. Kommen die beteiligten Personen dagegen so gut miteinander klar wie Kopper und Schrempp, dann sind die Voraussetzungen für eine strategische Erneuerung erfüllt. In ähnlicher Weise hat das gute persönliche Verhältnis zwischen Karl Feuerstein und Jürgen Schrempp in den schwierigen Jahren der Restrukturierung eine produktive Partnerschaft zwischen Unternehmensleitung und Arbeitnehmern gewährleistet. Aber dies war auf persönliche Beziehungen zurückzuführen, nicht auf das System.

Eine weitere Schwachstelle im deutschen System der Corporate Governance: Die Vertreter der Kapitaleigner im Aufsichtsrat stammen aus der »Old Economy« Deutschlands – Großbanken und Versicherungskonzernen – und nicht aus der internationalen Geschäftswelt, in der die Unternehmen heute operieren. Ein spezielles Shareholders' Committee (Aktionärsausschuss) zu gründen, wie es DaimlerChrysler getan hat, ist langfristig sicher auch keine Lösung.

Das ganze System muss reformiert werden, wenn Deutschland seine Wettbewerbsfähigkeit in einer sich unablässig wandelnden Weltwirtschaft behaupten will.

Nachwort, Juni 2001

Kurz vor Weihnachten 2000 erreichte Jürgen Schrempp der Anruf eines hochrangigen US-Politikers. »Jürgen«, sagte der Amerikaner, »ich möchte Ihnen nur sagen, dass wir alle Sie wirklich mögen!«

Diese Worte waren Balsam für Schrempps Seele, auch wenn sie nicht allzu wörtlich verstanden werden durften. Denn dem Vorstandsvorsitzenden von DaimlerChrysler schlug eine Welle der Kritik entgegen.

Chrysler stürzte in der zweiten Hälfte des Jahres 2000 in eine schwere Krise. Das Unternehmen, das in den ersten sechs Monaten des Jahres noch 2,5 Milliarden Dollar Gewinn erwirtschaftet hatte, fuhr im dritten Quartal 550 Millionen Dollar und im vierten Quartal 2000 sogar 1,5 Milliarden Dollar Verluste ein. Im Verlauf von nur sechs Monaten verbrannte Chrysler 5 Milliarden Dollar, zwei Drittel seines Krisenfonds. Das Ausmaß der Probleme kam für die Investoren völlig überraschend. Der Aktienkurs fiel Ende November 2000 auf einen Tiefststand von 38 Dollar (gegenüber einem Höchststand von 108 Dollar im Januar 1999). Der Börsenwert von DaimlerChrysler sank so stark, dass der fusionierte Konzern kaum mehr wert war als die eigenständige Daimler-Benz AG vor dem Zusammenschluss.

»Die damalige Schieflage hatte wirklich dramatische Dimensionen«, sagt Dieter Zetsche, einer der getreuen Statthalter Schrempps, der am 17. November 2000 zum Chief

Executive von Chrysler ernannt wurde. »Auf Jahresbasis umgerechnet, bezifferten sich unsere Verluste auf über fünf Milliarden Dollar. Wäre Chrysler selbständig gewesen, dann wäre die Situation eindeutig so kritisch gewesen wie zehn Jahre zuvor und beinahe so bedrohlich wir vor zwanzig Jahren [als das Unternehmen nur knapp an einem Konkurs vorbeischlitterte und die Schmach erdulden musste, mit US-Bundesmitteln gerettet zu werden].«

Das Ausmaß und die Geschwindigkeit des Geschäftsrückgangs – erinnern wir uns daran, dass Chrysler 1999 über fünf Milliarden Dollar Gewinn erzielt hatte – unterstrich die akute Anfälligkeit von Chrysler für das Auf und Ab des Konjunkturzyklus in der Automobilindustrie. In den Boomjahren verdiente das Unternehmen mehr Geld als seine Wettbewerber. Doch in dem Moment, wo sich der Markt abschwächte, wie es 2000 der Fall war, geriet Chrysler in akute Gefahr. »Der Markt bricht ein und damit, sogar noch stärker, das Ergebnis unseres Unternehmens«, sagte Zetsche düster im Januar 2001, als er einen Rettungsplan für Chrysler vorstellte. »Wir stehen in einem brutalen Wettbewerb, die Importe setzen uns zu, und jeder versucht den anderen durch bessere Anreize für potenzielle Käufer auszustechen. Die Situation wird zusätzlich dadurch verschlimmert, dass unsere Fixkosten und variablen Kosten zu schnell zunehmen.«

Was genau ist schief gelaufen? Der frühere Chrysler-Chef Bob Eaton verglich die Sturmwolken, die sich Ende der neunziger Jahre über Chrysler zusammenbrauten, mit den Ereignissen, die in Sebastian Jungers Bestseller *A Perfect Storm* geschildert werden. Seine (in Kapitel 9 geschilderte) Vorhersage traf insofern ein, als Chrysler gleichzeitig aus mehreren Richtungen ein scharfer Wind entgegenblies. Diese Einflüsse zusammen führten dazu, dass Chrysler beinahe gesunken wäre.

Wie Zetsche in seiner Pressekonferenz im Januar darlegte, war die unmittelbare Ursache der Krise ein dramatisches Auseinanderklaffen von Einnahmen und Kosten.

Die Kosten waren über mehrere Jahre stetig gestiegen, und in der Erwartung, Chryslers Marktanteil, Umsatzerlös und verkaufte Stückzahl würden weiterhin so schnell wachsen wie Mitte der neunziger Jahre, hatte niemand etwas dagegen unternommen. Chrysler, einstmals der produktivste der drei großen US-Autokonzerne, wurde zum Schlusslicht: Im Jahr 1996 wies Chrysler die geringste Zahl von Beschäftigten je Prozentpunkt Marktanteil auf. Ende 2000 schnitt Chrysler in diesem Kriterium am schlechtesten ab – die Belegschaft wuchs weiter, während der Marktanteil auf 14,5 Prozent fiel, der niedrigste Stand seit 1992.

Die Verschlechterung der Marktstellung von Chrysler wurde durch den Boom in der gesamten US-Autoindustrie überdeckt: 2000 war ein Rekordjahr mit 17,4 verkauften Kraftfahrzeugen. In diesem überhitzten Klima steuerte Chrysler mehr als die Hälfte zum Konzerngewinn von DaimlerChrysler (10 Milliarden Dollar) bei. Dennoch verlor Chrysler ständig an Boden, während Importeure, besonders japanische Autohersteller, den US-Markt aufrollten. Die Marktsegmente, die Chrysler lange Zeit dominiert hatte, nämlich leichte LKWs, Sports Utility Vehicles und Minivans, waren besonders heftig umkämpft. Unterstützt durch die Schwäche des Yen gegenüber dem Dollar, konnten Unternehmen wie Toyota und Honda »mehr Auto für das gleiche Geld« bieten, wodurch sie die Gewinnspannen der drei großen US-Hersteller stark unter Druck setzten.

Die rege Autokonjunktur des Jahres 2000 verschleierte zwei weitere Probleme. Zum einen hatte Chrysler beinahe unbewusst seine Strategie der Produktgestaltung grundlegend verändert. Das Unternehmen hatte vor der Krise Ende 2000 mehrere Jahre lang eine »defensive« Produktstrategie verfolgt. Anders gesagt, es hatte sich damit begnügt, sich durchzuwursteln, indem es geringfügige Veränderungen an seiner Palette erfolgreicher Modelle vornahm, anstatt wie früher mit kühnen Neuerungen voranzugehen. Die Kunden waren nicht bereit, für diese Produkte Spitzenpreise zu bezahlen. Der äußerst erfolgreiche PT Cruiser war das einzige neue Modell mit originellem und Aufsehen erregendem Design, das im Jahr 2000 eingeführt wurde.

Das zweite Problem lässt sich in einem Wort zusammenfassen: *Führungsschwäche*. Chrysler fehlte in dem Zeitraum 1998–2000 eine kompetente Führungsmannschaft. Bob Lutz, der das Unternehmen vor Abschluss der Fusion verließ, hatte geschafft, ein brillantes Gleichgewicht zwischen Kreativität und Disziplin herzustellen. Das Trio von Spitzenführungskräften, das in der einen oder anderen Weise in seine Fußstapfen trat, – Bob Eaton, Tom Stallkamp und zu guter Letzt Jim Holden –, war nicht annähernd so erfolgreich. »Das Schiff trieb ruderlos dahin«, sagt ein wohlunterrichteter Manager aus Detroit. »Die Mitarbeiter warteten ungeduldig wie die Bediensteten in Jane Austens Roman *Sense and Sensibility* darauf, dass endlich jemand käme und das Ruder in die Hand nähme.«

Unterdessen nahmen im Gefolge der Fusion über zwanzig obere Führungskräfte des Unternehmens ihren Hut – weniger wegen des strengen Regiments der Deutschen als deshalb, weil sie plötzlich zu einem Reichtum gelangt waren, der ihre kühnsten Träume übertraf. Der Zusammenschluss ermöglichte ihnen, großzügige Optionspakete zu Geld zu machen, so dass sie schlichtweg ausgesorgt hatten. »Sie konnten sagen: ›Die können mich mal gern haben‹«, bemerkt ein anderer Informant aus Detroit. »Es war ein fürchterlicher Aderlass an hochkarätigen Führungskräften.«

Die Sturmfronten trafen im dritten Quartal 2000 aufeinander. Der Markt brach ein, während die Kosten von Chrysler unkontrolliert in die Höhe schossen. Das Unternehmen wurde seine Fahrzeuge nur dadurch los, dass es große Preisnachlässe gewährte. In der Folge stiegen die Vertriebskosten auf ruinöse 20 Prozent des Umsatzerlöses. Und da ständig neue Modelle in Produktion gingen, stiegen die Investitionsausgaben von 6 auf 10 Prozent des Umsatzes. Gleichzeitig wurden in den Werken des Unternehmens sehr viel mehr Fahrzeuge produziert, als die Kunden kaufen wollten. Die

Folge: der plötzliche Gewinneinbruch und ein beinahe katastrophaler Liquiditätsabfluss.

Erst im September und Oktober 2000 hatte man in Stuttgart unzweideutige Anhaltspunkte dafür, dass eine Katastrophe im Anzug war. Die Prognosen aus Auburn Hills gingen offenkundig völlig an der Wirklichkeit vorbei. Schrempp spürte, dass seinen US-Kollegen die Zügel entglitten.

Am 26. Oktober eröffnete Jim Holden Analysten, dass das Unternehmen für das Gesamtjahr mit einem Gewinn von mehr als zwei Milliarden Dollar rechne. (Daraus folgte, dass das Unternehmen im letzten Quartal einen geringen Gewinn erwirtschaften müsste). Am nächsten Tag erfuhr Schrempp, dass Chrysler, offenbar ohne Holdens Wissen, plante, aufgrund einer weiteren Verschlechterung der Marktlage sieben Werke stillzulegen.

Bei einer Vorstandssitzung eine Woche später entschuldigte sich Holden bei Schrempp. »Wie hoch wird der Gewinn für dieses Jahr ausfallen?«, fragte Schrempp. Diesmal lautete die Antwort, er werde irgendwo zwischen der Gewinnschwelle und einer Milliarde Dollar liegen.

»Das ist Spekulation«, entgegnete Schrempp. »Haben Sie einen Plan?«

»Wir arbeiten daran«, antwortete Holden, worauf er erklärte, dass er das Budget ein weiteres Mal überarbeiten werde, damit es rechtzeitig für eine Planungssitzung in der folgenden Woche vorliege. Noch vor dieser Sitzung erhielt Schrempp ein einseitiges Fax, aus dem hervorging, dass nach der jüngsten Schätzung mit einem Verlust von 2,5 Milliarden Dollar gerechnet werde. Holden sagte, er brauche 60 bis 90 Tage, um ein Sanierungskonzept zu erarbeiten. Dies hätte sich weit ins nächste Jahr hineingezogen.

Das war der Tropfen, der das Fass zum Überlaufen brachte. Schrempp entließ Holden und ersetzte ihn am 17. November durch Dieter Zetsche, den früheren Leiter der Nutzfahrzeugsparte. Gleichzeitig ernannte er Wolfgang Bernhard, einen vierzigjährigen Ingenieur von Mercedes-Benz, zum Chief Operating Officer von Chrysler. Beide hatten eine wichtige Rolle bei der Sanierung von Mercedes-Benz Anfang der neunziger Jahre gespielt und dabei wichtige Erfahrungen gesammelt, die ihnen bei der Bewältigung der Probleme bei Chrysler von Nutzen sein würden.

Es wird endlose Diskussionen darüber geben, ob Schrempp schneller hätte eingreifen sollen, um dem Markteinbruch vorzubeugen. Im Nachhinein sind die Strukturprobleme, die sich auftürmten, offensichtlich. Doch solange Chrysler mit erstklassigen Ergebnissen glänzte – was bis Mitte 2000 der Fall war –, stellte sich Schrempp instinktiv auf die Seite des US-Führungsteams. »Man stellt die Führungsspitze nicht in Frage, nur weil der Markt einbricht«, sagt Schrempp. »Ich handelte, als deutlich wurde, dass Holden keinen Schimmer hatte, wie das Jahr 2000 laufen würde, geschweige denn 2001.«

Zetsches Sanierungskonzept sieht die Schließung von Chrysler-Werken und den Abbau eines Fünftels der Belegschaft, 26 000 Mitarbeitern, über einen Zeitraum von vier Jahren vor. Obgleich dies mit der ursprünglichen Erwartung aufräumte, der DaimlerChrysler-Deal sei »ein Zusammenschluss, der Arbeitsplätze schafft«, wurde das Sanierungskonzept in Nordamerika merkwürdigerweise positiv aufgenommen. Als Schrempp Jim Holden feuerte, sorgte dies zunächst für böses Blut in Detroit, doch der Groll bei der Ankunft der Deutschen wich schon bald Erleichterung.

»Ich glaube, die Leute erwarteten Adolf Hitler, und sie bekamen Martin Luther King. [Zetsche] kam nicht, um die Welt zu erobern, sondern um sie zu retten«, erklärte David Cole, Direktor des Center for Automotive Research in Ann Arbor, Michigan, gegenüber der einflussreichen Zeitung USA Today im Mai 2001. »Wahrscheinlich gäbe es Chrysler gar nicht mehr, wenn Daimler nicht mit einem dickeren Geldbeutel, als wir ihn in Michigan haben, in die

Bresche springen würde«, hatte Steve Yokich, der Präsident der Automobilarbeitergewerkschaft UAW (United Auto Workers), den *Detroit News* einen Monat zuvor gesagt.

Der Artikel in *USA Today* markiert an sich einen Wendepunkt. Nachdem die US-Presse monatelang fast durchweg negativ über die Veränderungen an der Spitze von Chrysler berichtet hatte, trug dieser Beitrag (der am 3. Mai 2001 erschien) die Schlagzeile: *Surprise: Chrysler loves its German boss (Überraschung: Chrysler mag seinen deutschen Chef).*

Tatsächlich ist Zetsche ein ungemein liebenswerter Zeitgenosse – zumindest für einen deutschen Automanager. Der frühere Chef der Nutzfahrzeugsparte ist hochgewachsen und kahlköpfig, und er trägt einen großen Schnauzer, der ihm etwas Professorales verleiht. Er trägt konservative Dreiteiler und spricht fließend Englisch, wenn auch mit einem starken deutschen Akzent. In einem Vortrag vor den 500 Mitgliedern des Detroit Women's Economic Club, der bezeichnend ist für seine Brücken bauenden öffentlichen Auftritte seit seiner Ankunft in Detroit, wirbt er um Verständnis und bleibt dennoch hart in der Sache.

Die letzten drei Jahre Revue passieren lassend – den plötzlichen, drastischen Gewinneinbruch und den Übergang von der »Hochzeit im Himmel« zu einer entschieden prosaischeren Wirklichkeit –, stellt er fest: »Es war wie eine Seifenoper, in der alles drin war.«

»Je nach Ihrem Standpunkt«, so scherzt er, »bin ich entweder die Reinkarnation der heiligen Johanna von Orléans oder von Dickens Romanfigur Scrooge«. Er macht seinen Zuhörern deutlich, dass er, auch wenn ihm die harten Umstrukturierungsmaßnahmen persönlich zuwider sein mochten, keine andere Wahl gehabt habe, als ein Fünftel der örtlichen Belegschaft zu entlassen. Der Schlüssel zur Sanierung Chryslers liege in der richtigen Kombination von deutscher Disziplin und amerikanischem Schmiss, beteuert er. Sein Auftreten ist bescheiden, aber bestimmt.

Den Damen des Detroit Women's Economic Club fällt es genauso schwer wie den Arbeitern der UAW, Zetsche nicht sympathisch zu finden.

Wolfgang Bernhard, der eine jungenhafte Begeisterung für seine neue Position verströmt, ist in Detroit ebenfalls gut angekommen. Dies hängt zum Teil damit zusammen, dass er, wie Zetsche, den Speisesaal für Führungskräfte verschmäht und in der Kantine mit den Arbeitern speist. Auch er ist ein Autofreak. Er leitete das Team, das die neue S-Klasse von Mercedes-Benz entwickelte und einführte, das technologisch wohl fortschrittlichste Auto der Welt, das sowohl bei Kunden als auch bei Kritikern großen Anklang findet. Als junger Mann spielte er eine zentrale Rolle bei der Restrukturierung von Mercedes-Benz. Als Schrempp ihn Ende September 2000 anrief, um ihm die Stelle in Detroit anzubieten, war er Chef der AMG-Sparte von Mercedes, die speziell getunte Sportwagen herstellte – die »S-Klasse hoch zwei«, wie es Bernhard formuliert, »der tollste Job, den sich ein Automanager wünschen kann«.

Bernhard machte Ende Oktober 2000 in Wien Urlaub, als ihn ein Anruf aus Schrempps Büro erreichte: Er wurde zu einer Sitzung nach Stuttgart zitiert. Er ahnte dunkel, dass ihm eine Versetzung bevorstehen könnte, und sprach die Möglichkeiten mit seiner Frau durch, bevor er nach Stuttgart flog. Vielleicht wäre es Tokio, wo Mitsubishi dringend eine paar frische, hochkarätige Führungskräfte brauchte; vielleicht Korea, wo Daimler ein Jointventure mit Hyundai betreibt. Oder Südafrika, heutzutage wie zu Schrempps Zeiten ein Land, in dem aufstrebende Führungskräfte ihre Feuertaufe ablegen können. Bernhard hatte keine Ahnung von den Veränderungen, die in Auburn Hills im Gange waren.

»Die Situation ist sehr ernst«, sagte ihm Schrempp bei ihrem Treffen. »Die Dinge laufen bei Chrysler aus dem Ruder. Ich suche jemanden, der die nötig Erfahrung mitbringt.«

Schrempp bot ihm einen Sitz im Konzernvorstand von DaimlerChrysler an, falls er sich bereit erklärte, gemeinsam mit Zetsche Chrysler zu retten. »Es ist nicht Seoul, es ist Detroit«, sagte Bernhard seiner Frau. »Ich fliege Sonntag.«

Vor seiner Abreise setzte er sich an den Küchentisch und skizzierte den ersten Rohentwurf des Sanierungsplans. Er vergegenwärtigte sich seine Erfahrungen beim Turnaround von Mercedes-Benz, bei dem er eng mit Zetsche zusammenarbeitete, und erkannte, dass es jetzt vor allem darum ging, »das operative Geschäft zu stabilisieren ... die Blutung zum Stillstand zu bringen«. Erst wenn man sicher ist, dass die Nachfrage nicht völlig wegbricht, kann man darüber nachdenken, wie man den Umsatz wieder ankurbelt – so seine Überlegung. Dennoch war eine Wachstumsstrategie unverzichtbar, denn Sparen allein genügte nicht, um die Ertragslage nachhaltig zu verbessern.

Der Plan, der schließlich Anfang 2001 bekannt gegeben wurde, sieht daher eine produktgestützte Nachfragebelebung und zu erwartende radikale Kostensenkungsmaßnahmen vor. Er stellt sämtliche Kosten und Einnahmen von Chrysler auf den Prüfstand. Die Kosten werden in vier Kategorien eingeteilt: Materialkosten, Betriebsleitung (Fertigungsprozess), Fixkosten (alle Gemeinkosten, die nicht direkt der Fahrzeugfertigung zugerechnet werden können) und operative Größen (eine kritische Prüfung der Zahl der Fabriken). Auf der Einnahmeseite gibt es nur zwei Kategorien: kurzfristige Einnahmeverbesserung (beispielsweise durch Neuverhandlung der Konditionen mit den Händlern) und Produktstrategie – zur langfristigen Ertragssteigerung.

Zetsche und Bernhard geben gerne große Mengen an Informationen über die Kostenseite dieser Gleichung bekannt. So sind die beiden und Schrempp bei der Jahrespressekonferenz von DaimlerChrysler im Februar 2001 ausführlich und detailliert auf die Kostensenkungsziele eingegangen. Sie legten dar, dass sie bis zum Jahr 2003 sechs Werke schließen und die Materialkosten bis Ende 2002 um 15 Prozent senken wollen. Die ungewohnte

Offenheit im Hinblick auf die künftige Entwicklung soll eine Reihe von Meilensteinen definieren, an denen ihre Leistung gemessen werden kann. In dem gleichen Maße, wie die Zielvorgaben erreicht oder übertroffen werden, soll, so die Hoffnung, die angeschlagene Glaubwürdigkeit der Führungsspitze von Daimler wiederhergestellt werden.

»Wir müssen den Plan ohne Wenn und Aber durchsetzen«, sagt Zetsche, wobei ihn die Härte seiner Worte selbst erstaunt. »Sie werden jeden Tag zehn gute Gründe dafür finden, das nicht zu tun, womit Sie sich einverstanden erklärt haben, aber Sie müssen in den sauren Apfel beißen.«

Weder Zetsche noch Bernhard möchten sich genauer zu ihrem Plan für die Erneuerung des Produktportfolios äußern. Beide erinnern daran, wie sich Mercedes-Benz mit einer Fülle aufregender neuer Modelle die Marktführerschaft zurückeroberte. Mit einer ähnlichen Strategie möchten sie das Stilgefühl erneuern, für das Chrysler so bekannt ist.

»Wir fragten uns, ob wir nicht völlig aus dem Autogeschäft aussteigen sollten«, erklärt Bernhard. »Aber wir erkannten, dass ein Ausstieg unmöglich ist. Wir müssen das durchstehen und den Markt mit besseren Lösungen überzeugen. Wir können mit Nachahmerprodukten in einem Meer der Gleichförmigkeit nichts erreichen.«

Gegenwärtig befinden sich die neuen Produkte in der Entwicklungsphase – und sind streng vor neugierigen Blicken abgeschottet. Es wird einige Jahre dauern, bis wir greifbare Ergebnisse der Neuproduktoffensive sehen werden. Es wird auch seine Zeit dauern, bis Chrysler seine finanzielle Schieflage überwunden hat. Im Jahr 2001 wird die Sparte erneut Verluste in Milliardenhöhe einfahren, doch, wenn die Prognosen zutreffen, wird bereits 2002 die Gewinnschwelle erreicht. Erst im Jahr darauf soll dann wieder eine ordentliche Umsatzrendite erzielt werden.

»Denken Sie an meine Worte«, sagt ein selbstbewusster Bernhard, »wir werden, wieder einmal, ein furioses Comeback feiern! Chrysler ist immer für Überraschungen gut gewesen, und gerade in schwierigen Zeiten kann das Unternehmen Erstaunliches vollbringen.«

War die Fusion angesichts der Milliardenverluste von Chrysler ein Fehler? Alles scheint dafür zu sprechen, besonders aus Sicht der Aktionäre, die in den nahezu drei Jahren, die seit Abschluss der Fusion vergangen sind, einen drastischen Wertverlust ihres Investments hinnehmen mussten. Nach reinen Shareholder-Value-Maßstäben war der Deal also offenbar eine Fehlentscheidung.

Doch ein solches Urteil wäre verfehlt. Das gravierende Ausmaß der Probleme von Chrysler als solches belegt die Zweckmäßigkeit des Deals. »Wir sind von Anfang an davon ausgegangen, dass keines der beiden Unternehmen für sich allein überlebensfähig wäre«, erklärt Zetsche. »Natürlich hatten wir nicht die Absicht, diese Annahme binnen zwei Jahren auf die Probe zu stellen... das wäre absurd... aber die Ereignisse des letzten Jahres haben gezeigt, dass wir in einem so wettbewerbsintensiven Umfeld operieren und dass so viel auf dem Spiel steht – das erforderliche Investitionsvolumen ist enorm groß –, dass niemand sicher sein kann. Zusammen sind wir besser gegen Krisen gefeit.«

Dies ist die *defensive* Rechtfertigung der Fusion – die zur Zeit in Detroit, wo viele Amerikaner zutiefst dankbar dafür sind, dass sie eine deutsche Muttergesellschaft mit dicker Brieftasche und langen Planungshorizonten haben, kaum bestritten wird. Eine der wenigen Stimmen, die heutzutage Anstoß an einer – aus ihrer Sicht – Übernahme durch die Deutschen nehmen, ist die Kirk Kerkorians, der die Krise nutzte, um den Konzern auf 8 Milliarden Dollar zu verklagen, unter anderem weil Schrempp den Deal in irreführender Absicht als »Fusion unter Gleichen« dargestellt habe. Doch die Schlagzeile in einer New Yorker Zeitung rückt die Dinge zurecht: »Kapier es endlich, Kerkorian! Chrysler ging die Luft aus, und Benz war das rettende Sauerstoffgerät!«

Ist dies ein Trost für die Deutschen? Natürlich haben Schrempps Probleme in Deutschland viel Schadenfreude ausgelöst. Dies ist nicht weiter verwunderlich, wenn man bedenkt, dass er sich während seiner umstrittenen Karriere viele Feinde gemacht hat. In gewissen Kreisen beklagen Traditionalisten noch immer die Kreuzung des Hengstes Daimler mit dem Maultier Chrysler. Dabei wird jedoch Daimlers Verwundbarkeit übersehen. Als selbstständiges Unternehmen, das von Mercedes-Benz dominiert wird, hätte Daimler womöglich das Schicksal von Rolls-Royce ereilt – ein stolzes nationales Vorzeigeunternehmen, das von ausländischen Firmenaufkäufern übernommen wird. Im Zeitalter offener Kapitalmärkte hätte Daimler-Benz nicht lange als unabhängiges Unternehmen überleben können.

Trotz des starken Kursverfalls liegt der Börsenwert von DaimlerChrysler heute bei etwa 60 Milliarden Euro und damit höher als der von BMW und VW zusammen. Dies allein gibt dem Unternehmen in einer Zeit, in der sich die Autoindustrie auf die nächste Konsolidierungsrunde einstellt, einen Vorsprung gegenüber seinen heimischen Wettbewerbern. Nur zwei große Autohersteller würden in jeder der drei großen Wirtschaftszonen der Welt übrig bleiben, prophezeite der Vorstandsvorsitzende von VW, Ferdinand Pïech, Mitte 2001. DaimlerChrysler wird zweifellos dazugehören.

Aber Größe allein genügt nicht. Eine starke und erfolgreiche Chrysler-Sektion ist unverzichtbar, wenn Schrempp den Erfolg seiner Strategie belegen und die von den Aktionären geforderten Renditen erwirtschaften will. Zudem muss Schrempp Chrysler und Mercedes-Benz – und die später erworbene Mitsubishi Motors Company – sehr viel effizienter integrieren als in den ersten beiden Jahren der Fusion. Nur auf diese Weise kommen die erwarteten Größenvorteile zum Tragen – die gemeinsame Nutzung von Technologien zur Herstellung größerer Stückzahlen und eine globale Produktbasis. Wie Tom Stallkamp in einer Rezension der Erstausgabe dieses Buches anmerkte, basiert die Fusion auf einer anscheinend wohlfundierten Logik, die ihre Tragfähigkeit jedoch erst noch beweisen muss.

In dieser Hinsicht hat die Krise am Ende des Jahres 2000 aufs Tempo gedrückt. Während Mercedes und Chrysler in den ersten beiden Jahren des Zusammenschlusses argwöhnisch Distanz voneinander wahrten, kooperieren beide mittlerweile sehr eng. Und es gibt konkrete Beispiele dafür: Dieselmotoren von Mercedes werden in Jeeps und den PT Cruiser eingebaut; das Nachfolgemodell des Chrysler LH/300M wird den größten Teil seiner »Architektur« (also Kardanwelle, Achsen und elektronische Systeme) von der neuen Mercedes E-Klasse übernehmen; die 5-Gang-Getriebesysteme von Mercedes werden in den neuen Jeep Grand Cherokee eingebaut; die Nachfolgemodelle von zwei Chrysler-Kleinwagen werden auf einer gemeinsamen Plattform mit Mitsubishi gebaut. »Das Unternehmen ist an der Basis und an der Spitze vernetzt«, sagt Wolfgang Bernhard und weist auf die wachsende globale Verflechtung der Bereiche Entwicklung, Technik und Fertigung des Konzerns hin.

Es wird dauern, bis sich die ersten Erfolge einstellen, lange dauern. Zetsche schätzt, dass es zwei Jahre braucht, »bis die ganze Maschine als integrierte Gesamtheit funktioniert ... so dass wir das Potenzial der Fusion ausschöpfen können«. Er sagt jedoch gleich dazu, dass das gesamte Synergiepotenzial der Fusion erst nach der Zeitspanne deutlich werden wird, die für die komplette Erneuerung des Produktportfolios über eine Modellgeneration hinweg bei Mitsubishi, Chrysler und Mercedes-Benz erforderlich ist – und das sind acht Jahre. Das ist für Analysten und Investoren, die sich für gewöhnlich an Quartalsergebnissen orientieren, ein fast unvorstellbar langer Zeitraum, doch es ist ein relativ kurzer Abschnitt im Lebenszyklus der Automobilindustrie.

Zu diesem Zeitpunkt, über zehn Jahre nach Abschluss des Deals, wird sich Jürgen Schrempp höchstwahrscheinlich in Südafrika zur Ruhe gesetzt oder eine neue unternehmerische Herausforderung in Angriff genommen haben. Unterdessen gibt es keinerlei Anhaltspunkte dafür, dass er zu einem anderen als dem von ihm selbst gewählten Termin ausscheiden wird – oder dass er seine Strategie verändern und die marode Chrysler-Sparte abstoßen wird.

»Kein ernstzunehmender Analyst oder Journalist kann bezweifeln, dass wir in Anbetracht der gegenwärtigen Rahmenbedingungen in unserer Branche die richtige Strategie verfolgen«, sagt Schrempp. »Aber es wird bezweifelt, dass wir das Führungskräftepotenzial haben … die Kraft, die Strategie umzusetzen. Da ich der Ansicht bin, dass der Erfolg zu 30 Prozent von der Strategie und zu 70 Prozent von der Umsetzung abhängig ist, akzeptiere ich dieses Fragezeichen, ja freue mich darüber. Wir werden beweisen, dass wir es schaffen.«

Schrempp macht deutlich, dass er nicht die Absicht hat, vor operativen Problemen davonzulaufen – anders als BMW, das aus seinem Engagement bei Rover ausgestiegen ist, als die ersten Schwierigkeiten auftraten. »Einfach unsere Probleme auszusitzen oder Geschäftsbereiche abzustoßen ist keine akzeptable Lösung«, erklärt ein trotziger Schrempp den Tausenden von Aktionären, die sich 2001 zur Hauptversammlung in Berlin einfanden. »Wir werden operative Probleme nicht dadurch zu meistern suchen, dass wir eine strategische Neuausrichtung vornehmen … Und wir werden auch nicht vor unseren Problemen davonlaufen. Wir werden sie lösen … Und ich frage sie: Wenn wir jeden Geschäftsbereich abgestoßen hätten, der irgendwann einmal einen Verlust verbuchte, was würde unser Unternehmen dann heute produzieren? Nichts! Tatsächlich gehe ich so weit zu behaupten, dass es gar nicht mehr existieren würde.«

In den letzten Monaten des Jahres 2000 mag es den einen oder anderen Moment gegeben haben, in dem der normalerweise unerschütterliche Schrempp ob des ganzen Ausmaßes der sich abzeichnenden Probleme nervös wurde. Doch jetzt ist er entspannt, sein Privat- und sein Berufsleben sind wohl geordnet. An mehreren Fronten kämpfend, ist er wieder ganz in seinem Element.

DANKSAGUNGEN

Mein besonderer Dank gilt Jürgen Schrempp, der mir wertvolle Stunden seiner knapp bemessenen Zeit zur Verfügung stellte. Diese Unterredungen waren anregend und äußerst unterhaltsam. Hilmar Kopper war unglaublich hilfsbereit und freimütig. Christoph Walther und Roland Klein halfen mir, die Türen zum Unternehmen zu öffnen. Eckhard Cordes, Rüdiger Grube, Hartmut Schick und Lydia Deininger haben sich trotz ihrer voll gepackten Terminkalender die Zeit genommen, um die Fülle meiner Fragen zu beantworten.

Viele andere Personen halfen mir dabei, das Buch auf den Weg zu bringen. Ich möchte insbesondere den folgenden danken: Manfred Bischoff, Maya Brechlin, Werner Breitschwerdt, François Castaing, Alexander Dibelius, Sezin Durmus, Silke Diener, Bob Eaton, Tom Gale, Manfred Göbels, Professor Victor Halberstadt, Keith Hayes, Jim Holden, Terri Houtman, Jürgen Hubbert, Susan Hullin, Michael Inacker, Vernon Jordan, Herbert Kauffman, Gershon Kekst, Matthias Kleinert, Steve Koch, Michael Kuhn, Gary Lapidus, Marc Lemcke, Steve Lipin, Bob Lutz, Peter Matson, Thomas Mayer, Tim Metz, Professor Garel Rhys, Harry Niemann, Bill O'Brien, Heinz Prechter, Andreas Richter, Sebastian Richter, Michael Schell, Christiane Schwarzkopf, Leighton Smith, Nick Snee, Christian Strenger, Mike Taylor, Georg Thoma, Gary

Valade, Yvonne Walther, Helmut Werner, Markus Will, Jim Wolfensohn, Philip Wright und Dieter Zetsche.

Anita Greiner, meine ausgezeichnete Assistentin, hat fleißig, schnell und sorgfältig recherchiert.

Ich danke Roland Phillips und Roseanne Boyle von Hodder & Stoughton sowie Margit Ketterle und Heike Gronemeier vom Econ Verlag für die gute Zusammenarbeit. Sie gewährten mir alle Freiheiten und ließen mich das Buch in Ruhe schreiben. Mein Agent Bill Hamilton war eine willkommene Stimme der Ruhe während des gesamten Schreibprozesses.

Meine Partner Mike Prest und Richard Spiegelberg sowie meine Kollegen bei Chancery Communications erlaubten mir, während einer kritischen Phase der Entwicklung des Unternehmens Forschungsurlaub zu nehmen. Michaela Davison-Jenkins und Rowena Merrick waren so duldsam, sich meine täglichen Berichte über den Fortschritt des Buches anzuhören.

Meine Schwester Jane und ihr Gatte Walter Wager nahmen mich jedes Mal, wenn ich in Stuttgart weilte, herzlich bei sich auf und erklärten mir, was es bedeutet, ein echter Schwabe zu sein.

Duncan Campbell-Smith half mir, die Idee zu dem Buch zu entwickeln und las eine frühe Manuskriptfassung. Er ist ein enger Freund und ein ausgezeichneter Lektor, dem ich viele treffende Anmerkungen zu dieser ersten Fassung verdanke.

Meine geliebte Frau Jane hat jahrelang mit diesem Buchprojekt – von der ersten Idee bis zur Fertigstellung – gelebt. Sie weiß mittlerweile mehr über die Automobilindustrie, als sie je für möglich – oder auch wünschenswert – gehalten hätte.

Schließlich waren Max und Pippa eine beständige Quelle freudiger Ablenkung.

David Waller

AUSWAHLBIBLIOGRAPHIE

Die Geschichte der Daimler-Benz AG

Holger Appel / Christoph Hein, *Der DaimlerChryler Deal,* DVA, Stuttgart 1998.

Manfred Barthel / Gerold Lingnau, *100 Jahre Daimler-Benz. Die Technik,* Mainz 1986.

Hans Otto Eglau, *Edzard Reuter,* Econ Verlag, Düsseldorf 1992.

Neil Gregor, *Stern und Hakenkreuz. Daimler-Benz im Dritten Reich,* Propyläen, Berlin 1997.

Max Kruk / Gerold Lingnau, *100 Jahre Daimler-Benz. Das Unternehmen,* Mainz 1986.

Harry Niemann, *Maybach. Der Vater des Mercedes,* Motorbuchverlag, Stuttgart 1996.

Edzard Reuter, *Schein und Wirklichkeit – Erinnerungen,* Siedler Verlag, München 1997.

Armin Töpfer, *Die Restrukturierung des Daimler-Benz-Konzerns 1995–1997,* Luchterhand Fachbuch, Neuwied 1998.

Armin Töpfer, *Die A-Klasse, Elchtest, Krisenmanagement, Kommunikationsstrategie,* Luchterhand Fachbuch, Neuwied 1999.

Die Geschichte der Chrysler Corporation

James M. Flammang et al., *Chrysler Chronicle – An Illustrated History of Chrysler, De Soto, Dodge, Eagle,*

Jeep, Plymouth, Publications International, Illinois 1998.

Lee Iacocca / William Novak, *Iacocca. An Autobiography,* Bantam Books, New York 1984.

Doron P. Levin, *Behind the Wheel at Chrysler: The Iacocca Legacy,* Harcourt Brace, New York 1995.

Robert A. Lutz, *Guts. The Seven Laws of Business that Made Chrysler the World's Hottest Car Company,* John Wiley & Sons, New York 1998.

Die Automobilindustrie

David Halberstam, *The Reckoning,* William Morrow, New York 1986.

Maryann Keller, *Collision,* John Wiley & Sons, New York 1993.

James P. Womack / Daniel T. Jones / Daniel Roos, *The Machine that Changed the World,* Macmillan, New York 1990.

Die deutsche Industrie

Hans Otto Eglau, *Wie Gott in Frankfurt – Die Deutsche Bank und die deutsche Industrie,* Econ Verlag, Düsseldorf 1990.

Lothar Gall et al., *Die Deutsche Bank 1870–1995,* C.H. Beck, München 1995.

Makroökonomie und Shareholder-Value

Andrew Black / Philip Wright et al., *In Search of Shareholder Value – Managing the Drivers of Performance,* Financial Times Prentice Hall, 1998.

Charles Leadbeater Centre for European Reform (ed.), *Europe's New Economy,* London 1999.

Thomas Mayer / Joshua Rauh, *Europe's Restructuring Trap,* Goldman Sachs, Global Economics Paper No. 10, March 24, 1999.

PERSONEN- UND SACHREGISTER

Unternehmerische
Spitzenleistungen in Europa
werden angesichts der großen
Konkurrenz aus den USA und
Asien oft übersehen. Robert
Heller präsentiert europäische
Unternehmen, die auf ganz
unterschiedliche Weise
erfolgreich umstrukturiert
wurden – gemeinsam ist ihnen
nicht nur der Wille zur
Erneuerung, sondern auch die
Fähigkeit zu schnellem und
flexiblem Handeln.
Mit zahlreichen Beispielen von
Erfolgsfirmen wie Adidas,
Bosch, Ericsson und Siemens

*10 Schlüsselstrategien für
unternehmerischen Erfolg*

Robert Heller

**Auf der Suche nach
Spitzenleistungen in Europa**
10 Schlüsselstrategien europäischer Top-Unternehmen

Econ | **Ullstein** | List

Ein geringes Startkapital an der Börse zu 20 Milliarden machen – wem würde das nicht gefallen? Warren Buffett, einer der erfolgreichsten und medienträchtigsten Anlageprofis, hat es geschafft. Seine Schwiegertochter Mary Buffett hat die Techniken des Börsengurus aus nächster Nähe studiert und verrät anhand beeindruckender Fallbeispiele, Rechenmodelle und Unternehmensanalysen die Geheimrezepte von Warren Buffett.

Ein Buch, »das jeder an Aktien Interessierte mit großem Gewinn lesen wird«.
Die Welt

Mary Buffett / David Clark

Buffettology
Intelligent investieren an der Börse mit Warren Buffett

Econ | **ULLSTEIN** | List

Das Internet ist längst nicht
mehr nur eine Spielwiese für
Computerfreaks und Techno-
Kids. Sein professioneller
Gebrauch ist für Unternehmen
mittlerweile schlicht und einfach
eine Frage des Überlebens. Der
Internet-Experte Tim Cole
beschreibt die Vorteile des
»direkten Drahtes« zu
Lieferanten, Vertriebspartnern,
Beratern und vor allem zum
Kunden. Überzeugend legt er
dar, wie Vernetzung die
Wettbewerbsfähigkeit sichert,
die Kultur des Unternehmens
ändert und die Beziehungen
nach außen revolutioniert.

*Ein strategisches Meisterwerk für
den Erfolg im Internet!*

Tim Cole

Erfolgsfaktor Internet
Warum kein Unternehmen
ohne Vernetzung überleben
kann

Wo liegt der Unterschied zwischen Spekulation und Anlage? Was ist für einen Börsenspekulanten am gefährlichsten? Wie viel Geld kann ein guter Börsianer pro Jahr verdienen? André Kostolany beantwortet in diesem Buch 100 Fragen, die ihm von Spekulanten und interessierten Laien immer wieder gestellt wurden. Halten Sie sich an die Erfahrungen dieses wohl erfolgreichsten Spekulanten der Welt und sie werden die geheimen Gesetze der Börse bald verstehen.

Mit großem Test: Eignen Sie sich zum Spekulanten?

André Kostolany

Kostolanys Börsenweisheit
100 Tipps für Geldanleger

Econ | ULLSTEIN | List

Den Beruf des Spekulanten bezeichnete Kostolany als den schönsten Beruf der Welt. Mehr als 70 Jahre lang übte er ihn aus – und das mit allergrößtem Erfolg. Denn von Anfang an war ihm klar: Wer an der Börse gewinnen will, muß immer genau das Gegenteil von dem tun, was alle machen. In seinen Büchern erzählt Kostolany Lehrreiches über Gewinn und Verlust und erläutert mit Witz und Scharfsinn alles, was man über die Börse und ihre gnadenlosen, aber logischen Gesetze wissen muß.

Kostolanys drei erfolgreichste Bücher als Sammelband

Der große Kostolany mit zahlreichen Abbildungen

Econ | **ULLSTEIN** | List